D1725662

Volker Spierling

Ungeheuer ist der Mensch

Volker Spierling

Ungeheuer ist der Mensch

Eine Geschichte der Ethik
von Sokrates bis Adorno

C.H.Beck

Den Teilnehmern
meiner philosophischen Seminare

© Verlag C.H.Beck oHG, München 2017
Satz aus der Van Dijck MT bei Amann, Memmingen
Druck und Bindung: Druckerei C.H.Beck, Nördlingen
Umschlaggestaltung: Rothfos & Gabler, Hamburg
Umschlagabbildungen Cover v.l.n.r. im Uhrzeigersinn: Immanuel Kant
(Kupferstich, Johann Friedrich Bause, 1791), Hl. Augustinus (Gemälde, Sandro
Botticelli, «Der heilige Augustinus», um 1480, Detail), Theodor W. Adorno
(Fotografie, Franz Hubmann, 1958), Sokrates (Gemälde, Luigi Mussini,
«Der Triumph der Wahrheit», 1847, Detail); © akg-images, Berlin
Gedruckt auf säurefreiem, alterungsbeständigem Papier
(hergestellt aus chlorfrei gebleichtem Zellstoff)
Printed in Germany
ISBN 978 3 406 70418 5

www.chbeck.de

INHALT

ARISTOTELES

«Leben nach der Vernunft»

LUCIUS ANNAEUS SENECA

«Solange wir atmen, wollen wir Menschlichkeit üben»

AURELIUS AUGUSTINUS

«Die rechte Ordnung der Liebe»

VORWORT

In der Antike werden die Grundlagen der europäischen Ethik gelegt, die sich als ein Teilbereich der Philosophie mit Fragen des sittlichen Handelns und der Moral befasst. Die Geschichte der Ethik steht in engem Zusammenhang mit der Entwicklung der Metaphysik und der philosopischen Einwände, die die Metaphysik auf sich zieht. Der schwierige Terminus Metaphysik kennzeichnet den Versuch, die Welt aus ersten Gründen rational zu erkennen und dem Menschen eine feste Orientierung zu geben. Die Idee des Guten im Sinn eines allerhöchsten werthaften Seins ist ein Leitbegriff der klassischen Metaphysik und ein letztgültiger Maßstab der traditionellen Ethik.

Metaphysik und Metaphysikkritik, die mehr als zwei Jahrtausende zum internen Entwicklungszusammenhang der Philosophie gehören, begleiten auch die Kontexte der damit eng verbundenen Ethik, bis der Metaphysikbezug durch die in der Neuzeit einsetzende Wende zur realen Welt an Bedeutung verliert. Die Vorrangstellung von empirischer Wissenschaft und technischem Weltbezug wird in den vergangenen zwei Jahrhunderten zunehmend bestimmend und schmälert die Bedeutung der Philosophie insgesamt und damit einhergehend auch die Autorität der Ethik. In der zweiten Hälfte des 19., vor allem aber im 20. Jahrhundert setzt sich in der Philosophie die Auffassung vom Ende der Metaphysik als Grundwissenschaft durch.

Die neueren philosophischen Positionen verzichten auf einen Gesamtentwurf des Ganzen des Seins. In der Gegenwart wird vielfach von einem «nachmetaphysischen Denken» gesprochen, was ein Buchtitel von Jürgen Habermas pointiert anzeigt.[1] Heutige Ethikkonzeptionen, die ihre geschichtliche Bedingtheit reflektieren und sich an der Offenheit des wissenschaftlichen Erkenntnisfortschritts orientieren, wähnen sich nicht mehr im Besitz einer metaphysisch abgesicherten, allgemein gültigen Theorie des richtigen Lebens.

Die Kapitel meines Buches sind einführende Darstellungen von ethischen Grundpositionen der abendländischen Philosophie. Die Positionen, die von der Vorsokratik bis ins 20. Jahrhundert reichen, stehen in derart komplexen innerphilosophischen wie kultur- und realgeschichtlichen Zusammenhängen, dass ich von Ethik-Welten sprechen möchte. So problematisch es ist, über Ethik ohne Reflexion auf den philosophischen Kontext zu sprechen, so schwierig ist es, bis ans Ende der Welt zu laufen. Mit isolierten Worterklärungen und schematisierten Kennzeichnungen lassen sich die philosophischen Konzepte über Handlungsorientierungen nicht hinreichend und schon gar nicht abschließend verstehen. Der Terminus Ethik wird heute geradezu inflationär gebraucht und bisweilen hat es für mich den Anschein, als handle es sich bei der Verwendung des Begriffs, bei der Aufzählung und Anwendung von Positionen und Richtungen um einen großen Werkzeugkasten mit säuberlich geordneten Beschriftungen sowie um präzise abrufbare Gebrauchsanweisungen. Je kürzer, abstrakter und imponierender die Kennzeichnungen, desto größer und selbstsicherer scheint das schnelle Bescheidwissen der Experten zu sein. Ein Anliegen meines Buches ist, einer subjektiv getroffenen Auswahl von Ethik-Welten, die als bedeutend und einflussreich gelten können, durch die ständige Nähe zu den philosophischen Quellen erst einmal einen eigenen Raum zu geben für eine ausführlichere, vertiefendere und, wie ich hoffe, auch verständlichere Darstellung. Ich möchte den ausgesuchten philosophischen Konzeptionen, soweit dies eine Einführung erlaubt, einiges von ihrer Tiefe und Vielfalt, nach Möglichkeit auch von ihrer Faszination zurückgeben.

Sämtliche Kapitel gehen in erster Linie auf (übersetzte) Primärliteratur zurück. Als Überschrift ist ihnen, analog zu meiner früher erschienenen *Kleinen Geschichte der Philosophie*[2], ein zentrales Zitat des jeweiligen Philosophen vorangestellt, das durch die Darstellung erschlossen werden soll. Die chronologisch angeordneten Kapitel werden mit Stichworten zu Leben und Werk der Philosophen eingeleitet, die die Verflechtung mit dem Geschehen ihrer Zeit sowie die Bedeutung ihrer Schriften unterstreichen. Die Darstellungen der Kapitel folgen keiner eng gefassten Fragestellung, wollen aber den Zusammenhang mit der Metaphysikentwicklung aufzeigen. Gerade am Wandel der ethischen Positionen lässt sich der Aufstieg und die Endphase der europäischen Metaphysik gut ablesen. Aufgrund des ausführlich genutzten Quellenmaterials sollen die verschiedenen Positionen trotz meiner unvermeidlichen subjektiven Brechungen so authentisch wie möglich zur Geltung kommen. Eigene Bewertungen und Querverbindungen habe ich zurückgestellt und überlasse sie dem selbstständigen Denken und weiteren Nachforschen des Lesers.

Alle Zitate folgen der Schreibweise der (übersetzten) Primärtexte. Bei den griechischen Begriffen werden in der Umsetzung in die lateinische Schrift die Buchstaben Epsilon und Eta mit «e» wiedergegeben sowie die Buchstaben Omikron und Omega mit «o». Der verwendete Akzent verdeutlicht lediglich die Betonung der griechischen Wörter.

Der Anhang entschlüsselt die Siglen der benutzten Primärliteratur und möchte zusammen mit den Literaturhinweisen zum Weiterlesen anregen, vor allem aber zum Studium des einen oder anderen Hauptwerks ermutigen. Hinzugefügt sind «Die Positionen von Sokrates bis Adorno im Überblick», die unter dem Blickwinkel einiger Hauptmotive kurze Zusammenfassungen der Kapitel enthalten. Diese geraffte Zusammenschau des ganzen Buches kann dem Leser auch dazu dienen, seinen Leseweg leichter selbst zu bestimmen.

Tübingen, im Januar 2017
Volker Spierling

ANFÄNGE DER
WESTLICHEN PHILOSOPHIE

Mythos und Logos

> «So ward Zeus' Wille vollendet.»
>
> Homer, *Ilias* (Beginn des ersten Gesangs)

Die Grundlage des griechischen Daseins ist der *Mythos* (gr. Erzählung, Rede). Die Götter- und Heldengeschichten, wie sie von alters her von Homer (ca. 8. Jh. v. Chr.) und Hesiod (ca. 7. Jh. v. Chr.) oder durch den Sagenstoff um Orpheus (ca. 6. Jh. v. Chr.) überliefert werden, spiegeln existentielle Grunderfahrungen des Menschen. In die bildhafte Vorstellungswelt dieser Mythen sind starke Begierden und tiefe Leidenserfahrungen eingeschrieben, schuldhafte Selbstbehauptungen des Menschen gegenüber Göttern wie generell die Konflikthaftigkeit des Lebens. Die Welt der griechischen Mythen mit ihren Erzählungen vom Anfänglichen, vom Ursprünglichen kann verstanden werden als eine Vorform der Philosophie.

Bei dem komplexen Thema Mythologie gilt es zunächst zu unterscheiden zwischen der (für uns heute nicht mehr nachvollziehbaren) Wirklichkeit des unmittelbar gelebten, tatsächlichen Mythos und dem in späterer Zeit adaptierten, gedachten Mythos. Anfangs wird der Mythos, der mit Kult und Ritus verbunden ist, nicht für eine Fabel oder ein Märchen gehalten. Er gilt vielmehr als verpflichtende Wahrheit, als heiliges Wort vom Göttlichen, als erfahrbare Offenbarung der Gotterfülltheit allen Seins. Wenn Zeus auf griechischen Malereien die Schale mit der Opferspende ausgießt, dann opfert er dem alles umfassenden Urgöttlichen und Uranfänglichen, das sogar die Götter noch trägt, selbst aber keinen Namen mehr hat.[3]

In der archaischen Zeit umschließt das mythische Weltbild vollständig das Bewusstsein, das noch unmittelbar eins ist mit der erlebten religiösen Wirklichkeit. Zu diesem ursprünglichen Weltbild, das Weltdeutungen und Orientierungen gibt, gehört die Entstehung des Kosmos, der Götter und der Menschen. Wenn zum Beispiel der Priester den Mythos der Kosmogonie vorträgt, dann ereignet sich im Augenblick des Sprechens die Weltschöpfung, eine Offenbarung des immergleichen ewigen göttlichen Seins.

Auch in den klassischen griechischen Tragödien, die ein Teil des alljährlichen Gottesdienstes in Athen sind, ereignet sich der Mythos als religiöses Geschehen. Die Statue des Dionysos wird in das Theater gebracht, damit der Gott die Tragödien mitansehen kann. Die Aufführungen sind ein kultisches Spiel und damit mehr als ein bloß ästhetisches Phänomen. Aischylos, der gewaltigste Tragiker, zeigt zum Beispiel in den «Persern» die frevlerische Hybris des Menschen, der sich über die von den Göttern gesetzten Schranken hinwegsetzt und deshalb durch die von ihnen verhängte Verblendung in sein Unheil rennen muss. Lernen und Erkennen durch Leid ist der Weg, den der Perserkönig Xerxes geht. «Denn wenn die Götter listigen Trug ersinnen, welcher sterbliche Mann wird dann entkommen?» (Aischylos, Die Perser, Vers 93 f.)

In der Zeit vor der Entstehung der Philosophie beherrscht der Mythos das Denken. Die ursprüngliche religiöse Erfahrung der mythischen Welt vergöttlicht und vermenschlicht die Erscheinungen. Der Mensch des Mythos vermag nicht auf prüfende Distanz zur Welt und zu sich selbst zu gehen. Noch fehlt die Einsicht, dass die Welt etwas anderes sein kann als ihre Deutung. Das Denken, ohne erforschenden Bezug auf Welt und Ich, ist unfrei. Der Mythos ist die Sache selbst, ein Bewusstsein ohne Verwunderung und Fraglichwerden, eine schicksalhafte Fügsamkeit.

Um die Wende vom 7. zum 6. Jahrhundert v. Chr. leben die sogenannten sieben Weisen. Es sind von Legenden umrankte halbmythische Persönlichkeiten, Denker und Staatsmänner, die namentlich und zeitlich nicht genau festlegbar sind. Von ihnen stammen, von späteren Autoren unsicher überlieferte lapidare Spruchweisheiten, erste moralische Anweisungen zu einer gelingenden Lebenspraxis. Beispiele dieser Reste uralter Philosophie sind: «Erkenne dich selbst» (vermutlich Thales, Inschrift über dem Apollontempel in Delphi); «Preise den Gestorbenen glücklich» (Chilon); «Nichts zu sehr» (Solon); «Den rechten Augenblick erkennen» (Pittakos); «Die meisten Menschen sind schlecht» (Bias); «Maßhalten ist das Beste» (Kleobulos); «Gefährlich ist vorschnelles Wesen» (Periander, Fragm., 65f.[4]).

Etwa im 6. Jahrhundert v. Chr. bahnt sich in den griechischen Kolonien in Ionien, der asiatischen Westküste der heutigen Türkei, eine tiefgreifende langwierige Revolution des Geistes an. Vereinfacht kann dieser Wandel durch die Formel «Vom Mythos zum Logos» gekennzeichnet werden. *Logos* (gr. gesprochenes Wort, Begriff, Unterredung, Vernunft) meint hier ein freies Denken aufgrund selbst gebildeter abstrakter Begriffe statt vorgegebener mythologischer Bilder. Neben dem Mythos, der weiterhin bestehen bleibt und seine Bedeutung beibehält, entwickeln sich alternativ zu ihm die Philosophie und mit ihr die Voraussetzungen zukünftiger ethischer Reflexionen und Theoriebildungen.

Die ersten vor Sokrates lebenden Philosophen, die sogenannten Vorsokratiker, sind Denker, die die Natur erforschen (ca. 600−450 v. Chr.). Der erste westliche Philosoph überhaupt ist Thales aus Milet (ca. 624−546 v. Chr.). Er ist der älteste der oben genannten sieben Weisen. Seine Werke wie auch die aller anderen vorsokratischen Denker sind verloren oder nur als Fragmente erhalten.

Die Vorsokratiker suchen die Natur mit einem noch nie dagewesenen Modell des Erklärens geistig zu durchdringen und zu erforschen. Thales erklärt beispielsweise das Phänomen Erdbeben erstmals ohne Rückgriff auf die religiös-mythologische Überlieferung. Für ihn ist es nicht mehr der wütende Meeresgott Poseidon, der seinen Dreizack so heftig in die Erde rammt, dass sie erbebt. Thales behauptet vielmehr, dass die Erde als Scheibe auf dem Wasser schwimmt und gelegentlich bebt, wenn sich dieses heftig bewegt. An die Stelle eines persönlichen Ur-hebers tritt eine unpersönliche Ur-sache. Eine begriffliche Konstruktion ersetzt die bildhafte mythische Personifikation. Dies ist der Beginn einer Entmythologisierung der Naturbetrachtung.

Philosophie entsteht als Frage nach dem Anfang (gr. *arché*, lat. *principium*: Anfang, Ursprung, Ursache, Prinzip). Für Thales beispielsweise ist das Wasser das Prinzip von allem. Die Welt besteht und entwickelt sich aus dem Urstoff Wasser, aus Feuchtigkeit. Der Gedanke ist ausgesprochen philosophisch. Er macht eine Aussage über den Ursprung der Dinge, er kommt ohne mythische Erzählung aus und er fasst schließlich alles in eins zusammen (vgl. Nietzsche, NS, 813). Thales spricht von der Einheit des Seienden und nennt sie weder Gott noch Mensch, sondern Wasser. Philosophie entspringt aus dem Mythos und im Widerspruch zum Mythos.

Die Naturphilosophen führen die unbeständigen Erscheinungen der Natur auf einen Urgrund zurück, der den Wechsel aller Dinge ermöglicht, selbst aber bleibenden Bestand hat. Gesucht wird, wenn auch noch nicht ausdrücklich als Problem formuliert, was schon immer ohne Zutun von Menschen und Göttern vorhanden ist. Einheit und Wandel werden mit Hilfe des Begriffe bildenden Logos zusammengedacht. Im Hinblick auf eine letzte fundamentale Gemeinsamkeit der Naturerscheinungen wird nach dem Wesen der Welt geforscht. Anaximenes bestimmt es als Luft, Pythagoras als Zahl, Empedokles als Elemente, Demokrit als Atome. Einzelne Philosophen treten aus der kollektiven Geschlossenheit des Mythos heraus und suchen unabhängige Erklärungen der Natur.

Von ethischer Bedeutung ist Pythagoras (6. Jh. v. Chr.). Der Ordensgründer und Mathematiker lehrt die Unsterblichkeit der Seele und die Seelenwanderung, die er von den orphischen Mysterien (Dionysosreligion) übernimmt. Dieser Lehre zufolge ist die Seele wegen früherer Verfehlungen zur Strafe in einen menschlichen oder tierischen Leib eingekerkert und mit diesem leiblichen Übel und Schmutz verhängnisvoll bestraft. Aufgabe des Menschen ist die moralische Reinigung der Seele durch asketische Enthaltsamkeitsgebote (z. B. den Verzicht auf Fleischgenuss). Der ganze Himmel ist Harmonie und Zahl, eine große schöne universale Ordnung, der auch die Seele zu entsprechen hat. Ziel ist die Erlösung von den Wiedergeburten, die endgültige Befreiung vom Körper und die körperlose Verähnlichung mit dem Göttlichen in der Region des Lichts. Ein wesentlich neuer Aspekt für das ethische Denken liegt darin, dass Pythagoras die Seele zum wahren Selbst des Menschen erhebt, der sich um sein wirkliches Wesen moralisch sorgen muss. Der Mensch wird als ein persönliches Geistwesen aufgefasst und mit dem göttlichen Attribut der Unsterblichkeit versehen. So findet im dualistischen Leib-Seele-Denken der Pythagoreer einerseits eine Abwertung des Körpers, andererseits eine geistige Aufwertung des Einzelnen statt. Darüber hinaus weist die Lehre von der Wiedergeburt auf die Verwandtschaft aller Lebewesen hin, was eine besondere anteilnehmende Rücksichtnahme gegenüber allem, was lebt, nahelegt. «Und – so erzählt man – einst sei Pythagoras gerade vorbeigegangen, als ein Hund geschlagen wurde; da habe er Mitleid empfunden und das Wort gesprochen: ‹Hör' auf und schlag' das Tier nicht! Es ist ja die Seele eines befreundeten Mannes, die ich wiedererkannte, als ich das Winseln hörte.›» (Fragm., 100f.)

Parmenides (ca. 515–450 v. Chr.) gehört zu den Begründern der abendländischen Metaphysik. Mit seiner Lehre vom Sein (Ontologie), mit seinem Ringen um den Begriff des Seins, hebt er die Philosophie auf eine neue Stufe des begrifflichen Denkens und der Abstraktion. Sein *Lehrgedicht* spricht die Mahnung aus, dass die sinnliche Wahrnehmung dem Menschen nur eine Scheinwelt zeigt. Einzig das reine logische Denken, gereinigt und losgerissen von aller Empirie, erfasst die unbedingte Wahrheit, das wahre Sein. Hieran muss sich halten, wer den Wahnvorstellungen der Sterblichen entgehen will. «*Nur* das Seiende ist.»[5] Das Sein allein kann gedacht werden. Das Nichtseiende ist nicht und kann auch nicht gedacht werden. Wo Denken ist, ist Sein. Denken und Sein sind dasselbe, denn es ist nichts außer der Gegenwart des Seins. Es gibt nur das eine ungewordene, unvergängliche, unveränderbare, vollkommene Sein. Wer es denkt, muss es ohne Ursprung, ohne Vielheit, ohne Werden und

Vergehen, ohne Bewegung denken; denn das viele Einzelne ist nicht das Eine. Das Sein begrifflich zu erfassen bedeutet, die Empirie zu überschreiten, sich über ihren Augenschein hinwegzusetzen. Den Terminus Metaphysik kennt Parmenides noch nicht. Der Mensch hat mutig die Wahl zwischen zwei Wegen der Forschung zu treffen: entweder sinnliche Wahrnehmung oder logisches Denken mit allen Konsequenzen. «Laß allein die Vernunft die Entscheidung fällen in der viel umstrittenen Frage.» (Fragm., 164) Die Entscheidung heißt eindeutig und ausschließlich: reine Vernunft. Das bedeutet ganz radikal, dass die unwahre Welt der Sinne von der wahren Welt des Denkens als unmaßgebend zurückgedrängt und ausgeschlossen wird. Die Erkenntnis der wahren Welt erniedrigt die gesamte bunte Welt der Sinne zu einem Bereich der Täuschung, der Meinung, des Geschwätzes, der bloßen Namen. Nur die eine «völlig blutlose Abstraktion» (vgl. Nietzsche, NS, 836), fern jeder Anschaubarkeit, ist wegweisend. Das metaphysische Denken von Parmenides bereitet der zukünftigen Ethik ein neues Fundament (zum Beispiel bei Platon). Die entstehende Metaphysik führt eine nicht wertfreie methodische Unterwerfung der Sinneswahrnehmung unter die Gesetze des Denkens durch. Parmenides vollzieht die Inthronisation des Logos gegenüber dem Mythos.

Der menschliche Geist drängt zu einem Umbruch. Es bahnt sich etwas Neues an: die mit Bewusstsein sich vollziehende Entdeckung und Erforschung des Allgemeinbegriffs, wie sie später Sokrates als selbst gestellte Aufgabe praktizieren wird. Noch gibt es die großen theoretischen und ethischen Begriffe *als* reflektierte Begriffe gar nicht. Allgemeine Vorstellungen wie die Ursächlichkeit, die Einheit, die Gerechtigkeit oder das Gute sind noch nicht Gegenstände des Denkens. Erst allmählich treten an die Stelle der Götter Begriffe. Zur neuen Aufgabe der noch jungen Philosophie gehört es, diese Begriffe ins Bewusstsein zu heben, zu reflektieren und zu bestimmen.

Sophistik

«Es schwindet das Göttliche.»

Sophokles, *König Ödipus* (Vers 910)

Der Höhepunkt der sich entwickelnden geistigen Revolution wird in der klassischen Philosophie (5./4. Jh. v. Chr.) erreicht. Im Zentrum stehen Sokrates, Platon und Aristoteles. Einen wichtigen Übergang bildet die Sophistik, die Epoche der griechischen Aufklärung im 5. Jahrhundert v. Chr. Die Sophisten (*sophos*, gr. gelehrt, im Reden geschickt, schlau; Lehrer der Weisheit) bringen als Wanderlehrer erstmals die Philosophie nach Athen. Sie vollziehen dabei eine Abkehr von der bisherigen Naturphilosophie und wenden sich der Welt des Menschen zu, der Lebenspraxis in der Polis, dem griechischen Stadtstaat. In ihrer aufklärerischen Geisteshaltung entwickeln sie eine bislang unbekannte geistige Virtuosität des freien Nachdenkens, des kritischen Prüfens und des scharfsinnigen Argumentierens.[6]

Durch den Aufschwung der Demokratie nach den Perserkriegen wächst mit der Möglichkeit der Beteiligung der Einzelnen am Gemeinwesen auch das Bedürfnis nach einer höheren Bildung. Die Sophisten, «die Lehrer Griechenlands» (Hegel, GP I, 409), bieten diese geistige Erziehung gegen Bezahlung an. Ihr neues pädagogisches Konzept einer runden enzyklopädischen Allgemeinbildung (*enkyklíos paideía*) bildet für die nächsten 2000 Jahre die Grundlage für den abendländischen Bildungskanon der sieben freien Künste oder Wissenschaften (lat. *artes liberales*: Grammatik, Dialektik, Rhetorik sowie Arithmetik, Geometrie, Musik, Astronomie).[7]

Das sophistische Ideal der Allgemeinbildung ist die lebenspraktisch tüchtige, durch eigenes Nachdenken sich selbst bestimmende Persönlichkeit, die in Wort und Rede z. B. auf der Volksversammlung zu kämpfen und sich zu behaupten weiß. Ziel des Unterrichts ist die Vermittlung der «Kunst der Politik», um «die Männer zu gu-

ten Staatsbürgern zu machen» (Platon, Prot. 319a). Der Sophist Antiphon unterstreicht die grundsätzliche emanzipatorische Bedeutung dieser ethisch-politischen Tüchtigkeit, also dieser umfassenden
Tugend (*areté*), die nunmehr jeder erwerben kann. Sie ist prinzipiell
erlernbar und kommt jetzt nicht mehr einzig und allein dem privilegierten Adel gleichsam von Natur aus zu aufgrund einer höheren Geburt. Antiphon sagt: «Das Wichtigste auf der Welt ist nach meiner
Meinung die Erziehung.» (Fragm., 375)

Die Sophisten entdecken das Prinzip der Subjektivität. Sie stellen als Erste das Individuum auf sich selbst, auf seine eigene vernünftige Einsicht. Diese Befreiung des Geistes fördert einen Individualisierungsprozess, der zu einer Loslösung von der Autorität der
Überlieferung, der Konvention und des Vorurteils führt. Der Einzelne will nicht mehr glauben und nachmachen, sondern das Bestehende hinterfragen und sich selbst eine Meinung bilden. Die auf-
kommende, zum Teil radikale individuelle Reflexion untergräbt die
Verbindlichkeit der zuvor noch niemals derart in Frage gestellten
allgemein anerkannten Orientierung und Sittlichkeit.

Viele Sophisten legen bei ihrer proklamierten Erziehung zum
trefflichen Staatsbürger besonderes Gewicht auf den Sprachunter-
richt, auf Grammatik, Rhetorik und Dialektik. Das Wort gilt als
Waffe. Die Grammatik ist Waffenkunde als Kenntnis der Sprache
und ihres Aufbaus; die Rhetorik lehrt als Kunst der Rede den Gebrauch der Waffe; die Dialektik treibt als Rede und Gegenrede Sport
mit ihr. Dabei ist die besonders geschätzte Dialektik das Gegen-
stück zur körperlichen Gymnastik, eine Art Turnen mit Begriffen,
ein Geschmeidigmachen der gedanklichen Bewegungen. Der Logos,
der aus dem Mythos von der Naturphilosophie freigesetzt wurde,
wird jetzt als nützliches Werkzeug verstanden, um Macht, Einfluss
und Geld zu erlangen. Das ausgeprägte Streben nach verwertbarem
Wissen und Erfolg statt ausschließlich nach Wahrheit bringt den Sophisten den Vorwurf ein, sie würden reden, um zu betrügen, sie
seien «Händler mit Scheinwissenschaft» (Fragm., 323).

Der berühmteste Sophist ist Protagoras (ca. 485–415 v. Chr.).
Ihm zufolge gibt es wegen der Subjektivität und Relativität der

sinnlichen Wahrnehmung nur ein subjektives Meinen, keine objektive Wahrheit. Die Dinge sind für jeden so, wie sie ihm individuell erscheinen. Dem einen kommt der Wind kalt vor, dem anderen nicht. Was dem Gesunden süß schmeckt, kann der Kranke als bitter empfinden. Alles, was der Einzelne sich vorstellt oder meint, ist für ihn wahr; alles, was ihm nicht erscheint, ist für ihn gar nicht vorhanden. Protagoras drückt dies in dem Satz aus: «Der Mensch ist das Maß aller Dinge, der seienden, daß sie sind, der nichtseienden, daß sie nicht sind.»[8]

Die Radikalität dieses sogenannten Homo-Mensura-Satzes liegt darin, dass Protagoras unter «Mensch» das subjektiv empfindende und urteilende Individuum, nicht das Gattungswesen versteht. Das Maß für die jeweils behauptete Wirklichkeit der Dinge ist die Wandelbarkeit und Flüchtigkeit der tausendfach verschiedenen persönlichen Eindrücke und Meinungen. Jeder Meinung lässt sich eine andere gleichberechtigte gegenüberstellen. Über jede Sache lässt sich mit gleichem Recht nach beiden Seiten diskutieren – auch darüber, ob sich über jede Sache mit gleichem Recht nach beiden Seiten diskutieren lässt. Der Satz des Protagoras bedeutet radikal gelesen: Die subjektive Beliebigkeit ist das Maß aller Dinge.[9]

Der Einzelne erhebt sich potentiell zum Maß der Wahrheit und Falschheit, des Guten und Bösen, des Glaubens und Unglaubens. Während Protagoras jede Meinung für wahr hält (Relativismus), erklärt Gorgias (ca. 483–375 v. Chr.) jede für falsch (Nihilismus). Gorgias lehrt: 1. Es existiert nichts. 2. Wenn etwas existierte, wäre es nicht erkennbar. 3. Wäre es erkennbar, so wäre es nicht mitteilbar. Gorgias lehnt jede Unterweisung in sittlichen Dingen ab. Er will ausschließlich Lehrer der Rhetorik sein, die er in unübertroffener Meisterschaft zelebriert und als Überredungskunst für hohe Honorare an den Mann zu bringen weiß.

Die Schüler des Gorgias bilden einen radikalen antidemokratischen Flügel der Sophistik. Kallikles z. B. proklamiert das Recht des Stärkeren. Für ihn ist es von Natur aus richtig, dass der Stärkere über den Schwächeren herrscht und mehr hat als dieser. «Wer richtig leben will», so lässt Platon Kallikles sagen, «muß seine Begierden so groß wie möglich werden lassen ohne ihnen einen Zügel anzulegen; sind sie aber so groß wie möglich, so muß er imstande sein, ihnen mit Tapferkeit und Klugheit zu dienen und alles, wonach sich die Begierde regt, zur Stelle zu schaffen. Aber dies ist natürlich den meisten nicht möglich. Daher tadeln sie die Vertreter dieser Richtung und verbergen aus Scham unter diesem Tadel ihre eigene Ohnmacht und erklären die Zügellosigkeit für häßlich. Und so suchen sie denn [...] die von Natur besseren Menschen sich unterwürfig zu machen, und selbst nicht imstande ihren Lüsten Befriedigung zu verschaffen, loben sie die Mäßigung und Gerechtigkeit aus keinem anderen Grund als weil sie selbst feige sind.» (Gorg. 491e–492b) Dieser Herrenmoral zufolge, auf die später Nietzsche zurückgreift, ist das Gesetz eine listige Erfindung der Masse der Schwachen, um die Stärkeren zu zähmen. Recht und Macht sind identisch: «Aber laßt nur den rechten Mann erstehen, eine wirkliche Kraftnatur; der schüttelt all das ab, zerreißt die Fesseln und macht sich frei, tritt all unsere Paragraphen, unsere Zähmungs- und Besänftigungsmittel und den ganzen Schwall widernatürlicher Gesetze mit Füßen und steigt so vom Sklaven empor zum glänzenden Herrn über uns: da leuchtet denn das Recht der Natur aufs hellste hervor.» (Gorg. 484a–b)

Viele Sophisten untergraben die Autorität der überlieferten Sittlichkeit und des geltenden Brauchtums. Sie diskutieren, ob eine Einrichtung oder Auffassung von Natur aus zu Recht besteht oder nur der Satzung nach gilt, die eine Erfindung des Menschen ist. Verdanken sich die sittlichen Vorstellungen einer willkürlichen Menschensatzung (*nomos*) oder entsprechen sie der Ordnung der Natur (*physis*)? Der Gedanke eines Naturrechts entsteht und er wird gegen das veränderbare positive Recht ausgespielt.

Die sehr verschiedenen Überzeugungen und politischen Interessen der Sophisten entscheiden jeweils über ihre kritische Haltung gegenüber der bestehenden Ordnung von Gewohnheit, Sitte und Recht. Im Gegensatz zu Kallikles vertritt der schon erwähnte Antiphon eine entschieden demokratische Position. Er ist aufgrund seines Naturbegriffs von der Gleichheit und Gleichberechtigung aller Menschen überzeugt: «Die von vornehmen Vätern *abstammen*, achten und verehren wir, die dagegen nicht aus vornehmem Hause sind, achten und verehren wir nicht. Hierbei verhalten wir uns zueinander wie Barbaren, denn von Natur sind wir alle in allen Beziehungen gleich geschaffen, Barbaren und Hellenen. Das läßt *eine Betrachtung* der allen Menschen von Natur [...] notwendigen Dinge erkennen. [...] Atmen wir doch alle insgesamt durch Mund und Nase in die Luft aus.»[10]

Die griechische Aufklärung erschüttert die traditionelle Sittlichkeit. Es vollzieht sich eine gesellschaftliche Entfesselung des individuellen Meinens, deren Kritik vor nichts Halt macht. Kritias beispielsweise erklärt auch die Religion als lügenhafte Erfindung der menschlichen Urzeit (vgl. Fragm., 378f.). Es kommt zu Scheingefechten und Scheinweisheiten, zu manipulativen Steuerungen des Denkens durch Kunstgriffe, die die Sophisten in Verruf bringen. Aus der Ausbildung zur Beredsamkeit wird eine formale Überredungskunst und mit scheinbarer Weisheit werden Geschäfte gemacht. Die festen Begriffe, Grundsätze, Gesetze geraten in Bewegung, werden flüssig, geben keinen sicheren Halt mehr. In Platons *Euthydemos* heißt es beispielsweise: «Wer lügt, sagt, was nicht ist; was nicht ist, kann man nicht sagen; also kann niemand lügen.» (Hegel, GP I, 426.» Vgl. Platon, Euthyd. 283c–284e) Ein «Taumel der Bewegung aller Dinge» (Hegel, GP I, 407) setzt ein. Das Prinzip der Subjektivität setzt sich absolut und das allgemein als gut Anerkannte gerät in den Strudel des Relativen.

SOKRATES

*«Um Einsicht, Wahrheit und möglichste Besserung deiner Seele
kümmerst du dich nicht und machst dir darüber keine Sorge?»*[11]

Leben und Werk

Geboren um 470 v. Chr. in Athen, gestorben 399 v. Chr. ebendort. – Einer der wesentlichen Begründer der abendländischen
Ethik, Philosoph des Dialogs. – Es gibt nur spärliche, meist interpretierte Kenntnisse über Sokrates, von dem selbst nichts Geschriebenes überliefert ist. Die wichtigsten Quellen sind Platon, Xenophon und Aristoteles.

Einige belegbare Stichworte sind: Sohn des Steinmetz Sophronis-
kos und der Hebamme Phainarete, ist mit Xanthippe verheiratet
und hat drei Söhne, erlernt vermutlich das Handwerk des Vaters,
seinen wahren Beruf sieht er in seinen philosophischen Hilfestellun-
gen zur sittlichen Vervollkommnung durch Selbstreflexion, mehr-
mals verweist er auf die Inschrift «Erkenne dich selbst» des Apollon-
tempels in Delphi; Platon lässt Sokrates z. B. sagen: «Ich vermag
noch nicht, dem delphischen Spruch nachkommend, mich selbst zu
erkennen. [...] Ich erforsche mich selbst, ob ich ein Ungetüm bin,
abenteuerlicher zusammengeschlungen und fürchterlicher auf-
gebläht als Typhon [als der Drache mit den hundert feuerspeienden
Köpfen und Stimmen] oder ein sanfteres und einfältigeres Geschöpf,

das von Natur ohne Aufblähung an göttlichem Lose in gewisser Weise Anteil hat.» (Phaidr. 230a) Sokrates lebt in sehr einfachen Verhältnissen und bewusst bedürfnislos (Enthaltsamkeit gegenüber sinnlichen Genüssen, ärmliche Kleidung, Abhärtung gegen Hunger, Durst, Hitze und Kälte, geht barfuß), hält sich auf Märkten, in Gymnasien und in Werkstätten auf, um mit Bekannten und Unbekannten Unterredungen anzuknüpfen, gilt als unergründlich («Die Leute sagen von mir, daß ich ein Ausbund von Wunderlichkeit sei und die Menschen an sich irremache», Theät. 149a), auch an vergnüglichen, ausgelassenen Symposien nimmt er teil. Sein Schüler Xenophon berichtet von einem Gastmahl, bei dem Sokrates den Wunsch äußert, tanzen zu lernen als gesunde Alternative zum körperentstellenden Leistungssport.[12]

Sokrates erlebt im perikleischen Zeitalter den Aufstieg Athens zur kulturell bedeutendsten Stadt in Griechenland (z. B. Bau der Akropolis), aber auch ihren Niedergang durch den Peloponnesischen Krieg mit Sparta (431–404 v. Chr.). In Aristophanes' Komödie *Die Wolken* wird er 423 v. Chr. als atheistischer Sophist denunziert, der durch neumodische jugendverderbende Erziehungsideale und Wortverdrehungskünste sein subversives Unwesen in der Polis treibt. So lässt Aristophanes Sokrates etwa sagen: «Die Wolken sind unsere Götter», «Es gibt keinen Zeus», «Kein anderes göttliches Wesen existiert denn allein diese heiligen Drei: das Chaos, die Wolken, die Zunge.»[13]

An öffentlichen Angelegenheiten beteiligt Sokrates sich nur insoweit, wie es für einen athenischen Bürger Pflicht ist, er nimmt während des Peloponnesischen Krieges an drei Feldzügen teil: bei Potidäa, bei Delion und bei Amphipolis. Bei Potidäa rettet er dem verwundeten Alkibiades das Leben. Als Prytane (Ratsherr) widersetzt er sich 406 v. Chr. unter Selbstgefährdung einer ungesetzlichen Hinrichtung von zehn Feldherren («Damals war ich der einzige Prytane, der sich gegen dieses gesetzwidrige Verfahren erklärte, und obschon die Stimmführer drauf und dran waren, meine Verhaftung und Abführung durchzusetzen, und ihr lärmend beistimmtet, glaubte ich doch lieber im Bunde mit Gesetz und Recht allen Gefahren trotzen zu müssen als aus Furcht vor Gefängnis und Tod mich euch und euren widergesetzlichen Beschlüssen anzuschließen», Apol. 32b). Unter dem Schreckensregiment der Dreißig Tyrannen (404/403 v. Chr.) leistet Sokrates unter Lebensgefahr einem Befehl, jemanden zu einer ungesetzlichen Hinrichtung abzuholen, Widerstand.

Im Jahr 399 v. Chr. wird ihm im Alter von 70 Jahren der Prozess gemacht, die Anklage lautet: «Sokrates handelt erstens gesetzwidrig, da er nicht an die Götter glaubt, die der Staat anerkennt, sondern andere neue Gottheiten einführt; er handelt zweitens gesetzwidrig, da er die Jünglinge verdirbt.»[14] Das Urteil lautet Todesstrafe durch Gift. Eine ihm angetragene Flucht schlägt er aus, weil sie die Gesetze untergraben würde, auf die das Gemeinwesen angewiesen ist («Nicht das Leben ist das zu erstrebende höchste Gut, sondern das gute Leben», Krit. 48b). In seiner Gefängniszeit philosophiert Sokrates noch mit Freunden und versucht, die Fabeln des Äsop in Verse zu bringen.

Platon schildert im *Phaidon* die Sterbeszene seines Lehrers: Er setzte «den Becher an und trank ihn wohlgemut und ruhig aus. Von uns aber waren die meisten bis dahin leidlich imstande gewesen, die Tränen zurückzuhalten, doch als wir ihn trinken und mit dem Tranke fertig sahen, da nicht mehr, sondern auch mir selbst, so sehr ich mich auch wehrte, brachen die Tränen stromweise hervor, so daß ich mein Antlitz verhüllte und weinte – um mich; denn nicht um ihn, sondern um mein Geschick, daß ich eines solchen Freundes beraubt sein sollte!» (Phaid. 117c)

Der göttliche Auftrag

Sokrates steht wegen religiösen Frevels und Irreführung der Jugend vor Gericht. Er verteidigt sich gegen verleumderische Anschuldigungen und will darlegen, was seine wirkliche Beschäftigung ist, auch wie er dazu kam. Platons *Apologie*, einer der Haupttexte, ist eine idealisierende Darstellung der Verteidigungsrede des Sokrates, die den Philosophen zu einer vorbildlichen philosophischen Existenz stilisiert. Der Text stellt ein Selbstbild dar, das Sokrates von sich zeichnet, aber es bleibt immer Platon, der Sokrates dieses Selbstbild zeichnen lässt. Der historische Sokrates bleibt undeutlich im Dunkeln.

Sokrates beruft sich in der Gerichtsverhandlung auf einen Gott, auf Apollon, in dessen Auftrag er sein Leben und das der anderen prüft. Der verstorbene Freund Chairephon war einst so kühn, das Orakel in Delphi, das Heiligtum des Gottes, zu fragen, ob jemand weiser sei als Sokrates. Die Pythia, die gotterfüllte Priesterin, verkündet die Verneinung: «Es sei niemand weiser als Sokrates.» (Apol. 21a)

Der Orakelspruch ist rätselhaft. Ihm einfach zuzustimmen, gibt für Sokrates keinen Sinn, da er sich selbst nicht für weise hält. Um das Orakel zu erforschen, unterzieht er alle die, die im Ruf der Weisheit stehen, einer intensiven Prüfung. Es sind vor allem Staatsmänner, Dichter und Handwerker. Er will dem Orakel dadurch auf den Grund gehen, dass er die Richtigkeit der Aussage des Gottes durch ein lebendiges Gegenbeispiel zu widerlegen sucht: «Siehe, dieser da ist weiser als ich, und du hast doch mich dafür erklärt.» (Apol. 21c)

Nach vielen beharrlichen Unterredungen mit den Bürgern Athens, einer «wahren Kette von Mühseligkeiten», kommt er zu dem Resultat, dass es mit ihrer Weisheit nicht weit her ist. Sie halten einige ihrer Kenntnisse und Fertigkeiten schon für die Weisheit, obwohl sie kein rechtes Wissen von ihnen haben. Zwar weiß auch Sokrates nicht mehr als sie, aber er weiß immerhin um seine Unwissenheit: «Diesem Mann bin ich allerdings an Weisheit überlegen; denn wie es scheint, weiß von uns beiden keiner etwas Rechtes und Ordentliches, aber er bildet sich ungeachtet seiner Unwissenheit ein, etwas zu wissen, während ich, meiner Unwissenheit mir bewußt, mir auch nicht einbilde etwas zu wissen. Es scheint also, ich bin doch noch um ein kleines Stück weiser als er, nämlich um dies: was ich nicht weiß, das bilde ich mir auch nicht ein zu wissen.» (Apol. 21d) Der Satz «Ich weiß, dass ich nichts weiß» fasst dieses Resümee verkürzt, aber pointiert zusammen. (Vgl. Apol. 20d–23b)

Infolge dieser Untersuchungen, die dem Gott geweiht sind, macht sich Sokrates nicht nur weisheitsliebende und -suchende Freunde, sondern auch gefährliche Feinde. Geistig bloßgestellt als Menschen, die sich ihre Weisheit bloß einbilden, wenden viele von ihnen jetzt nicht etwa kritisch den Blick auf sich selbst, sondern leisten ihrer ausstehenden Selbstbesinnung Widerstand. Sie flüchten sich in Verleumdungen oder sie betreiben gar voller Hass gerichtlich Sokrates' Verurteilung und Vernichtung.

Wissen und Scheinwissen

> «*Der Scholar*: Zum Henker auch! Wer klopft da an die Tür?
> *Strepsiades*: Strepsiades, Sohn Pheidons, von Kikynna.
> *Scholar*: Du roher Mensch, bar aller Zucht des Denkens,
> So barsch zu klopfen! – Ein Begriff, soeben
> Im Werden, ward durch dich zur Fehlgeburt. […]
> *Strepsiades*: Mach auf! Geschwind! Mach auf die Denkerei!
> Ich muß, ich muß ihn sehn, den Sokrates!»
>
> Aristophanes, *Die Wolken*[15]

Worin genau bestehen die Untersuchungen und Prüfungen der Weisheit? Zur Verdeutlichung ist Platons Dialog *Laches* gut geeignet. Sokrates, den philosophisch nur ethische Sachverhalte interessieren, fragt den Feldherren Laches, der es doch wissen muss, was die Tapferkeit ist. Der erfahrene Krieger weiß über diese Tugend auch gleich Bescheid und antwortet ohne zu zögern: Wer standhaltend in Reih und Glied gegen die Feinde kämpft, ist tapfer.

Sokrates erhebt Einspruch. Er hat nicht nach einem Beispiel gefragt, sondern es geht ihm um den allgemeinen Begriff der Tapferkeit. Das, was unter der Tapferkeit verstanden wird, schließt mehr ein als ein einziges Beispiel. Ein Reiter etwa kämpft wegen seiner Beweglichkeit anders als ein schwerbewaffneter Fußkämpfer und ist auf andere Weise tapfer. Auch gibt es nicht nur Tapferkeit im Krieg, sondern ebenso in der Politik, der Krankheit, der Armut. Desgleichen gibt es im Meistern von Schmerz, Furcht, Begierde tapferes

Verhalten. Sokrates verdeutlicht Laches, der die ganze Art der Frage zunächst nicht versteht, dass er danach fragt, was in allen diesen verschiedenen Beispielen von Tapferkeit das Gemeinsame ist. Nach diesem Identischen ist gefragt, es soll als das Wesen der Tapferkeit begrifflich bestimmt werden. Sokrates fordert Laches erneut auf: «Versuche also noch einmal von der Tapferkeit anzugeben, wodurch sie in allen diesen Beziehungen ein und dasselbe ist.» (La. 191e) Laches' zweite Antwort lautet daraufhin, Tapferkeit sei eine gewisse Beharrlichkeit der Seele. Wieder erhebt Sokrates Einspruch. Er wendet ein, dass nicht jede Beharrlichkeit tapfer genannt werden kann. Es gibt beispielsweise ein Beharren auf unsinnigen Dingen, etwa in der Verschwendung oder im Geiz. War die erste Begriffsbestimmung zu eng, so ist die zweite zu weit gefasst.

Auch Laches' dritte Antwort, Tapferkeit sei vernünftige Beharrlichkeit, wird als zu weit gefasst zurückgewiesen. Sokrates konfrontiert auch die weiteren Definitionsversuche mit unvereinbaren Gegenbeispielen oder Gegenargumenten, wodurch die gemeinsame Suche nach dem wahren Allgemeinbegriff vorangetrieben wird. Weil aber keine der vorgeschlagenen Antworten der Überprüfung standhält, endet der ganze Dialog, wie andere frühe Dialoge von Platon auch, in Ratlosigkeit (Aporie) und wird ohne festes Resultat abgebrochen. In diesem Fall verabreden sich die Teilnehmer freundschaftlich, das Gespräch am nächsten Morgen fortzusetzen. «Wir haben den Begriff der Tapferkeit nicht gefunden.» (La. 199e)

Sokrates lenkt das Denken auf ethische Sachverhalte. Das Wissen um die in Frage stehenden Tugenden scheint wie selbstverständlich im allgemeinen sittlichen Bewusstsein vorhanden zu sein. Im Hinblick auf die Allgemeinbegriffe aber, auf die begriffliche Reflexion, deckt Sokrates ein gedankenloses Nichtwissen, ein achtlos und voreilig dahingesprochenes Scheinwissen auf.

Es ist Sokrates, der zum ersten Mal gezielt die Frage stellt: Was ist das? Was ist das, die Tapferkeit, die Frömmigkeit, die Gerechtigkeit? Er ist der Entdecker dieser Was-ist-das-Frage. Mit ihr soll auf das Was, auf das begrifflich zu bestimmende Wesen der Sache hingeführt werden. Sokrates lässt gewissermaßen die Allgemeinbegriffe

durch den methodischen Prüfvorgang der Was-ist-das-Frage «ganz
durch sich selbst und aus sich selbst» (Theät. 150d) zuallererst zur
Welt kommen: in die Welt des subjektiven Bewusstseins.

Die Hilfestellung, die er bei diesem Vorgang durch seine Fragen
und Einwände leistet, vergleicht er mit der Tätigkeit seiner Mutter,
die Hebamme war. Seine Hebammenkunst (Mäeutik) jedoch entbin-
det die Seelen der Männer und nicht die Leiber der Frauen. Auch die
gebärenden Männer leiden an Wehen. Sie werden Tag und Nacht
von «Zweifelsschmerzen» geplagt, die er mit seiner Geburtshilfe wecken und auch stillen kann. Vor allem aber trägt Sokrates Sorge,
dass die gebärende Seele den wahren Begriff und nicht bloß ein
Windei zur Welt bringt: «Der wichtigste Teil aber meiner Kunst ist
die Fähigkeit, auf jede Weise zu prüfen, ob der Geist des Jünglings
eine Schein- oder Lügengeburt zutage bringt, oder etwas Echtes und
Wahres. [...] Ich selbst bin unfruchtbar an Weisheit. [...] Zu ent-
binden zwingt mich der Gott, selbst aber zu gebären, hat er mir ver-
sagt.» (Theät. 150c)

Apologie

«Setzet einmal den Fall, ihr sprächet mich jetzt frei und
[...] hättet mir erklärt: [...] doch nur unter der Bedingung, daß du dich nicht mehr mit dergleichen Untersuchungen abgibst und der Weisheitsliebe frönst: wirst du
dabei ertappt, dann ist dir der Tod gewiß. Wenn ihr also,
wie gesagt, unter dieser Bedingung mich freisprächet, so
würde ich euch erwidern: Meine Mitbürger, eure Güte
und Freundlichkeit weiß ich sehr zu schätzen, gehorchen
aber werde ich mehr dem Gotte als euch, und solange ich
noch Atem und Kraft habe, werde ich nicht aufhören der
Wahrheit nachzuforschen und euch zu mahnen und
aufzuklären und jedem von euch, mit dem mich der Zufall
zusammenführt, in meiner gewohnten Weise ins Gewissen
zu reden: Wie, mein Bester, du, ein Athener, Bürger der
größten und durch Geistesbildung und Macht hervorra-
gendsten Stadt, schämst dich nicht, für möglichste
Füllung deines Geldbeutels zu sorgen und auf Ruhm und

Ehre zu sinnen, aber um Einsicht, Wahrheit und möglichste Besserung deiner Seele kümmerst du dich nicht und
machst dir darüber keine Sorge?»

Platon, *Apologie des Sokrates* (Apol. 29c–e.)[16]

In der ersten seiner insgesamt aus drei Teilen bestehenden Verteidigungsrede vor dem Geschworenengerichtshof führt Sokrates aus,
wie er gegen das in Athen herrschende Scheinwissen vorgeht, gegen
die Unwissenheit, die in der Einbildung besteht zu wissen, was man
nicht weiß. Mit dieser kritischen Untersuchung, so erklärt er seinen
501 Richtern, folgt er der Weisung des Gottes, der ihn offenbar auf-
fordert, sein Leben der Wahrheitsforschung zu widmen. In beständiger Wanderung durch die Stadt mahnt er die Menschen, jung und
alt, Einheimische wie Fremde, «weder das körperliche Wohl noch
die Sorge für Hab und Gut höher zu stellen und eifriger im Auge zu
haben als das Wohl der Seele und ihre möglichste Besserung» (Apol.
29e). Diese Tätigkeit der Prüfung (*élenchos*) und der Mahnung (*pro-
treptikós*) habe auch sein rätselhaftes Daimonion, seine innere «göttliche Stimme» indirekt bestätigt, weil sie ihn nicht wie sonst bei falschen Handlungen wegen eines unguten Ausgangs gewarnt hat,
sondern zustimmend schwieg.

Ihm selbst, so Sokrates, komme keine Weisheit zu, nur der Gottheit. Sie philosophiert nicht und begehrt nicht, weise zu sein, sie ist
es schon. Der Orakelspruch aus Delphi kann nur besagen, dass die
menschliche Weisheit wenig bedeutet. Der Gott scheint ihn nur als
Beispiel zu nennen, so als wollte er sagen: «Derjenige unter euch, ihr
Menschen, ist der Weiseste, der wie Sokrates erkannt hat, daß seine
Weisheit keinen Heller wert ist.» (Apol. 23b)

Sokrates warnt die Richter. Falls sie ihn töten, werden sie es
sein, die gottlos handeln, indem sie ein ihnen von Gott gewährtes
Geschenk vernichten. Er ist durch seinen göttlichen Auftrag gewissermaßen der Stadt als Erziehungsmaßnahme überantwortet worden. Athen gleicht nämlich einem großen edlen Pferd, das aber wegen seiner Größe zur Trägheit neigt und deshalb des Ansporns
bedarf: «So hat denn der Gott auch mich der Stadt beigegeben als

einen Mann, der nicht müde wird euch zu wecken, zu mahnen, zu schelten, kurz, der den ganzen Tag euch überall auf dem Nacken sitzt.» (Apol. 31a) Zweck seiner aufstachelnden Menschenprüfung ist ein allgemeines Aufwachen der Polis, das Hellwachwerden eines jeden Einzelnen. Keiner soll mehr vor sich hindämmern und sein weiteres Leben verschlafen, sondern jeder soll sich – aufgerüttelt durch die Erfahrung des Wissens um das Nichtwissen – um ein auf eigene Einsicht gegründetes gutes Leben sorgen. Viele Richter und viele Anwesende sind empört, dass Sokrates derart kompromisslos dem Gericht die Stirn bietet. Weder bekennt er sich schuldig, noch zeigt er Reue, noch appelliert er an das Mitgefühl, noch zeigt er Angst vor dem Tod. Er ist auf keinen Fall bereit, sein Verhalten zu ändern. Das Gericht spricht ihn mit 280 zu 221 Stimmen für schuldig.

Wie es das Gerichtsverfahren vorsieht, wird Sokrates aufgefordert, das Strafmaß selbst festzulegen. Mit seiner zweiten Rede provoziert er endgültig die Todesstrafe. Als selbsternannter «Wohltäter der Stadt» plädiert er für eine Ehrenspeisung im Prytaneion (Amtssitz der Ratsherren). Das, so erklärt er, entspricht sowohl seinem Verdienst für die Polis, wie auch seinen bedürftigen Lebensumständen. Jedenfalls erscheint ihm diese Speisung für seine Person weit angebrachter zu sein als für die olympischen Spieler, die allein schon wegen schnell galoppierender Pferde diese Ehrung erlangen, obwohl sie doch mit ihrem Sieg nur ein scheinbares Glück erzeugen. Ersatzweise bietet er noch eine lächerlich geringe Geldstrafe an. Da er nichts besitzt, kann er auch nichts verlieren. – Daraufhin sprechen sich weitere 80 Richter gegen ihn aus. Das Urteil lautet Tod durch den Schierlingsbecher.

Im dritten Teil seiner Rede, seinem Abschiedswort, sagt Sokrates, «daß es für einen rechtschaffenen Mann kein Übel gibt, weder im Leben noch im Tod, und daß seine Sache von den Göttern nicht im Stich gelassen wird» (Apol. 41d). Entweder ist der Tod eine Art empfindungsloses beschwerdefreies Nichtsein oder, wie die Überlieferung sagt, eine Übersiedlung der Seele von hier nach einem anderen Ort. Beides wäre ein wunderbarer Gewinn. Vor allem das Letz-

tere würde die unbeschreibliche Glückseligkeit bedeuten, im Hades
die wahrhaft Großen und Rechtschaffenen anzutreffen, etwa Orpheus, Hesiod oder Homer. Der Höhepunkt aber wäre, die philosophische Existenz auch nach dem Tod fortzusetzen und das auch in
der Unterwelt vermutete Scheinwissen nunmehr ungehindert ent-
larven und reflektieren zu können: «Für mich hätte der Aufenthalt
dort noch seinen ganz besonderen Zauber: [...] seine Aufgabe darin
zu sehen, daß man die dort Weilenden ausforsche und prüfe wie die
Menschen hier auf Erden, wer von ihnen weise sei und wer es zu sein
glaube, ohne es doch zu sein. [...] Und so viel wenigstens ist doch
ganz sicher: dort verhängt man nicht wegen solcher Unterredungen
die Todesstrafe.» (Apol. 41b–c)

Die Frage nach dem Guten

«Nicht jetzt nur, sondern schon immer habe ich ja das an
mir, daß ich nichts anderem von mir gehorche als dem
Satze, der sich mir bei der Untersuchung als der beste
zeigt.»

Platon, *Kriton* (Krit. 46b)

Sokrates hat das ethische Denken revolutioniert. Er stellt zum ersten Mal die Was-ist-das-Frage, die Frage nach den Allgemeinbegriffen. Was ist das, «die» Tapferkeit, «die» Frömmigkeit, «die» Gerechtigkeit? Was ist das, was diesen einzelnen Tugenden das Gemeinsame,
das Identische ist: Was ist «die» Tugend, die gute Eignung und Vollkommenheit im menschlichen Handeln? Durch diese Fragestellung
wird der Gesprächspartner weggeführt von zufälligen Eigenschaften
einzelner Handlungen und auf das gemeinsame Was, auf das Wesen
des Guten hingeführt, dessen Begriff bestimmt werden soll. Der Begriff wird bei Sokrates erstmalig ausdrücklich als Begriff reflektiert
und inhaltlich im Hinblick auf das Gute erforscht.

Bevor es die Entdeckung der Was-ist-das-Frage gab, gab es ein
vielfaches Wissen über tugendhaftes Handeln, sei es das herkömm-

lich traditionelle Wissen der Polis, sei es das zeitgenössisch aufklärerische Wissen der Sophistik. Die Athener, denen Sokrates begegnet, sind ganz offenkundig wissend. Sie haben meist viel gelernt, sie sind erfahrene Meister ihres Fachs, sie kennen sich in ihrer Lebenswelt aus und wissen viel über gute Eignungen und rechtschaffenes Handeln – aber sie haben keinen Begriff von ihrem Wissen. Über die Begriffsbestimmungen des Guten, nach denen sie gefragt werden, wissen sie nichts. Sie gleichen hierin Sokrates, der allerdings um dieses Nichtwissen weiß und deshalb sagen kann, ich weiß, dass ich nichts weiß.

Sokrates ist ein Suchender. In vielen ernsten Gesprächen prüft er die Meinungen und Argumente seiner Mitbürger und ermahnt sie ob ihres Scheinwissens und ihres Hochmuts. Der Einzelne soll sich nicht eher um sein materielles Wohl kümmern, bevor er sich nicht um sich selbst gesorgt hat, darum, wie er vernünftiger und besser werden kann. Sokrates sucht und forscht durch hartnäckiges Ausfragen und Überprüfen der Entgegnungen nach ethischen Allgemeinbegriffen. Durch die angestrebten hieb- und stichfesten Definitionen dessen, was allen möglichen Beispielen von Tugenden das Gemeinsame, das Wesentliche ist, will er die allgemeine moralische Verbindlichkeit wiederherstellen, die durch die Sophisten erschüttert wurde.

Die sokratische Fragemethode zerbricht das herkömmliche, selbstverständliche und vertraute Orientierungs- und Handlungswissen mit der Intention, es auf dem ausdrücklich bewussten Wissen des Begriffs ganz neu zu errichten und abzusichern. Sokrates intellektualisiert dadurch das Handeln. Das tugendhafte Handeln lässt sich vom Begriff, vom Wesenswissen der Tugend nicht mehr trennen. Die Tugend als Handlung vollendet sich nunmehr erst, wenn sie in die Form des Wissens übergeht. Die Fremdvermittlung von Wissen wird ersetzt durch Selbsteinsicht. Auf dieser Umwälzung, bei der nur noch die Handlung als gut gilt, die aus eigener Einsicht erfolgt, beruht der Sokratische Satz, dass die Tugend ein Wissen ist.

Das eigene Denken, die Subjektivität wird Geburtsstätte einer neuen ethischen Wahrheit. Auch einige Sophisten hatten sich schon von den vorherrschenden Bindungen an Religion und Sitte zu lösen begonnen, indem sie die Subjektivität des Einzelnen zum alleinigen Kriterium erhoben. So erklärte Protagoras den Menschen zum Maß aller Dinge. In dieser grundsätzlichen Neugewichtung der Subjektivität gegenüber der Tradition liegt eine gewisse Ähnlichkeit und Überschneidung mit Sokrates. Der entscheidende Unterschied ist jedoch, dass die Erforschung der Subjektivität bei Sokrates auf etwas Sicheres und Festes abzielt. Gerade aus der individuellen Subjektivität wird der Begriff herausgefragt, aber nicht als individueller, relativer, beliebiger, sondern als allgemeingültiger. Im Selbstvollzug des subjektiven Denkens soll das für alle Menschen wahre Gute gleichsam wie ein kostbarer Schatz geborgen werden. Ein jeder muss nach dem Guten fragen. Alle müssen durch sich selbst, durch ihr Denken zur Wahrheit gelangen. Es gilt, in der Subjektivität unbezweifelbare Objektivität freizulegen.

Die Neuerung des Sokrates besteht in der Aufgabe, prinzipiell alle Vorstellungen des Sittlichen, die in der Polis herrschen, durch die begriffliche Prüfung des Individuums hindurchzuschleusen. Der damit verbundene Bedeutungszuwachs des Individuums, der geistige Individualisierungsprozess gilt als gut, weil er jeden Einzelnen moralisch aufweckt und in seiner Verantwortung zuallererst hellwach macht. Die bei Sokrates nur implizit ausgesprochene Radikalität dieses Umwandlungsprozesses wird durch die dritte Rede der Apologie noch unterstrichen, wenn sie entmythologisiert gelesen wird. Vordergründig hofft Sokrates im Sinn der Volksfrömmigkeit, nach seinem Tod im Hades tatsächlich Homer und «tausend anderen» Großen zu begegnen, seine philosophische Existenz dort fortzusetzen und ihrer aller Weisheit auszuforschen. In Wirklichkeit hat er die Autorität der Tradition mit diesem Bild schon untergraben und weit hinter sich gelassen. Er bringt nur noch in bildhaft mythologischen Einkleidungen sein Anliegen zum Ausdruck, ausnahmslos das gesamte bisherige Denken einer methodisch durchgeführten Gesamtkritik zu unterwerfen, um eine neue Form des sittlichen Bewusstseins zu errichten. Niemand soll in Gegenwart und Vergangenheit von der Mahnung und Prüfung verschont werden, bemerkenswerterweise nicht einmal seine eigenen Söhne, also auch nicht in Zukunft seine Nachfahren. Sokrates erkühnt sich gleichsam, sich dem Wissen der geistigen Welt aller Zeiten mit seinem wissenden Nichtwissen entgegenzustemmen, Wider-Spruch einzulegen, damit wahres ethisches Wissen als ausdrücklich gewusstes in die Welt kommt und aus ihr nicht mehr wegzuschaffen ist. In dieser wuchtigen universellen Konsequenz freilich wird er sein philosophisches Tun, das er lediglich im Hinblick auf seine Polis thematisiert, selbst nie explizit gesehen haben.

Das unmittelbare sittliche Empfinden gilt nicht mehr wie früher, sondern muss sich vor dem Begriff rechtfertigen. Hegel hat diesen von Sokrates initiierten Wendepunkt aufschlussreich charakterisiert als Umschlag der unbefangenen Sittlichkeit in reflektierte Moralität: «Der moralische Mensch ist nicht der, welcher bloß das Rechte will und tut, nicht der unschuldige Mensch, sondern der, welcher das Bewußtsein seines Tuns hat.» (Hegel, PG, 329) Moralität meint hier die mit Reflexion verbundene Sittlichkeit. Das Denken muss alles untersuchen, durch das Denken muss alles hindurch. Hegel nennt Sokrates, der für ihn die interessanteste Figur des Altertums ist, daher den «*Erfinder* der Moral» (PG, 329) und stellt ihn als «welthistorische Person» (GP I, 441) heraus.

Die sokratische Methode des dialogischen Rechenschaftablegens lenkt das Denken auf das Denken, richtet die Aufmerksamkeit auf den Selbstbezug. Das Fragen nach dem Was der ethischen Begriffe muss sich dem jeweiligen Einwand des Nichtwissens stellen und allen Bestreitungen zum Trotz ein besseres Argument entgegensetzen. Der Prozess der Urteilsbildung wird dadurch aufrecht und offen gehalten. Das europäische Modell des argumentativen Denkens ist – auch als wissenschaftliches Ideal – durch diese ständige Erneuerung des Dialogs, sei es mit realen Personen, sei es im inneren Zwiegespräch, prinzipiell in Kraft gesetzt.

Ist das argumentative Denken erst einmal eingerichtet, dann entscheidet über den inhaltlichen Ausgang nur noch das beste Argument, die Rede des besten Logos. Sokrates' innere Stimme, das Daimonion, das nur bedingt mit dem sittlichen Gewissen gleichgesetzt werden kann, trägt zur inhaltlichen Erkenntnis nichts bei. Was er zu tun hat und was nicht, sagt ihm sein Logos. Auf einer Herme des Sokrates lautet eine Inschrift: «Nicht nur in diesem Augenblick, sondern mein ganzes Leben lang halte ich es so, daß ich nichts anderem gehorche als dem Logos, der sich mir in der Untersuchung als der beste erweist.»[17] In der Übersetzung von Friedrich Schleiermacher heißt diese entscheidende Stelle aus Platons *Kriton* (46b): «Nicht jetzt nur, sondern schon immer habe ich ja das an mir, daß ich nichts anderem von mir gehorche als dem Satze, der sich mir bei der Untersuchung als der beste zeigt.» Das argumentative Denken, die Maßgabe des besten Arguments, wird zum neuen Ideal der Wissenschaft. Nietzsche sieht daher zugespitzt, wenn auch mit Zivilisationskritik verbunden, im Bild des furchtlos sterbenden Sokrates «das Wappenschild [...] über dem Eingangsthor der Wissenschaft».[18]

Die philosophische Auseinandersetzung mit Sokrates, das Bewusstwerden des eigenen Nichtwissens, ist eine schmerzhafte geistige Erfahrung, die Platon mit dem elektrischen Schlag eines Zitterrochens vergleicht (Men. 80c). Das alte Wissen trägt nicht mehr, ein neues ist noch nicht gefunden. Sokrates scheitert mit seinen Versuchen, Allgemeinbegriffe der Tugenden zu definieren. Die frühen Dialoge, die den historischen Sokrates noch am authentischsten zeigen, enden in Aporien, in Schwierigkeiten ohne Ausweg. Platon erinnert vielleicht auch an dieses Scheitern, wenn er rückblickend in späterer Zeit seinen Lehrer sagen lässt: «Mit meiner Weisheit steht es flau und zweifelhaft», sie gleicht einem «Traumbild» (Symp. 175e). Die Begriffe bleiben im letzten Sinn unbestimmt. Dennoch ist sein fragendes Suchen von grundsätzlichen ethischen Überzeugungen durchdrungen oder durchmischt, beispielsweise dass man nie anderen schaden darf. Diese Grundeinsichten sind aber begrifflich nicht restlos geklärt. Die Apodiktizität, mit der er sie formuliert, ist mit dem Anspruch seiner radikalen philosophischen Kritik nur schwer zu vereinbaren. Sokrates hat keine Lehre hinterlassen, die sein methodisches Nichtwissen aufgehoben hätte.

Was wie ein Scheitern der Begriffsbestimmungen aussieht, ist aber gerade das Gelingen einer neuen Form der ethischen Reflexion. Der unabschließbare Prüfvorgang der Begriffe führt zu einer Verinnerlichung der Sittlichkeit. Die herkömmliche Sittlichkeit als äußere Gegebenheit des Zusammenlebens wird umgestellt auf die aktiv geforderte Prüftätigkeit des inneren subjektiven Bewusstseins. Das Individuum steht jetzt vor der prinzipiell selbst zu verantwortenden Aufgabe, für die Bestheit seiner sittlichen Belange aufgrund der eigenen Denkanstrengung zu sorgen. Dieser Selbstbezug, diese «Sorge um die Seele», wie Sokrates das Sichbeziehen des Bewusstseins auf sich selbst nennt, ist nicht subjektivistisch oder bloß eigennützig gemeint. Er vollzieht sich vielmehr im Vertrauen darauf, dass sich im dialoghaften argumentativen Denken allgemeingültiges Wissen um das Gute aufdecken lässt. Tugend ist das Streben nach diesem neuen, im Handeln gelingenden Wissen. Wer das Gute aus tiefster eigener Einsicht und Überzeugung kennt, der richtet sich nach ihm aus. Das Böse oder Schlechte ist bedingt durch Gedankenlosigkeit, Scheinwissen oder Selbsttäuschung, Tugend dagegen ist Wissen.

Sokrates lehrt nicht, er trichtert nicht ein, sondern er fragt aus seinen Gesprächspartnern heraus. Bei dieser Methode, seiner geistigen Hebammenkunst, geschieht etwas Umwälzendes. Indem er die Aufmerksamkeit auf die Geburt des Begriffs lenkt, biegt Sokrates das Denken mit vollster Bewusstheit auf das Denken selbst zurück. Das Denken erforscht sich dadurch selbst und wird sich im Laufe der philosophischen Untersuchung seiner selbst bewusst. In dieser Selbstreflexion spiegelt sich das Denken in sich selbst. Hegel nennt diesen neuartigen Wendepunkt in der Philosophie daher «die Reflexion des Bewußtseins in sich selbst» (GP I, 468).

Im westlichen Denken entsteht eine historisch bis dahin noch nie dagewesene Bewusstheit, Helligkeit, Lebendigkeit, Freiheit des Geistes. Erstmals macht sich dieses Sich-seiner-selbst-Bewusstwerden des menschlichen Denkens selbst zum Gegenstand einer philosophischen Erforschung und zur Grundlegung der Wahrheit. Es ist dies die eigentliche Entstehung der europäischen Philosophie, der wirkliche Durchbruch der geistigen Revolution, die sich in der Vorsokratik, vor allem aber in der Sophistik bereits angebahnt hat. Reflexives Wissen richtet sich, allgemein gesagt, nicht nur auf einen Gegenstand, der erkannt werden soll, sondern auch auf das Denken, das den Gegenstand erkennt.

Sokrates gelingt dieser Durchbruch bei seinen Definitionsversuchen von allgemeingültigen ethischen Begriffen, auch wenn diese Versuche zu keinem befriedigenden Abschluss kommen, sondern ausweglos enden. Entscheidend ist, dass durch die Entdeckung des reflexiven Wissens die moralische Lebensführung von Grund auf verändert wird. Der Einzelne ist jetzt damit konfrontiert, selbstverantwortlich zu handeln und seine Entscheidungen zuallererst sich selbst gegenüber verbindlich zu begründen. Sokrates' lebendiges Philosophieren ist durchdrungen von einem unerschütterlichen Glauben an die ethische Selbstreflexion. Nur ein Leben, das seine eigene geistige Führung übernimmt, ist zum Leben gut geeignet. «Ein Leben ohne Selbstprüfung verdient nicht gelebt zu werden.» (Apol. 38a, übers. von Schleiermacher)

Für Sokrates hängen moralische Entscheidungen vom reflektierten Erwerb des eigenen Wissens ab, dessen Allgemeingültigkeit von jedem Einzelnen argumentativ geprüft werden muss. Sokrates hat also nicht selbstgefällig eine fertige Moral hinter sich, sondern die Reflexion auf Moral offen vor sich. Die Sorge um die Seele ist ethische Selbstreflexion.

Den Tod vor Augen

«Ich behaupte, Sokrates habe die größte Ähnlichkeit mit jenen hockenden Silenen in den Bildhauerwerkstätten, wie sie von den Meistern der Kunst mit Hirtenpfeifen oder Flöten im Munde dargestellt werden: mit einer Doppeltür versehen, bergen sie, wie sich zeigt in ihrem Inneren Götterbilder. [...] Auch seine Reden gleichen ganz jenen Silenen, wenn man den Deckel aufklappt. Denn wer des Sokrates Reden hören will, dem erscheinen sie zuerst wohl lächerlich; sie sind äußerlich in Worte und Ausdrücke

gehüllt wie in das Fell eines übermütigen Satyrs. Denn
von Lasteseln spricht er und von Schmieden und Schu-
stern und Gerbern, und über denselben Gegenstand
scheint er immer dasselbe zu sagen, so daß jeder Unkun-
dige und Geistesarme über seine Reden lachen muß.
Öffnet man aber den Verschluß und vertieft sich in das
Innere, so wird man zunächst finden, daß es die einzig
wirklich vernünftigen Lehren sind, sodann aber auch, daß
sie die göttlichsten sind und die meisten Bilder der
Tugend in sich bergen und das weiteste Gebiet, ja alles
umspannen, worauf derjenige sein Augenmerk richten
muß, der ein trefflicher und tüchtiger Mensch werden
will.»

Alkibiades über Sokrates in: Platon, *Symposion*
(Symp. 215b und 221d−222a)

Die Freunde drängen darauf, dass Sokrates aus dem Gefängnis flieht,
um der Hinrichtung doch noch zu entgehen. In dem kleinen Dialog
Kriton begründet Sokrates seine Entscheidung, nicht zu fliehen. Die
Flucht wäre ein Unrecht, weil sie die Gesetze Athens missachten
würde. Dass ihm selbst Unrecht widerfuhr, und zwar von den Richtern, nicht von den Gesetzen, ändert daran nichts. Unrecht, so ei-
nigt sich Sokrates in der Unterredung mit Kriton, ist weder zu tun
noch zu vergelten. Nicht das Leben ist am höchsten zu achten, sondern das gute Leben.

70 Jahre hat Sokrates in Athen zugebracht und von dem ihm frei-
stehenden Recht auf Auswanderung keinen Gebrauch gemacht. Die
Gesetze der Stadt wurden von ihm dadurch stillschweigend als bin-
dend anerkannt. Infolge dieser von ihm getroffenen Übereinkunft
weiß er sich dem Gemeinwesen Athens verpflichtet. Stünde es im
Belieben eines jeden, gegen das Recht zu verstoßen, wenn es dem
Eigennutz gerade dienlich ist, dann würde die Rechtsordnung zugrunde gerichtet werden. Sokrates weiß sich hierbei auf göttlichem
Weg. «Laß uns demgemäß handeln», lautet der letzte Satz des Dialogs, «da uns der Gott so leitet.» (Krit. 54a)

Hinter dem Nichtwissen zeichnet sich eine positive Überzeugung von ganz neuer Tiefe ab, ein weiterer Sokrates scheint hinter

dem rätselhaften Sokrates silenenhaft doppelbödig sichtbar zu werden. Im Gespräch mit Kriton, einem der letzten Dialoge vor seinem Tod, formuliert Sokrates ethische Grundsätze, die für sein ihm noch verbleibendes Handeln unbedingte Geltung beanspruchen. Ihre Prüfung besteht jetzt nicht mehr allein im Suchen nach dem besten Argument und Begriff, sondern in der existentiell extremsten Handlung: Im Standhalten des wissenden guten Tuns gegenüber dem drohenden Tod.

«*Sokrates*. In keinem Falle also darf man unrecht tun?
Kriton. Gewiß nicht.
Sokrates. Also auch der, dem Unrecht widerfahren ist, darf nicht wieder unrecht tun, wie die meisten glauben; man darf ja eben unter keinen Umständen unrecht tun.
Kriton. Nein, das darf man gewiß nicht.
Sokrates. Und weiter. Darf man Böses zufügen, Kriton, oder nicht?
Kriton. Kein Zweifel, man darf es nicht, Sokrates.
Sokrates. Wie nun? Böses zu erwidern, wenn einem Böses widerfährt, ist das, wie die meisten behaupten, recht oder unrecht?
Kriton. Unrecht, ganz entschieden.
Sokrates. Denn den Menschen Böses zufügen, heißt doch nichts anderes, als ihnen unrecht tun.
Kriton. Du hast recht.
Sokrates. Also weder erlittenes Unrecht vergelten noch Böses zufügen darf man irgendeinem Menschen, mag man auch noch so schwer von ihm zu leiden haben.» (Krit. 49b–c)

PLATON

«Die Idee des Guten muß erkannt haben,
wer einsichtig handeln will, sei es in persönlichen
oder in öffentlichen Angelegenheiten»[19]

Leben und Werk

Geboren 428/427 v. Chr. in Athen, gestorben 348/347 v. Chr. ebendort. – Philosoph, politischer Denker, Künstler der griechischen Prosa. – Sohn aus einem wohlhabenden aristokratischen Haus, seine Jugend fällt in die Zeit der höchsten Kulturblüte Athens, aber auch in den Peloponnesischen Krieg mit Sparta (431–404 v. Chr.), der mit der Kapitulation Athens endet, in jüngeren Jahren widmet er sich der Dichtkunst und verfasst Gedichte und Tragödien.

Die entscheidende Wendung von Platons geistigem Leben erfolgt durch die nähere Bekanntschaft mit Sokrates etwa vom 21. bis zum 28. Lebensjahr, der vertraute Umgang mit dem armen Handwerkersohn beeindruckt ihn tief: «Mir pocht, wenn ich ihn höre, das Herz, und Tränen werden mir ausgepreßt von seinen Reden» – Worte, die Platon in seinem *Symposion* dem Alkibiades in den Mund legt. Die Hinrichtung seines Lehrers und Freundes Sokrates im Jahr 399 v. Chr. wird für Platon zum Schlüsselerlebnis und radikalisiert seine Kritik an der herrschenden politischen Verwahrlosung. «Je mehr ich an Jahren heranreifte, desto mehr Bedenken stiegen in mir auf gegen die Richtigkeit meines Vorhabens, mich der Staatsverwaltung zu widmen. [...] Unser staatliches Leben bewegt sich nicht mehr in den Formen der altväterischen Sitten und Einrichtungen. [...] Und so sah ich mich denn zurückgedrängt auf die Pflege der echten Philosophie, der ich nachrühmen konnte, daß sie die Quelle der Erkenntnis ist für alles, was im öffentlichen Leben sowie für den Einzelnen als wahrhaft gerecht zu gelten hat. Es wird also die Menschheit, so erklärte ich, nicht eher von ihren Leiden erlöst werden, bis entweder die berufsmäßigen Vertreter der echten und wahren Philosophie zur Herrschaft im Staate gelangen oder bis die Inhaber der Regierungsgewalt in den Staaten infolge einer göttlichen Fügung sich zur ernstlichen Beschäftigung mit der echten Philosophie entschließen.» (Siebter Br. 325d–326b).

Platon unternimmt mehrere Reisen möglicherweise bis nach Ägypten, in Unteritalien sucht er den Gedankenaustausch mit pythagoreischen Denkern. In Syrakus fällt er in Ungnade beim Tyrannen Dionysios I., den er für seine politischen Überzeugungen zu gewinnen sucht. Er soll den König zurechtgewiesen haben, weniger auf seinen Nutzen als auf die Tugend zu achten («In zorniger Aufreizung erwiderte [der König]: ‹Deine Worte schmecken nach Altersschwäche.› Darauf Platon: ‹Und deine nach Tyrannenlaune.›»[20]), vielleicht wird er wegen dieser Konfrontation als Sklave verkauft und auf dem Sklavenmarkt in Ägina wieder freigekauft.

Etwa vierzigjährig gründet Platon vor den Toren Athens eine Schule, die er nach dem Bezirk des alten Heros Akademos «Akademie» nennt. Er reist zwei weitere Male nach Syrakus zu Dionysios II., aber alle Versuche scheitern, dort seine Staatsutopie, seine «Entwürfe für Gesetzgebung und Staatsordnung», zu verwirklichen («Ich wollte vor mir selbst nicht so schlechthin als ein bloßer Vertreter der Theorie erscheinen, der sich aus freien Stücken niemals an die Tat heranwage», Siebter Br. 328c). Platons Haupttätigkeit in der Akademie liegt nicht in der Abfassung der uns bekannten Dialoge, sondern in seinen mündlichen, uns nicht überlieferten Lehrvorträgen und Diskussionen, die Schriftstellerei gilt ihm als zweifelhafte Nebensache, als ein schönes Spiel, als edle Unterhaltung; das gesprochene Wort ist lebendig und beseelt, das geschriebene nur sein Schattenbild (Phaidr. 275c5–277a6), die schriftlich fixierten Dialoge sollen das Sokratische Gespräch wenigstens notdürftig nachbilden. Platon lehrt bis zu seinem Tod in der Akademie, die nahezu tausend Jahre bestehen bleibt; Kaiser Justinian lässt sie 529 n. Chr. als heidnische Lehrstätte schließen.

Platons gesamtes Œuvre zeichnet sich durch eine vielseitige Thematik aus. Zu seinen wichtigsten Werken, die sich grob in drei Gruppen einteilen lassen, gehören: 1. Frühe Dialoge: *Apologie* (Verteidigungsrede des Sokrates vor Gericht), *Kriton* (über das gute Handeln), *Protagoras* (Lehrbarkeit der Tugend, gegen die Sophisten), *Laches* (über Tapferkeit), *Gorgias* (über Rhetorik, gegen die Sophisten). 2. Mittlere Dialoge: *Menon* (über Tugend, Lehre von der Wiedererinnerung), *Phaidon* (über die Seele), *Der Staat* (Wesen und Wirkung der Gerechtigkeit beim Menschen und im Staat, Themen der gesamten Philosophie), *Phaidros* (über die Liebe, über das Schöne), *Das Gastmahl* (Lobreden auf den Eros, die Vollendung des guten Lebens in der Schau des Schönen), *Parmenides* (über die Ideen), *Theätet* (über das Wissen). 3. Späte Dialoge: *Sophistes* (über das Seiende), *Timaios* (Lehre vom Weltall), *Gesetze* (über Gesetzgebung). Von besonderer Bedeutung neben diesen auch zur Weltliteratur gehörenden Werken ist der *Siebte Brief*, in dem Platon seine gesamte Philosophie relativiert, indem er grundsätzlich die Möglichkeit einer schriftlichen Fixierung von philosophisch ernsten Dingen anzweifelt.

Das erste Zusammentreffen von Platon und Sokrates ist von einer Legende umrankt: «Sokrates habe geträumt, er halte auf seinem Schoße das Junge von einem Schwan, das alsbald befiedert und flugkräftig geworden, in die Lüfte emporgestiegen sei mit schallenden Jubeltönen; und tags darauf sei ihm Platon vorgeführt worden; da habe er gesagt, dies sei der Vogel.»[21]

Was ist der Mensch?

Platons großes Vorhaben ist die Vervollkommnung des Menschen durch die Philosophie. Diese Aufgabe ist wegen ihrer vielen Gesichtspunkte theoretisch und praktisch riesig, vor allem deswegen, weil für Platon das Sein des Menschen unabsehbar weit über seine empirische Erscheinung und Fassbarkeit hinausgeht. Er begründet daher eine neue Art von Wissenschaft, die Metaphysik, auch wenn sie bei ihm noch nicht so heißt. Kosmos, Staat und Individuum bilden auf verschiedenen Ebenen in ihrer Vielfalt eine Einheit. Für den Menschen ist diese Einheit aber zutiefst konflikthaft angelegt, da er sich für das Gute oder für das Schlechte entscheiden kann. Diesen Konflikt muss er in seiner eigenen Seele austragen. Die wahre Ordnung des Seins, ihre göttliche Natur, bleibt jedoch von den Entscheidungen des Menschen unberührt. Platon stößt bei diesen Untersuchungen in unentdeckte Dimensionen der Vernunft wie auch der noch unerforschten triebhaften Natur vor. Mitunter phantastisch und bizarr reichen seine nie ermüdenden, immer neuen theoretischen Anläufe sogar bis zu Entwicklungsstadien vor der Geburt und beziehen noch das Leben nach dem Tod mit ein. Die Ethik steht erneut vor der schon von Sokrates aufgeworfenen Frage: Ist der Mensch – der einzelne sowie der Staat, der als ein großer Organismus gilt – ein grässliches unfassbares Ungeheuer oder ein sanftes einsichtiges Wesen? Oder beides?

Gerade auch von dem Übel und dem Schlechten in der Welt empfängt Platon entscheidende Anstöße zu seinen philosophischen Reflexionen. Seine vielfältigen und grundlegenden Themen handeln u. a. von der Befreiung der Seele aus den Fesseln der Sinnlichkeit oder von dem Glück, das unbedingt Gute und Schöne in voller Wahrheit zu erkennen, oder von der Vision der Bildung des vollkommenen Zusammenlebens der Menschen in einem idealen Staat. Bei den meist dialogisch geführten Ausführungen ergänzen und steigern sich wechselseitig Philosophie und Dichtung, Begriff und Bild, Dialektik und Eros, Logos und gleichnishafte Mythenerzählung.

In Platons Denken ist eine beglückende Begeisterung, ein enthusiastisches Ausdrucksmoment eingeschrieben, das – von ihm wohlbedacht – über reduktionistische, sprachlich fixierte Resultate hinausdrängt. Selbst Nietzsche, einer der schärfsten Platon-Kritiker, weiß diesen ursprünglichen Impuls von geistiger Lebendigkeit und Beglückung noch zu würdigen: «Wer das fortwährende Jauchzen nicht hört», schreibt er in der *Morgenröte*, «welches durch jede Rede und Gegenrede eines platonischen Dialogs geht, das Jauchzen über die neue Erfindung des *vernünftigen* Denkens, was versteht der von Plato, was von der alten Philosophie?»[22]

Der überhimmlische Ort

> «Was indes den überhimmlischen Ort betrifft, so hat ihn weder bisher hienieden ein Dichter würdig besungen, noch wird das je geschehen. Es verhält sich aber damit so. Versuchen wenigstens muß man es, was wahr ist zu sagen, insbesondere wenn man von der Wahrheit reden will. Das farb- und gestaltlose und untastbare Sein, das wirklich ist, läßt sich allein von dem Geist, dem Steuermann der Seele, erschauen.»
>
> Platon, *Phaidros* (Phaidr. 246e–247c)

Die Ethik wird durch Platon erstmals durch eine Metaphysik, durch die Lehre von einer Überwelt, begründet. Jenseits von der Welt der sichtbaren und vergänglichen Dinge gibt es an einem «überhimmlischen Ort» (Phaidr. 247c) noch eine ganz andere Welt, eine für die sinnliche Wahrnehmung unsichtbare, höhere, vollkommenere, ewige Ordnung. Sie enthält die Grundgestalten und Maßstäbe alles Seienden, die Platon «Ideen» nennt. Das menschliche Gutsein ist nur durch eine umfassende Ausrichtung und Angleichung an diese wahre Welt zu erzielen.

Wir erinnern uns: Sokrates fragt mit seiner Was-ist-das-Frage nach dem Was, dem Wesen der Tugenden, das im Verlauf des Gesprächs begrifflich bestimmt werden soll, etwa nach dem Wesen der

Frömmigkeit. Gefragt wird nicht nach einem Beispiel für frommes Verhalten, sondern nach dem, was in allen möglichen Erscheinungsformen von Frömmigkeit das Gemeinsame – der Begriff – ist. Sokrates sucht den Begriff der Frömmigkeit ausdrücklich als Begriff zu definieren, also «das Wesen selbst, durch welches alles Fromme fromm ist» (Euthyph. 6d), zu erfragen.

Platon trennt dieses Wesen, diesen Begriff, nun von der irdischen Welt der Erscheinungen ab und lokalisiert ihn als «Idee» (*idea*, *eidos*) in einer Überwelt. Die Ideen verselbstständigen sich durch diese Abtrennung im Gegensatz zu den welthaft gebundenen Sokratischen Begriffen und werden von Platon als feste, für sich bestehende metaphysische Realitäten gesetzt. Hervorzuheben ist hierbei, dass das Sein der Ideen vom menschlichen Bewusstsein oder Denken völlig unabhängig ist. Die Ideen sind keine Gedanken, keine Eigenschaften, auch keine Geschöpfe eines Gottes. Platons Ideen sind der immerwährende Bestand des Seins.

Zwei Welten werden dadurch voneinander abgegrenzt: die unwandelbare Welt der Ideen und die wandelbare Welt der Sinnendinge. Die Zwei-Welten-Lehre bildet die Grundlage für Platons Metaphysik. Diese dualistische Konzeption von einer irdischen und einer transzendenten Welt hat in unterschiedlichen philosophischen und religiösen Gestaltungen das abendländische Denken bis (fast) in die Gegenwart mitbestimmt:

«*Sokrates.* So wollen wir also, dein Einverständnis vorausgesetzt, zwei Arten von Dingen setzen, eine sichtbare und eine unsichtbare.
Kebes. Einverstanden.
Sokrates. Und die unsichtbare als immer sich gleichbleibend, die sichtbare als niemals sich gleichbleibend?
Kebes. Auch damit bin ich einverstanden.» (Phaid. 79a)

Mit der Zwei-Welten-Lehre sind charakteristische Bestimmungen und (Ab-)Wertungen verbunden. Die sichtbare empirische Realität gilt als unbeständig, als unselbstständig, als nicht wahrhaft seiend. Von ihr kann es kein sicheres Wissen geben, sondern nur unzuverlässige, unbegründete Meinungen, da hier alles fließt und der Sinnes-wahrnehmung nicht zu trauen ist. In dieser Welt lebt wie gefesselt der ungebildete Mensch, der über die Sinnesempfindungen seines Körpers und die Trugbilder der Einzeldinge nicht hinauskommt. Eingesperrt «wie die Auster in ihre Schale» (Phaidr. 250c) ahnt er in seiner Begrenztheit nicht, dass es noch eine ganz andere Welt gibt.

Diese unsichtbare überempirische Welt ist die Welt der Idee, die weder Wandel noch Geschehen, weder Relatives noch Zufälliges kennt. Es ist die wahre Welt des mit sich identischen ewigen Seins. Die Ideen sind «immer seiend» (Symp. 211a), «weder entstehend noch vergehend» (Symp. 211a), «immer gleich und unverändert» (Phaid. 78d), die «Wesenheit selbst, die wir in unseren wissenschaft-lichen Unterhaltungen als das eigentliche Sein erklären» (Phaid. 78d). Die Ideen sind vollkommen in ihrem Sein und ihrer Beschaffenheit.

Von den Ideen allein, von ihrem bleibenden Sein ist, wenn auch mühsam, «wirkliches Wissen» durch reines Denken möglich. Die Vo-raussetzung aber ist, dass das Denken sich von allen körperlich-sinn-lichen Beeinflussungen abgewendet und befreit hat, von allen Emp-findungen, Lüsten und Begierden, also rein geworden ist «von aller Unvernunft des Leibes» (Phaid. 67a). Nur dieses reine Denken, das vom Körper fast so unabhängig ist, als sei er tot, und das alles Empi-rische als nicht maßgebend erachtet, kommt der beglückenden Er-kenntnis der Ideen am nächsten, wenn auch zunächst fassungslos: «Von Schwindel ergriffen infolge der Höhe, in der er [der im reinen Denken Erkennende] schwebt, und von oben aus dem Luftraum her-abblickend verliert er infolge des ungewohnten Zustandes alle Fas-sung, weiß nicht aus und ein.» (Theät. 175d)

Die Ideen sind die Urbilder oder Musterbilder (*paradeigmata*), die Einzeldinge sind Abbilder (vgl. Parm. 132d). Je größer die Teilhabe (*méthexis*) der Dinge an den Ideen ist, je mehr die Dinge die Ideen nachbilden, umso schöner und besser sind sie. Statt von Teilhabe spricht Platon auch von Nachahmung (*mímesis*), Anwesenheit (*parusíe*) oder Gemeinschaft (*koinonía*). Die Trennung (*chorismós*) der beiden disparaten Welten wird durch den Gedanken, dass das Diesseitige am Jenseitigen teilhat, gemildert.

Die Teilhabe spielt bei der Frage nach der wahren Art von Ursache eines jeden Seienden eine wichtige Rolle. Platon will sich nicht mit emprisch gestützten Erklärungen, die für ihn vordergründig und unsicher sind, zufrieden geben, sondern er verlangt nach einem letzten unbedingten metaphysischen Grund. Ein Gegenstand wird in diesem Sinn beispielsweise nicht durch eine leuchtende Farbe oder eine besimmte Gestalt schön, sondern dadurch, dass er an der Idee, dem Urbild des Schönen, dem «Schönen an sich» (Phaid. 100b) teilhat. Im *Phaidon* (100c) lässt Platon Sokrates sagen: «Wenn außer dem An-sich-Schönen noch irgend etwas anderes schön ist, so ist es meiner Meinung nach aus keinem anderen Grunde schön, als weil es an jenem Schönen teilhat.» Schön macht, so heißt es weiter, «die Gegenwart oder Gemeinschaft [...] jenes Urschönen» (Phaid. 100d).

Die Teilhabe bestimmt das Verhältnis zwischen Ideen und Einzeldingen. Dies gilt für alle Ideen, für die logisch-mathematischen (etwa die Ideen Gleichheit oder Größe) wie für die ethisch-ästhetischen (z. B. die Ideen Gerechtigkeit oder Gutes). So ist der wirkliche Grund dafür, dass Sokrates im Gefängnis sitzt, nicht materialistisch-mechanisch in seinen Sehnen und Knochen zu sehen, mit denen er auch hätte fliehen können, sondern darin, dass es ihm gerechter erscheint, die Strafe auf sich zu nehmen. Platon sieht den metaphysischen und damit den letzten und entscheidenden Grund für das moralische Handeln von Sokrates in dessen Teilhabe an der Idee der Gerechtigkeit.

Das Schöne selbst

In Platons Ethik spielt die Idee des Schönen eine herausragende Rolle. Ihre Bedeutung wird insbesondere im *Phaidros* und im *Gastmahl* dargelegt. Jede Seele hat schon vor ihrer Geburt den «besonderen Glanz» der Schönheit geschaut. «Die Schönheit aber strahlte uns einstmals in hellem Lichte.» (Phaidr. 250b) Beim Anblick eines schönen Gesichts und eines schönen Leibes, eines «Abbildes der Dinge droben», erinnert sich die Seele an ihr ursprüngliches Glück und ge-

rät wieder wie einst außer sich vor Begeisterung (*manía*). Diese Wiedererinnerung (*anámnesis*) erfüllt sie mit Sehnsucht und Liebe nach
den Dingen von damals. Die «Ausstrahlungen der Schönheit»
(Phaidr. 251b) durchglühen den Verliebten und reißen ihn empor zu
einer höheren Wirklichkeit, während sich die anderen, die sich nur
schwach erinnern, der tierischen Lust zuwenden.

Die sichtbare Schönheit des menschlichen Körpers ist für Platon
der Königsweg zu den Ideen. Als einzige Idee ist die Schönheit, wenn
auch noch nicht in ihrer vollen Wirklichkeit, sinnlich wahrnehmbar.
Das Jenseitige scheint durch alles Schöne im Diesseitigen auf. Dadurch wird die die Natur durchwaltende Kraft des Eros ausgelöst,
der die verliebte Seele über immer höhere, sich immer wieder über-
bietenden Stufen des Schönen aufwärts nach der ganzen, höchsten
und zuletzt nicht mehr sinnlich wahrnehmbaren Wirklichkeit des
Schönen drängt. Der Eros ist ein helfender Vermittler der beiden
Welten. Er treibt im Menschen über den Stufenweg des Schönen
aufwärts zum überhimmlischen Ort und lässt das Seiende an sich
offenbar werden. Der mühsame Weg nach oben zum immer schöne-
ren Schönen führt über die Stufen stets vollkommenerer Objekte der
Liebe, die immer allgemeiner werden, sich immer weiter von der
sinnlichen Welt entfernen bis sie vollständig entsinnlicht sind. Als
Abfolge nennt Platon die sexuelle Liebe zu einem schönen Leib, die
Liebe, die das gemeinsame Schöne in allen Leibern zusammenschau-
end erblickt, die Liebe zu den schönen Sitten und Handlungen, die
Liebe zur Schönheit wissenschaftlicher Erkenntnisse.

Doch plötzlich wird das Schöne selbst – seine Idee – offenbar. Im
Symposion bewegt sich Platon kühn im Grenzbereich des sprachlichen
Ausdrucks, wenn er die fiktive Gestalt Diotima, die geheimnisvolle
Fremde aus Mantinäa, von der letzten, der höchsten Stufe der Er-
kenntnis-Kunst der Liebe künden lässt, auf der ein Schönes von
wunderbarer Natur erblickt wird: «Zum ersten ist es ein ewig Seiendes, weder entstehend noch vergehend, weder zunehmend noch ab-
nehmend, sodann nicht in gewisser Beziehung schön, in anderer häßlich, auch nicht bald schön, bald wieder nicht, auch nicht
beziehungsweise schön und beziehungsweise hinwiederum häßlich,

auch nicht hier schön, dort häßlich, so daß es die einen schön, die anderen häßlich finden. Auch wird sich dies Schöne dem Beschauer nicht darstellen als ein Gesicht oder in der Gestalt von Händen oder von sonst etwas Körperhaftem, ebenso wenig aber auch als irgendeine Art von Rede oder wissenschaflicher Erkenntnis, auch nicht als etwas, das in irgendeinem anderen ist, sei es in einem lebenden Wesen oder sei es auf Erden oder im Himmel oder sonst in irgend etwas anderem, sondern rein für sich und mit sich in unabänderlicher Daseinsform verharrend; alles andere Schöne aber nimmt an jenem in gewisser Weise teil, nämlich so, daß, während dies Andere entsteht und vergeht, jenes Urschöne keinerlei Wechsel unterworfen ist weder durch Zunahme noch durch Abnahme oder durch sonst irgendwelche Veränderung seines Zustandes.» (Symp. 211a–b)

Auf dieser Stufe des Lebens, auf der das göttliche, unbedingte Schöne geschaut wird – und Platon bringt es mit dem Guten in engsten Zusammenhang, da alles Gute auch schön ist –, ist das Leben erst lebenswert. Erfüllt von unendlicher Freude erlangt die Seele Glückseligkeit (*eudaimonía*). Der Schauende steht im Glanz der Idee an der Schwelle zu einer ganz anderen, völlig körperlosen, völlig zeitlosen Welt. Bis hierher hat Eros den Menschen geführt, fast bis zum Gipfelpunkt des Ziels. Ergriffen von der Kraft eines gewaltigen Umschwungs, die ihn aus der gewöhnlichen empirischen Weltsicht herausreißt, sucht der Liebende jetzt mit diesem ganz anderen, bislang unbekannten Schönen und Guten vor seinem geistigen Auge seine wahre Tugend, seine wahre Vollkommenheit als Mensch zu erlangen. Denn der Eros drängt nicht nur, das Schöne zu schauen, sondern auch im Schönen zu erzeugen und hervorzubringen, sei es als leibliche Fortpflanzung oder als geistige Schöpfung. Auf jeder Stufe des Aufstiegs drängt er auf Teilhabe an der Ewigkeit, an der Unsterblichkeit, und treibt zur erschaffenden Tätigkeit an, auf der höchsten Stufe aber sucht er das Beste von allem zu bewirken.

Diotimas tiefstes Geheimnis, das sie Sokrates, dem sonst nur Fragenden verkündet und ihn dadurch befähigt, positives Wissen mitteilen zu können, ist ihre Offenbarung, «daß es dem Menschen dort und dort allein gelingen wird, im Anschauen des Schönen mit seinem geistigen Auge nicht bloß Schattenbilder der Tugend zu erzeugen – denn er haftet ja nicht am bloßen Bilde – sondern die wahre Tugend, denn das, womit er in Verbindung steht, ist ja die volle Wahrheit» (Symp. 212a). Diotima verkündet damit als Höhepunkt des Dialogs, eingekleidet in eine bildhafte Sprache, dass das tugendhafte Leben eine metaphysische Grundlage hat, die als Richtschnur für das Handeln einzig und allein maßgebend, ethisch verpflichtend ist. Erzeugt und realisiert der Mensch dauerhaft die so verstandene wahre Tugend, dann wird er ein «Gottgeliebter», und wenn es jemandem zusteht, unsterblich zu sein, dann ihm, dessen Glückseligkeit im Besitz des Guten vollendet ist.

Durch die Schau des Schönen kann das, was wirklich gut ist und substantiellen Wert für den Menschen hat, von allem nur scheinbar Guten, von allem «irdischen Tand» unterschieden werden. Das übersinnliche Urschöne hat einen ganz anderen Stellenwert als Reichtum, Luxusgüter oder Sexualität. Dieses ursprünglich Schöne hat bei Platon keine ästhetische Bedeutung mehr, sondern nur noch eine ontologische. Es hat daher auch gar nichts mehr mit persönlicher Wahrnehmung, relativem individuellem Geschmack oder künstlerischer Mimesis der sichtbaren Welt zu tun.

Worauf es Platon ankommt, ist der dauerhafte Vollzug einer geistigen Umwertung, einer «Seelenumwendung» (Pol. 533d). Es gilt den Blick vom Schein auf das Sein zu lenken. Aus der empirischen körperlichen Welt kann Platons Überzeugung nach keine ethische, allgemeingültige Ordnung und Orientierung abstrahiert werden, sondern einzig aus der philosophischen Erforschung des immergleichen überhimmlischen Ortes. In dieser Überzeugung zeigt sich deutlich Platons prinzipielle Abwertung des Körperlichen gegenüber allem Geistigen. Ist die Ideenwelt erst einmal als gültig und maßgebend anerkannt, dann ist es Aufgabe der Philosophie, diese höherwertige Überwelt und ihr Verhältnis zur menschlichen Welt nicht mehr nur bildhaft, gleichnishaft erzählend, also mythologisch dichterisch zum Ausdruck zu bringen, sondern sie darüber hinaus auch gründlich begrifflich argumentativ zu erforschen. Platon widmet sein philosophisches Werk dieser Erforschung, die er «Wissenschaft der Dialektik»

(Staat 511c–d) oder «dialektische Methode» nennt. In der *Politeia*
schreibt er dazu: «Die dialektische Methode ist die einzige, die [...]
zum Anfang selbst vordringt, um diesen völlig sicher zu stellen; sie
zieht das in Wahrheit in einem wahren Brei von Barbarei vergrabene
Auge der Seele mit sanftem Druck ans Licht hervor.» (Pol. 533c)

Die Wucht der (angestrebten begrifflichen) Erkenntnis des
«göttlich Schönen» liegt einerseits in der sich zeigenden metaphysischen Unbedingtheit des Urschönen, andererseits im unmittelbaren existentiellen Ergriffenwerden des geistig Schauenden. Dieses Schöne offenbart im Sinne Platons die Welt eines ewigen Seins,
über das der Mensch nicht verfügt, das aber für ihn ethisch verpflichtend ist.

Platon, ein Meister auch der kritischen Selbstreflexion, problematisiert mehrfach die Möglichkeit, ob seine ernsthaftesten Gedanken sich überhaupt ohne Verlust und Verfälschung schriftlich fixieren lassen. In seinem *Siebten Brief* sagt er, dass er das Wesentliche
seiner Philosophie niemals schriftlich mitgeteilt habe. Das geschriebene Wort ist nur ein totes Abbild des lebendigen Logos, der gespro-
chenen Rede, bei der sich, wenn etwas falsch verstanden und interpretiert wird, eine erneute, Einspruch erhebende Wortmeldung
möglich ist. Zwischen dem geschriebenen, schriftlich erstarrten Logos und dem lebendigen gibt es eine Differenz, die der geschriebene
Logos nicht überbrücken kann. Kein philosophischer Satz kann sich
hinreichend selbst interpretieren. Ein angemessenes mitteilbares,
gar lehrbares Wissen vom überhimmlischen Ort kann es schon wegen
solcher grundsätzlicher methodischer Bedenken für den Menschen
gar nicht geben. «Es läßt sich nicht in Worte fassen» (Siebter Br.
341c), und doch: «Plötzlich tritt es in der Seele hervor wie ein durch
einen abspringenden Funken entzündetes Licht und nährt sich dann
durch sich selbst.» (Siebter Br. 341d)

Seele und Staat

Platons Ethik ist eine politische Ethik, die eine staatliche Gemeinschaft, eine Polis voraussetzt. Die Tugenden des Einzelnen ermöglichen den guten Staat, und im guten Staat können die jeweiligen Tugenden erst voll zur Entfaltung gebracht werden. Das gute Leben in einem guten Staat ist die höchste Form der Sittlichkeit. Wenn die Ordnung des Staates sich an der philosophisch erkannten unbedingten Seinsordnung der Ideen orientiert und auch der Einzelne sich diese Seinsordnung für seine Seele zueigen macht, kann es ein gelingendes Zusammenleben der Menschen geben, das Platon «Gerechtigkeit» nennt.

Der ideale Staat, der für Platon nur in Gedanken und nirgends wirklich existiert (Pol. 592b), weicht von modernen Vorstellungen stark ab. Sein Ausgangspunkt ist nicht das mit bestimmten Rechten ausgestattete Individuum, sondern die metaphysisch verstandene, ewige überindividuelle Ordnung der Welt, zu der der Einzelne sich eingliedernd und zustimmend in Bezug zu setzen hat. Ein jeder soll nach diesem strengen Staatskonzept, das eine unabänderliche naturgegebene Ständegesellschaft vorsieht, im Sinne einer festen vorgeschriebenen Arbeitsteilung «das Seinige tun» (Pol. 433a) und seine Seelenkräfte mit dem Ganzen in Einklang bringen.

In der *Politeia* geht Platon von einer Dreiteilung der Seele aus. Er unterscheidet den denkenden, den mutartigen und den triebhaft begehrenden Seelenteil. Das Wesen der Seele macht der denkende Teil, die Vernunft, aus, die von der Willenskraft des Mutes dabei unterstützt wird, die unmittelbar auf Befriedigung drängende Begierde zu zügeln. Im *Phaidros* wird die Dynamik dieses innerseelischen Konfliktes, der ständig erneut aufbrechende Widerstreit einer in sich entgegengesetzten Interessenvereinigung, durch das gleichnishafte Bild der Seele als eines dreiteiligen geflügelten Wagengespanns veranschaulicht. Während der Götter Pferde und Lenker gut sind, strebt beim menschlichen Zweigespann das eine Pferd mutig aufwärts und will dem geflügelten Wagen des Gebieters Zeus zum überhimmlischen Ort der Ideen folgen, während das andere das Gespann zu den Objekten sinnlicher Begierden abwärts zieht. Der Wagenlenker, die menschliche Vernunft, kann nur mit Mühe die konträren Kräfte kontrollieren und steuern. (Phaidr. 246a–257a)

Den drei Seelenteilen sind bei Platon drei Kardinaltugenden zugeordnet: Dem vernünftigen Teil die Weisheit, dem muthaften die Tapferkeit, der Begierde die Besonnenheit (Mäßigung). Als vierte Kardinaltugend kommt die Gerechtigkeit hinzu, die die drei anderen in ein richtiges Verhältnis zueinander bringt. Die Strenge der Tugendforderungen zeigt sich etwa daran, dass der Gerechte an seinen Grundsätzen festhält, selbst wenn er den Foltertod des Verbrechers, den Kreuzestod, erleiden müsste. (Pol. 360e)

Den drei Seelenvermögen und ihren korrespondierenden Tugenden analog gliedert Platon seinen idealen Staat arbeitsteilig in die drei Stände Herrscher (Wächter in Regierungsfunktion), Wächter (Krieger, Sicherheitsorgane) und Ernährende (Bauern, Handwerker, Kaufleute). Zusätzlich zu den drei Ständen gibt es die schicksalhafte Gegebenheit der Sklaven, die nicht eigens erwähnt wird. Wenn jeder der drei Stände das Seinige tut und das Seine erhält, dann entspricht der Staat, der als ein Organismus, als ein einziger großer Mensch gedacht werden muss, dem Ideal der Gerechtigkeit. Die Gerechtigkeit gibt also nicht jedem das Gleiche, sondern jedem das, was ihm seinem Wesen nach gebührt. Die sittliche Gesamtverfassung des Menschen – sei es im Individuum, sei es im Staat – ist letztlich dann realisiert, wenn in persönlichen wie in öffentlichen Angelegenheiten die Vernunft, die das Gute erkennt, sowohl die drei Seelenteile als auch die drei Stände zu einer gelingenden Einheit und Ganzheit ordnet.

Ein zentrales Thema des umfangreichen Werks *Der Staat* ist, wie aus dem Streben nach Erkenntnis durch Erziehung wahre Tugend geschaffen werden kann. Platon konzipiert die Theorie einer staatlich organisierten erzieherischen Formung, ja Züchtung des Menschen. Die institutionalisierte und kontrollierte Erziehung durch den Staat auf der Basis der Erkenntnis der Ideen soll den Menschen zuallererst zum Menschen bilden. Bildung meint hier nicht in erster

Linie die Mitteilung und Ansammlung von Wissen oder die Ausbildung spezieller Fertigkeiten, sondern – besonders in den oberen Ständen der Wächter und Herrscher – die Umwendung des ganzen Menschen von den Schatten der Dinge zum höchsten Sein, zur Idee des Guten. Bildung in diesem Sinn meint gemeinschaftsorientiertes vollkommenes Menschsein, wissendes, reflektiertes Sich-ausgerichtet-haben zum Guten hin, zur absoluten Idee des Guten.

Die geforderten erzieherischen Maßnahmen zur inhaltlichen Verwirklichung der idealen Gerechtigkeit sind rigoros und werden mit Gewalt durchgesetzt. Sie beinhalten auch eugenische Maßnahmen: Es müssen «die besten Männer so häufig wie möglich den besten Frauen beiwohnen, die schlechtesten dagegen den schlechtesten so selten wie möglich. Und die Kinder der ersteren müssen aufgezogen werden, die der anderen nicht, sofern die Herde auf voller Höhe bleiben soll. Und von allen diesen Maßnahmen darf niemand etwas wissen außer die Herrscher selbst.» (Pol. 459d) Um das Geschlecht der Wächter «rein zu erhalten», werden die Kinder, die missgestaltet zur Welt kommen, selektiert und getötet (Pol. 460c). Die Herrscher wissen durch ihre Blickrichtung auf die transzendente Welt des Ewigen, was für den Staat und den Einzelnen das Beste, das Absolute ist.

Das Höhlengleichnis und die Idee des Guten

Im *Höhlengleichnis*, einem der berühmtesten Texte der Philosophie überhaupt, verdeutlicht Platon in bildhafter Rede den Unterschied zwischen Unbildung und Bildung (*paidaía*), zwischen roher Sinnlichkeit und gesittetem Geist. Der thematisierte Unterschied steht in einem größeren übergeordneten ethisch-politischen Kontext. Ein vertieftes Verständnis des Gleichnisses zeigt auch, wie eng bei Platon Ontologie, Erkenntnistheorie, Ethik, Politik und Pädagogik miteinander verflochten sind. Wohlkomponiert steht der vielschichtige Text etwa in der Mitte der *Politeia* zu Beginn des 7. Buches. Sokrates trägt seinem Gesprächspartner Glaukon das (hier paraphrasierte und zusammengefasste) Gleichnis vor.

Stell dir gleichnishaft vor: Die Menschen leben von Kindheit an festgebannt in einer höhlenartigen unterirdischen Wohnstätte. Wegen ihrer Fesseln bleiben sie immer an derselben Stelle. Sie können den Kopf nicht drehen und müssen geradeaus in den Hintergrund der Höhle schauen. Aus der Ferne leuchtet hinter ihrem Rücken das Licht eines Feuers. Zwischen dem Feuer und den Gefesselten läuft ein Weg, neben dem sich eine niedrige Mauer hinzieht. Vorübergehende halten verschiedene künstlich hergestellte Gegenstände, Geräte und Statuen, über die Mauer, bald redend, bald schweigend. Die Gefesselten sehen von diesen Dingen wie auch von sich selbst nur Schatten, die das hinter ihnen brennende Feuer auf die Rückwand der Höhle wirft, auf die sie schauen müssen. Wenn die Vorübergehenden sprechen, dann glauben sie durch den Widerhall, dass die Schatten es sind, die sprechen. Wenn sich die Gefangenen über die Schatten unterhalten, glauben sie, dass ihre Wörter die wahren Dinge benennen. Sie halten nichts anderes für wahr als die Schatten.

Stell dir weiter vor: Einer der Höhlenbewohner wird von seinen Fesseln und seinem Unverstand befreit. Er wird gezwungen aufzustehen, den Kopf zu wenden und zum Feuer hinzusehen. Geblendet von dem Schein des Lichts und behindert durch schmerzende Augen kann er die Gegenstände gar nicht anschauen, deren bloße Schatten er zuvor gesehen hat. «Was, glaubst du wohl, würde er sagen, wenn man ihn versichert, er hätte damals lauter Nichtigkeiten gesehen, jetzt aber, dem Seienden nahegerückt und auf Dinge zugewandt, denen ein stärkeres Sein zukäme, sehe er richtiger?» Er wird das, was er vorher erblickt hat, für wirklicher halten und sich fluchtartig wieder dem Vertrauten zuwenden wollen.

Stell dir auch vor: Er wird darüber hinaus gezwungen, den schwierigen steilen Anstieg zu unternehmen und aus der Höhle herauszutreten ins volle Licht der Sonne. Diese Gewaltsamkeit wird er als sehr schmerzlich empfinden und sich voller Unwillen gegen die Verschleppung sträuben. «Wenn er an das Licht käme, würde er dann nicht, völlig geblendet von dem Glanze, von alledem, was ihm jetzt als das Wahre angegeben wird, nichts, aber auch gar nichts zu erkennen vermögen?» Er wird sich erst an den Anblick gewöhnen müssen.

Zunächst wird er den Blick auf die Erde richten und noch nicht in den Himmel. Am leichtesten wird er die Schatten erkennen und die gespiegelten Abbilder der Dinge im Wasser, dann erst die wirklichen Gegenstände. Es folgen in der Nacht die Erscheinungen am Himmel, das Licht der Sterne und des Mondes. Zuletzt könnte er die Sonne selbst, nicht ihr Abbild, erkennen. «Dann würde er sich durch richtige Folgerungen klar machen, daß sie es ist, der wir die Jahreszeiten und die Jahresumläufe verdanken, und die über allem waltet, was in dem sichtbaren Raum sich befindet, und in gewissem Sinne auch die Urheberin jener Erscheinungen ist, die sie vordem in der Höhle schauten.» Nach seiner Gewöhnung und Umstellung preist er sich glücklich wegen seiner neuen Wohnstätte und möchte unter gar keinen Umständen mehr in die Höhle zurück. Er will sich dort nicht mehr am Streit um das beste Höhlenwissen beteiligen und er bedauert seine früheren Mitgefangenen, die weiterhin im Bann jener Trugmeinungen stehen. Er weiß noch zu gut von den Ehrungen, Lobpreisungen und Machtverleihungen, die es in der Höhle für den gab, der die Schatten der «vorübergehenden Gegenstände am schärfsten wahrnahm und sich am besten zu erinnern wußte, welche von ihnen eher und welche später und welche gleichzeitig vorüberwandelten, und auf Grund dessen am sichersten das künftig Eintretende zu erraten verstand.» Er würde lieber alles andere über sich ergehen lassen, als wieder ein Leben auf jene Art führen zu müssen.

Stell dir noch vor: Er kehrt in die Höhle zurück, um die anderen zu überzeugen und zu befreien. Wie riskant das ist! Denn seine Augen sehen jetzt in der Dunkelheit lange gar nichts mehr. Beim Wetteifer um die Deutung der Schatten wird er sich wegen seiner verdorbenen Augen lächerlich machen und seine Glaubwürdigkeit verlieren. Schon der bloße Versuch, nach oben zu gelangen, wird als verwerflich gelten. Wenn er es dennoch unternimmt, die Gefangenen zu entfesseln und hinaufzuführen, dann wird er von ihnen getötet (Pol. 514a–517a).

Platon selbst lässt dem Höhlengleichnis eine Deutung folgen (Pol. 517b–c). Die Wohnstätte der Gefesselten gleicht der alltäglichen Welt des Menschen. Der Lichtschein des Feuers in der Höhle stellt die Kraft der Sonne dar. Der Aufstieg nach oben und die Betrachtung der oberen Welt steht für die Erhebung der Seele zu dem, was nur durch Denken, nicht durch sinnliche Wahrnehmung erkennbar ist. Die Sonne der oberen Welt symbolisiert die Idee des Guten. Die Rückkehr in die Höhle deutet auf den Verzicht von individuellem Glück hin zugunsten einer höheren politischen Aufgabe.

Mit dem Höhlengleichnis veranschaulicht Platon seine Zwei-Welten-Theorie: die sichtbare Welt des Werdens innerhalb und die wahre, nur gedanklich fassbare Welt des Seins außerhalb der Höhle. Jede dieser Welten ist in sich noch einmal unterteilt, so dass sich vier Erkenntnisstufen unterscheiden lassen. So wie es im Inneren der Höhle Schatten und Originale gibt, so gibt es auch außerhalb der Höhle Abbilder und Urbilder.

Die Welt der flüchtigen Schatten ist vorgegeben. Die Gefangenen müssen sich mit bloßen Worten und wesenlosen Etikettierungen der Schatten zufrieden geben. Sie kommen über das Stadium schwankender Vorurteile und ungeprüfter Meinungen nicht hinaus (Erkenntnisstufe 1).

Der, der von der Fesselung an den bloßen Augenschein und an die Meinungen anderer befreit wird (mit fremder Hilfe), lernt die originalen Höhlendinge kennen, die die nächstliegende Ursache für die Idole sind (Erkenntnisstufe 2). Nach einiger Zeit kann er den Projektionsapparat durchschauen und seine Meinungen überprüfen und korrigieren. Die Schatten haben also Ursachen, die aber auf der ersten Stufe nicht erkennbar sind, da sie selbst nicht als Schatten in Erscheinung treten. Der Befreite weiß nun schon einiges um diesen systematischen blinden Fleck im Schattenwissen. Er ersetzt die Idole durch Wahrnehmungen, die sich auf Kenntnisse von Ursachen und Wirkungen der empirischen Welt stützen. Noch hat er kein überblickhaftes Wissen. Er weiß nicht einmal, dass er sich in einer Höhle befindet. Das Wissen, dass es noch eine ganz andere Welt gibt, bleibt dem auf Empirie reduzierten Ursache-Wirkung-Denken verschlossen.

Außerhalb der Höhle lernt der Befreite (wieder mit fremder Hilfe), dass es im Bereich des Denkbaren zu unterscheiden gilt zwischen Begriffen, die die Ideen abzubilden suchen (Erkenntnisstufe 3) und den Ideen selbst (Erkenntnisstufe 4). Die wahren Originale sind die Ideen, die Begriffe sind lediglich Nachbildungen der Ideen. Die Himmelskörper sind im Höhlengleichnis ein Bild für den Ideenhimmel. Die gespiegelten Sterne im Wasser stehen für die Spiegelung der Ideen in Begriffen. Der Allgemeinbegriff, den Platons Lehrer Sokrates vergeblich zu definieren suchte, lässt sich seinem Schüler zufolge also nicht mit Hilfe der Empirie, auf der das Höhlenwissen basiert, bestimmen, sondern nur mit einem von der Höhle befreiten Blick auf das Wesen der Ideen, die sich in den Begriffen spiegeln, intellektuell erfassen.

Das Gleichnis bringt auch den mühsamen menschlichen Prozess der Erkenntnis zum Ausdruck, die Loslösung, das Transzendieren des Festgebanntseins an die vordergründige, verabsolutierte Welt der Sinne mit Hilfe von Begriffsbildungen, die auf das eigentliche Sein ausgerichtet sind. Der Gegenstand der höchsten Erkenntnis ist die Idee des Guten. Diese größtmögliche Einsicht befreit den Erkennenden aus dem Bann der vordergründig suggestiven Welt der Sinne mit Hilfe von Begriffsbildungen, mit Hilfe von Unterscheidungen, Zergliederungen und Verknüpfungen reiner Begriffe. Mit dieser Einsicht der dialektischen Methode, der «Dialektik» (Pol. 511c–d), ist für Platon der voraussetzungslose Anfang (*arché*) schlechthin erreicht. Voraussetzungslos bedeutet hier das Aufhören aller unterstellten Voraussetzungen beim Denken, bedeutet, an den ersten Anfang von allem gelangt zu sein.

Alle früher gemachten Voraussetzungen, auch die Lehre von den einzelnen Ideen selber, können jetzt durch die Idee des Guten, die höchste aller Ideen, begründet werden. Das Gute selbst ist das, was den Dingen, die erkannt werden, Wahrheit verleiht und dem Erkennenden das Vermögen gibt zu erkennen. Das Gute ist Ursache von beidem, von Erkennen und Erkanntwerden, und ist deswegen noch schöner als diese. «Eine gar nicht auszudenkende Schönheit, wenn die Idee des Guten Erkenntnis und Wahrheit schafft, selbst aber noch über diese an Schönheit emporragt.» (Pol. 509a) Die Idee des Schönen und die Idee des Guten sind hier nicht mehr zu trennen.

Aber mehr noch: Wie die Sonne den Dingen nicht nur Sichtbarkeit, sondern auch Leben verleiht, so sagt Platon auch, «daß dem Erkennbaren nicht nur das Erkanntwerden von dem Guten zuteil werde, sondern daß es sein Sein und Wesen von ihm habe» (Pol. 509b). Das metaphysisch verstandene Gute ist also Ursache des Erkennens wie des Seins, «so daß das Gute nicht das Sein ist, sondern an Würde und Kraft noch über das Sein hinausragt» (Pol. 509b). Was sich Platon als richtig darstellt, ist zusammengefasst dies: «In dem Gebiete des Denkbaren zeigt sich zuletzt und schwer erkennbar die Idee des Guten; hat sie sich aber einmal gezeigt, so muß sich bei einiger Überlegung ergeben, daß sie für alle die Urheberin alles Rechten und Guten ist, indem sie im Sichtbaren das Licht und den Quell und Herrn desselben (die Sonne) erzeugt, in dem Denkbaren aber selbst als Herrscherin waltend uns zu Wahrheit und Vernunft verhilft.» (Pol. 517c)

In Platons Metaphysik ist die Idee des Guten das oberste Prinzip, das alles Sein wie auch alle Erkenntnis begründet. Dieses Prinzip gibt seiner Ethik einen unerschütterlich festen Halt. Doch was die Idee des Guten letztlich konkret ist, sagt Platon in seinen schriftlich fixierten Dialogen nicht. Er sagt es nur vorläufig und andeutungsweise. Vielleicht bleibt er mit dieser Vorsicht dem wissenden Unwissen seines Lehrers Sokrates eingedenk und hält sich zurück, mit endlichen Begriffen das Unendliche zu begreifen.

Gleichwohl gibt Platon durch die herausgestellte grundsätzliche Bedeutung des Guten ein neues Verständnis der zwei Welten. Die Idee des Guten liegt vor aller Vielheit. Sie ist die letzte transzendente Einheit, die nicht mehr benannt werden kann. Platon entwickelt diesen Gedanken in seiner Spätphilosophie, vielleicht auch in seiner mündlichen Lehre, weiter. Hinter der Ideenlehre scheint noch eine zweite höhere Metaphysik der Idee des Guten zu stehen.

Erst von da aus gesehen, dass das Gute über das Sein noch hinausragt, wird erkennbar, dass beide Welten von einem Zweck durchherrscht werden, der, wenn auch abgestuft, noch den letzten

Schatten in der Höhle miteinschließt. Durch die allem wesenhaft eingeschriebene Idee des Guten wird die Werthaftigkeit des Seins ausgedrückt. Im Licht der höchsten Idee, unter dem Blickwinkel der Ewigkeit gesehen, offenbart sich, dass alles an diesem einen Zweck teilhat. Die Idee des Guten ermöglicht das Sein, die Erkenntnis und die werthafte Vollkommenheit von allem. Die Welt in ihrer Totalität ist zielhaft angelegt auf eine gute und schöne Ordnung. «So daß also diese Idee erkannt haben muß, wer einsichtig handeln will, sei es in persönlichen oder in öffentlichen Angelegenheiten.» (Pol. 517c)

Der reflektierte Durchgang durch die vier im Höhlengleichnis veranschaulichten Erkenntnisstufen, der in der philosophischen Selbstbesinnung im Licht des Guten gipfelt, führt Platon zufolge zu einer Umwendung des ganzen Menschen. Diese Umwendung, die einer sittlichen Erneuerung gleichkommt, kennzeichnet den zu Beginn des Gleichnisses thematisierten Unterschied zwischen Bildung und Unbildung. Der Mensch, der nunmehr sein eigenes Denken durch philosophische Reflexion gebildet hat, bricht seine verkehrte Ausrichtung auf die Sinneswelt auf und stellt sich auf die übersinnliche Ideenwelt ein. Nicht mehr die Welt der Schatten gibt die Maßstäbe für seine Orientierung und sein Handeln vor, sondern das, was Ursache, Ursprung der Welt ist: die Idee des Guten.

Die wahre Bildung kommt für Platon nicht dadurch zustande, dass Wissen etwa durch Auswendiglernen in eine unwissende Seele hineingefüllt wird, schon gar nicht, wenn es sich dabei um Höhlenwissen handelt, das von der Werthaftigkeit des Seins nichts wissen kann. Sie verdankt sich vielmehr einer bereits vorhandenen Anlage und Kraft der Seele, einem zur Ideenerkenntnis fähigen Erkenntnisvermögen, das es zu wecken und richtig auszurichten gilt, bis es bei der Idee des Guten auszuhalten gelernt hat. «Die Bildung ist eine Kunst der Umkehrung.» (Pol. 518d) Die menschliche Natur befindet sich durch Bildung im Zustand des Gutseins. Wenn die Würde des Guten göttlich ist, so hat der Mensch durch das erlangte Wissen auf seinem mühsam beschrittenen Bildungsgang zuletzt sich selbst ins Licht des Guten gestellt und ist dem Göttlichen durch seine vollzogene Umwendung ähnlicher geworden.

In seiner abschließenden Kommentierung des Höhlengleichnisses fordert Platon die Befreiten auf, in die Höhle zurückzukehren. Sie schulden der Gemeinschaft ihre tätige Unterstützung und haben eine soziale Verantwortung zu übernehmen. Trotz ihrer erlangten Glückseligkeit infolge ihres Wissens sollen sie auf ihr kontemplatives Leben verzichten und praktisch tätig werden, um die Gründung eines idealen Staates zu realisieren. Es gilt, zu den Wohnstätten der Gefangenen herabzusteigen und sie aus ihrer Unbildung zu befreien. Erneut an die Finsternis gewöhnt, «werdet ihr tausendmal besser als jene da drunten alle jene Bilder erkennen und beurteilen, was sie sind und welchen Ursprungs, denn ihr habt ja, was das Schöne, Gerechte und Gute anlangt, die Wahrheit geschaut» (Pol. 520c).

In einem wohlgeordneten Staat herrschen die Besten, die sich nach der Wahrheit richten. «Und so werden wir und werdet ihr eine wirkliche Staatsverfassung haben, keine bloß traumhafte, wie sie jetzt die meisten Staaten haben infolge der Schattengefechte ihrer Leiter und ihrer Parteikämpfe um die Herrschaft, als wäre diese wer weiß was für ein herrliches Gut.» (Pol. 520c) Das Glück des Staates, ja der Menschheit, kann nur erreicht werden, wenn die philosophische Weisheit, die höchste Form des wissenschaftlichen Wissens die Herrschaft übernimmt. Ihr allein, so lautet die Überzeugung Platons, gehe es nicht um egoistischen Ehrgeiz oder persönliches Interesse, vielmehr um das allgemeine Wohl. Der Staat soll — wie der einzelne gebildete Mensch — durch die Vernunft regiert werden.

Das Credo von Platons politischer Ethik lautet daher: «Wenn nicht entweder die Philosophen Könige werden in den Staaten, oder die jetzt sogenannten Könige und Gewalthaber sich aufrichtig und gründlich mit Philosophie befassen, und dies beides in eins zusammenfällt, politische Macht und Philosophie, [...] gibt es kein Ende des Unheils für die Staaten, ja, wenn ich recht sehe, auch nicht für das Menschengeschlecht überhaupt.» (Pol. 473c−d; vgl. Siebter Br. 326a−b)

Seelenwanderung

«*Phaidros.* Gehen wir, da auch die Schwüle
erträglicher geworden ist.
Sokrates. Ziemt es sich nicht, vor dem Aufbruch an
die Götter hier ein Gebet zu richten?
Phaidros. O ja.
Sokrates. Lieber Pan, du, und alle ihr andern
Gottheiten dieser Stätte, möchtet ihr mir verleihen
schön zu werden im Innern; und daß all mein
äußerer Besitz den inneren Eigenschaften nicht
widerstreite. Reich möge mir dünken wer weise ist.
An Goldes Last möge mir so viel zuteil werden als
nur eben der Verständige zu heben und zu tragen
vermöchte.
Bedürfen wir sonst noch einer Sache, mein
Phaidros? Für mich ist damit ein volles Maß
erbeten.
Phaidros. Schließe mich ein in dein Gebet. Denn
gemeinsam ist was Freunden gehört.
Sokrates. Gehen wir!»

Platon, *Phaidros* (Phaidr. 279b–c)

Der Metaphysiker Platon beschließt sein Konzept eines idealen Menschen in einem idealen Staat nach Maßgabe der göttlichen Idee des Guten mit der Wucht eines großen eschatologischen Mythos. In dieser Erzählung von den letzten Dingen sieht er keinen Beweis, dass sie wahr ist, wohl aber ein mahnendes Gleichnis mit einem zutreffenden Kern. Wieder vermeidet es Platon, sich in mitteilbarer Form dogmatisch zu äußern.

Nach dem Tod, so heißt es in dem Mythos, entscheidet ein jenseitiges Gericht, welchen Lohn oder welche Strafe die Seele für ihre Taten verdient. Nach ihrer Belohnung bzw. Bestrafung ist es die Seele selbst, die in freier Entscheidung – sei es aus Vernunft, sei es aus Unvernunft – das Los wählt, das ihrer bevorstehenden Wiedergeburt eine lebenslang sich durchhaltende Charakteristik aufprägt. Platon lehrt, nimmt man die Texte wörtlich, nicht nur die Unsterb-

67

lichkeit der Seele, sondern auch ihre Ewigkeit. Er übernimmt, wenn auch uneinheitlich entfaltet, die orphisch-pythagoreische Seelenwanderungslehre, nach der die Seele prä- und postexistent ist. Leib und Seele gehen eine zeitlich begrenzte Verbindung ein. Der Tod ist kein Ende, sondern ein neuer Anfang.

Was wird aus der Seele nach dem Tod? Der Mythos im letzten Buch der *Politeia* führt vor Augen, welche Folgen nach dem Tod ein gerechtes oder ungerechtes Leben hat. Platon lässt Sokrates von einem gewissen Pamphylier berichten, der lediglich «Er» genannt wird. Dieser wurde für tot gehalten, erwachte aber wieder, als sein unverwester Körper nach zwölf Tagen verbrannt werden sollte. Der Pamphylier erzählt, dass seine Seele dem Totengericht beigewohnt habe und er beauftragt wurde, den Menschen «ein Verkünder des Jenseits» (Pol. 614d) zu werden.

Nach tausend Jahren Wanderschaft, so teilt «Er» mit, kehren die Gerichteten zurück, die Gerechten, die oben im Himmel «unbeschreiblich schöne Dinge» geschaut, und die Ungerechten, die unten in der Erde grausige Qualen erlitten haben. Nach diesem Vollzug werden sie zu der Spindel der Notwendigkeit geführt, die alle Umläufe des Himmelsgewölbes in Schwung setzt. Dort angelangt wählt die Seele frei und selbstverantwortlich ihren künftigen Lebenslauf, ihren Dämon, bei dem sie, hat sie ihn erst einmal gewählt, bleiben muss. Unter den verschiedenen Lebensmodellen, die zur Auswahl stehen, sind Charaktere jeder möglichen Art vom Tyrannen bis zum Kleinbürger vorhanden. Tierkörper stehen ebenso zur Wahl, wie auch Tiere Menschenlose ergreifen können.

Der Pamphylier erzählt weiter, dass jetzt ein Prophet mit den Worten auftritt: «Dies kündet euch die Tochter der Notwendigkeit, die jungfräuliche Lachesis. Eintägige Seelen! Dies ist der Beginn eines neuen todbringenden Umlaufes für euer sterbliches Geschlecht. Euer Los wird nicht durch den Dämon bestimmt, sondern ihr seid es, die sich den Dämon erwählen. Wer als erster gelost hat, der wähle zuerst die Lebensbahn, bei der er unwiderruflich beharren wird. Die Tugend aber ist herrenlos; je nachdem er sie ehrt oder mißachtet, wird ein jeder mehr oder weniger von ihr empfangen.» (Pol. 617d–e)

Daraufhin wird jede Seele dem selbstgewählten Dämon unterstellt und der gesponnene Schicksalsfaden, dessen Ursprung ein Akt der Freiheit ist, unabänderlich gemacht.

Schließlich kommen die Seelen zu dem öden Feld der Vergessenheit, wo sie am Fluss namens Sorgenlos lagern, von dessen Wasser sie trinken müssen. Dadurch vergisst eine jede bei ihrer Wiederverkörperung, was sie im Jenseits geschaut und erlebt hat, auch was ihr als Lebensmuster bevorsteht. «Nachdem sie sich zur Ruhe gelegt und die Mitternacht herangekommen wäre, da hätte es angefangen zu blitzen und zu beben und plötzlich seien sie, der eine nach dieser, der andere nach jener Seite hin emporgefahren zum neuen Leben, flimmernd wie Sterne. Er selbst aber», so teilt der Pamphylier mit, «habe von dem Wasser nicht trinken dürfen; wie aber und unter welchen Umständen er wieder zu seinem Leibe gekommen, das wisse er nicht, sondern nur dies, daß er plötzlich des Morgens die Augen aufgeschlagen und gesehen habe, daß er auf dem Scheiterhaufen liege.» (Pol. 621b)

Platon thematisiert mythologisch verhüllt den Komplex der sittlichen Selbstbestimmung des Menschen, die sich in einer moralischen Weltordnung abspielt. Die als Spindel beschriebene Himmelsachse ist sowohl der vorgeburtliche Ort der Notwendigkeit als auch der Ort der Freiheit. Der Prophet zwingt der präexistenten Seele keine Lose auf, sondern lässt ihre Entscheidung gelten. Die Wahl geschieht aufgrund der Einsicht, die die Seele in ihrem früheren Leben gewonnen hat.

Durch die Seelenwanderungslehre erhebt Platon die Verantwortlichkeit des Menschen zu einem metaphysischen Absolutum. Die Verantwortung für sein Tun trägt bei allen selbstverschuldeten (vorgeburtlichen) Vorentscheidungen und Festlegungen in letzter Instanz immer der Mensch. Er kann seine Verantwortung nicht von sich abwälzen und sie weder auf die Götter noch auf seine biologischen Voraussetzungen abschieben. Die Gestaltung des eigenen Inneren, die Bildung als Umkehr und Befreiung, ist ureigenste Sache des Menschen. Wer ein philosophisches Leben führt, wer die Wahrheit sucht und die Tugend ehrt, so lautet das Resümee, der wird nicht einmal nach seinem Tod Unverstand und Gier die Geschicke bestimmen lassen, sondern die vernünftig überlegte Wahl im Licht der Idee des Guten treffen: «Die Schuld liegt bei den Wählenden; Gott ist schuldlos.» (Pol. 617e)

ARISTOTELES

«Leben nach der Vernunft»[23]

Leben und Werk

Geboren 384 v. Chr. in Stagira (Chalkidike), gestorben 322 v. Chr. in Chalkis (Euböa). – Neben Sokrates und Platon der bedeutendste griechische Philosoph der Antike, empirischer Wissenschaftler, universaler Gelehrter. – Sohn des Arztes Nikomachos, des Leibarztes am makedonischen Königshof, früh verwaist und von Verwandten erzogen kommt Aistoteles 367 v. Chr. mit siebzehn Jahren nach Athen, lebt dort als Metöke, d. h. als freier Fremder ohne Bürgerrechte. Er tritt in Platons Akademie ein, der er zwanzig Jahre bis zum Tod des Lehrers angehört, eignet sich ein außerordentlich umfassendes Wissen auf der Höhe seiner Zeit an, verfasst Dialoge und hält Vorlesungen, entwickelt in Auseinandersetzung mit dem mehr als vierzig Jahre älteren Platon seine eigenen Positionen. Es sei «notwendig, zur Rettung der Wahrheit sogar das zu beseitigen, was uns ans Herz gewachsen ist», und damit meint Aristoteles Platons Ideenlehre. Der Freund Platon und die Wahrheit – «beides ist uns lieb – und doch ist es heilige Pflicht, der Wahrheit den Vorzug zu geben» (NE I 4, 1096a14–17).

Nach dem Tod Platons (347 v. Chr.) verlässt Aristoteles Athen aus politischen Gründen. Da sich die Spannungen zwischen Makedonien und Athen verschärfen, sieht er sich wegen seiner freundschaftlichen Beziehungen zum makedonischen Hof Verdächtigungen ausgesetzt. (Philipp II. übernimmt 359–336 v. Chr. die Regierung und erlangt die Vorherrschaft über Griechenland, Makedonien wird europäische Großmacht, die griechischen Stadtstaaten verlieren ihre Freiheit und Unabhängigkeit.) Auf Einladung des Herrschers Hermias verbringt er einige Jahre in Assos in Kleinasien, wo sich eine Art Zweigniederlassung der platonischen Schule bildet, heiratet Hermias' Schwester (oder Nichte) Pythias, mit der er eine Tochter gleichen Namens hat, nach dem Tod von Pythias geht vermutlich aus der späteren Verbindung mit Herpyllis der Sohn Nikomachos hervor. 345/344 v. Chr. siedelt Aristoteles nach Mytilene auf Lesbos über, trifft Theophrast, seinen späteren Nachfolger, mit dem er lebenslang freundschaftlich zusammenarbeitet, 343–336 v. Chr. folgt er einem Ruf an den makedonischen Königshof, wo er von Philipp II. mit der Erziehung des 13-jährigen Kronprinzen, des späteren Alexander des Großen, beauftragt wird.

Nach der Thronbesteigung Alexanders (336 v. Chr.) und dem baldigen Zusammenbruch des griechischen Widerstands gegen Makedonien kehrt Aristoteles nach Athen zurück und lehrt im Lykeion, einem öffentlichen Gymnasium, das später Peripatos (Wandelhalle) genannt wird. In dieser Zeit der Lehre und Forschung entsteht u. a. die *Nikomachische Ethik*. Mit einer umfangreichen Bibliothek und wissenschaftlichen Geräten ist er für seine auch empirische Arbeit gut ausgerüstet, Geisteswissenschaft und einzelwissenschaftliche Forschung werden in Gemeinschaftsarbeit mit den Schülern zu einer beispiellosen, eine große Einheit bildenden Entwicklung gebracht, es gibt kaum ein Forschungsgebiet, das Aristoteles nicht behandelt. Das antike (unvollständige) Verzeichnis von Diogenes Laertius zählt 146 Buchtitel auf,[24] weniger als ein Viertel der Schriften sind erhalten.

Die wichtigsten Titel der überlieferten philosophischen Werke lassen sich in fünf Gruppen einteilen. 1. Logische Schriften: *Organon* (gr. Werkzeug, Hilfsmittel für das folgerichtige wissenschaftliche Denken); der Sammeltitel *Organon* umfasst folgende Schriften: *Von den Kategorien* (Grundformen der Aussage), *Lehre vom Satz* (von den Gliedern und Aussageformen des Satzes), *Erste Analytik* (Lehre vom Schluss), *Zweite Analytik* (Lehre vom Beweis), *Topik* (Wahrscheinlichkeitsbeweis im Gespräch), *Sophistische Widerlegungen* (Aufdeckung von Fehlschlüssen). 2. Metaphysische Schriften: *Metaphysik* (uneinheitliche Schriftenmasse, die von Aristoteles «Erste Philosophie» genannt wird in der Bedeutung von Grundwissenschaft oder allgemeiner Prinzipienlehre; Metaphysik ist Ontologie, d. h. Seinslehre einschließlich des höchsten göttlichen Seins). 3. Naturwissenschaftliche Schriften: *Physik* (naturphilosophisches Werk, Grundbegriffe zur Erfassung der Natur, die vier Ursachen, Raum und Zeit, Problem der Bewegung, Gott als erster unbewegter Beweger), *Über den Himmel* (Kosmologie), *Über die Seele* (Seele als Prinzip des Lebens bei Pflanze, Tier und Mensch). 4. Ethische und politische Schriften: *Nikomachische Ethik* (ethisches Hauptwerk, philosophische Analyse der Praxis, d. h. des handelnden Menschen in der Polis), *Politik* (Gemeinschaft und Staat). 5. Ästhetische und andere Schriften: *Über die Dichtkunst* (Theorie der Dichtung), *Rhetorik* (Redekunst).

Infolge des Todes von Alexander dem Großen (323 v. Chr.) und der sich verstärkenden makedonenfeindlichen Stimmung in Athen wird Aristoteles verleumdet und der Asebie, der Gottlosigkeit, angeklagt. Im Gedenken an Sokrates soll er gesagt haben, dass er es nicht zulassen werde, dass sich die Athener ein zweites Mal gegen die Philosophie versündigen. Er ergreift die Flucht und geht nach Chalkis ins Exil, wo er bald darauf im Alter von 62 Jahren stirbt.

Wirkliches Leben

Die *Nikomachische Ethik*, die möglicherweise nach dem Sohn Nikomachos benannt ist, untersucht das größtmögliche Glück, das der in einer Gesellschaft lebende Mensch durch eigenes Handeln erlangen kann. Im ersten Buch werden einleitend wichtige Aspekte des Gegenstands und der Methode des Werks genannt. Es kennzeichnet Aristoteles' transparente wissenschaftliche Arbeitsweise, dass er die philosophische Ausgangslage offenlegt. Er formuliert die Problemstellung klar und bedenkt die für den Gegenstand in Frage kommende Methode der Untersuchung. Auch spricht er seine Zielsetzung, seine Parteinahme, sein gesellschaftspolitisches Engagement unmissverständlich aus: «Der Teil der Philosophie, mit dem wir es hier zu tun haben, ist nicht wie die anderen rein theoretisch – wir philosophieren nämlich nicht um zu erfahren, was ethische Werthaftigkeit sei, sondern um wertvolle Menschen zu werden. Sonst wäre dieses Philosophieren ja nutzlos.» (NE II 2, 1103b27–29)

Aristoteles, der als bedeutendster Nachfolger Platons und als größter Gelehrter des ganzen Altertums gilt, bricht mit der dualistischen Auffassung seines Lehrers, dass die Ideenwelt von der Sinnenwelt getrennt sei. Die Zwei-Welten-Lehre gilt ihm als unhaltbar. Die Ideen als das Wesen der Dinge können von den Dingen selbst nicht getrennt sein. Aristoteles kritisiert die Ideen als überflüssige Hypostasierungen der allgemeinen Begriffe. Er bildet die transzendenten platonischen Ideen zu «Formen» um, die der Materie der Sinnenwelt immanent sind. Diese Umbildung führt zu einer Aufwertung der Phänomene, zu einem Bedeutungszuwachs der Empirie insgesamt sowie zu der damit einhergehenden Gründung und Entwicklung empirischer Wissenschaften. Gleichwohl hat bei Aristoteles die empirische Wissenschaft nur begrenzt und gebietsspezifisch das letzte Wort. Sie bleibt stets eingebunden in eine vorgeordnete metaphysische teleologische Weltinterpretation. Die Welt ist auf das Ziel (*télos*) der sich ewig wiederholenden Selbstentwicklung und Selbstvollendung angelegt. Es gibt nur diese eine Welt, den kugelförmigen Kosmos, in dem alle Einzeldinge in einer einzigen unwandelbaren inneren Ordnung stehen. Der Gottheit, dem göttlichen Geist, dem «unbewegten Beweger», strebt alles in einer immerwährenden Bewegung zu. Er ist der letzte Grund und Zweck von allem Streben, das unpersönliche Prinzip der ewigen, in sich zweckmäßigen Weltordnung und Weltbewegung. «Er bewegt als begehrt, und das von ihm Bewegte bewegt wieder das übrige.» (Met. XII 7, 1072b3) In diesem Kontext einer großen, universal gedachten Ordnung, in die auch die Lebenswelt des Menschen eingeordnet ist, steht die Nikomachische

Ethik. Sie ist von der grundsätzlichen Voraussetzung und Überzeugung getragen, dass der Mensch nicht von Natur aus zurückgezogen für sich allein lebt, sondern seinem Wesen nach ein soziales, ordnungsstiftendes Wesen ist, ein *zóon politikón*, wie Aristoteles sagt, das nach familiärer und staatlicher Gemeinschaft strebt (Pol. I 5, 1253a3; NE I 1, 1097b11). «Der Mensch ist ein zu gegenseitiger Liebe geneigtes und geselliges Lebewesen.» (Einf., S. 264)

Aristoteles begründet seine Ethik nicht wie Platon aus der metaphysischen Perspektive einer absoluten Idee des Guten. Sein Ausgangspunkt ist vielmehr das faktische Mittendrinstehen des handelnden Menschen in den Sitten, Bräuchen und Gesetzen der Polis. Es ist der vorgegebene Kontext der «Verflochtenheit mit Eltern, Kindern, der Frau, überhaupt den Freunden und Mitbürgern» (NE I 5, 1097b8–10). Die *Nikomachische Ethik* ist eine Ethik, die aus der empirisch vorgefundenen Lebenswelt heraus entwickelt wird, weil auf dem Gebiet des Handelns «die Erfahrenen mehr das Richtige treffen als diejenigen, die ohne Erfahrung nur den allgemeinen Begriff besitzen» (Met. I 1, 981a15).

Die überempirische platonische Idee des Guten, abgetrennt von der Sinnenwelt und für sich bestehend, hat für den handelnden Menschen in Aristoteles' Lebensweltethik keine normative Bedeutung. Selbst wenn es im absoluten Sinn «das Gute» wirklich gäbe, so könnte es «durch menschliches Handeln nicht verwirklicht und auch nicht erreicht werden» (NE I 1, 1096b6–9). Gesucht wird aber gerade ein Gutes, das in der Lebenswelt bereits auffindbar und tatsächlich realisierbar ist. Die *Nikomachische Ethik* will vom «wirklichen Leben» (NE I 1, 1095a5) ausgehen und das «für den Menschen Gute» zum Gegenstand der Untersuchungen machen.

Da der gewählte Ausgangspukt so vielschichtig, schwankend und unbeständig ist, kann Aristoteles zufolge von einer Untersuchung über ethische Fragen nur umrisshafte Gedankenführung, nicht aber wissenschaftliche Strenge gefordert werden. Die Methode der Mathematik gibt hier kein Vorbild ab. Man darf nicht bei allen wissenschaftlichen Problemen den gleichen Exaktheitsanspruch erheben. «Der logisch geschulte Hörer wird nur insoweit Genauigkeit auf dem einzelnen Gebiet verlangen, als es die Natur des Gegenstandes zuläßt.» (NE I 1, 1094b25) Unter solchen Voraussetzungen ist Bescheidenheit angezeigt. Wir müssen zufrieden sein, mahnt Aristoteles, wenn es in groben Umrissen gelingt, das Richtige anzudeuten. Die Ethik sagt nicht, was notwendig und immer gültig, sondern nur, was meistens richtig ist. «Der Handelnde ist jeweils auf sich selbst gestellt und muß sich nach den Erfordernissen des Augenblicks richten.» (NE II 2, 1104a7)

Die richtige Mitte treffen

Aristoteles definiert den Menschen im Unterschied zum Tier als ein Lebewesen, das Vernunft hat. Die Vernunft ist das Höchste im Menschen, «etwas Göttliches». «Dieses Göttliche in uns ist unser wahres Selbst.» (NE X 7, 1178a2) Mit dieser Definition ist bereits die Bestimmung des guten Lebens, also der Tüchtigkeit oder der Tugend (*areté*) zielhaft vorgegeben. «Wir sollen alles tun, um unser Leben nach dem einzurichten, was in uns das Höchste ist.» (NE X 7, 1177b35) Das tüchtige, tugendhafte Leben vollendet die natürliche Vernunftanlage des Menschen in der Realität, macht aus der Möglichkeit Wirklichkeit. Das tugendhafte Tätigsein ist nicht moralisierend, sondern lebensverwirklichend und lebenssteigernd gemeint.

Wer seine geistigen Anlagen sein Leben lang allseitig ausbildet, der führt ein gedeihliches, gelingendes Leben, das Aristoteles Glück (*eudaimonía*) nennt. Glück oder Glückseligkeit ist das Ziel aller menschlichen Tätigkeit und das höchste Gut. Es ist die «Tätigkeit der Seele im Sinn der ihr wesenhaften Tüchtigkeit» (NE I 10, 1099b28). Glück ist kein passiver Zustand, wie etwa das Gefühl des Verliebtseins, sondern ein Tätigsein der Seele, Aktivität, Anstrengung, Leistung. «Das Glück setzt ethische Vollkommenheit voraus und ein Vollmaß des Lebens.» (NE I 10, 1100a5) Die äußeren Lebensgüter wie Gesundheit, Schönheit, Reichtum, angesehene Stellung, Freundschaft und Familienglück gehören auf untergeordnete Weise zum vollkommenen Glück mit dazu. Auch die Lust kann das Ganze und Vollendete begleiten. Entscheidend aber für das echte Glück ist das vernunftgemäße aktive Leben.

Aristoteles unterscheidet zwei Arten von Tugenden: die höher stehenden Verstandestugenden (die Vortrefflichkeit des Denkvermögens) und die Charaktertugenden (die Vortrefflichkeit des Begehrungsvermögens). Die Verstandestugenden werden hauptsächlich durch Belehrung und Erfahrung, die Charaktertugenden durch Gewöhnung und Übung angeeignet. Zu den Verstandestugenden gehören die Wissenschaft (*epistéme*), die Einsicht (*phrónesis*, Klugheit) und die Weisheit (*sophia*). Die Charaktertugenden, um die es in der *Nikomachischen Ethik* hauptsächlich geht, sind erworbene Lebenshaltungen, die dauerhaft auf das Begehren mäßigend einwirken. «Die Anlagen sind uns angeboren, gut oder schlecht zu werden dagegen ist uns nicht angeboren.» (NE II 4, 1106a10)

Die Charaktertugenden haben es mit dem Begehren und Streben zu tun, dem durch Gewöhnung beigebracht werden muss, auf die Vernunft zu hören. Dies ist von großer Bedeutung, da «in der Seele etwas waltet, was wider das rationale Element ist, ein Gegensätzliches, Widerspenstiges» (NE I 13, 1102b25). Die Vortrefflichkeit der Charaktertugenden zeigt sich in der Beherrschung des vernunftlosen Seelenteils durch die Vernunft. Die Vernunft zügelt die unvernünftigen Regungen (Begierde, Zorn, Angst, blinde Zuversicht, Neid, Freude, Hass, Missgunst, Mitleid), indem sie charakterlich verfestigte Tugenden ausprägt. Die Charaktertugenden sind Dauereinstellungen des Gefühls, der Zu- und Abneigung. Sie entstehen durch rechtzeitige moralische Erziehung im Jugendalter. Aus wiederholten und eingeübten Einzelhandlungen erwachsen gefestigte Grundhaltungen. «Ob wir also gleich von Jugend auf in dieser oder jener Richtung uns formen – darauf kommt nicht wenig an, sondern sehr viel, ja alles.» (NE II 1, 1103b24)

Es genügt laut Aristoteles nicht, das Rechte zu wissen, um es bloß äußerlich sichtbar zu tun, es kommt auch auf die innere charakterliche Beschaffenheit des Handelnden an, damit sein Tun wirklich gut ist und auch tatsächlich verlässlich in seiner Macht steht:

«Handlungen im Bereich des Sittlichen haben nicht ohne weiteres den Charakter des Gerechten und Besonnenen, wenn sie selbst einfach in charakteristischer Erscheinungsform auftreten, sondern es muß auch der handelnde Mensch selbst in einer ganz bestimmten Verfassung wirken. Er muß erstens wissentlich, zweitens auf Grund einer klaren Willensentscheidung handeln, einer Entscheidung, die um der Sache selbst willen gefällt ist und drittens muß er mit fester und unerschütterlicher Sicherheit handeln.» (NE II 3, 1105a27–37) Für den Bereich des fachlichen Könnens, bei dem nur klares Wissen erforderlich ist, spielen diese Forderungen keine Rolle. «Für den Besitz sittlicher Vorzüge dagegen bedeutet das Wissen wenig oder nichts, wogegen auf die anderen Bedingungen nicht wenig, sondern schlechthin alles ankommt.» (NE II 3, 1105b2–5) Nicht schon aus dem Wissen, aus der Belehrung, erwächst der gute Mensch, sondern aus dem häufigen Tun des Gerechten und Besonnenen.

Aristoteles kritisiert an Sokrates, dass er den unvernünftigen Seelenteil vernachlässigt und zu einseitig auf das Wissen setzt. Das vernunftgemäße Handeln benötigt die Unterstützung des Charakters, durch dessen feste Grundhaltung das Triebleben bereits dauerhaft auf die Vernunft hin ausgerichtet worden ist. Der gute Charakter ist bereits sedimentierte Vernunft, eingeübte Selbstbeherrschung. Kommt zu diesem guten Charakter noch die jeweils situationsspezifische Einsicht hinzu, dann rundet sich das sittlich gute Handeln ab.

Die Einsicht, das kluge Mit-sich-zu-Rate-gehen, spielt eine bedeutende praxisbezogene Rolle. Als die führende Instanz, die über das zu Wünschende und zu Meidende entscheidet, muss sie die Erfordernisse der unabsehbar vielen Handlungssituationen ganz konkret einschätzen und abwägen können. Die Einsicht ist eine wichtige Verstandestugend, die es ermöglicht, im Einzelfall die richtige Entscheidung für die Handlung zu treffen. Ein nach der Vernunft geführtes Leben gelangt durch Naturanlage (formbare Basis), Gewöhnung (Charaktertugend) und Einsicht (Verstandestugend) zur Vollendung.

Was aber macht die Charaktertugenden gut? Die berühmte Antwort von Aristoteles lautet: die rechte Mitte (*mesótes*). Gemeint ist das erworbene Ausgerichtetsein auf die Einhaltung der richtigen Mitte, bei allem, was begehrt oder angestrebt wird. Der gute Charakter zielt im Hinblick auf die irrationalen Regungen auf ein mittleres Maß. Die ethische Charaktertugend trifft die richtige Mitte zwischen zwei Extremen, einem Zuwenig und einem Zuviel. Die Mitte ist eine Begrenzung gegenüber zwei Fehlern oder Lastern. Leicht ist es, sagt Aristoteles, die Mitte zu verfehlen, schwer sie zu erreichen. «In allen Dingen ist die Mitte im Bezug auf uns das Beste.» (Einf., S. 280)

Die Tapferkeit ist beispielsweise die rechte Mitte zwischen Angst und Verwegenheit. Die Freigebigkeit liegt in der Mitte zwischen Geiz und Verschwendung. Ein weiteres Beispiel gibt die Beherrschtheit: «Beherrscht ist nämlich weder derjenige, der ein für allemal ohne Begierden ist, noch derjenige, der den Begierden nachgibt; jener ist wie ein Stein und strebt nicht einmal nach dem Naturgemäßen, dieser dagegen übertreibt in den Begierden und ist zuchtlos. Wer in der Mitte von beiden ist, der begehrt, was und wann und wie viel er soll, und bestimmt dies Maß mit der Vernunft im Sinne des Angemessenen wie mit einer Richtschnur. Dieser ist der Beherrschte und verhält sich der Natur gemäß.» (Einf., S. 281f.)

Eine Charaktertugend hebt Aristoteles besonders hervor: die Gerechtigkeit. (NE V) «Weder Abend- noch Morgenstern sind so wundervoll.» (NE V 3, 1129b28) Die Gerechtigkeit umfasst jegliche Tugend. Gerecht ist, wer die Gesetze beachtet und ein Freund der Gleichheit ist. (NE V 2, 1129b1) «Die Verwirklichung der Gerechtigkeit ist die Mitte zwischen Unrecht-tun und Unrecht-erleiden.» (NE V 9, 1133b2)

Die Mitte meint keine messbare Quantität, keine Mittelmäßigkeit, sondern eine Qualität, ein Höchstmaß für den Menschen, ein Äußerstes. Die richtige Mitte ist das vollendete Maß der moralischen Praxis. Diejenigen Verhaltensweisen sind schlecht, die gegenüber den Leidenschaften durch ein Zuviel oder Zuwenig charakterisiert sind. Die Einsicht führt die ethische Maßbestimmung durch, für die es wegen der individuellen Verschiedenheiten der Handelnden und der unabsehbaren Vielfalt der Handlungssituationen kein inhaltlich starres Regelwerk geben kann. Die Leitung der Vernunft – gestützt auf die erworbenen charakterlichen Dispositionen und das eingeübte kluge Situationsverständnis – durchherrscht das Triebleben von Grund auf und gibt dem Menschen für seine freien geistigen Entscheidungen eine verlässlich ausgewogene, schöne, aufrechte Haltung.

Edle und niedere Gesinnung

Die Charaktertugend der *megalopsychía* (etwa Großgesinntheit oder Hochsinnigkeit) stellt für Aristoteles ein hohes ethisches Ideal dar. Der Hochgesinnte verkörpert den guten, vornehmen Menschen, der sein tätiges Leben durch eigene Leistung vollkommen nach der Vernunft formt. Von den Extremen Kleinmütigkeit und Aufgeblasenheit hat er sich durch die richtige Mitte seiner Hochsinnigkeit souverän abgegrenzt. Er erhebt sich über alles Kleinliche und Niedrige, was ihm ein stolzes Bewusstsein seiner moralischen Persönlichkeit gibt. Hochgesinnt ist, wer sich großer Taten und Ehren für würdig hält und es auch ist.

Aristoteles charakterisiert diesen herausragenden Menschen in einer größeren Porträtskizze (NE IV). «Gefahren schätzt der Hochsinnige nicht um jeden, selbst den kleinsten Preis. Er ist auch nicht versessen auf Gefahren, denn nur weniges hält stand, wenn er es abwägt. Im Gegenteil: nur dann, wenn Großes auf dem Spiele steht, will er das Wagnis, und wenn er dann sich einsetzt, gilt ihm das Leben wenig – er weiß, es ist kein unbedingter Wert, zu leben.» (NE IV 8, 1124b7–9)

Er leistet anderen gern tätige Hilfe, doch selbst welche anzunehmen, ist ihm unangenehm. Wohltaten erweisen bedeutet, überlegen zu sein, sie anzunehmen heißt, Überlegenheit zu spüren bekommen. «Auch dadurch ist der Hochsinnige charakterisiert, daß er überhaupt nie oder kaum je eine Bitte ausspricht, dagegen bereitwillig seine Hilfe anbietet. Im Verkehr mit Hochgestellten und Wohlhabenden zeigt er seine volle Bedeutung, im Verkehr mit einfacheren

Leuten ist er schlicht; denn Überlegenheit zu zeigen ist im einen Fall schwer und gibt ein stolzes Gefühl, im anderen Fall dagegen ist es leicht. Und wenn dort selbstbewußtes Auftreten nicht unedel ist, so wäre es im Kreis von Niedriggestellten grobe Taktlosigkeit – nicht anders, als wollte man den Schwachen gegenüber den starken Mann spielen.» (NE IV 8, 1124b17–23)

Ruhig und bedächtig geht der Hochgesinnte laut Aristoteles an wenige große Aufgaben heran. Freunden und Feinden gegenüber ist er ganz offen und freimütig, denn nur die Furcht versteckt sich. Unterwürfigkeit und Schmeichelei sind ihm fremd. «Er liebt es nicht, wenn Gespräche eine persönliche Wendung nehmen: er spricht nicht über sich und nicht über andere.» (NE IV 8, 1125a7) Er ist nicht nachtragend. Über Unangenehmes sieht er hinweg. Über unbedeutende Bedürfnisse des Lebens wird er nicht jammern, weil er sie nicht ernst nimmt. «Er hat lieber Dinge um sich, die schön sind, auch wenn sie keinen Gewinn abwerfen, als solche, die Profit und Nutzen gewähren. Denn dies entspricht eher der Haltung des innerlich unabhängigen Mannes.» (NE IV 8, 1125a11–13)

Das ethische Ideal der Hochsinnigkeit verkörpert die Vielzahl der Tugenden in einer mit sich selbst übereinstimmenden Person. Die allseitige Verwirklichung der rechten Mitte in einem tätigen Leben fällt zusammen mit dem Glück als etwas Vollendetes, für sich allein Genügendes. Hochsinnigkeit bedeutet moralische Integrität und Lebensglück. Der Hochsinnige, der von seinem ganzen Charakter her vollkommen auf das Beste in ihm, auf die Vernunft (*nus*), ausgerichtet ist, tut das Gute nur, weil es das Gute ist.

Auch die Freundschaft gehört für Aristoteles zur Tugendlehre. (NE VIII und IX) Zusammen mit der Gerechtigkeit bildet sie die Grundlage des Gemeinschaftsgefühls und leitet über zur Theorie des Staates. Unter Freundschaft, die begrifflich sehr weit gefasst wird, versteht Aristoteles das Verhältnis eines gegenseitigen Wohlwollens. «Ohne Freunde möchte niemand leben, auch wenn er die übrigen Güter [Reichtum, Stellung und Herrschaft] alle zusammen besäße. [...] Wozu ist solcher Wohlstand nütze, wenn die Möglichkeit des Wohltuns genommen ist?» (NE VIII 1, 1155a7 und 1155a5)

Freundschaft bedeutet Gemeinschaft, Zusammenleben, Ausdehnung der Selbstliebe auf den anderen, Eintracht. Der Freund ist für Aristoteles wie ein zweites Ich. In Armut gelten Freunde als einzige Zuflucht. Den Jüngling schützt Freundschaft vor Fehlern, dem Alten bietet sie Pflege, den Starken unterstützt sie zu edlen Taten. Überall findet sie sich als Zusammengehörigkeitsgefühl. Auch auf Reisen kann man sehen, wie jeder Mensch dem anderen verwandt und Freund ist. «Vollkommene Freundschaft ist die der trefflichen Charaktere und an Trefflichkeit einander Gleichen.» (NE VIII 4, 1156b6)

In der Freundschaft entfaltet sich die natürliche Zusammengehörigkeit der Menschen. Das gute Leben des Einzelnen erweitert sich zur sittlichen Lebensgemeinschaft, die im Staat ein natürliches Ganzes bildet, gefestigt durch Einrichtungen und Gesetze. Erst im Staat gelingt die nachhaltige Erzeugung und Erhaltung der Tüchtigkeit, erst in ihm kann dem Menschen, der ein politisches Lebewesen ist, ein glückliches Leben gelingen. Die Eintracht in der Polis ist eine Art Polis-Freundschaft. Auch zwischenstaatlich kann die Freundschaft Polisgemeinden zusammenhalten.

Der Mensch ist im Gegensatz zu den Tieren durch seine Sprache fähig, sich Vorstellungen vom Guten und Schlechten, von Recht und Unrecht zu machen. Von diesen Vorstellungen hängt es ab, ob er sich zum vollendetsten aller Lebewesen macht oder ob er losgerissen von Gesetz und Recht, von der Ordnung der staatlichen Gemeinschaft, das schlimmste von allen wird. Ohne Tugend, ohne vernünftiges Maß ist der Mensch ruchlos und wild. Seine natürlichen Waffen sind Klugheit und Tüchtigkeit, aber gerade sie können am allermeisten im entgegengesetzten Sinn gebraucht werden. «Nie ist die Ungerechtigkeit fürchterlicher, als wenn sie Waffen hat.» (Pol. I 2, 1253a34)

Für Aristoteles steht fest: Von Natur aus ist alles zielhaft auf das Gute, das Vernünftige, das Göttliche hin angelegt. Ein Zuwiderhandeln gegen diese Ordnung ist beim Einzelnen wie in der Gemeinschaft möglich, wenn die irrationalen Regungen über die Vernunft herrschen statt umgekehrt. Dies ist in Fehlbildungen des ethischen

Charakters möglich wie auch in gesellschaftlichen Einrichtungen. Alle diejenigen Verhaltensweisen sind schlecht, die gegenüber den Leidenschaften durch ein Zuviel oder Zuwenig charakterisiert sind. «Geldgier, Vergnügungssucht und Liebestollheit und dergleichen sind abnorme Verhaltensweisen im Bereich der Schlechtigkeit.» (Einf., S. 283) Ein Beispiel für die gesellschaftliche Maßlosigkeit ist die Tyrannis, in der ein einzelner die ganze Macht zu seinem persönlichen Vorteil missbraucht.

Aristoteles problematisiert in seiner *Politik* eine bestimmte Art des Gelderwerbs als eine fehlgeleitete, naturwidrige Entwicklung, für die der Mensch die Verantwortung trägt. Er zeigt, wie in der Gesellschaft etwas Unvernünftiges, Unsittliches, Verkehrtes Brauch werden kann und – so verselbstständigt – den Schein einer maßgebenden Natürlichkeit erlangt. Aristoteles entwirft eine Theorie des Geldes und gelangt mit Blick auf die Entstehung einer bestimmten Wirtschaftsform zu einer Kritik an einem misslingenden Leben. Seine Ethik ist zwar eine Lebensweltethik, aber keinesfalls eine Ethik, die die vorherrschenden Werte und Normen im vorgefundenen Brauchtum unkritisch absolut setzt.

Geld ist erfunden worden, so führt Aristoteles aus, um verschiedene, sehr ungleichartige Dinge, die im alltäglichen Leben gebraucht werden, wie zum Beispiel Schuhe oder Getreide, durch einen gemeinsamen Nenner – eben durch das Geld – vergleichbar, und dadurch auf gerechte Weise tauschbar zu machen. Aristoteles hält es zwar für unmöglich, dass sehr verschiedene Dinge durch ein gleiches Maß wirklich kommensurabel, gleichnamig gemacht werden können, aber soweit es das lebenspraktische Bedürfnis verlangt, erscheint es ihm ausreichend möglich zu sein. (NE V 8, 1133b20) Im Tausch mit Hilfe des Geldes werden die zum Leben notwendigen Güter und Werkzeuge wechselseitig besorgt, worin ökonomisch gesehen der wahre Reichtum besteht. Dieser Tauschhandel ist maßvoll und begrenzt, denn er geht nicht ins Unendliche. Sein Ziel ist nur, die Mängel auszugleichen, die der natürlichen Selbstgenügsamkeit des Lebens im Wege stehen.

Nachdem aus dem unentbehrlichen Bedürfnis des Tausches das

Geld hervorgegangen war, kam eine neue Art der Erwerbskunst auf, das Handelsgeschäft, das sich bald darauf richtet, wie und mit welchen Mitteln man beim Umsatz möglichst viel Gewinn machen kann. Diese andersartige Zielsetzung, die sich nicht mehr an den zum Leben gebrauchten Dingen orientiert, führt aber zu einer neuen Vorstellung von Reichtum, die kein Maß und keine Grenze mehr kennt. Die Vermehrung des Reichtums als Geld wird zum Selbstzweck. «Alle, die auf den Erwerb bedacht sind, suchen ihr Geld bis ins Grenzenlose zu vermehren.» (Pol. I 3, 1257b34)

Die Erwerbskunst, die auf den bloßen Handelsgewinn berechnet ist, verwirft Aristoteles als unsittlich, weil sie das wahre Ziel des Lebens verfehlt. Die Gier nach Geld, insbesondere im Zinswesen, ist gegen die Natur. «Denn das Geld ist um des Tausches willen erfunden worden, durch den Zins vermehrt es sich aber durch sich selbst. Daher hat es auch seinen Namen: das Geborene ist gleich wie das Gebärende, und durch den Zins entsteht Geld aus Geld. Diese Art des Gelderwerbs ist also am meisten gegen die Natur.» (Pol. I 10, 1258b4–8) Statt das moralisch gute Vernunftleben anzustreben, ist der Endzweck jetzt die von der Vernunft losgerissene Maximierung des Geldes und ein Übermaß von Sinnengenuss. «Die Ursache solcher Denkweise aber liegt darin, daß die meisten Menschen nur um das Leben und nicht um das vollkommene Leben sorgen, und da nun die Lust zum Leben ins Endlose geht, so trachten sie auch, die Mittel zum Leben bis ins Endlose anzuhäufen.» (Pol. I 9, 1257b40–42)

Wer den Verlockungen der Geldvermehrung erliegt, bleibt als moralisch Unentwickelter hinter seinen Möglichkeiten zurück und verfehlt das wahre Glück. Grobschlächtige, «knechtische und tierische» Naturen entscheiden sich für ein Genussleben und finden an einem derartigen animalischen Dasein ihr Genügen. Diese weit verbreitete niedrige Gesinnung drängt die Hochsinnigkeit zurück oder macht deutlich, dass die edle Gesinnung nur vereinzelt anzutreffen ist.

Denken des Denkens

> «Was dem einzelnen wesenseigen ist, das stellt für den
> einzelnen von Natur das Höchste und das Lustvollste dar.
> Für den Menschen ist dies das Leben des Geistes, nachdem
> dieser vor allem das wahre Selbst des Menschen darstellt,
> und dieses Leben ist denn also auch das glücklichste.»
>
> Aristoteles, *Nikomachische Ethik* (NE X 7, 1178a5−7)

Glück ist für Aristoteles das tätige Leben im Geistigen. Da die Vernunft (*nus*) das Wertvollste, ja sogar «etwas Göttliches» im Menschen ist, besteht das wahre Glück, die höchste sittliche Lebenssteigerung, in der vollkommenen Tätigkeit und Entfaltung der Vernunft als letztem Ziel persönlicher oder politischer Praxis. Der Gipfel des Glücks aber ist das wissenschaftliche Schauen (*theoría*), das der Philosophie gewidmete Leben, die dem Gutsein nach beste Aktivität.

Aristoteles macht die *theoría* zum Gegenstand seines wirkungsmächtigen Werks, das unter dem Titel *Metaphysik* überliefert ist. Er selbst benutzt den Terminus Metaphysik noch nicht, sondern spricht von «Erster Philosophie». Die Metaphysik ist die Betrachtung der über die sinnliche Wahrnehmung hinausgehenden ersten Ursachen und Gründe, aus denen alle abgeleiteten Wahrheiten entspringen. Das höchste Denken richtet sich auf das Beste, auf die obersten Prizipien, da sie «ein Erstes sind, von dem aus etwas entweder ist oder entsteht oder erkannt wird» (Met. V 1, 1013a17−19). Die Metaphysik ist die göttliche Wissenschaft, da sie auch Gott zum Gegenstand hat und da Gott selbst in seiner Weisheit diese Wissenschaft auf seine Weise ausübt. Die immer gleichbleibende Tätigkeit Gottes ist eine denkende Betrachtung (eine «theoretische») und die höchstmögliche Vortrefflichkeit des menschlichen Denkens kommt Gott nahe.

Das Denken hat beim Menschen die Triebbeherrschung und die Affektkontrolle zur Vorraussetzung. Durch die Charaktertugenden werden die irrationalen Regungen beherrschbar und die Verstandestugenden können sich weitgehend ungestört von sinnlichen Einflüssen und Erschütterungen auf die wertvollsten Erkenntnisobjekte richten. Zum glücklichen, gelingenden Leben gehören, so lässt sich zusammenfassend sagen, zwei Arten von Vollkommenheiten: einmal das ethische Leben als vernünftiger maßvoller Umgang mit den Affekten und Leidenschaften (die rechte Mitte), zum anderen die Ausprägung der geistigen Anlagen. Im Gegensatz zu Gott, der in jedem Augenblick alles ist, was er sein kann, bleibt es für den sterblichen Menschen anstrengend, seine geistigen Möglichkeiten auszubilden. Die Realisierung des Glückspotentials des Menschen, im Leben das zu sein, was er seinen geistigen Anlagen nach sein kann, ein Vernunftwesen, ist die große, ausschließlich auf das Diesseits bezogene Zielsetzung, die wahre Lebensaufgabe, die nur zeitweilig gelingen kann. Ein individuelles Weiterleben nach dem Tod schließt Aristoteles aus. Der göttliche Geist im Menschen ist zwar unsterblich, aber unpersönlich. Über die Fortdauer dieses allgemeinen, erinnerungslosen tätigen Geistes (*nus poietikós*) nach der Trennung vom Leib gibt Aristoteles keine Auskunft (vgl. dazu das dunkle, kurze Kapitel in: Über d. Seele III 5, 430a10 – 25).

Die *Nikomachische Ethik* steht nicht nur in engem Zusammenhang mit der *Politik*, beide Werke runden die «Wissenschaft vom menschlichen Leben» (NE X 10, 1181b15) ab, sondern sie ist auch mit der *Metaphysik* eng verbunden. Die Vielschichtigkeit und der letzte unüberbietbare Zielpunkt der *Nikomachischen Ethik* tritt im Kontext der *Metaphysik* noch deutlicher hervor. Das Menschenbild von Aristoteles, seine Auffassung vom Leben überhaupt, wird zudem durch die Schrift *Über die Seele* ergänzt.

Aristoteles lehnt Platons Zwei-Welten-Theorie ab, die Annahme einer diesseitigen und einer jenseitigen Welt. Das Wesen der Dinge – bei Platon: die Ideen – ist bei Aristoteles nicht außerhalb der wahrnehmbaren Gegenstände und getrennt von ihnen, sondern liegt in ihnen selbst als Möglichkeit und Anlage. Die Welt ist ewig, ungeschaffen, ohne Anfang und ohne Ende, ein teleologischer Ordnungszusammenhang, dem Ursache, Ziel und Zweck eingeschrieben sind. Die Metaphysik von Aristoteles lässt sich nicht religiös verstehen. Gott, das eigentlich Seiende, ist kein personenhaft handelnder Gott, schon gar kein Schöpfergott, sondern das Prinzip des zweckmäßigen Aufeinanderabgestimmtseins von allem, die Sinnhaftigkeit und das letzte Ziel der ewigen Seinsbewegung. In Aristoteles' Ethik ist die Transzendenz verschwunden. Die Sorge um ein individuelles Weiterleben nach dem Tod hat daher keine Bedeutung. Das kosmologische Prinzip Gott ist kein Gegenstand religiöser Verehrung. Einzig um die Lebenswelt des Menschen geht es, und sie wird mit ihren vorhandenen eigenen Wertmaßstäben verglichen und beurteilt.

Metaphysik ist für Aristoteles eine Wissenschaft, die die ersten Gründe und Prinzipien von allem untersucht. Sie fragt nach den Prinzipien des Seienden als Seiendes. «Es gibt eine Wissenschaft», so schreibt Aristoteles in der *Metaphysik*, «welche das Seiende als Seiendes untersucht und das demselben an sich Zukommende» (Met. IV 1, 1003a21 – 22). Nicht einzelne, konkrete Gegenstände sind hier von Interesse, sondern das allgemeine, allen Gegenständen zukommende gemeinsame Sein und dessen Beschaffenheit. Einzelne Wissenschaften untersuchen spezielle Teilbereiche des Seienden, die Metaphysik dagegen handelt allgemein von dem Seienden als solchem. Die Metaphysik fragt nach den grundlegenden Voraussetzungen der Einzelwissenschaften und will fundamentaler und umfassender als diese erklären, was Wirklichkeit zu dem macht, was sie ist. Das Sein soll in seinen allerallgemeinsten Bestimmungen in vernünftiger Rede und Sprache, also begrifflich argumentierend, erforscht werden.

Für den größeren metaphysischen Kontext der Ethik ist bedeutsam, dass Gott das höchste, beste Seiende ist. Er ist die absolute Höchststufe allen Lebens. Wie die Idee des Guten bei Platon ist dieser Gott – dieses Verwirklichtsein schlechthin – ewig, unveränderlich, unbeweglich, selbstgenügsam ganz für sich, getrennt von allem übrigen, unkörperlich. Dennoch geht auf ihn alle Bewegung der Welt zurück, er selbst aber bewegt und verändert sich nicht. «Es gibt etwas, das immer das Bewegte bewegt, und das erste Bewegende ist selbst unbewegt.» (Met. IV 8, 1012b30 – 31) Gott ist der unbewegte Beweger, reines Bestehen durch sich selbst, «das ewige, beste Lebewesen» (Met. XII 7, 1072b28). Alles besitzt von Natur in abgestufter Weise ein Göttliches – wenn auch nur der Mensch Geist hat – und ist auf dieses Göttliche hin orientiert. Gott, der durch seine Macht das All zusammenhält (Pol. VII 4, 1326a33), ist Ursache und Zweck aller Bewegung, er ist der Anstoßende und der, der alles zu sich hinzieht.

Für die aristotelische Ethik von besonderer Bedeutung ist die Bestimmung, dass das ewige Leben Gottes in der Tätigkeit des reinen Denkens besteht. Der Gegenstand des göttlichen Denkens kann nur «das Göttlichste und Vornehmste» sein, also nur Gott selbst und ausschließlich. Die Tätigkeit Gottes besteht darin, sich selbst zum Gegenstand des Denkens zu machen, worin sein Wirken, sein Bewegungsgrund und Ordnungsprinzip des kosmischen Ganzen besteht. Das göttliche Denken denkt das göttliche Denken. Das Absolute ist «Denken des Denkens (*nóesis nóeseos*)» (Met. XII 9, 1074b34), ewige Selbstreflexion, ewiges Bewusstwerden und Bewusstsein des Geistes von sich selbst, von seiner Wahrheit. Denken und Gedachtes fallen in der unverbrüchlichen göttlichen Identität zusammen. Gott ist Sein, Geist, Leben, Autarkie, höchste Form des Tätigseins und der vollendeten Verwirklichung. Gott ist der sich selbst erkennende Gott.

Die Unbedingtheit und Vollkommenheit der reflexiven Denktätigkeit, das ist Gott. Seine immer schon vollzogene und sich stets vollziehende Vollendung, die zeitlose Anwesenheit seiner Denkkraft, ist der Garant der universalen zweckmäßigen Weltordnung. Diese göttliche Vollendung ist es, die der charakterlich gute sowie der verstandesmäßig gute Mensch im Rahmen seiner Möglichkeiten nachahmt. In der Philosophie, insbesondere in der Metaphysik, lenkt auch er sein Denken auf das Denken und im hellwachen Bewusstsein der Selbstreflexion, in der Höchstform des Wissens, sucht er sich Gottes Weisheit anzunähern durch die Erkenntnis seines eigenen göttlichen Geistwesens. Der auf diese Art nach Weisheit strebende, geistig tätige Mensch realisiert in der Kontemplation (*theoría*) seine vollendetste Seinsstufe. Die «Theorie», gerichtet auf das Allgemeine und Ewige, auf die denkende Betrachtung zeitloser

Wahrheiten, ist demnach die höchste menschliche Lebensweise (*bíos theoretikós*, lat. *vita contemplativa*). In ihr nimmt der Mensch teil an der göttlichen Wahrheit, die er um ihrer selbst willen anstrebt und die in der Metaphysik, der Wissenschaft von den ersten Prinzipien und Ursachen, ihren theoretischen, menschenmöglichen Abschluss findet.

Die Philosophie gewährt Glückseligkeit und auch Lust von wunderbarer Reinheit und Beständigkeit. Durch die Philosophie wird auch das gefunden, was Selbstgenügsamkeit, Unabhängigkeit (Autarkie) genannt wird. «Ist also», sagt Aristoteles, «mit dem Menschen verglichen, der Geist etwas Göttliches, so ist auch ein Leben im Geistigen, verglichen mit dem menschlichen Leben, etwas Göttliches.» (NE X 7, 1177b30–34) Daher soll der Mensch, soweit er kann, sein Leben nach dem gestalten, was in ihm das Höchste ist und was sein wahres Selbst ausmacht.

Gott ist für den Menschen Vorbild und Maß. Seine geistige Autarkie ist das Modell für ein gutes, gelingendes und glückliches Leben, das nach der Vernunft hin ausgerichtet ist und das sich nicht in der Lust der Sinnlichkeit verliert. In der tätigen, nicht nachlassenden Selbstreflexion auf der Höhe der philosophischen Argumente vollendet sich das tugendhafte Vernunftleben des Menschen. Er bleibt eingedenk, dass sein Wesen etwas göttlich Geistiges ist, das er in einem sterblichen Individuum verkörpert und dem er in einer ihn überdauernden Polis soziale Wirklichkeit zu geben sucht. Das derart auf Selbstreflexion, Selbsterkenntnis und Wahrheit hingelenkte gute, gelingende Leben ist die von Aristoteles aufgedeckte Unabhängigkeit des Geistes, der nur von sich selbst abhängt. Mensch und Gott konvergieren in der glückenden philosophischen *theoría*, im Wissen, das sich selbst weiß: «Sich selbst also denkt die Vernunft, sofern sie ja das Vorzüglichste ist, und das Denken ist Denken des Denkens.» (Met. XII 9, 1074b33–35)

LUCIUS ANNAEUS SENECA

«Solange wir atmen,
wollen wir Menschlichkeit üben»[25]

Leben und Werk

Geboren um 4 v. Chr. in Cordoba, gestorben 65 n. Chr. in Rom. – Philosoph, Politiker, Dichter. – Sohn eines höheren Beamten und Schriftstellers aus wohlhabender Ritterfamilie («von altertümlicher Strenge»). Kommt als Kind nach Rom und erhält eine umfassende Ausbildung in Rhetorik und Philosophie, leidet in jüngeren Jahren und auch später noch an schwerer Atemnot mit Erstickungsanfällen («einem Wirbelsturm gleich»), ist mehrfach versucht, sich das Leben zu nehmen («Oft nahm ich einen Anlauf, wegzuwerfen das Leben: meines mir zugetanen Vaters hohes Alter hielt mich zurück. Ich überlegte nämlich nicht, wie tapfer *ich* sterben könne, sondern wie *er* tapfer Sehnsucht zu ertragen nicht vermöge. Daher befahl ich mir zu leben: manchmal nämlich heißt auch leben tapfer zu handeln», Ep. 78,2), geht zur Heilung nach Ägypten. Im Jahr 34 Quästor (erste Stufe der Senatorenlaufbahn), wachsender Ruhm als Redner, um 41 entsteht der Essay *Über den Zorn*, Seneca wird unter Kaiser Claudius aufgrund einer Intrige der Kaiserin Messalina für acht Jahre nach Korsika verbannt, wo er eine *Trostschrift an die Mutter Helvia* verfasst («Für den Weisen ist jeder Ort sein Vaterland»). Im Exil möglicherweise naturwissenschaftliche Studien und Arbeit an seinen Tragödien. Wieder in Rom übernimmt Seneca die Erziehung des elfjährigen Nero und wird höchster Justizbeamter (Prätor), hält 54 für den ermordeten Claudius die offizielle Laudatio und verspottet ihn zugleich in der Schmähsatire *Apocolocyntosis (Die Verkürbissung des Kaisers Claudius)*, leitet 55/56 als höchster Beamter (Konsul) am Hof Neros die Reichspolitik, ist damit einer der mächtigsten und reichsten Männer des Römischen Imperiums. Verfasst mehrere Abhandlungen, z. B. *Über die Standhaftigkeit des Weisen, Über das glückliche Leben, Über die Muße, Über die Seelenruhe, Über die Kürze des Lebens, Über die Milde, Über die Wohltaten*. Im Jahr 59 wird Seneca verdächtigt, den Mord Neros an dessen Mutter Agrippina gebilligt zu haben, er zieht sich um 62 von Neros tyrannischer Herrschaft zurück und widmet sich ganz seinen literarischen Arbeiten («Die Natur hat mich für beide Aufgaben bestimmt, für das tätige Leben und für die denkende Betrachtung»). Es entstehen *An Lucilius. Briefe über Ethik* (sein Hauptwerk) sowie die *Naturwissenschaftlichen Untersuchungen*. Nach dem Brand Roms wird Seneca als Mitwisser einer Verschwörung verdächtigt und 65 von Nero zum Selbstmord verurteilt. Er scheidet mit stoischer Gelassenheit aus dem Leben.

Der römische Geschichtsschreiber Tacitus (um 55–120) berichtet in seinen *Annalen* (XV 60–64) ausführlich über das Sterben Senecas: «Es folgte die Ermordung des Annaeus Seneca, die von dem Princeps mit besonderer Freude begrüßt wurde. [...] Seneca verlangte unerschrocken, die Niederschrift seines Testaments zu bringen. Als dies der Centurio ablehnte, wandte er sich an seine Freunde mit den Worten, da er ja gehindert werde, ihnen für ihre Verdienste den schuldigen Dank abzustatten, hinterlasse er ihnen das nunmehr einzige, jedoch auch das Schönste, das er besitze, das Bild seines Lebens. Wenn sie dies im Gedächtnis behielten, würden sie den Ruf einer edlen Bildung als Lohn für ihre so unerschütterliche Freundschaft davontragen. Zugleich suchte er durch allerlei Gespräche und dann wieder nachdrücklich im Tone der Zurechtweisung ihrem Weinen Einhalt zu gebieten und sie zu einer festen Haltung zurückzuführen, indem er fragte, wo denn die Lehren der Philosophie geblieben seien, wo die in so vielen Jahren geübte Einstellung auf drohende Gefahren. [...] Er umarmte seine Gemahlin, und weil er jetzt um sie fürchtete, etwas weicher gestimmt, bat er sie inständig, ihren Schmerz zu mäßigen und sich ihm nicht ewig hinzugeben [...]. Seine Frau dagegen beharrte darauf, daß auch ihr der Tod bestimmt sei, und forderte die Hand des Mörders. [...] Darauf öffneten sie sich beide gleichzeitig die Pulsadern. Weil bei Senecas durch Alter und spärliche Nahrung geschwächtem Körper das Blut nur langsam abfloß, öffnete er auch die Adern an den Schenkeln und Kniekehlen. Von schweren Schmerzen erschöpft, riet er seiner Gattin, um nicht ihre mutige Haltung durch seine Schmerzen zu erschüttern und seinerseits durch den Anblick ihrer Qualen in einen Zustand des Schwachwerdens zu verfallen, in ein anderes Gemach zu gehen. [...] Aber da Nero keinen persönlichen Haß gegen Paulina hegte und er vermeiden wollte, daß die Empörung über seine Grausamkeit weiter um sich greife, befahl er, ihren Tod zu verhindern. [...] Indessen bat Seneca, da bei ihm das Verbluten nur langsam vor sich ging und das Sterben sich verzögerte, seinen lange bewährten treuen Freund und Arzt Statius Annaeus, das schon lange vorgesehene [Schierlings-] Gift zu holen, mit dem in Athen die von einem staatlichen Gericht Verurteilten hingerichtet wurden. Man brachte es, und er trank es, doch ohne daß es wirkte. Denn seine Glieder waren schon erkaltet und der Körper nahm das Gift nicht mehr in sich auf. Zuletzt stieg er in ein Bassin mit heißem Wasser, und während er die zunächst stehenden Sklaven besprizte, sagte er, er weihe dieses Naß Iuppiter, dem Befreier. Dann ließ er sich in das Dampfbad bringen, wo er erstickte.»[26]

Torheit der Menge

Zu Senecas philosophischer Problemstellung gehören Fragen wie diese: Kann der Einzelne seine Integrität im öffentlichen und privaten Leben noch behaupten, wenn die «Schlechtigkeit» herrscht? Wenn die «große Zerrüttung der Sitten» zur «Pest» wird? Wenn die menschlichen Dinge «ins Negative abgleiten»? (Vgl. Ep. 95,29; De benef. I 10,1)

Die Gladiatorenspiele seiner Zeit sieht Seneca als symptomatisch für die allgemeine «sittliche Verwilderung» an. Schon in der Mittagszeit verlangen die Zuschauer ein gut inszeniertes Abschlachten von Menschen. Mit Peitschenhieben werden die Opfer in der Schauvorführung ins Blutbad getrieben. Die aufgebrachte Menge ruft: «Töte, schlag zu, brenne ihn! Warum läuft er so zimperlich ins Schwert? Warum stirbt er ohne Begeisterung?» (Ep. 7,5) In der Pause werden einige Menschen erwürgt, damit wenigstens etwas geschieht. Ein zum Tierkampf bestimmter Germane begeht in der Latrine, dem einzig unbewachten Ort, noch rechtzeitig Selbstmord, um den Qualen zu entgehen. «Dort stieß er sich das Holz, das zum Reinigen des Afters, mit einem Schwamm versehen, vorhanden ist, tief in die Kehle und tötete sich, indem er die Atemwege versperrte.» (Ep. 70,20)

Unterdessen genießen «Herden von Schlemmern» ihren verschwenderischen Luxus, schwelgen in der «Jauche» ekelerregender extravaganter Speisen. «Nicht wäre eine schlimmere Mischung Gekotztes.» (Ep. 95,28) Wie pesthauchartig ist das Rülpsen der «fauligen Magenbeschwerden»! Die maßlose Begierde nach Sinnenlust vergrößert die Habgier und lässt Armut entstehen. Genuss ist das Schlagwort für jedes Streben. Das Sittliche verfällt im Vergessen. «Nichts ist schimpflich, dessen Preis gefällt.» (Ep. 95,33) Der Überfluss verursacht Zivilisationsleiden wie Lebensekel, Überdruss, innere Leere. Die natürliche Selbstliebe, die Sorge um das eigene Leben, entartet zur lasterhaften Selbstsucht.

Aber wie erst steht es mit den «Wahnsinnstaten» im Krieg?! Wie mit dem «ruhmreichen Verbrechen des Völkermordes»?! (Ep. 95,30) Aufgrund von Senatsbeschlüssen und Volksentscheiden werden Grausamkeiten verübt und von Staats wegen Dinge befohlen, die dem Einzelnen verboten sind. «Was, heimlich begangen, mit dem Kopf bezahlt würde, loben wir, weil es Männer im Feldherrnmantel getan haben.» (Ep. 95,31)

Das römische Volk, so lautet Senecas diagnostisches Resümee seiner Zivilisationskritik, zeigt geistige Kraft nur noch in der Erfindung immer neuer Laster. (Vgl. Ep. 90 und De benef. I 10,1–3)

Die Stoa

> «Höchster allmächtiger Gott, den viele Namen benennen,
> Zeus, du Herr der Natur, der das All du nach dem Gesetz
> lenkst,
> sei mir gegrüßt! Dein Preis geziemt den sterblichen
> Menschen. [...]
> Eine Vernunft herrscht ewig, faßt alles harmonisch
> zusammen. [...]»
>
> Kleanthes, *Zeus-Hymnus*[27]

Seneca sieht in der Schule der griechischen und römischen Stoa einen lebenspraktischen Ausweg aus der «Geistesverwirrung» seiner Zeit. Die Stoa besteht etwa von 300 v. Chr. bis zur Mitte des 3. Jahrhunderts n. Chr. Die Schule erhält ihren Namen vom Versammlungsort, von der *stoá poikíle*, einer bunt ausgemalten Wandelhalle in der Agora in Athen. Mit der Stoa wird die Philosophie auch in Rom heimisch. Der Begründer der Stoa, Zenon aus Kition (um 333–262 v. Chr.) gibt die Grundorientierung vor: «Das Endziel ist das der Natur gemäße Leben.»[28] Seneca setzt die Tradition der Stoa fort und aktualisiert sie: Nicht Anpassung an eine dekadente, genusssüchtige Kultur ist Glück versprechendes Lebensziel, sondern ein Leben in Übereinstimmung mit der (göttlichen) Natur.

Die Stoa ist eine dogmatisch verfasste materialistische und pantheistische Philosophie. Die Naturlehre (Physik) bildet die metaphysische Grundlage der Ethik. Der Grund der Welt ist die göttliche Vernunft, die materiell gedacht wird. Es gibt nur Materie. Auch die Seele des Menschen ist wie die Gottheit körperlicher Natur. In der Welt herrscht nicht die Mechanik eines blinden Zufalls, wie dies Demokrit und Epikur in ihrer Atomlehre behaupten. Es ist vielmehr die Vorsehung der allgegenwärtigen, innerweltlich waltenden, unpersönlichen Gottheit, die die Weltordnung zweckmäßig und vernünftig eingerichtet hat und für alle Zeiten bestmöglich verwaltet. Gott ist «ein Atemstrom, der durch die ganze Welt hindurchzieht».[29] Das religiöse Empfinden der Stoa, ihre Weltfrömmigkeit, kommt besonders eindringlich in dem frühen Zeus-Hymnus des Stoikers Kleanthes (gest. um 232 v. Chr.) zum Ausdruck. Seneca nimmt auf ihn zustimmend Bezug (vgl. Ep. 107,10–12). Zeus ist in dem Preislied nicht der Gott des Mythos und des Volksglaubens, sondern das Walten des geistigen und zugleich körperlichen Feuers, das der ganzen Welt innewohnt, das Walten des Weltgesetzes, das alles zur Einheit zusammenbindet. Selbst die Torheit der Menschen ist in der großen Harmonie des Alls vorgesehen. Das Böse ist der vergebliche Versuch, sich dem göttlichen Gesetz zu widersetzen. Die Welt als ganze, der wohlgeordnete Kosmos, ist vollkommen und schön, nicht aber jeder ihrer Teile.

Das Prinzip der Weltordnung hat viele Namen, z. B. Zeus (bei Seneca lat. Iuppiter), Weltvernunft (Logos), Natur, schöpferisches Feuer, Atemstrom (Pneuma), Vorsehung oder Schicksal (vgl. Nat. quest. II 45,2–3). Die Welt ist ein einziger beseelter Organismus, ein lebendiges vernünftiges Wesen. Im ewigen Prozess von Werden und Vergehen geht die Welt nach Tausenden von Jahren durch einen großen Brand unter und entsteht zusammen mit allen Individuen in derselben Gestalt wieder neu. Die zyklischen Phasen dieser ewigen Wiederkehr sind die Phasen im Leben Gottes. Natur und Gott sind voneinander nicht zu trennen. Auch Seneca setzt beide in seinen *Naturwissenschaftlichen Untersuchungen* in eins und vertritt wie schon seine stoischen Vorgänger eine pantheistische Position (vgl. Nat. quest. II 45,3). Es tritt nicht ein Gott an die Stelle der vielen Götter (der Volksreligion), sondern die vielen Götter werden zu materialistisch interpretierten Verkörperungen eines unpersönlichen oder überindividuellen Göttlichen. In Abweichung zur stoischen Tradition lehrt Seneca die Unsterblichkeit der Seele: «Dieser Tag, vor dem du, als sei er der letzte, Grauen empfindest, ist der Geburtstag eines ewigen Lebens.» (Ep. 102,26; vgl. Ad Marc. XXV 1–3)

Für die Ethik der Stoa ist die Auffassung entscheidend, dass im Sein der Welt ein (ontologisches) Sollen, ein göttlicher Plan, zu-

grunde gelegt ist. Als Ganze betrachtet stellt die Welt eine moralische Ordnung dar, in die sich alles, Gutes und Böses, Weisheit und
Torheit, zweckmäßig einfügt. Die Welt, wie sie in ihrer Ganzheit
ist, ist so, wie sie sein soll.

Der Mensch kann an der übergeordneten, teleologisch verstandenen großen Sinnhaftigkeit des Weltlaufs nichts ändern, aber er kann
zu ihm innerlich auf unterschiedliche Weise Stellung nehmen und
durch seine Gesinnung entscheiden, ob er in glücklicher Harmonie
mit sich und der Natur lebt oder in böser Auflehnung und seelischer
Unausgeglichenheit. Denn das Schicksal führt den, der einwilligt,
und zwingt den, der sich sträubt (vgl. Ep. 107,11). Der Mensch
gleicht Seneca zufolge einem Hund, der an einen Wagen gebunden
ist. Ist der Hund klug, läuft er freiwillig und vergnügt mit. Setzt er
sich aber auf die Hinterbeine und jault, so wird er doch mitgeschleift.

Sittliche Vollkommenheit

Seneca fragt nach dem höchsten Gut, der Wesenseigentümlichkeit,
dem Besten des Menschen. Seine Antwort ist: Es ist «die Vernunft:
durch sie ist er den Tieren überlegen, folgt er den Göttern» (Ep.
76,9). Die übrigen Eigenschaften hat der Mensch mit den Tieren
und Pflanzen gemeinsam. Das einzig wahre Gut ist die Vernunft: der
Geist, aufrecht, gut, groß. «Was anders kannst du ihn nennen als
Gott, im Menschenkörper zu Gast weilend?» (Ep. 31,11) Da Gott im
Innern des Menschen als dessen Vernunft anwesend ist, besteht das
gute Leben in der Sorge um den Logos: «Von innen betrachte dich
selbst.» (Ep. 80,10) Indem der Mensch sich als vernünftig begreift,
weiß er zugleich, dass er sittlich verpflichtet ist, auf seine Vernunft
so gut wie möglich aufzupassen und sie auszubilden. Er ist zwar von
Natur aus auf das Ziel ausgerichtet, zum Logos hinzufinden, doch
«die sittliche Vollkommenheit muß man lernen» (Ep. 123,16). Für
den Menschen besteht das höchste Gut in der Vervollkommnung
seiner Vernunft, durch die er zuallererst er selbst wird.

　　Die sittliche Selbstverwirklichung, bei der die Vernunft in der

Seele zur Herrschaft gelangt, bedeutet «Gleichmaß und Fortgang des Lebens, in allem im Einklang mit sich» (Ep 31,8). Seneca ermahnt seinen Freund Lucilius, diese moralische Identität ernst zu nehmen. «Halte es für eine wichtige Sache, *ein* Mensch zu sein» (Ep. 120,22), nicht vielgestaltig mit wechselnden Masken. Eine solche mit sich selbst übereinstimmende Vernunft und das ihr entsprechende einstimmige Leben stimmen auch mit dem göttlichen Weltlogos – mit der Natur – überein. In dieser Übereinstimmung (Homologie) besteht nicht nur das, was ohne Einschränkung gut ist, sondern auch das vollendete Glück. «Glücklich also ist ein Leben, übereinstimmend mit dem eigenen Wesen.» (De vit. beat. III,3)

Das sittliche Leben ist die gelingende und glückliche Selbstvervollkommnung eines vernünftigen Wesens in seiner Vernünftigkeit. «Was bestimmt am Menschen die Wesenseigenart? Die Vernunft: sie, wenn richtig und vollkommen, erfüllt das Glück des Menschen. Wenn also jedes Ding, hat es sein ihm eigenes Gut vollendet, lobenswert ist und die Bestimmung seines Wesens erreicht hat, der Mensch aber als sein Gut die Vernunft besitzt – wenn er sie vollendet hat, ist er lobenswert und hat die Bestimmung seines Wesens erreicht. Diese Vernunft heißt, wenn sie vollkommen, sittliche Vollkommenheit, und sie ist das Sittliche.» (Ep. 76,10)

Unerschütterlichkeit des Weisen

Das Idealbild vom guten Leben verkörpert der stoische Weise. Er lebt unabhängig von hereinbrechenden Affekten, widersteht der Lust- und Aggressionsbesessenheit der Masse und geht gelassen in den Tod. Der Weise liebt nicht seinen Körper, sondern seine Vernunft. «Glücklich ist nicht ein Leben, das sich am Genuß orientiert.» (Ep. 94,8) An die Stelle der Begierde setzt der Weise das vernunftgemäße Wünschen. Seine moralische Identität befestigt seine Unerschütterlichkeit (Ataraxie) und Selbstgenügsamkeit (Autarkie). «In Sicherheit ist der Weise, und nicht kann ihm angetan werden ein Unrecht oder eine Schmach.» (De const. 2,4)

Die äußeren Lebensumstände sind nicht entscheidend. Seneca erinnert an den stoischen Philosophen Zenon von Kition, der bei einem Schiffbruch seine ganze Habe im Meer verlor und sagte, das Schicksal wolle, dass er ungehinderter philosophiere (vgl. De tranq. an. 14,3). Der Besitz wie auch das Leben sind nur geliehen. Das Geheimnis wahrer Lebenskunst besteht darin, sich von den Launen des Schicksals unabhängig zu machen. Erst das Denken an den eigenen Tod und die antizipierte Vorwegnahme aller möglichen von außen kommenden Unglücksfälle macht den Menschen zu einem hellwachen, unerschrockenen, realistischen «Gestalter seines Lebens» (De vit. beat. 8,3). «Wer den Tod fürchtet, wird nichts jemals als ein lebender Mensch tun.» (De tranq. an. 11,6)

Seneca plädiert nicht für den Verzicht auf Aktivität, er will im Gegenteil Gelassenheit und umsichtige Tätigkeit miteinander verbinden. Auf die lebenspraktische Bedeutung der Philosophie kommt es ihm an, nicht auf Weltflucht. Die Philosophie besteht nicht aus Worten, sondern aus Taten (vgl. Ep. 16,3). Der Weise nimmt seine Bürgerpflichten wahr, d. h. er widmet sich auch der Politik. Leben, Reichtum, Gesundheit, Schönheit haben ihren wichtigen Platz, nur darf für sie nicht die Integrität der Preis sein. In dieser freien und würdevollen Geisteshaltung liegt das Lebensglück.

Der Weise ist ein gottähnlicher Mensch. Seneca sagt von sich, er sei kein Weiser und werde auch keiner werden (vgl. De vit. beat. 17,3). Ob es überhaupt jemals einen Weisen gegeben hat, ist fraglich. Dem nach Weisheit verlangenden Serenus entgegnet Seneca: «Was du wünschst, ist aber etwas Bedeutendes und das Höchste und dem Gotte Benachbartes – sich nicht erschüttern zu lassen.» (De tranq. an. 2,3) Es geht um die (selbst-)erzieherische Annäherung an das Ideal, um kleine, allmähliche Fortschritte einer sittlichen Bildung. Gut ist es schon, besser zu sein als die Schlechten, täglich etwas von den eigenen Fehlern, Irrtümern, Ängsten, Unruhen abzulegen, mit einem Wort: mehr und mehr Herr über sich selbst werden. «Es erwarten uns, wenn wir einmal aus diesem Schlamm aufsteigen in jene vergeistigte Höhe, Seelenruhe und, da vertrieben die Schrecken, vollkommene Freiheit. Du fragst, was das ist? Nicht Menschen zu fürchten, nicht Götter, weder Schimpfliches zu wollen noch Maßloses; über sich selbst vollkommene Gewalt zu haben: unschätzbares Gut ist, Eigentum seiner selbst zu werden.» (Ep. 75,18) – «Der Weise überwindet mit seiner sittlichen Vollkommenheit das Schicksal.» (Ep. 71,30)

Vernunft und Leidenschaft

«Nicht sind bei Verstand, die der Zorn ergriffen: […] es brennen, flackern die Augen, starke Röte im ganzen Gesicht, weil das Blut aus den Tiefen der Brust emporwallt, die Lippen beben, die Zähne werden zusammengepreßt, es sträuben sich und richten sich auf die Haare, der Atem gepreßt und pfeifend, der sich selber verdrehenden Gelenke Knacken, Stöhnen und Brüllen, und von unverständlichen Worten die Redeweisen schroff, zusammengeschlagen des öfteren die Hände, der Boden von den Füßen gestampft, der ganze Körper erschüttert und ‹die äußerst bedrohlichen Zeichen des Zorns zeigend›, scheußlich anzusehen und schrecklich das Antlitz der sich selbst Entstellenden und Aufblähenden.»

Seneca, *Über den Zorn* (De ira I 1, 3–4)

Das eher seltene ganz gute und ganz glückliche Leben, die «Sorgenlosigkeit und beständige innere Ruhe» (Ep. 92,3) wird für Seneca im Alltag von Affekten bedroht oder zunichte gemacht. Unter Affekten, an denen in der Regel jeder leidet, versteht Seneca leidenschaftliche Erregungen, die sich gegenüber der gebietenden Vernunft verselbstständigen und unkontrollierbar werden können. Der Vernunft droht dann, in die «Tyrannei der Leidenschaft» zu geraten. Wenn der blinde Drang nach Bedürfnisbefriedigung habituell wird, handelt es sich um Krankheiten der Seele, die der Heilung durch Philosophie bedürfen.

Diesen Störungen der geistigen Gesundheit liegt ein fehlerhaftes Urteil über Gut und Böse zugrunde, dem die Vernunft ursprünglich einmal zugestimmt hat. Die ersten Erregungen eines vorgestellten

Sachverhalts, die «Voraffekte», werden noch passiv erlitten, während die eigentlichen Affekte erst durch die innere Zustimmung der Vernunft entstehen und aktiv gewollt werden. Der Mensch als «vernunftbegabtes Lebewesen» handelt nur dann, wenn er «zunächst durch den Anblick irgendeines Sachverhalts angeregt worden ist, sodann einen Antrieb verspürt, schließlich die innere Zustimmung diesen Antrieb verstärkt» (Ep. 113,18).

Charakteristisch für die stoische Affektenlehre ist, dass die Macht der Leidenschaften das Resultat einer zustimmenden Vernunft ist. Die Zustimmung beruht zwar auf einem Urteil, das aber bei den Leidenschaften von der rechten Vernunft abweicht. Dennoch ist auch diese Zustimmung rational, nicht emotional. Wegen dieses rationalen Kerns, den die Affekte haben, ist die Vernunft grundsätzlich in der Lage, die Fehlhaltungen der Seele zu korrigieren, zu reintegrieren. Die Vernunft weiß sich durch Selbstreflexion wieder mit ihrer wahren Natur identisch. Die sich mit sich in Übereinstimmung bringende Vernunft ist geheilt und Herr im eigenen Haus.

Das Verhältnis von Vernunft und Leidenschaft diskutiert Seneca ausführlich am Beispiel des Zorns, der unter allen Affekten der «widerwärtigste» und «tollwütigste» ist, der den Menschen geistig und körperlich verunstaltet. Senecas rhetorisch wachrufendes Bild der Zorn-Leidenschaft enthält auch eine phänomenologische Beschreibung der sichtbar werdenden psychosomatischen Symptome. Keine Leidenschaft entstellt den Menschen äußerlich mehr als dieser «zeitweilige Wahnsinn». Der Exzess des Zorns reicht von einer augenblicklichen Wut bis zum kollektiven Aggressionsausbruch. Der Zorn ist eine ansteckende Bereitschaft zur Grausamkeit. Die Folgen sind Unrecht, Beleidigungen, Folter, Mord, Krieg, Zerstörung von Städten, Sadismus, Völkermord. Einem zu Tode Gefolterten wird ein Schwamm in den Mund gestopft, um zu verhindern, dass der letzte Schmerz sich in einem freien Wort äußert (vgl. De ira III 19,1–4).

Das Abstoßende der Welt voller Zorn, das Übermaß an Unvernunft, bringt Seneca auch in seinen Tragödien drastisch zum Ausdruck, vor allem in *Medea*. Die Tragödie zeigt, wie Medea, die von ihrem Gatten Jason betrogen wurde und nun, innerlich verwandelt zur unmenschlich rasenden Mänade, auf unüberbietbare Rache sinnt. Im aggressiven Wahnsinn tötet sie ihre beiden Kinder, die dem Gatten alles bedeuten. Zornentbrannt sind die Selbstgespräche und Rufe Medeas. In dem Stück heißt es (in Kurzfassung): «Der Zorn sei deine Waffe: sei in voller Wut zum Mord bereit.» (Vers 51 f.); «Ruh hab ich erst, wenn alles ich mit mir im Sturz verschüttet seh. Geh alles unter!» (V. 427 f.); «Gib deinem Zorn dich hin. […] Den alten Trieb hol mit Gewalt vom tiefsten Grund der Brust hervor.» (V. 902 ff.) Nach der Ermordung ihres ersten Kindes lässt Seneca Medea dann sagen: «Große Lust packt wider Willen mich, und sieh, sie wächst. Dies eine hat mir noch gefehlt: (*auf Jason weisend*) Daß der da zuschaut. Glaub ich doch, ich tat noch nichts. Was ich an Freveln ohne den beging, zählt nicht.» (V. 991 ff.) (*Jason fleht um das Leben des zweiten Kindes, um Aufschub der Rache. Medea zu sich, dann zu Jason:*) «Kost aus die Bluttat, zieh sie hin, eil nicht, o Schmerz. *Mein* ist der Tag – ich nutz die Zeit, die mir gewährt.» (V. 1016 f.) (*Medea wirft die Kinderleichen vom Dach und entschwebt mit einem Drachenwagen. Jason:*) «Flieg durch die hohen Räume zu des Aethers Höhn, bezeug, daß, wo du hinfährst, keine Götter sind!» (Schluss der Tragödie)

Affekte wie der Zorn, so die Überzeugung Senecas, können nicht gemäßigt werden, wie etwa Aristoteles glaubt, sie müssen radikal getilgt werden, bevor sie die Vernunft vollends versklaven. «Maßvolle Leidenschaft ist nichts anderes als ein maßvolles Übel.» (De ira I 10,4) Der Kompromiss mit dem Affekt, mit der «rasenden Gier nach Waffen, Blut, Hinrichtungen», ist bereits die Korruption der Vernunft.

Seneca entwirft Programme zur Zornprävention und zur therapeutischen Behandlung von bereits ausgebochenem Zorn. Er skizziert z. B. eine Erziehung zur Friedfertigkeit (vgl. De ira II 18–22) oder eine Methode zur täglichen kritischen «Selbstprüfung» vor dem Einschlafen. «Täglich verantworte ich mich vor mir. […] Nichts verberge ich vor mir selber, nichts übergehe ich.» (De ira III 36,3) Das hilfreichste Gegenmittel bei akutem Zorn sind Maßnahmen, um unbedachte Handlungen aufzuschieben. Der Zornige gewinnt Zeit zum Nachdenken und kann sich mehr Klarheit über die Situation verschaffen, durch die er glaubt, ein Unrecht erlitten zu haben. Über mehrere kleinere Stufen gelangt er schließlich von Schuldzuweisungen zu einer moralischen Selbstreflexion. «Es wird uns zurückhaltender machen der Blick auf uns selber, wenn wir mit uns zurate gehen: ‹Haben vielleicht auch wir selber so etwas begangen?›» (De ira II 28,8) – «Alle sind wir schlecht. Was immer daher an einem anderen getadelt wird, das wird jeder einzelne in seinem eigenen Herzen antreffen. [...] Nachsichtiger also sollten wir miteinander sein: Schlechte unter Schlechten leben wir. [...] Achte nicht auf *diese* Stunde und auf *diesen* Tag, die gesamte Haltung betrachte deiner Gesinnung: auch wenn du nichts Schlechtes getan hast, kannst du es tun.» (De ira III 26,4–5) – «Wieviel besser ist es, ein Unrecht zu verschmerzen als zu rächen.» (De ira III 27,1) – «Kämpf mit dir selber; wenn du willst überwinden den Zorn, kann *er* dich nicht überwinden.» (De ira III 13,1)

Das ideale sittliche Ziel des Weisen ist die Freiheit oder Unabhängigkeit von Affekten (Apathie). Der Weise ist affektlos, aber nicht gleichgültig oder gefühllos, wohl aber von souveräner Vernünftigkeit. Selbst vom schmerzhaften Affekt des Mitleids wird er sich nicht passiv den Sinn trüben lassen, vielmehr wird er mit klarem Urteil tatkräftige Hilfe bringen. Wer dieses Ziel anstrebt, muss die Macht des Zorns (und aller übrigen Affekte) behutsam in Vernunft zurückverwandeln, auch mit Milde und Einlenken im privaten wie im öffentlichen Leben. In dieser Vernunfterstarkung liegt die Gesundheit des Geistes. «Es wird einer zürnen: du dagegen fordere ihn mit Wohltaten heraus; es fällt sofort der Streit in sich zusammen, wenn er von einer Seite aufgegeben wird.» (De ira II 34,5)

Humanitas

«Als Mensch habe ich das Gefühl, daß alles,
was den anderen trifft, auch mich angeht.»

Terenz, *Der Selbstquäler*[30]

Auf der Gottverwandtschaft oder, damit gleichbedeutend, der Naturzugehörigkeit des Menschen gründet Seneca die Achtung der Menschenwürde. Die göttliche Vernunft, der materiell gedachte Atemstrom, ist in jedem Menschen anwesend, in einem römischen Ritter ebenso wie in einem Freigelassenen oder in einem Sklaven. In der Weltordnung stehen sich alle Menschen von Natur aus gleich nahe, abgesehen von dem, was sie selbst aus sich gemacht haben. Das Göttliche in jedem verpflichtet alle zur Achtung des Göttlichen in allen. Die Gleichheit aller Menschen im Hinblick auf ihre göttliche Vernunft begründet die allgemeine Menschenwürde. «Der Mensch [ist] dem Menschen heilig.» (Ep. 95,33)

Im gesellschaftlichen Zusammenleben bedeutet die stoische Maxime «in Übereinstimmung mit der Natur leben», die Würde des Menschen als Gesetz der Natur zu erkennen und anzuerkennen. Dieses Naturrecht ist ohne Einschränkung gültig und dient als Maßstab für das positive Recht, das von Menschen geschaffen wird. Die Stoa formuliert zum ersten Mal diesen Grundgedanken des Naturrechts. Kein Mensch ist in seinem Wesen verachtenswert, auch die Sklaven nicht. «‹Sklaven sind sie.› – Nein. Menschen.» (Ep. 47,1) Lebe so mit dem, der unter dir steht, lautet eine Maxime Senecas, wie du wünschst, dass der mit dir lebt, der über dir steht. Das Innere des Menschen ist fähig zur sittlichen Selbstbestimmung. Es ist unverfügbar, frei, autonom. Daher: «Niemanden achte gering», auch nicht «Menschen auswärtiger Völker» (De benef. III 28,3). «Der Mensch darf sich des Menschen nicht achtlos bedienen.» (Ep. 88,30) Als Mensch ist der Mensch zu sehen, innerhalb und außerhalb des Römischen Reichs.

Das Bewusstsein von der Zusammengehörigkeit aller vernünftigen Wesen erweitert das individuelle zu einem gemeinschaftlichen

Streben nach sittlicher Vollkommenheit. Senecas Sittenlehre gipfelt in einer die ganze Welt umfassenden Menschenliebe. In philantropischer, milder Gesinnung setzt er in seinen Ausführungen die Tradition der Stoa fort, die in allen Menschen Brüder sieht, dazu bestimmt, einander zu lieben und zu helfen.

In seinen *Moralischen Briefen* schreibt Seneca an Lucilius: «Alles, was du siehst, darin Göttliches und Menschliches zusammengefaßt, ist eine Einheit: Glieder eines großen Körpers sind wir. Die Natur hat uns als Blutsverwandte geschaffen, als sie uns aus demselben Stoff zu derselben Bestimmung zeugte. Sie hat uns gegenseitige Liebe eingepflanzt und uns zum Leben in der Gesellschaft befähigt. Sie hat Billigkeit und Recht geschaffen, nach ihrer Verfügung ist es erbärmlicher, zu schaden, als Schaden zu erleiden: nach ihrem Befehl sind zum Helfen bereit die Hände.» (Ep. 95,52) Zur Bekräftigung seines Bekenntnisses zur Humanitätsidee zitiert Seneca aus der Komödie *Der Selbstquäler* von Terenz: «Homo sum, humani nihil a me alienum puto.» (Ep. 95,53; wörtlich: «Mensch bin ich, nichts Menschliches ist mir, glaube ich, fremd.») Seneca fährt fort: «Seien wir solidarisch: für die Gemeinschaft sind wir geboren; unsere Gemeinschaft gleicht einem Bogen aus Steinen, der zusammenbräche, wenn die Steine einander nicht stützten, und eben dadurch gehalten wird.» (Ep. 95,53)

In anderen Briefstellen äußert sich Seneca ähnlich: «Die Menschenliebe verbietet es, hochmütig zu sein gegenüber den Mitmenschen, verbietet es, geizig zu sein: mit Worten, Taten, Gefühlen erweist sie sich allen als freundlich und zugänglich: kein Unglück empfindet sie als sie nichts angehend, das Gute, das ihr eignet, liebt sie deswegen am meisten, weil es jemandem zugute kommen wird.» (Ep. 88,30) – «Für einen anderen mußt du leben, wenn du für dich willst leben.» (Ep. 48,2)

Seneca rüttelt seinen jüngeren Freund Lucilius auf: Er solle nicht vergessen, dass die Philosophie dem Menschengeschlecht Beratung und Hilfe schulde. Für nutzlose, rein theoretische Syllogismusspiele sei die Lage zu ernst: «Nicht ist zu Scherzen Gelegenheit: zu Unglücklichen bist du als Beistand gerufen worden. Hilfe zu bringen

Schiffbrüchigen, Gefangenen, Kranken, Armen, denen, die unter das erhobene Beil demütig den Kopf beugen hast du versprochen.» (Ep. 48,8) Lucilius solle sich mit seiner tätigen Hilfe nicht zu früh zufrieden geben; er werde sein Ziel erst dann erreicht haben, wenn er erkenne, dass die, die am meisten unglücklich sind, durch ihn glücklich geworden sind (vgl. Ep. 124,24).

Auch die Zurüstung zum Tod, den Seneca nicht als Übel begreift, hilft. Denn das wirkliche Begreifen, dass der Tod schon naht – «während wir uns umsehen und uns umdrehen, ist schon der Tod da» –, reißt aus allen Zufriedenheiten und Unverbindlichkeiten heraus und ruft aus Sorge um den Menschen, frei von Todesangst, unter Einsatz der Existenz zu Entscheidungen und Handlungen auf.

Der allgemeinen Menschenliebe ist andeutungsweise eine kosmopolitische Perspektive einer verbrüderten Menschheit über alle Grenzen hinweg eingeschrieben. Seneca erklärt «diese ganze Welt» für sein Vaterland. In dieser vage gehaltenen utopischen Vision tritt die Kosmopolis als Weltbürgertum auf, das auf dem Naturrecht der Menschenwürde gründet. Der weltumgreifende Friede, der in einer solchen idealen Kosmopolis herrschen würde, wäre eine Form höherer sittlicher Vollkommenheit, eine durch Erziehung des Menschengeschlechts erzielte Heilung: die Übereinstimmung der Vernunft mit sich selbst. «Nicht Waffen noch Mauern, noch Kriegsgerät ersinnt die Weisheit, den Frieden bevorzugt sie und ruft den Menschen zur Eintracht.» (Ep. 90,26)

Senecas idealer, vollendeter Mensch führt im lebenspraktisch orientierten Handeln Rhetorik und Philosophie zusammen, das engagierte Wort und seine reflektierte Geltung. Der sittlich Gute zieht in seiner freien, selbstbestimmten Gesinnung nicht in Betracht, was er zu leiden, sondern was er zu tun hat. «Alles muß man für das Sittliche erdulden.» (Ep. 76,26) Das naturgemäße Leben ist ein Leben aus liebender Vernunft. «Solange wir atmen, solange wir unter Menschen sind, wollen wir Menschlichkeit üben.» (De ira III 43,5)

AURELIUS AUGUSTINUS

«Die rechte Ordnung der Liebe»[31]

Leben und Werk

Geboren am 13. November 354 in Thagaste (in Numidien, einer in Nordafrika gelegenen Provinz des Weströmischen Reiches), gestorben am 28. August 430 in Hippo Regius (Nordafrika). – Bedeutendster Theologe und Philosoph der Kirchenväter (Patristik). – Sohn eines heidnischen Vaters und einer frommen christlichen Mutter, klagt in autobiographischen Selbstbetrachtungen (*Bekenntnisse*, lat. Originaltitel: *Confessiones*) seine sündhaften sinnlichen Begierden an, die ihn schon mit 16 Jahren knechten und elend machen («fleischliche Verirrungen meiner Seele», «Wahnsinn wilder Wollust»), erwirbt sich in Thagaste, Madaura und Karthago Grundlagen der antiken Bildung, hat von seiner langjährigen Lebensgefährtin den unehelichen Sohn Adeodatus («in Sünden erzeugt»), liest mit 19 Jahren Ciceros – nicht mehr erhaltenes – Buch *Hortensius*, das in ihm die Liebe zur philosophischen Forschung weckt und eine Vorstufe seiner Bekehrung zum christlichen Glauben darstellt («Dies Buch war es, das meinen Sinn umwandelte, auf dich, Herr, [...] und mit unglaublicher Inbrunst richtete sich meines Herzens Begehren auf die unsterbliche Weisheit», Conf. III 4; vgl. auch ebd. VIII 7). Parallel zu Augustinus' Lebenslauf setzt sich die Chris-

107

tianisierung des Abendlandes durch, die ein Kennzeichen für den epochalen Wandel von der Antike zum Mittelalter darstellt. (Kaiser Theodosius erklärt im Jahr 380 das Christentum zur herrschenden Staatsreligion und verbietet alle heidnischen Kulte.)

Augustinus wird Lehrer der Rhetorik in Thagaste (374), in Karthago (375), in Rom (383) sowie in der kaiserlichen Residenz Mailand (384); die glänzende berufliche Karriere entspricht aber nicht seiner von Krisen gebeutelten inneren Entwicklung. Nach der Lektüre Ciceros gelangt er zur Bibel, die ihn jedoch vorerst abstößt, wird insgesamt neun Jahre lang (bis 382) Anhänger der religionsphilosophischen Bewegung des Manichäismus, die den Kampf zweier gleichursprünglicher kosmischer Prinzipien, den Kampf zwischen dem Gott des Lichts und dem Gott der Finsternis lehrt (Begründer ist der persische Prophet Mani, der im 3. Jahrhundert n. Chr. lebte). Wegen der Widersprüche des Manichäismus («manichäische Irrwege») wendet sich Augustinus enttäuscht dem Skeptizismus von Cicero und der Neueren Akademie zu («sie waren der Meinung, man müsse an allem zweifeln», Conf. V 10), studiert Plotin, den Begründer des Neuplatonismus, hört in Mailand tief beeindruckt die Predigten des berühmten Bischofs Ambrosius, ist überzeugt, dass der katholische Glaube und die von ihm hochgeschätzte (neu-)platonische Philosophie Wesentliches gemeinsam haben (die Logos-Lehre des Johannes-Evangeliums und die Geist-Lehre von Plotin). Im Jahr 386 wird Augustinus durch ein Erlebnis erschüttert, das ihn endgültig bekehrt und zu einer asketischen christlich-frommen Neugestaltung seines Lebens führt (vgl. Conf. VIII 6–12).

Der radikalen Absage von weltlicher Karriere und Sinnlichkeit folgt eine Zeit intensiver schriftstellerischer Tätigkeit (etwa *Das glückselige Leben*, entstanden 386), 387 wird Augustinus zusammen mit seinem Sohn von Ambrosius getauft, im Jahr darauf kehrt er nach Afrika zurück, wo er theologisch-philosophische Werke verfasst, zum Beispiel *Der freie Wille* (387–395), *Die wahre Religion* (um 390). 391 Weihe zum Priester, 395 Bischof von Hippo, weiterhin engagierte schriftstellerische Tätigkeit, jetzt unter dem Vorzeichen einer strengen Gnadenlehre. Es entstehen die berühmten, zur Weltliteratur gehörenden *Bekenntnisse* (396–398), das theoretisch bedeutsame Werk *Die Dreieinigkeit* (399–419), sein Hauptwerk *Vom Gottesstaat* (lat. Originaltitel: *De civitate dei*, 413–426) sowie die *Revisionen* seiner Werke (426–427). Er bekämpft mit Büchern und Predigten verschiedene abweichende Glaubensrichtungen in einer Zeit historischer Umwälzungen (410 Eroberung Roms durch die Westgoten), fordert die Anwendung von staatlicher Gewalt für kirchliche Zwecke. In Augustinus' Todesjahr 430 belagert der Germanenstamm der Vandalen seine Bischofsstadt (476 Ende des weströmischen Reiches).

Augustinus überdenkt in den *Bekenntnissen* rückblickend seine quälende Unentschlossenheit im Denken und seine Zerrissenheit im Wollen: «So stritten in mir zwei Willen, ein alter und ein neuer, der eine fleischlich, der andere geistig, miteinander, und ihr Hader zerriß meine Seele.» (Conf. VIII 5; vgl. VIII 9–10) Er schildert in diesem Buch auch sein ausschlaggebendes Bekehrungserlebnis aus dem Jahr 386, das er als das Werk der göttlichen Gnade betrachtet: «Ich aber warf mich, weiß nicht wie, unter einem Feigenbaum zur Erde und [...] weinte in bitterster Zerknirschung meines Herzens. Und sieh, da höre ich vom Nachbarhause her in singendem Tonfall, ich weiß nicht, ob eines Knaben oder eines Mädchens Stimme, die immer wieder sagt: ‹Nimm und lies, nimm und lies!› Sogleich wandelte sich meine Miene, und angestrengt dachte ich nach, ob wohl Kinder bei irgendeinem Spiel so zu singen pflegten, doch konnte ich mich nicht entsinnen, dergleichen je vernommen zu haben. Da ward der Tränen Fluß zurückgedrängt, ich stand auf und konnte mir's nicht anders erklären, als daß ich den göttlichen Befehl empfangen habe, die Schrift aufzuschlagen und die erste Stelle zu lesen, auf die meine Blicke träfen. [...] Ich griff sie auf, öffnete und las stillschweigend den ersten Abschnitt, der mir in die Augen fiel: ‹Nicht in Fressen und Saufen, nicht in Kammern und Unzucht, nicht in Hader und Neid, sondern ziehet an den Herrn Jesus Christus und hütet euch vor fleischlichen Gelüsten.› [Röm. 13,13] Weiter wollte ich nicht lesen, brauchte es auch nicht. Denn kaum hatte ich den Satz beendet, durchströmte mein Herz das Licht der Gewißheit, und alle Schatten des Zweifels waren verschwunden.» (Conf. VIII 6–12)

Liebe zu Gott

«Zu dir hin hast du uns geschaffen, und unruhig ist unser
Herz, bis es ruht in dir.»

Augustinus, *Bekenntnisse* (Conf. I 1)

Augustinus ist auf existentielle Weise entbrannt in Liebe zu Gott.
«Ohne allen Zweifel», bekennt er nach seiner Bekehrung, «in voller,
klarer Gewißheit sage ich, Herr: Ich liebe dich.» (Conf. X 6) Er wendet sich enthusiatisch Gott zu im Glauben und im Denken. Seine
Liebe sucht sich in ihrer Gewissheit und Sehnsucht zu begreifen und
zu vollenden. «Du hast mich berührt, und ich bin entbrannt in Verlangen nach deinem Frieden.» (Conf. X 27) Der wahre Philosoph, der
die Weisheit wirklich liebt, ist auch Gottliebender, da Gott selbst
die Weisheit ist (vgl. De civ. VIII 1). Augustinus begründet aus dieser Liebe zu Gott im Kontext der christlichen Religion seine Ethik.

«Aber was liebe ich, wenn ich [Gott] liebe?», fragt Augustinus. In
seinen Antworten und Reflexionen fließen pathetische Rhetorik und
rationale Rede zusammen. Er sucht mit den Mitteln der argumentie-
renden und literarischen Sprache auch die persönliche, das überprüfbare Argumentieren überschreitende Erfahrung seiner Gottesliebe
einzusehen und zum Ausdruck zu bringen. Er will das Unsagbare
sagen, das im Glauben bereits gewiss ist, aber in diesem Leben, im
menschlichen endlichen Wissen, trotz aller zugestandenen philosophischen Fortschritte immer rätselhaft gespiegeltes «Stückwerk»
bleiben muss. «Was da meiner Seele leuchtet, faßt kein Raum, was
da erklingt, verhallt nicht in der Zeit, was da duftet, verweht kein
Wind, was da mundet, verzehrt kein Heißhunger, was da sich eint,
trennt kein Überdruß. Das ist's, wenn ich liebe, wenn meinen Gott
ich liebe.» (Conf. X 6)

Das Ziel der Liebe ist Gott. Die Erfüllung und Ruhe liegt jenseits
des irdischen Lebens. Da die Vernunft allein zu schwach ist, die
Wahrheit zu finden und zur ewigen Seligkeit zu gelangen, ist die Autorität der Heiligen Schriften nötig (vgl. Conf. VI 5). Erst durch die

«hochheilige Menschwerdung» des ewigen Gottessohnes ist erstmals der auch für die Philosophie maßgebliche und heilsame Weg zur künftigen Seligkeit gefunden worden. Auch Platon hätte laut Augustinus dieser höheren Wahrheit von Christus zugestimmt, wenn er sie schon gekannt hätte. Nur im transzendenten persönlichen Gott, dem Inbegriff des Guten, nicht in der diesseitigen Welt der Menschen, ist vollkommene Freude zu finden. «Das ist das selige Leben, sich an dir, im Aufblick zu dir und um deinetwillen zu freuen.» (Conf. X 22)

Ethisch entscheidend ist, wie hochrangig die Güter sind, an denen sich die Liebe entzündet, wie nahe sie zu Gott stehen. Der Wert eines Menschen richtet sich nicht nach dem, was er weiß, sondern nach dem, was er liebt. Augustinus übernimmt als grundlegende Richtlinie das doppelte Liebesgebot des Matthäus-Evangeliums (Mt. 22,37–39). Dieses Liebesgebot, das in seinen beiden Teilen auf das Alte Testament zurückgeht (vgl. Dt. 6,5 sowie Lev. 19,18), behält für das ganze Neue Testament seine zentrale Stellung als Zusammenfassung des Willens Gottes. Jesus, gefragt nach dem wichtigsten der vielen Gebote, antwortet, indem er die beiden alten Gebote zusammenschließt: «‹Du sollst den Herrn, deinen Gott, lieben aus deinem ganzen Herzen, deiner ganzen Seele und deinem ganzen Denken›. Dies ist das größte und erste Gebot. Das zweite ist ihm gleich: ‹Du sollst deinen Nächsten lieben wie dich selbst.›» – Jesus ersetzt die alte Gesetzesethik durch eine Liebesethik.

Augustinus legt das Liebesgebot rigoros aus. Gott allein gebührt die grenzenlose Hingabe der Liebe. Jede andere Liebe, sei es Selbstliebe oder Nächstenliebe, muss durch diese Liebe vermittelt sein, wenn sie gut sein soll. Mit dem lateinischen Begriffspaar *frui* (genießen) und *uti* (gebrauchen) verdeutlicht Augustinus diesen Aspekt seiner Ethik. Gott allein darf um seiner selbst willen geliebt werden, alles andere dagegen nur Gottes wegen. Der Mensch darf in seiner Liebe einzig und allein Gott geistig genießen, alles übrige darf er nur zum Zweck dieser Liebe als Mittel gebrauchen. Die Gottesliebe (*frui Deo*) ist der einzig erlaubte Liebesgenuss. Das eigene Ich des Menschen ist ebenso wenig um seiner selbst willen zu lieben und zu genießen wie der Mitmensch. Wenn es heißt, wir sollen den Nächsten lieben «wie uns selber», so gilt dies nur in Hinblick auf das, was im Menschen auf Gott hingeordnet ist. Geliebt wird nicht der Mensch, wie er faktisch leiblich ist, sondern sein geistiger eschatologischer Bezug auf Gott. Den sinnlichen Liebesgenuss, der um seiner selbst willen begehrt wird, verwirft Augustinus vollständig.

Das Problem der Ethik ist die rechte Wahl der Liebe. Das menschliche Leben wird schlecht, wenn es sich abwendet von seinem Schöpfer, dem es alles verdankt, Sein, Gestalt und Ordnung. Dann begehrt es in einer verkehrten Willensrichtung nichtige Objekte. Der Mensch, der nicht mehr in Demut Gott zugewandt lebt, der nicht mehr seinen Herrn «genießen» will, sondern selbstherrlich die empirische Welt ohne Vermittlung durch das absolut Gute begehrt, das bloße Mittel also zum höchsten Zweck erhebt, neigt sich dem Tod, dem Nichts zu. Durch diese Wendung zum Niederen, zum Zeitlichen, das jetzt um seiner selbst willen gewollt und geliebt wird, entstehen die «fleischlichen Menschen» (De vera rel. XVI 30; vgl. VI 11). Sie werden durch ein dreifaches Laster geknechtet: die Begierde nach Wollust, nach Macht und nach Schauspielen. Ihr reduziertes Leben besteht aus «Gaffen, Streiten, Essen, Trinken, Sichbegatten, Schlafen» (De vera rel. LIV 105). Diese Sünder oder Verdammten sind durch ihre unersättliche Gier götzenhaften «Wahngebilden» und «Phantasiebildern» (De vera rel. LV 108) auf den Leim gegangen.

Die falsche Liebe verlässt Gott, die unvergängliche Fülle des höchsten Guten wie des höchsten Seins, und übertritt ungehorsam sein Gebot: Davon sollst du essen und davon nicht (vgl. Gen. 2, 16–17). Aus dieser Übertretung des göttlichen Gebots, dargestellt als verbotene Berührung des Baumes der Erkenntnis, leitet Augustinus die Unterscheidung zwischen Gut und Böse her (vgl. De vera rel. XX 38 und De civ. XIV 17). Adams Sünde – wie Sünde überhaupt – besteht darin, dass die Selbstliebe der Gottesliebe vorgezogen wird, dass der Mensch sich auf sich selbst zu stellen sucht und nicht mehr Gottes Wort hört. Die Folgen des Sündenfalls sind für

alle Menschen bleibender Hochmut und sinnliche Begierde (Konku-
biszenz). Dieses Absinken wird Erbsünde genannt, die in ihrer Wurzel ein «freigewollt Böses» (De vera rel. XIV 27) ist.

Die «in Sünde geratene und folglich der Strafe verfallene Seele»
(De vera rel. XX 103) erleidet durch die Ausgerichtetheit des Wollens auf das Vergängliche und Nichtige hin Schaden und Schmerz.
Die Seele lernt nun den Unterschied kennen zwischen Gehorsam
und Ungehorsam dem Gebot gegenüber. Die einst heile menschliche
Natur ist zerstört. «Verwundet, verletzt, gequält, verloren» ist sie
und hat statt einer falschen Verteidigung ein wahres Eingeständnis
nötig. Seit unsere Natur im Paradies gesündigt hat, resümiert Augustinus, sind wir «alle ein einziger Klumpen Dreck». Die Menschheit ist zu einer Masse der Verdammnis geworden. «Der Tod des
Lebens aber ist Nichtigkeit.» (De vera rel. XI 21)

Nur Gott kann den Menschen retten. Durch sein Erscheinen «in
wahrer Menschengestalt» hat er dem Menschen auf gütigste Weise
die Heilung seiner Seele angeboten. Durch Jesus Christus, den Ge-
kreuzigten und Auferstandenen, den kommenden Richter und Heil-
bringer, hat Gott die Umkehr zu einem neuen Sein erwirkt. Die
Gnade befreit von der Schuld der Vergangenheit und ermöglicht die
Offenheit für die Zukunft. Der alte Mensch wird im Glauben frei
von der Welt und erkennt als neuer Mensch, dass Gottes Gnade zur
Liebe befreit, die ein eschatologisches Geschehen ist.

Die Ethik von Augustinus ist unablösbar in eine theozentrische
Metaphysik eingebunden. Zur Zurückerlangung der Unversehrtheit der Seele gehört auf Seiten des Menschen, dass er sich Gott unterwirft, ihn mehr liebt als sich selbst. Augustinus spricht auch von
«Liebesgehorsam». Diese neue Willensausrichtung bedeutet eine
«Abkehr von der Welt», ein Preisgeben von «Reichtum und Ehren
dieser Welt» (De vera rel. III 5) sowie die radikale Verneinung der
sexuellen, fleischlichen Gelüste und aller weltlichen Nichtigkeiten.
Der Mensch soll seine faktischen Bedürfnisse, die nur scheinbar
seine Natur ausmachen, verleugnen, um seiner verschütteten wahren Natur – dieser «verlorenen ursprünglichen Schönheit» (De vera
rel. XXXIX 72) – die Zukunft einer Erneuerung offenzuhalten. Er

soll aufhören, nach irdischem Glück und weltlichem Sichwohlfühlen zu streben statt nach Höherem, Geistigem, Ewigem: «Laßt uns die Welt nicht lieben.» (De vera rel. LV 107)

Augustinus sieht im Leben Jesu den Inbegriff der Verneinung der Verfallenheit an die Welt, die Überwindung aller «fleischlichen Verirrungen» der menschlichen Selbstsucht. Eingebettet in den Heilsglauben ist das ganze Leben Jesu «eine Sittenlehre» (De vera rel. XVI 32), eine beispielhaft vorgelebte Moral. Die Nachfolge Jesu fordert von den Menschen Selbstverleugnung, eine radikale Umwendung ihres lasterhaften Wollens: «Und damit die Seele gesunde, um dies fassen, lieben und genießen zu können, und das Geistesauge sich kräftige, solch helles Licht zu schauen, wird den Habgierigen gesagt: ‹Ihr sollt euch nicht Schätze sammeln auf Erden, da sie die Motten und der Rost fressen und da die Diebe nachgraben und stehlen. Sammelt euch aber Schätze im Himmel, da sie weder Motten noch Rost fressen und da die Diebe nicht nachgraben und stehlen. Denn wo euer Schatz ist, da ist auch euer Herz.› [Mat. 6, 19–21] Den Schwelgern aber wird gesagt: ‹Wer auf sein Fleisch säet, der wird vom Fleisch das Verderben ernten, wer aber auf den Geist säet, der wird von dem Geist das ewige Leben ernten.› [Gal. 6, 8] Und den Hochmütigen: ‹Wer sich selbst erhöht, der soll erniedrigt werden, und wer sich selbst erniedrigt, der soll erhöhet werden.› [Luk. 14, 11; 18, 14] Den Zornmütigen: ‹So dir jemand einen Streich gibt auf deinen rechten Backen, dem biete den anderen auch dar.› [Vgl. Mat. 5, 44] Den Streitsüchtigen: ‹Liebet eure Feinde.› [Mat. 5, 44] Den Abergläubischen: ‹Das Reich Gottes ist inwendig in euch.› [Luk. 17, 21] Den Neugierigen: ‹Sehet nicht auf das Sichtbare, sondern auf das Unsichtbare. Denn was sichtbar ist, das ist zeitlich, was aber unsichtbar ist, das ist ewig.› [2. Kor. 4, 18]» (De vera rel. III 4)

Augustinus faßt das Resümee dieser «Sittenlehre» pointiert zusammen: «Zuletzt aber wird allen gesagt: ‹Habt nicht lieb die Welt noch was in der Welt ist, denn alles, was in der Welt ist, das ist des Fleisches Lust und der Augen Lust und hoffärtiges Leben.› [1. Joh. 2, 15f.]» (De vera rel. III 4; vgl. LV 107)

Wer seine Laster besiegt hat, kann von keinem Menschen mehr

besiegt werden. Der Gegner kann ihm nicht entreißen, was er liebt: «Er liebt ja Gott von ganzem Herzen, von ganzer Seele und von ganzem Gemüte und seinen Nächsten wie sich selbst.» (De vera rel. XLVI 86) Vom Blickwinkel des alten Menschen betrachtet mag die «Sittenlehre» wie eine Unterdrückung des Lebens aussehen, vom Blickwinkel des neuen «geistigen Menschen» bedeutet sie Befreiung und Unbesiegbarkeit.

Auf dem Fundament der neu errungenen Liebe zu Gott formuliert Augustinus die «Liebesregel»: «Das Gute, das man sich wünscht, soll man auch dem anderen wünschen, und das Böse, das man von sich fernhalten möchte, soll man auch vom Nächsten fernzuhalten suchen. Dies Wohlwollen soll man gegen alle Menschen hegen. Denn niemandem darf man Böses tun.» (De vera rel. XLVI 87) Wir sollen die Mitmenschen so behandeln, wie wir von ihnen behandelt werden möchten (vgl. Mt. 7, 12). Diese Liebesregel wird auch «Goldene Regel» genannt. Sie hat mit einem Vergeltungs- oder Nützlichkeitskalkül nichts mehr zu tun. Augustinus radikalisiert sie, indem er die Feindesliebe aus der Bergpredigt ausdrücklich miteinschließt: «Laßt uns, wie geboten ist, auch unsere Feinde lieben.» (De vera rel. XLVI 87)

Das ethisch Gute ist bei Augustinus die «Ordnung der Liebe» zu Gott. Der gute Mensch ordnet mit Gottes Hilfe seine Liebe. «Denn damit in uns die Tugend wohne, kraft deren man gut lebt, muß in rechter Ordnung auch die Liebe selber geliebt werden, die das Liebenswerte gut liebt.» (De civ. XV 22). Die auf Gott ausgerichtete und alles übrige vermittelnde Liebe ist die große theologische Kardinaltugend. Neben den beiden anderen übernatürlichen Tugenden, Glaube und Hoffnung, verfolgt sie das Ziel der ewigen Ruhe in Gott – die Erlösung –, wenn das Leben «versunken ist in der Geheimnistiefe deines Angesichts» (Conf. XIII 8).

Der innere Mensch

> «Du warst innerlicher als mein Innerstes und überragtest
> meine höchste Höhe.»
>
> Augustinus, *Bekenntnisse* (Conf. III 6)

Augustinus ist ein Forschungsreisender zum Mittelpunkt der Seele. Bei seiner Gottessuche öffnen sich ihm neue unfassbare Horizonte der Innerlichkeit. Nicht der Blick nach außen gibt ihm Aufschluss über die Seele und Gott, sondern die ganz persönliche innere Erfahrung erweist sich ihm als Schlüssel aller wesentlichen Erkenntnis. Augustinus macht den reflexiven Standpunkt der ersten Person Singular zum Ausgangspunkt seiner neuartigen, Gott zugewandten Betrachtungen. Der innere Mensch, der ganz subjektiv und existentiell «Ich denke» sagt, rückt mit seinem komplexen Seelenleben in das Zentrum des metaphysischen und ethischen Interesses.

Augustinus fragt sich, was es mit seiner Liebe zu Gott auf sich hat. «Was liebe ich, wenn ich dich liebe?» (Conf. X 6) In Gedanken durchforscht er die ganze Außenwelt, die Erde, das Meer, den Himmel. Da er überall nur auf Geschöpfe, nicht auf den Schöpfer selbst stößt, wendet er den Blick nach innen: «Nun wandte ich mich zu mir selbst und sprach zu mir: Wer bist denn du? Ich antwortete: Ein Mensch. Und siehe, fasse ich mich selbst ins Auge, stehen da ihrer zwei, Leib und Seele, er draußen, sie drinnen. Wen von beiden soll ich fragen nach meinem Gott, nach dem ich schon die ganze Körperwelt durchsuchte [...]?» (Conf. X 6)

Mit seiner Antwort – frage das Höherstehende, die Seele, das, «was innen ist» – vollzieht Augustinus die Wendung der Blickrichtung. Der Gottsuchende kehrt sich von der Außenwelt ab, um in sich, in seinem Einzel-Ich, das Absolute zu finden. «Geh nicht nach draußen, kehr wieder ein bei dir selbst! Im inneren Menschen wohnt die Wahrheit.» (De vera rel. XXXIX 72)

Die Seele soll sich bei ihrem Selbstbezug ganz auf sich konzentrieren, auf das, «was jeder Geist von sich selbst weiß und worüber er

Sicherheit besitzt» (De trin. X 14). Mit sorgfältiger Aufmerksamkeit
gilt es, jeden Bezug zur Außenwelt auszuklammern, «alle Kenntnisse
auszuscheiden», die «von außen durch die Leibessinne gewonnen
werden» (De trin. X 14). Die Seele ist nämlich in Gefahr zu glauben,
sie sei den sinnlich wahrnehmbaren Dingen in ihrer Dinghaftigkeit
ähnlich. Sie hat sich viele Bilder von den liebgewonnenen Dingen
der Außenwelt gemacht und verwechselt sich mit ihnen, statt sich
auf ihre ungegenständliche ursprüngliche Ebenbildlichkeit Gottes
zu richten. Die Selbsterkenntnis der Seele ist in ihrer lebendigen
Selbstbezüglichkeit etwas anderes als eine körperliche, dinghafte
Substanz. Die Seele ist etwas Geistiges, eine geistige Substanz, die
sich an ihren Schöpfer erinnern kann.

Die Durchquerung der Seele im reflexiven Selbstbezug und der
Aufstieg zur Wahrheit als ganz persönliche Erfahrung bedeuten eine
existentielle Herausforderung. Eine nichtendliche, wunderbare geistige Welt tut sich auf. Augustinus gibt ihr bewundernd die Bezeichnung «Gedächtnis» (*memoria*). «Groß ist die Macht des Gedächtnisses, gewaltig groß, mein Gott, ein Tempel, weit und unermeßlich.
Wer kann es ergründen? Eine Kraft meines Geistes ist's, zu meiner
Natur gehörig, aber ich vermag nicht ganz zu erfassen, was ich bin.
Ist denn der Geist zu eng, sich selbst zu fassen? Wo ist denn das, was
er von sich selbst nicht fassen kann? Ist's etwa außer ihm und nicht
in ihm? O nein, und doch kann er's nicht fassen! Da steigt ein großes
Verwundern in mir auf, Staunen ergreift mich. Und die Menschen
gehen hin und bewundern die Bergesgipfel, die gewaltigen Meeres-
fluten, die breit daherbrausenden Ströme, des Ozeans Umlauf und
das Kreisen der Gestirne und vergessen darüber sich selbst.»
(Conf. X 8)

Das Ausmaß und die Macht des Gedächtnisses ist von grauener-
regender Tiefe und unendlicher Vielfalt. Das Gedächtnis umfasst die
Tätigkeit des Erkennens, das wechselnde Zusammentragen und
Verbinden von Bildern und Begriffen. Manches hat der Abgrund der
Vergessenheit verschlungen und begraben, so dass es «aus verborgenen Schlupfwinkeln» mühsam wiedererinnert und hervorgeholt werden muss. Das sich ständig wandelnde und umwälzende Gedächtnis

ist nicht wie ein Ding fertig vorhanden. Es vermag sich dem Seelen-
reisenden kaleidoskopartig zu offenbaren, sich in vielen Möglichkeiten auf sich selbst zu beziehen, aber im reflektierenden Selbstbezug
ist es sich selbst zu nah und wird mit sich selbst nicht fertig.

Das Gedächtnis greift nach sich selbst, als wäre es ein Objekt und
wird sich seiner selbst doch immer als Subjekt gewahr, das sich gegenständlich, objektiv nicht fassen lässt. Es stellt sich sich selbst
gegenüber und ist doch schon immer von sich selbst eingeschlossen:
«Da mühe ich mich nun ab, Herr, mühe mich ab an mir selber und
bin mir zum steinigen Acker geworden, auf den die Schweißtropfen
fallen. Denn jetzt sind's nicht des Himmels Räume, die ich durchfor-
sche, nicht die Entfernungen der Gestirne, die ich messe, nicht der
Erde Gewichte, die ich abwäge, sondern ich bin's, der ich mich erin-
nere, ich, der Geist. Kein Wunder, wenn mir fernliegt, was ich nicht
bin; was aber könnte mir näher sein als ich selbst? Und siehe, mein
eigenes Gedächtnis kann ich nicht begreifen und bin doch selbst von
ihm umfaßt.» (Conf. X 16)

Augustinus versteht unter Gedächtnis mehr als die herkömmliche Erinnerung. «Gedächtnis» meint die Bewusstwerdung der Innerlichkeit als Einheit einer lebendigen Persönlichkeit, die allerdings,
von heftigen Zweifeln und Selbstzweifeln erschüttert, immer wieder
auseinanderzufallen droht. Gibt es überhaupt eine Wahrheit, eine
Absicherung des personalen Ich-Seins?

Als Stützpunkt dient Augustinus der Nachweis der unleugbaren
Wahrheit von der eigenen Existenz, an der sich nicht mehr zweifeln
lässt. An etlichen Stellen seiner Werke nimmt Augustinus in gewisser Weise Descartes' Ichgewissheit (Ich zweifle, ich denke, ich bin)
vorweg. Wer zweifelt, sagt Augustinus, der weiß wenigstens das
eine sicher, dass er es ist, der lebt, sich erinnert, einsieht, will, denkt
und urteilt (vgl. De trin. X 14). Der Zweifel offenbart, dass es Wahrheit gibt und dass ihre Evidenz auch philosophisch argumentativ
aufgezeigt werden kann. «Wenn ich mich täusche, bin ich. Denn wer
nicht ist, kann sich auch nicht täuschen; also bin ich, wenn ich mich
täusche.» (De civ. XI 26)

Nach seiner Bekehrung gibt Augustinus dieser Wahrheit eine religiöse Deutung, die er mit seiner (neu-)platonischen Überzeugung verbindet, dass das menschliche Erkennen die Verwirklichung der Teilhabe an einem von ihm selbst unabhängigen Sein bedeutet. Für Augustinus hat Wahrheit eine ontologische Bedeutung, denn Wahrheit ist für ihn weit mehr als die Übereinstimmung eines Urteils mit einem Sachverhalt. Die höchste Wahrheit kommt dem höchsten Sein, Gott, zu. Von Gott aus gedacht gilt: Er ist die von der menschlichen Innerlichkeit unabhängige Bedingung jeder wahren Erkenntnis, die der Mensch von seinem Ich-Sein hat.

Der Aufweis, dass es überhaupt Wahrheit gibt, bekommt mit Blick auf die religiöse Aufladung dieser Prämissen besonderes Gewicht. Augustinus greift auf die Ichgewissheit zurück und führt weiter aus, dass jeder, der daran zweifelt, ob es eine Wahrheit gibt, in sich etwas Wahres findet, woran er nicht zweifeln kann. «Da nun alles Wahre nur durch die Wahrheit wahr ist, kann niemand an der Wahrheit zweifeln, der überhaupt zweifeln kann.» (De vera rel. XXXIX 73) Die Wahrheit der Ichgewissheit stammt weder aus der äußeren wahrnehmbaren Welt, noch hat sie die menschliche Vernunft hervorgebracht, sondern sie wird im inneren Menschen als Gegebenheit vorgefunden. Im Inneren ist diese Wahrheit und sie weist auf die absolute Wahrheit hin, auf Gott, durch den jede Wahrheit zuallererst wahr ist.

Dies ist das Ziel der Erforschung der Innerlichkeit: Zu dem Ursprung zu gelangen, «von wo der Lichtstrahl kommt», der die menschliche Vernunft «erleuchtet» (De vera rel. XXXIX 72). Es ist der Schnittpunkt, an der die suchende Seele ihre eigene Vernunft transzendieren kann, um weiterzukommen. «Schreite über dich selbst hinaus!» (De vera rel. XXXIX 72) Es ist ein weiterer Anlauf, ein erstrebtes Hingelangen mit der Hoffnung auf ein göttliches Entgegenkommen, Heranziehen oder Entgegenleuchten, getrieben von «Sehnsucht des Geistes». Augustinus schildert in den *Bekenntnissen* sein persönliches Wahrheitserlebis, wie er das gewaltige Sonnenlicht der ewigen Wahrheit, «ein unwandelbares Licht» in seinem Innersten erfährt. «Wer die Wahrheit kennt, der kennt es, und wer es kennt, kennt die Ewigkeit.» (Conf. VII 10) Die göttlichen Strahlen dringen mit Macht auf ihn ein und beseitigen jeden noch vorhandenen Zweifel: «Ich erbebte in Liebe und Angst.» (Conf. VII 10)

In dieser Erfahrung kann im Sinne von Augustinus nur bedingt von einem mystischen Vorgang gesprochen werden, weil die trennende Differenz zwischen menschlicher und göttlicher Wahrheit letztlich noch nicht überwunden, aber eine Angleichung an die Transzendenz erreichbar ist: «Hier ist die denkbar höchste Übereinstimmung, und nun stimme auch du mit ihr (der göttlichen Wahrheit) überein.» (De vera rel. XXXIX 72) Eine ähnliche unmittelbare Gotteserfahrung schildert Augustinus in dem Gespräch mit seiner Mutter, das er in Ostia kurz vor deren Tod führte und bei dem sie gemeinsam zum ewigen unwandelbaren Sein der Weisheit aufstiegen. «Und da wir von ihr sprachen und nach ihr seufzten, berührten wir sie mit vollem Schlage unseres Herzens ein kleines wenig.» (Conf. IX 10) Augustinus erinnert ausdrücklich an den Unterschied, dass der Mensch, der derart über seine Innerlichkeit hinausschreitet, nicht selbst die göttliche Wahrheit ist, sondern menschliche, «vernünftige Seele» bleibt (vgl. Conf. IX 10). In der kurzen unmittelbaren Berührung mit der Ewigkeit vollzieht sich bei Augustinus ein grundlegender Lebenswandel, eine Neueinschätzung aller Werte. «So möge denn der innere Mensch mit ihr [der göttlichen Wahrheit], die bei ihm Wohnung genommen hat, nicht zu niederstem und fleischlichem, sondern zu höchstem und geistigem Genusse übereinstimmen.» (De vera rel. XXXIX 72)

Die Wendung nach innen ist ein Aufstieg, der sich zunächst als Selbsterkenntnis darstellt, dann als ein Sichsammeln mit Gottes Hilfe sich selbst zu übersteigen sucht und sich zu einem unnennbar «unwandelbaren Licht» hinwendet. Unterstützt, aber nicht eigenmächtig herbeigeführt wird dieser transzendente Aufstieg durch das philosophische Fragen nach dem Ursprung der im Innern gefundenen zweifelsfreien Wahrheit der Selbstgewissheit. An dieser Stelle wird deutlich, dass Augustinus in der Zeit nach seiner Bekehrung der Philosophie keine Autonomie mehr zuerkennt. Die Philosophie wird als Erkenntnisquelle der Wahrheit und als vormalige Führerin zur Glückseligkeit verabschiedet. Er weist ihr eine dienende Hilfsfunktion in einem vorausgesetzten religiösen Glaubensgeschehen zu, von dem die menschliche Vernunft dirigiert wird. Die philosophische Reflexion der inneren, göttlich erleuchteten Erfahrung, so lässt sich zusammenfassend sagen, zeichnet den religiös vorgegeben Weg nach vom Äußeren zum Inneren sowie vom Inneren zum Höchsten oder, anders gesagt, vom alten zum erneuerten Menschen.

Die verdammte Menschenmasse

Mit Augustinus entsteht ein neues Menschenbild. Das Wesen des Menschen wird von ihm im Willen (*voluntas*) verankert, der von der Liebe bestimmt und bewegt wird, nicht von der Vernunft. Gegenüber der Macht des Willens oder der Liebe ist alle menschliche Erkenntnis ohnmächtig. Von der Willensausrichtung, vom Charakter der Liebe, ob sie zu Gott hingeordnet (*caritas*) oder als Begierde der Welt verfallen ist (*cupido*), hängt alles ab. Die ethische Reflexion steht vor dem Problem der Vorrangstellung des Willens, der die Innerlichkeit des Menschen durchherrscht und sich im Handeln auch gegen bessere Einsicht durchsetzt. Die Überzeugung der klassischen griechischen Antike, durch philosophische Einsicht und Weisheit ein gutes, gelingendes Leben selbst herbeiführen zu können, zerbricht und wird als Sünde des Hochmuts angeprangert.

Augustinus unterscheidet drei Vermögen der Seele, die sich wechselseitig durchdringen: «Gedächtnis, Einsicht und Wille» («memoria, intellectus et voluntas»; vgl. De trin. X 17). In allen Seelenvermögen gibt der Wille mit seinen vielfältigen Gestalten und Erscheinungsweisen den Ausschlag. Er nimmt Einfluss auf die Richtung und die Auswahl des Erkennens und Erinnerns, seine Absichten beherrschen jede seelische Regung. Von ihm, nicht von der Einsicht, hängt es ab, ob der Mensch gut oder böse ist. «Es kommt auf die Beschaffenheit des menschlichen Willens an. Ist er verkehrt, hat er auch diese verkehrten Regungen; ist er aber recht, werden sie nicht nur unschuldig, sondern auch lobenswert sein. Denn in ihnen allein ist Wille, vielmehr allesamt sind sie nichts anders als Willensrichtungen. [...] Der rechte Wille ist die gute Liebe und der verkehrte Wille die böse Liebe.» (De civ. XIV 6 und 7)

Anfangs noch verteidigt Augustinus den Manichäern gegenüber in seiner Schrift *Der freie Wille* die Freiheit des Willens. Etwa ab der Zeit seiner Amtsübernahme als Bischof (395) vertritt er im Zusammenhang einer strengen Gnadenlehre eine schroffe Metaphysik des Willens. Der erste Mensch Adam besitzt vor dem Sündenfall aufgrund seiner ursprünglichen Willensfreiheit die Fähigkeit, nicht zu sündigen («posse non peccare»). Diese Willensfreiheit geht durch ihren Missbrauch verloren. Seitdem ist die gesamte menschliche Natur verdorben, so dass sie nicht mehr anders kann als zu sündigen («non posse non peccare»). Durch Adam ist, wie Paulus sagt, die Sünde in die Welt gekommen und alle Menschen haben Schuld auf sich geladen. Dieser fortwährende Zustand der Erbsünde kommt einer Selbstdetermination der Menschheit zum bösen Willen gleich. Die Generalisierung auf alle Menschen entspricht der hebräischen Bezeichnung *adam*, die den Menschen als Gattungswesen meint. Durch den verderblichen Missbrauch seiner Freiheit hat der Mensch seinem Sein, der Beschaffenheit seines Willens eine vorgängige, auch für seine Vernunft unverfügbare Ausrichtung gegeben. Ohne Gottes Gnade ist der Mensch daher unfähig, von sich aus etwas Gutes zu wollen. Erst durch die Einwirkung der Gnade kann eine neue Willensfreiheit, ein neuer Mensch, entstehen, der nicht mehr sündigen kann.

Augustinus verdeutlicht den Verlust der Freiheit am Beispiel der Sexualität. Vor dem Sündenfall ist das sexuelle Verlangen wie die Bewegungen von Hand und Fuß eine Angelegenheit des freien Willens. Nach der Auflehnung gegen Gott ist der Mensch generell der Perversion seines Willens ausgeliefert. Die Seele hat keine Herrschaft mehr über den Leib. «Damals also fing das Fleisch an, ‹zu gelüsten wider den Geist›, und mit diesem Widerstreit sind wir geboren.» (De civ. XIII 13 f.) Aus dem verkehrten Gebrauch des freien Willens entsteht die «ganze Kette des Unheils» des Menschengeschlechts, das an «Wurzelfäulnis» erkrankt ist. Der gefallene Mensch hat verderbte und verdammte Nachkommen gezeugt. Das Unheile, das Krankhafte, das Faule liegt bereits darin, dass die ganze Nachkommenschaft einen wollüstigen Leib hat und fleischliche Lust empfindet.

Augustinus stellt im *Gottesstaat* die Ohnmacht des Geistes nachdrücklich am Beispiel der Zeugung dar. Die Paradiesmenschen konnten ihre Genitalien vollständig durch den Willen beherrschen. Nicht einmal eine unwillkürliche Erektion des männlichen Gliedes gab es. Ohne Sündenfall würden sich die Menschen ihrer Geschlechtsorgane ausschließlich aufgrund eines freien Willensentschlusses und in voller Absicht bedienen, ohne Erregung durch «krankhafte Lust» – so wie «einige ihre Ohren bewegen» können. «Durch denselben Willensantrieb wären die fraglichen Glieder bewegt worden wie die übrigen, und ohne den Stachel brünstigen Begehrens, in voller Ruhe des Geistes und Körpers und ohne Verletzung ihrer Unversehrtheit, hätte der Gatte seines Weibes Schoß befruchtet.» (De civ. XIV 26) Augustinus fügt hinzu: «Kann man auch keinen Erfahrungsbeweis dafür liefern, so muß man es doch glauben.»

Die Seele kann die ererbte «sündige Lust» nicht tilgen, sie kann sie bestenfalls niederhalten. Zwiespalt, Widerstand, Streit, Unterdrückung kennzeichnen die Dynamik der Seele, die zwischen selbstsüchtiger Liebe zu den Dingen dieser Welt und der selbstlosen Liebe zu Gott hin und her gerissen ist. Die Seele hat ihr anfangs ruhevolles Wollen verloren.

Die rigide Lehre von der Unfreiheit des Willens entwickelt Augustinus vor allem in seinen Auseinandersetzungen mit dem Pelagianismus. Der Mönch Pelagius (nach 418 gestorben) verwarf Augustinus' Lehre von der Erbsünde, der Gnade und der Prädestination. Er erklärte, der Mensch sei aufgrund seines freien Willens und seiner natürlichen Anlagen zum Guten ohne Gnadenbeistand in der Lage, sich selbst zu vervollkommnen. Pelagius' Lehre, die die Bedeutung der für die Kirche konstitutiven Gnadenmittel (etwa die Kindertaufe) herabsetzte, wurde 431 vom Konzil von Ephesus verurteilt.

Die Radikalität der Willenslehre bei Augustinus liegt darin, dass er die Freiheit des Willens in das Sein des Willens legt, nicht in die Handlungen. So wie der Wille seiner metaphysischen Natur nach beschaffen ist, so fällt die Handlung aus. Von der Willensnatur, nicht von der ohnmächtigen Einsicht hängt es ab, ob ein Mensch gut oder böse ist. Die Essenz des Menschen – die metaphysische Ausrichtung des Willens – bestimmt seine moralische Existenz. Die ontologische Beschaffenheit des Willens ist die Bedingung der Möglichkeit von Moralität. Ist ein Mensch gut und tut Gutes, dann darf er sich davon nicht selbst als Urheber sehen, sondern muss darin das gnadenvolle Wirken Gottes erblicken. Alles moralisch Gute liegt bei Gott. Der späte Augustinus macht sämtliches moralisches Handeln von der Alleinwirksamkeit Gottes abhängig. Die für den Menschen unverfügbare Möglichkeitsbedingung alles Guten ist Gnade.

Gut zu sein ist für Augustinus weder ein menschliches Verdienst noch ein Schlüssel zur Glückseligkeit. Der Mensch kann aus sich keine Verdienste schaffen, die mit einer Vergebung verrechenbar wären. Wegen der moralischen Verseuchung der Menschheit hat der Mensch, so viel er sich auch anstrengt ein gutes Leben zu führen, keinen Anspruch auf Vergebung. Mit einer Belohnung ist nicht zu rechnen, sie ist aber auch nicht ausgeschlossen. Wesentlich ist: Nur die Gnade allein – nicht die eigene philosophische Erkenntnis – kann erneut die Freiheit zum Guten in die Tiefe des Willens schreiben und vom Übel erlösen.

Eng verbunden mit der Gnadenlehre ist die Lehre von der Prädestination. Der Mensch steht mit seinem Wollen und Tun im Systemplan einer ewigen göttlichen Vorherbestimmung, die ihn entweder zur Gnadenwahl oder zur Verdammung festgestellt hat. Über das metaphysische Schicksal jedes Einzelnen ist längst und endgültig entschieden. Ein jeder ist eingepasst in die Gesamtordnung transzendenter Gegebenheiten. Der Mensch ist selbstverschuldetes Objekt in einem von ihm unbeeinflussbaren Vollzugsgeschehen.

Die Zahl derer, die durch Gnade erwählt und erlöst wird, ist begrenzt. Lediglich die Zahl der gefallenen Engel wird ergänzt, der Rest ist für die Verdammnis prädestiniert. Es herrscht definitiv eine zahlenmäßig beschränkte Zulassung zur Glückseligkeit. Die Selektion führt Gott durch: «Doch der allmächtige Gott, der höchste, höchst gute Schöpfer aller Wesen, der den guten Willen unterstützt und belohnt, den bösen verläßt und verdammt und beide seinem Weltplan einordnet, war keineswegs um Rat verlegen, wie er die festgelegte, in seiner Weisheit vorherbestimmte Zahl der Bürger seines Staates aus dem verdammten Menschengeschlecht herausholen und vollmachen sollte. Nicht aufgrund ihrer Verdienste, sondern aus Gnade wählte er sie aus der in der Wurzel verderbten und darum verdammten Menschenmasse aus und gab den Erlösten, nicht nur im Blick auf ihr eigenes Schicksal, sondern auch auf das der Nichterlösten, zu erkennen, wie reich er sie beschenkt. Nicht etwa geschuldete, sondern frei gewährte Güte ist es – jeder muß das erkennen –, die uns dem Unheil entreißt und uns von dem Kreise jener Menschen trennt, mit denen wir gerechterweise die Strafe hätten teilen müssen.» (De civ. XIV 26)

Die Prädestinationslehre lässt keine selbstbestimmte moralische Integrität zu. Vom Menschen aus gesehen ist diese göttliche Ethik irrational, grausam, monströs. Augustinus rechtfertigt Gott aus dem Blickwinkel eines dem Menschen übergeordneten sinnvollen Ganzen. Er fährt im Text fort: «Warum sollte Gott auch nicht die Menschen schaffen, deren künftige Sünde er voraussah, da er ja an ihnen und ihrem Ergehen klarmachen konnte, was ihre Schuld verdiente und was seine Gnade verlieh, und da unter seiner, des Schöpfers und Weltregenten, Herrschaft auch das ordnungswidrige Verhalten der Sünder die rechte Ordnung des Alls nicht verkehren konnte?» (De civ. XIV 26) Ereilen die Menschen dereinst ewige Folterqualen, die Augustinus gutheißt, so geschieht ihnen Recht. Auch die Erlösten heißen die Qualen der Verdammten, die «mit dem Teufel in das ewige Feuer fahren» gut, treten für sie nicht fürbittend ein, sondern danken und loben Gott.

Elend und Jammer des Erdenlebens

Das Weltbild von Augustinus ist pessimistisch. Er betont zwar einerseits, wenn er den metaphysischen Blickwinkel Gottes einzunehmen versucht, dass die Ordnung der Schöpfung «sehr gut» und von harmonischer Schönheit ist. Gott hat alles bestens erschaffen. Das Böse ist nicht ihm anzulasten, sondern der ursprünglich freiwilligen Perversion des Menschheitswillens. Das Böse ist kein eigenständiges ursprüngliches Prinzip, nichts substantiell Wirkliches. Es ist eine Beraubung (*privatio*), eine Herabminderung des vorhandenen Guten. «Keine Natur ist an sich böse, und mit dem Wort böse bezeichnen wir nur den Mangel des Guten.» (De civ. XI 22) Der Einklang des Ganzen wird durch das Böse weder beeinträchtigt noch verunstaltet, sondern im Gegenteil durch die Gegenüberstellung des Gegensätzlichen vollendet. Zur Schönheit des geordneten Weltganzen gehört auch die Qual der Verdammten als harmonisch abgestimmter Kontrast mit dazu. Gott macht sich die Schlechtigkeit auch ästhetisch zu Nutze. Er weiß mit ihr die Schönheit seiner Schöpfung noch zu steigern und sie «wie ein herrliches Gedicht gewissermaßen mit allerlei Antithesen aus[zu]schmücken» (De civ. XI 17). Die Schöpfung der Welt aus dem Nichts ist demnach nicht nur ein sittliches, sondern auch ein ästhetisch gerechtfertigtes, weil gelungenes Gesamtkunstwerk.

Andererseits charakterisiert Augustinus vom Blickwinkel des Menschen aus gesehen das irdische Leben als einen «unsäglich mühsamen Lebenslauf», als hart und grausam, als «Elend und Jammer». Von Anfang an bezeugen die schweren Übel, «daß das ganze Geschlecht der Sterblichen verdammt ist» (De civ. XXII 22). Jedes Adamskind wird in eine tiefe Unwissenheit hineingeboren, aus der es nur mit «Mühe, Qual und Angst» befreit werden kann. Aus dieser «Wurzel des Irrtums» und der vererbten «verkehrten Liebe» zum Weltlichen erwachsen haufenweise schlimme Dinge, die aus dem Leben der Menschen nicht wegzudenken sind. Augustinus zählt mehrere Dutzend auf, darunter Sorgen, Leidenschaften, Kriege, Betrug, Treulosigkeit, ungerechte Urteile.

Ließe man den jungen Menschen sich frei entfalten, ihn leben, wie er will, so verfiele er vielen dieser Schandtaten. Durch strenge Zucht und Erziehung mit «mancherlei Schreckmitteln» sind diese «bösen Begierden» zwar nicht auszumerzen, aber immerhin einzudämmen und zu unterdrücken, was jedoch weitere Mühsal und

Schmerzen bereitet. Es gibt nichts Törichteres und Unglückseligeres als den Menschen. «Wozu Erzieher, Lehrer, Stecken, Riemen, Ruten, wozu all die Züchtigungen, mit denen man, wie die Heilige Schrift sagt, den Rücken des geliebten Sohnes bläuen soll, damit er nicht unbändig heranwächst und so störrisch wird, daß er kaum noch, vielleicht überhaupt nicht mehr gebändigt werden kann?» (De civ. XXII 22)

Zu dem «allen gemeinsamen elenden Lose» zählt Augustinus auch die Folgen von Verbrechen, beispielsweise der Plünderung, der Gefangennahme, der Verstümmelung der Glieder. Hinzu kommen noch verhängnisvolle Zufälle wie Überschwemmungen, Erdbeben oder giftige Lebensmittel. Ferner gibt es leidvolle Krankheiten und ihre ebenfalls leidvollen Heilmittel, «so daß die Menschen von den verderblichen Plagen der Krankheiten nur durch neue Plagen erlöst werden» (De civ. XXII 22).

Auch der gute Mensch, der Gerechte, ist von den «gemeinsamen Übeln des Erdenlebens» betroffen. Zusätzlich aber machen ihm noch weitere Leidenserfahrungen zu schaffen, da er gegen die Laster ankämpfen muss und weiteren daraus erwachsenden Versuchungen ausgesetzt ist. Er muss stets wachsam sein, Böses nicht für das Gute, Gutes nicht für Böses zu halten. Unablässig führt er «Krieg» gegen seine eigene Natur und selbst bei einem «Sieg» hat er daran zu denken, dass dieser nicht den eigenen Kräften zuzuschreiben ist, sondern der Gnade des Herrn: «Denn bald wilder, bald zahmer, aber unablässig gelüstet das Fleisch wider den Geist und den Geist wider das Fleisch, so daß wir nicht tun, was wir wollen, und es nicht fertigbringen, alle Begehrlichkeiten auszutilgen, sondern höchstens, sie durch Versagung der Zustimmung, soweit Gott beisteht, uns untertan zu machen. [...] Wenn wir auch noch so tapfer wider die Leidenschaften ankämpfen, ja wenn wir sie überwinden und unterjochen, haben wir gleichwohl zeitlebens stets Anlaß, zu Gott zu sprechen: ‹Vergib uns unsere Schulden.› [Mt. 6, 12]» (De civ. XXIII 23) – Immer gilt für Augustinus: Am elenden Zustand des Menschengeschlechts wird Gottes «preiswürdige Strafgerechtigkeit» offenbar.

Gottesstaat und Teufelsstaat

Augustinus beschließt und verfestigt seine Lehre durch die Totalsicht einer theologischen Geschichtsmetaphysik. In seinem großen, das Christentum gegen heidnische Angriffe verteidigenden Werk *Vom Gottesstaat* (413–426) durchbricht er das antike unhistorische Denken, für das die periodischen Wiederholungen des ewig Gleichen «in endlosen Kreisläufen» charakteristisch sind. Die Lehre von der «eitelen und törichten Kreisbewegung» (De civ. XII 21) eines ewigen, anfang- und endlosen Kosmos, die einen Schöpfergott ausschließen muss, wird durch das Geschichtsbild eines linearen Ablaufs vom Anfang bis zum Ende der Schöpfung ersetzt. Augustinus formuliert ein neues Bewusstsein von der Geschichtlichkeit des menschlichen Daseins, das mit dem Christentum in das abendländische Denken eindringt. Die übersinnliche, von Gott selbst geoffenbarte Wahrheit der universalen Geschichte, die kein Sein und keine Zeit auslässt, erstreckt sich von der Erschaffung der Welt über den Sündenfall, die Fleischwerdung des Wortes, das Kreuz und die Auferstehung bis hin zum Jüngsten Gericht und zur Vollendung des göttlichen Plans. Gott selbst, der Bezugspunkt dieser Heilsgeschichte, bleibt übergeschichtlich. Augustinus erklimmt als gläubiger Christ und gestützt auf die Heilige Schrift den Blickwinkel der Ewigkeit und entfaltet gleichsam von oben mit Gottes Augen gesehen die große spekulative, alles umfassende Geschichtstheologie.

Alles irdische Geschehen erhält durch die Heilsgeschichte, die in ihm waltet, eine metaphysische Bedeutung und wird im Hinblick auf die Erlösungsperspektive in seiner Sinnhaftigkeit interpretierbar. Sowohl der Lebenslauf des Einzelnen als auch die Geschichte der Menschheit insgesamt – die «Pilgerreise dieses Lebens» (De civ. XIV 9) – wird durch die Zielrichtung als verstehbares Wollen aufgefasst, als Prozess der Liebe zu Gott hin oder von ihm weg. Gegenüber der nichtchristlichen Antike vollzieht sich eine neue Sinngebung der Zeit. Das Leben wird erstmals von seiner Vergangenheit her auf seine Zukunft hin verstanden. Das prädestinierte Gesamtwollen ist kohärent interpretierbar als Hermeneutik einer universalen Geschichte der Liebe (des geistigen Willens). Wegen der Totalität der Heilsgeschichte, die die gesamte Schöpfung umfasst, kann es kein neutrales außermoralisches Faktum, kein wertfreies Wissen geben. Die Welt ist verkörperte Sittlichkeit.

Hinter den beiden Willensrichtungen – Gottesliebe und weltzugewandter Ichliebe – steht der unversöhnliche Kampf zweier geistiger Reiche: des Gottesstaates (*civitas dei*) und des irdischen oder teuflischen Staates (*civitas terrena* oder *civitas diaboli*). Zum Teufelsstaat gehören die von Gott abgefallenen Engel und die nicht zur Erlösung vorherbestimmten Menschen. Der Gottesstaat umfasst die Engel, die Heiligen und die Erwählten. Unter Staat versteht Augustinus in erster Linie keine Gemeinschaft wie den weltlichen Staat oder die Kirche als sichtbare Organisation, in beiden gibt es gemischt sowohl Prädestinierte als auch Verdammte, sondern er meint die geistige ethische Ausrichtung. Der Kampf zwischen den Guten und den Bösen, die in ihrem Willenszwiespalt das sittlich Gute, die Liebe zu Gott, bejahen oder verneinen, tobt im Einzelnen wie im Kollektiv. Er wird in den Herzen der Menschen, in ihrem tiefsten Innern ausgetragen. Äußerlich kommt er in Kriegen und Revolutionen zur Erscheinung. «Demnach wurden die zwei Staaten durch zweierlei Liebe begründet, der irdische durch Selbstliebe, die sich bis zur Gottesverachtung steigert, der himmlische durch Gottesliebe, die sich bis zur Selbstverachtung erhebt.» (De civ. XIV 28)

Der Ablauf der Universalgeschichte endet mit der vollständigen Absonderung beider Gemeinschaften, was die unveränderliche Prädestination schon vorweggenommen hat. Augustinus unterscheidet analog den sechs biblischen Schöpfungstagen sechs Entwicklungsstufen oder Weltalter bei der Verwirklichung des Gottesstaates: von Adam bis zur Sintflut, bis zu Abraham, bis zu David, bis zur Babylonischen Gefangenschaft, bis zu Christus, bis zum Weltende. In der siebten Stufe sind das Gute und das Böse vollständig voneinander geschieden: Auf der einen Seite stehen die, die Gott zur ewigen Seligkeit vorherbestimmt hat und die Gott wegen seiner Gnade und Herrlichkeit lobpreisen – auf der anderen die, die mit ewiger Verdammnis und glühenden Höllenstrafen gerecht bestraft werden und deren Selektion keines falschen Mitleids bedarf. Augustinus unterstreicht dabei, dass es sich bei der «ewigen Pein» nicht um eine Allegorie, sondern um echtes «körperliches Feuer» handelt, das ohne Ende das Fleisch der Gottlosen martert (vgl. De civ. XXI 9 und 10). Die eschatologische Verwirklichung des Gottesstaates mit der Erlösung seiner auserwählten Bürger ist das gottgewollte Ziel und Ende aller Geschichte: die Erfüllung des heilsgeschichtlichen Zwecks, die Ruhe in Gottes ewigem Frieden, «der höher ist als alle Vernunft» (Paulus an die Philipper 4,7).

DAVID HUME

«Die Moralität wird durch
das Gefühl bestimmt»[32]

Leben und Werk

Geboren am 26. April 1711 in Edinburgh, gestorben am 25. August
1776 ebendort. – Philosoph, Historiker und Staatsdiener, Zentralfigur der europäischen Aufklärung des 18. Jahrhunderts. – Jüngster
Sohn eines Rechtsanwalts und einer tiefreligiösen Mutter, die sich
nach dem frühen Tod ihres Mannes (1713) ganz der Erziehung ihrer
Kinder widmet («höchst verdienstvolle Frau», MOL, LI). Die Erziehung erfolgt in einem strengen calvinistischen Umfeld mit ausgemalten Androhungen nie endender Folterungen in der Hölle. Hume
studiert bereits in jungen Jahren von 1723 bis 1729 an der Universität Edinburgh Jura, antike Philosophie und Literatur, er will aber
kein Jurist oder Anwalt werden, sondern Philosoph und Gelehrter
(«Schon sehr früh erfaßte mich eine Passion für die Literatur, die
dann die beherrschende Leidenschaft meines Lebens und große
Quelle meiner Freuden geblieben ist», MOL, LI). Er entwickelt ein
starkes Interesse an moralischen Fragen und klassischen Autoren
(Cicero, Horaz, Vergil, Tacitus), beschäftigt sich mit den Theorien
Newtons, liest Francis Bacon und John Locke, die Frage, was die
menschliche Natur ist, drängt sich zunehmend als Grundfrage auf:

131

«Es gibt keine Frage von Bedeutung, deren Lösung in der Lehre vom Menschen nicht miteinbegriffen wäre.» (T1,4)

In den Jahren 1734–1737 arbeitet er während eines dreijährigen «sehr angenehmen» und geselligen Aufenthalts in Frankreich an der rund 750 Seiten umfassenden Schrift *Ein Traktat über die menschliche Natur*. Dieses große frühe Werk erscheint 1739/40 anonym in London und besteht aus drei Teilen: *Über den Verstand*, *Über die Affekte* und *Über Moral* («Nie ist es einem literarischen Unternehmen unglücklicher ergangen als meinem *Traktat über die menschliche Natur*: Als Totgeburt fiel er aus der Presse und fand nicht einmal so viel Beachtung, um wenigstens unter den Eiferern ein leises Murren zu erregen», MOL, LIII). Während des Frankreich-Aufenthalts wird Hume Zeuge heftiger Diskussionen über angebliche Wunderheilungen in Paris, er stellt den Lebensplan auf, durch strengste Sparsamkeit unabhängig zu bleiben «und auf nichts zu achten als auf die Förderung meiner literarischen Talente» (MOL, LII). 1744 bewirbt er sich um einen Lehrstuhl an der Universität Edinburgh – vergeblich, weil ihn kirchlich-konservative Kreise der Ketzerei, des Deismus, des Skeptizismus und Atheismus verdächtigen. 1745 Tod der Mutter, im selben Jahr wird Hume kurzzeitig Betreuer des jungen geistesgestörten Marquis von Annandale, 1746 Sekretär des Generals Sinclair, dem er 1748 auch bei militärisch-diplomatischen Missionen an den Höfen von Wien und Turin dient («Ich trug damals also die Uniform eines Offiziers und wurde an diesen Höfen [...] als Adjutant des Generals eingeführt. [...] meine Einkünfte, verbunden mit meiner Sparsamkeit, hatten mich ein Vermögen erlangen lassen, das ich Unabhängigkeit nannte», MOL, LIII f.). Auf seinen Reisen lernt Hume auch deutsche Städte kennen («Zwischen Wiesbaden und Frankfurt reisten wir den Ufern des Mains entlang und sahen eine der herrlichsten Ebenen der Welt. [...] Deutschland ist zweifellos ein sehr feines Land, voller fleißiger, ehrlicher Menschen»[33]).

1748 erscheint *Eine Untersuchung über den menschlichen Verstand* (Umarbeitung des ersten Buchs des Traktats), 1751 *Eine Untersuchung über die Prinzipien der Moral* (Anknüpfung an das dritte Buch des *Traktats*, «Dieses Werk [ist] unvergleichlich viel besser als alle meine anderen historischen, philosophischen oder literarischen Schriften», MOL, LVI), 1752 *Politische Diskurse*. 1752 wird die Bewerbung um eine Professur an der Universität Glasgow abgelehnt, Hume erlangt mittlerweile wachsende Berühmtheit in Europa. Von 1752 bis 1757 wirkt er als Bibliothekar am Juristenkollegium in Edinburgh, die mehrbändige *Geschichte Englands* (1754–1761) macht den Verfasser wohlhabend (Voltaire: «Vielleicht die beste Geschichte, die je geschrieben wurde»[34]). 1757 wird zusammen mit anderen Abhandlungen die *Naturgeschichte der Religion* veröffentlicht («fast unbemerkt»). 1761 setzt der Vatikan – weniger unbemerkt – alle Schriften Humes auf den Index der verbotenen Bücher.

1763 wird Hume Privatsekretär des englischen Botschafters in Paris, es entstehen eine innige Freundschaft mit der als die Große Dame Frankreichs geltenden Madame Boufflers und herzliche Kontakte zu französischen Aufklärern wie Holbach, d'Alembert, Diderot; es bereitet Hume «wirklich Vergnügen, in Paris und in Gesellschaft feinfühliger, gebildeter und zuvorkommender Menschen zu leben, die sich in dieser Stadt zahlreicher finden als irgend sonst auf der Welt» (MOL, LIX). 1766 hilft er dem von der Kirche verfolgten und mit Haftbefehl gesuchten Rousseau bei der Flucht aus Frankreich nach England, wo es zum nervenaufreibenden Zerwürfnis kommt, als der kranke Rousseau auch Hume Verfolgungsabsichten unterstellt («Rousseau ist ein Ungeheuer»). 1767 Unterstaatssekretär in London, 1769 Rückkehr nach Edinburgh, wo Hume bis zu seinem Tod zusammen mit der ebenfalls unverheirateten Schwester lebt und ein ruhiges, zufriedenes, geselliges Leben führt («Ich war ein Mann sanften Gemüts, war selbstbeherrscht, offen, gesellig und heiter», MOL, LX).

Am 4. Juli 1776, dem Tag der Amerikanischen Unabhängigkeitserklärung, gibt der todkranke, aber gefasste Hume – er stirbt am 25. August – für seine Freunde ein Abschiedsessen. «Im Frühjahr 1775 befiel mich eine Krankheit der Eingeweide, die mich zuerst nicht beunruhigte, inzwischen aber, wie ich fürchte, unheilbar und tödlich geworden ist. Ich rechne jetzt mit einer schnellen Auflösung. Ich habe von meiner Krankheit nur wenig Schmerzen zu leiden gehabt und habe [...] nicht einen Augenblick an Niedergeschlagenheit gelitten. [...] ich bin wie eh und je eifrig bei meinen Studien und in Gesellschaft heiter. Außerdem glaube ich, daß ein Mann, der mit fünfundsechzig stirbt, nur ein paar Jahre der Gebrechlichkeit abschneidet.» (MOL, LX) Hume liest in seinen letzten Tagen nicht wie damals üblich die Bibel, sondern er vertieft sich in Lukians ironisch witzige *Totengespräche*. Sein enger Freund, der Philosoph und Ökonom Adam Smith berichtet in einem Brief vom 9. November 1776 von einem Gespräch, bei dem Hume kurz vor seinem Tod gesagt habe, alles sei auch testamentarisch gut in Ordnung gebracht. Zwar könne er Charon, den Fährmann an der Schwelle des Totenreichs, weiter drängen: «‹Hab ein wenig Geduld, guter Charon, ich habe mich immer darum bemüht, dem Publikum die Augen zu öffnen. Wenn ich ein paar Jahre länger lebte, so hätte ich vielleicht die Genugtuung, einige der herrschenden Systeme des Aberglaubens zusammenbrechen zu sehen.› Aber Charon würde dann Geduld und Anstand verlieren. ‹Du saumseliger Gauner, das wird in hunderten von Jahren nicht geschehen. Bildest du dir ein, ich werde dir Aufschub für so lange Zeit gewähren? Steig in das Boot noch diesen Augenblick, Du fauler, säumiger Schlingel!›» (EHU, LXVf.) Um sich unnötige Repressalien zu ersparen, hatte Hume veranlasst, dass einige seiner Schriften erst postum erscheinen, so auch 1779 die religionskritischen *Dialoge über natürliche Religion*.

Die metaphysikfreie Wissenschaft vom Menschen

> «Ein richtiger Skeptiker wird seinen philosophischen
> Zweifeln ebenso sehr mißtrauen, wie seiner philosophi-
> schen Überzeugung.»
>
> Hume, *Ein Traktat über die menschliche Natur* (T 1, 352)

Humes Moralphilosophie ist eine diesseitsorientierte Ethik des Mitgefühls (*sympathy*). Sein Ansatz stemmt sich gegen alte Denkweisen, die den Menschen verächtlich gemacht und erniedrigt haben. Es geht ihm darum, den Menschen, so wie er tatsächlich erfahrbar ist, unvoreingenommen zu untersuchen.

Aus der Perspektive der Ethik teilt sich Humes Philosophie, vereinfacht gesagt, in zwei Bereiche. Der erste Bereich, die theoretische Philosophie, besteht aus einer Art methodischer Reinigung der menschlichen Erkenntnis, um das Denken über die Wurzeln seiner Irrtümer aufzuklären. Diese umfassende Erkenntniskritik zielt auf die endgültige Beseitigung der traditionellen europäischen Metaphysik. Für den zweiten Bereich, die praktische Philosophie, ist damit der Raum eröffnet für eine von Metaphysik gereinigte Ethik. Im Mittelpunkt einer neuen vorurteilsfreien Forschung steht die Gefühls- oder Affektwelt, ihre Macht gegenüber der Vernunft sowie die moralische Bewertung von Tugenden und Lastern. Aufgrund des universalen Gefühls der Menschenliebe, das Hume in seiner Ethik ausdrücklich verteidigt, empfindet der Mensch Ehrfurcht vor sich und anderen. Da der zweite Bereich auf den ersten aufbaut und ohne den ersten in seiner antimetaphysischen Radikalität nicht erkennbar ist, werden beide Bereiche im Folgenden vorgestellt.

Übergeordnet gilt: Hume ist ein Philosoph der Erfahrung. Sein Ausgangspunkt ist nicht die antike, ewige Ordnung des Kosmos oder die mittelalterliche, von Gott gesetzte Ordnung, sondern die empirische Gegebenheit des menschlichen Bewusstseins. Eine Grundvoraussetzung von Humes Empirismus ist, dass das menschliche Wissen an ein Bewusstsein gebunden ist, das eine natürliche Grenze darstellt, die nicht überschritten werden kann. Immer und überall hat es der Mensch wegen dieser Gebundenheit nur mit den Inhalten seines Bewusstseins zu tun, mit der Welt seiner Gefühle und mit dem Universum seiner Vorstellungen. Humes Philosophie der Erfahrung ist von Anfang an von skeptischen Reflexionen begleitet: «Man richte seine Aufmerksamkeit so intensiv als möglich auf die Welt außerhalb seiner selbst, man dringe mit seiner Einbildungskraft bis zum Himmel, oder bis an die äußersten Grenzen des Weltalls; man gelangt doch niemals einen Schritt weit über sich selbst hinaus, nie vermag man mit seiner Vorstellung eine Art der Existenz zu erfassen, die hinausginge über das Dasein der Perzeptionen [Bewusstseinsinhalte], welche in dieser engen Sphäre [des eigenen Bewusstseins] aufgetreten sind.» (T1, 92)

Hume intendiert eine «Wissenschaft vom Menschen», die eine umfassende Analyse der Inhalte und der Prozesse des Bewusstseins beinhaltet. Alle Fragen, die den Verstand (bei Hume oft gleichbedeutend mit Vernunft), die Affekte und die Moral betreffen, sollen auf der sicheren Basis von Erfahrung und Beobachtung untersucht werden. Das genaue und richtige Denken, die Gewinnung von «Licht aus der Finsternis» (EHU, 9), dient dabei als Heilmittel gegen rationalistische Konstruktionen sowie «religiöse Ängste und Vorurteile», mit einem Wort gegen das ganze «metaphysische Kauderwelsch» (EHU, 11). Für die Wissenschaft vom Menschen zählt für Hume einzig die Instanz der überprüfbaren Erfahrung, nicht die Lehren spekulativ-dogmatischer Bücher, kirchlicher Autoritäten oder göttliche Offenbarungen. Aus abstrakten Begriffen, die sich von jeder Erfahrung losgerissen haben, lassen sich nur Luftschlösser bauen.

Hume vollzieht eine radikale Überwindung der Metaphysik durch eine Theorie der Erkenntnis. Die traditionelle Metaphysik, die in dem Versuch besteht, aus reinem Denken, aus logischen Kombinationen von abstrakten Begriffen das Absolute zu bestimmen, wird außer Kraft gesetzt. Die tatsächlich vollzogene Radikalität der Metaphysikbeseitigung lässt sich nur schwer adäquat ausdrücken. Humes neue metaphysiküberwindende Erkenntnistheorie tritt als Wissenschaft von den Grenzen des menschlichen Verstandes auf. Metaphysische Fragestellungen – etwa die nach den Attributen Gottes oder nach der Unsterblichkeit der Seele – werden nach Maßgabe des menschlichen Erkenntnisspielraums aussortiert, zum Verschwinden gebracht: «Die einzige Methode, die Wissenschaft mit einem Male von solch unzulänglichen Fragen frei zu machen, besteht in einer ernstlichen Untersuchung der Natur des menschlichen Verstandes und in dem aus genauer Zergliederung seiner Kräfte und Fähigkeiten gewonnenen Nachweis, daß er keineswegs für solche entlegenen und dunklen Gegenstände geeignet ist.» (EHU, 10f.)

Eine Transformation im Wissenschaftsgefüge findet statt, für die es in der englischen Philosophie gewichtige Vordenker gibt, etwa

John Locke (1632–1704). Hume unterscheidet zwischen einer «echten Metaphysik» und einer «unechten und verfälschten». Als echte Metaphysik gilt jetzt die Erkenntniskritik, die Untersuchung des menschlichen Verstandes. Sie muss mit Sorgfalt gepflegt werden, um die unechte Metaphysik, die Lehre von der Transzendenz, zu «zerstören» (vgl. EHU, 11). Die (neuzeitliche) Erkenntnistheorie erhebt damit den Anspruch, die Vorrangstellung der vormals «Ersten Philosophie», wie Aristoteles die Metaphysik genannt hat, einzunehmen. Der neue Primat der Erkenntnistheorie ersetzt den alten Primat der Metaphysik. Aus einer Wissenschaft von den Prinzipien des Seienden wird eine Wissenschaft von den Prinzipien der Erkenntnis. Angelpunkt der echten Metaphysik ist nicht mehr Gott, sondern der Mensch mit seinem Bewusstsein, der sich in skeptischer Reflexion – ohne Zuhilfenahme eines transzendenten Blickwinkels – selbst erforschen und auf dieser Grundlage nach eigenen Maßstäben moralisch selbst beurteilen muss.

Zu Beginn der Untersuchungen legt Hume seine Voraussetzungen offen. Die Inhalte des eigenen Bewusstseins (*perceptions*) stellt er als eine Gegebenheit heraus, von der auszugehen ist. Mit Bewusstseinsinhalten ist alles gemeint, was dem Geist gegenwärtig sein kann, «sei es durch den Gebrauch unserer Sinne, sei es daß uns Leidenschaften bewegen oder daß wir denken und über etwas reflektieren» (Abstract, 13).

Die Perzeptionen unterteilt Hume in Eindrücke (*impressions*) und Vorstellungen (*ideas*). Eindrücke sind das, was unmittelbar und lebhaft gegeben ist, zum Beispiel die augenblickliche Wahrnehmung eines Gegenstands oder die Empfindung einer Leidenschaft. Gemeint sind die Auffassungen, die sich ergeben, wenn wir hören, sehen, tasten, lieben, hassen, wünschen oder wollen. Alles, was sich der Sinneswahrnehmung (äußere Erfahung) beziehungsweise der Selbstwahrnehmung (innere Erfahrung) unwillkürlich aufdrängt, ist ein Eindruck.

Bei den Vorstellungen dagegen handelt es sich um ein willkürlich reproduziertes Nachdenken über Eindrücke. Während beispielsweise die Wahrnehmung einer Farbe oder die Empfindung von

Schmerz für Hume einen Eindruck darstellt, gilt ihm die Erinnerung daran, dass ich eine Farbe gesehen oder einen Schmerz empfunden habe, als Vorstellung. Eindrücke sind lebhafte und starke Perzeptionen, oft klar und gewiss. Vorstellungen dagegen sind blasser und schwächer, vielfach auch dunkel oder fiktiv. Eindrücke sind dem Verstand vorgegeben, Vorstellungen sind weniger lebhafte Abbilder von Eindrücken.

Der «Flug der Einbildungskraft» kann laut Hume die Vorstellungen zu immer komplexeren, wirklichkeitsentfernteren Imaginationen verbinden. Viele Menschen unterstellen in ihrer Leichtgläubigkeit erdichteten Vorstellungskomplexen Realität und glauben sogar an Gespenster, Zaubereien und Ungeheuer. Beispiele für Blendwerk und Täuschung liefere auch der «Mummenschanz» der römisch-katholischen Religion, die Zeremonien «dieses seltsamen Aberglaubens» (vgl. EHU, 64).

Für Humes kritischen Empirismus ist wesentlich, «daß alle unsere Vorstellungen oder schwachen Perzeptionen ihren Ursprung in unseren Eindrücken oder starken Perzeptionen haben und daß wir an nichts zu denken vermögen, was wir nicht zuvor gesehen oder im Geist unmittelbar empfunden haben» (Abstract, 15). Alle Vorstellungen gehen auf Eindrücke zurück (T1, 221 f. und 13). Einzig die Mathematik mit ihrer intuitiven und demonstrativen Gewissheit ist hiervon ausgenommen. Mathematische Sätze werden unabhängig von Eindrücken durch die reine Tätigkeit des Denkens entdeckt und sind von keinem Dasein in der Welt abhängig. Handelt es sich dagegen um Aussagen über die Wirklichkeit, über Tatsachen (*matters of fact*) und Existenz (*existence*), müssen alle Vorstellungen auf Eindrücke, auf «Beobachtung und Erfahrung», zurückgeführt werden können.

Aus der geforderten Zurückführbarkeit aller (nichtmathematischen) Vorstellungen auf ihre ursprünglichen Eindrücke entwickelt Hume eine kritische Methode zur Überprüfung, ob eine Vorstellung überhaupt einen Sinn hat oder nur ein leeres Wort ist. Lässt sich bei einer Vorstellung kein Eindruck nachweisen, so hat sie keine Bedeutung. Auch philosophische Termini müssen sich durch diesen «wahren Maßstab» der Erfahrung verifizieren lassen: «Haben wir daher

Verdacht, daß ein philosophischer Ausdruck ohne irgend einen Sinn oder eine Vorstellung gebraucht werde, was nur zu häufig ist, so brauchen wir bloß nachzuforschen, *von welchem Eindruck stammt diese angebliche Vorstellung her?* Und läßt sich durchaus kein solcher aufzeigen, so wird dies zur Bestätigung unseres Verdachts dienen.» (EHU, 22; vgl. Abstract, 19) – Alle metaphysischen Begriffe müssen daher, weil sie keinen Eindrücken der äußeren oder inneren Welt der Erfahrung nachgebildet sein können, aus der Philosophie entfernt werden. «Sehen wir, von diesen Prinzipien durchdrungen, die Bibliotheken durch, welche Verwüstungen müssen wir da nicht anrichten?» (EHU, 193)

Kausalität

Hume untersucht die Funktionen des Verstandes und wendet dabei sein Prüfverfahren auf verschiedene Vorstellungen an. Berühmt ist vor allem seine Analyse des Kausalbegriffs, aber auch die des Substanzbegriffs. Beide Begriffe sind tragende Säulen der rationalen (also der «unechten und verfälschten») Metaphysik, die Hume zum Einsturz bringen will. Er sucht zu erweisen, dass weder Kausalität noch Substanz angeborene oder apriorische Grundbegriffe sind, sondern lediglich Sedimentierungen einer Vielzahl von subjektiv geordneten Erfahrungen. Über das objektive Wesen der Wirklichkeit – jenseits der Erfahrungen – kann mit ihrer Hilfe nichts ausgesagt werden.

Die Beziehung von Ursache und Wirkung veranschaulicht Hume am Beispiel zweier Billardkugeln. Eine rollende Billardkugel stößt auf eine ruhende. Die ruhende setzt sich in Bewegung. Genaugenommen, sagt Hume, sehen wir nur eine zeitliche Abfolge. Trotzdem schließen wir aus der zeitlichen Aufeinanderfolge auf eine ursächliche Verknüpfung. Wie kommen wir dazu? Wieso machen wir aus einem Danach (*post hoc*) ein Deswegen (*propter hoc*)? Wieso antizipieren wir die Bewegung der zweiten Kugel? Humes Antwort lautet, «daß Ursachen und Wirkungen nicht durch die Vernunft, sondern durch die Erfahrung zu entdecken sind» (EHU, 38).

Zur Bekräftigung seiner These führt Hume ein Gedankenexperiment durch. Ein fiktiver, plötzlich in die Welt gestellter Mensch, ein unbedarfter Adam, dem noch jede Erfahrung fehlt, könnte die Bewegung der zweiten Kugel aus der Bewegung der ersten logisch nicht erschließen. «Es gibt da nichts, was die Vernunft in der Ursache entdecken könnte, um auf die Wirkung zu *schließen*.» (Abstract, 23) Die Kenntnis von Ursache und Wirkung stammt «ganz und gar aus der Erfahrung» und ist «in keinem Falle durch Denkakte a priori gewonnen» (EHU, 36; vgl. Abstract, 35).

Erst die wiederholte Wahrnehmung eines zeitlichen Nacheinander verfestigt sich zu einer bleibenden Assoziation eines ursächlichen Deswegen. Durch «Gewöhnung» wird die Assoziation selbstverständlich und zwingend. Erfahrbar ist nur eine zeitliche Abfolge, der durch Gewöhnung eine kausale Verknüpfung unterstellt wird. Die eigentliche Ursächlichkeit ist sinnlich nicht wahrnehmbar. Sie bleibt der Erfahrung ebenso wie dem Denken verborgen. Die Kausalvorstellung drängt sich unabweisbar auf, wenn die assoziative Verknüpfung durch dauernde Wiederholung derselben Erfahrung stark genug geworden ist, um eine gewohnheitsmäßige Erwartung hervorzurufen.

Die Gewohnheit ist das letzte, nicht weiter ableitbare Prinzip der menschlichen Erkenntnis. «Vielleicht können wir unsere Nachforschungen nicht weiter treiben noch uns anmaßen, die Ursache dieser Ursache anzugeben, sondern müssen daran als an dem letzten aufweisbaren Prinzip all unserer Erfahrungsschlüsse uns genügen lassen.» (EHU, 55) Die bereits zu einer Erkenntnistheorie transformierte Metaphysik wird damit weiter umgestaltet zu einer Psychologie der Assoziationen. Alle Eindrücke und Vorstellungen, die Gesamtheit der Perzeptionen, bildet ein Netz von zusammenhängenden, regelhaft assoziierten Verknüpfungen, die – immer mit Bezug auf ein Bewusstsein – die einzig maßgebliche Wirklichkeit des Menschen, die Welt der Erfahrung, ausmachen.

Der erlebte Zwang, der von der Gewohnheit ausgeht, wird in die Dinge projiziert, weshalb die Verknüpfungen des Erkennenden fälschlicherweise für Eigenschaften des Objekts gehalten werden.

Die Erkenntniskritik klärt darüber auf, dass die menschliche Erkenntnis von Tatsachen und ihren Zusammenhängen kein wirkliches Wissen mit unbedigter Geltung, kein objektives Wesenswissen ist, sondern ein subjektiver «Glaube» (*belief*; gemeint ist nicht *faith*, also religiöser Glaube). Auch die Naturwissenschaft verfügt über kein bewiesenes Wissen, da ihre induktiven «Schlüsse aus der Erfahrung» nicht die Gewissheit logischer Schlüsse haben können. Die Naturwissenschaft beruht auf einem Glauben an die objektive Gültigkeit der Naturgesetze sowie auf der Voraussetzung einer nicht beweisbaren Gleichförmigkeit des Naturgeschehens. Die Naturgesetze stellen sich durch Humes erkenntniskritische Analyse als Spiegelungen regelhafter intrapsychischer Assoziationsabläufe dar (vgl. EHU, 34). Da alle geistigen Zusammenhänge durch den Ablauf von Assoziationen wesentlich bestimmt werden, sind die Prinzipien der Assoziationen «*für uns* der wirkliche Zement des Universums» (Abstract, 61).

Die Gewohnheit wird begleitet von einem subjektiven Gefühl der Nötigung. Nicht die Vernunft, sondern die Gewohnheit ist die «große Führerin im menschlichen Leben» (EHU, 57; vgl. Abstract, 29). «Die Gewohnheit tritt in Tätigkeit, ehe wir Zeit zum Nachdenken haben.» (T 1, 142) Der Glaube an die Gleichförmigkeit der Natur, das gefühlte Wirklichkeitsbewusstsein, ist laut Hume etwas vom Geist «unmittelbar Erlebtes», das sich von den willkürlichen Erdichtungen der Einbildungskraft, den «bloßen Luftschlössern», durch die Lebendigkeit und Stärke des Gefühls unterscheidet. Die gefühlte Macht der Gewohnheit, in der sich vergangene Kausalerfahrungen justiert und verankert haben, ist eine Art anthropologisch-psychologische Grundgegebenheit, ein lebensgeschichtlich geprägter Instinkt, der uns mit unabwendbarer Notwendigkeit zwingt, Urteile zu fällen, vergleichbar dem Zwang, atmen und empfinden zu müssen (vgl. T 1, 245). Hume ist davon überzeugt, «daß alle Schlußfolgerungen, die Ursachen und Wirkungen betreffen, lediglich auf der Gewohnheit beruhen und daß Glauben viel eigentlicher Akt des fühlenden als des denkenden Teils unserer Natur ist» (T 1, 245 f.). Schon hier in der Erkenntnistheorie wie später in der

Affektenlehre und der Moralphilosophie wird die Pointe deutlich, dass die Basis der menschlichen Natur die emotionale und nicht die rationale Seite ist. Das Gefühl und nicht die Vernunft nimmt im Menschen die Vorrangstellung ein.

Substanz

> «Wir haben keine Vorstellungen von Substanzen. Denn alle unsere Vorstellungen hängen irgendwie von unmittelbaren Eindrücken ab; und wir haben keinen Eindruck von einer sei es geistigen, sei es materiellen Substanz. Wir kennen nichts als individuierte Eigenschaften und einzelne Perzeptionen. Genauso ist unser Begriff von einem Körper, von einem Pfirsich zum Beispiel, nichts als die Zusammensetzung der Vorstellungen von einem spezifischen Geschmack, von besonderer Farbe, bestimmter Form, Größe, Konsistenz etc. Und genauso ist unser Begriff des Geistes nur die Vorstellung einer Menge einzelner Perzeptionen ohne den Begriff einer einfachen oder auch zusammengesetzten Substanz.»
>
> Hume, *Abriß eines neuen Buches* (Abstract, 47)

Hume unterzieht auch den Begriff der Substanz einer kritischen Überprüfung. Mit Substanz meint er die Existenz eines «unbekannten Etwas», das den Sinneseindrücken als deren Wesen zugrunde liegen soll. Das Resultat fällt wie beim Kausalitätsbegriff negativ aus. Der Substanz entspricht kein Eindruck, kein besonderer Inhalt der Wahrnehmung. Der Begriff der Substanz erweist sich als ein leeres Wort, als eine Chimäre. Er ist nichts weiter als eine verbale Klammer von Perzeptionen, eine subjektive Kollektion von Eigenschaften, Leidenschaften, Emotionen und Gedanken. Humes empiristischer Vorwurf gegenüber der rationalistischen Metaphysik lautet, dass sie Begriffe wie Substanz und Kausalität (oder auch Begriffe wie Macht, Kraft, Energie; vgl. EHU, 76) hypostasiert, also das durch Gewohnheit Gewonnene und begrifflich Zusammengefasste zu einem bewusstseinstranszendenten selbstständigen Seienden macht.

Nach Hume handelt es sich bei diesen angeblichen Wesenseigenschaften der Dinge lediglich um geronnene, lebenspraktisch hilfreiche geistige Produkte, um den «Zement» der Einbildungskraft. Der Substanzbegriff ist so wenig wie der Kausalitätsbegriff geeignet, den Kreis der Erfahrung, der um die menschliche Erkenntnis als Grenze gezogen ist, zu überschreiten.

Hume radikalisiert die erkenntniskritische Analyse des Substanzbegriffs, indem er sie auf die seelische Substanz, auf das «Ich» ausdehnt. Auch die Seele oder das Ich, so das Ergebnis, ist «nichts als ein System oder andauernder Strom von Perzeptionen» (Abstract, 45f.). Alle Perzeptionen – etwa die Wahrnehmung von Wärme oder Kälte, Licht oder Schatten, die Empfindung von Liebe oder Hass, Lust oder Unlust – sind assoziativ vereinigt, ohne dass es in diesem Bewusstseinsstrom etwas vollkommen Einfaches und durchgängig Identisches gäbe.

Das Ich ist ein Bündel oder eine Ansammlung (*bundle or collection*) verschiedener Perzeptionen, «die einander mit unbegreiflicher Schnelligkeit folgen und beständig in Fluß und Bewegung sind» (T1, 327). Niemals trifft der Mensch sich ohne eine Perzeption an. Niemals kann er etwas anderes erfahren als eine Perzeption. «Der Geist ist eine Art Theater, auf dem verschiedene Perzeptionen nacheinander auftreten, kommen und gehen, und sich in unendlicher Mannigfaltigkeit der Stellungen und Arten der Anordnung untereinander mengen.» (T1, 327)

In diesen ständigen «Auftritten» und wechselnden Konstellationen findet sich zu keinem Zeitpunkt Einfachheit und Identität. Doch selbst der Vergleich mit dem Theater, der eine mit sich identisch bleibende Bühne vortäuscht, muss noch korrigiert werden: «Die einander folgenden Perzeptionen sind allein das, was den Geist *ausmacht*, während wir ganz und gar nichts von einem Schauplatz wissen, auf dem sich jene Szenen abspielten, oder von einem Material, aus dem dieser Schauplatz gezimmert wäre.» (T1, 327f.)

Einzig von einzelnen Perzeptionen wissen wir, dass sie sicher existieren. Ihr Zusammenspiel «bildet» den Geist. «Ich sage: den Geist *bilden*, nicht zum Geist *gehören*. Die Seele oder der Geist sind keine Substanz, der die Perzeptionen inhärieren.» (Abstract, 47) Der Begriff der Substanz wie auch der von einer persönlichen Ich-Identität erweisen sich als Summe von wiederholt auftretenden Vorstellungen, die aufgrund von Assoziationen miteinander verbunden sind und denen ein gemeinsamer Name zugordnet wird. Die Einbildungskraft unterstellt bestimmten Assoziationen eine Substanz, so wie sie dem beobachteten Nacheinander von Ereignissen eine Kausalität andichtet. Der Substanzbegriff wurzelt im subjektiven, gefühlten Zustand der Gewohnheit. Subjektive Funktionen des Verstandes werden projektiv für das Objekt selbst gehalten. Die Frage nach einer Seelen-Substanz ist sinnlos geworden.

Humes Transformation der Metaphysik zu einer kritischen Theorie der Erkenntnis kommt zu dem Ergebnis, dass die großen Begriffe der Tradition keine feststehenden, vorgegebenen Größen sind, mit denen die Vernunft ohne Bezug auf die Erfahrung operieren könnte. Die Begriffe der Philosophie können über den gewöhnlichen Lauf der Erfahrung nicht hinausführen (vgl. EHU, 171f.). Die Metaphysik als Wirklichkeitserkenntnis aus reiner Vernunft ist für Hume damit zertrümmert. Der Stolz der reinen Vernünftler ist gebrochen.

Die mit dieser Einsicht ausgelöste Erschütterung aller bisherigen Gewissheiten reicht bis in die Naturwissenschaften, deren Erkenntnisse wegen der prinzipiellen Unvollständigkeit induktiv gesammelter Erfahrungen nur wahrscheinlich sein können. Das Gegenteil jeder Tatsache bleibt zu behaupten immer möglich, da nicht sämtliche Fälle bekannt sein können. «Was möglich ist, das kann man nicht a priori und demonstrativ ausschließen. Und es ist möglich, daß der Lauf der Natur sich ändert, da wir uns eine solche Änderung denken können.» (Abstract, 27) Ohne Widerspruch lässt sich beispielsweise denken, dass die Sonne morgen nicht aufgehen wird, auch wenn dies sehr unwahrscheinlich ist. Es gibt keine sichere Erweiterung des Wissens vom Beobachteten auf das Nichtbeobachtete. – Die Wucht dieser geistigen Erschütterung ist es, von der Kant sagen wird, dass sie seinen «dogmatischen Schlummer unterbrach» (vgl. Kant, Prol., 260).

Vor allem aber wird die Ethik von den skeptischen Zweifeln miterschüttert und verliert die überlieferten sicheren Koordinaten der Orientierung: Gott, Welt, Seele. Hume steht vor der Notwendigkeit eines Neuanfangs der Ethik. Sie muss einerseits ohne das Fundament einer Metaphysik, einer ansichseienden Wesens- und Wertewelt auskommen und sie muss andererseits auf Tatsachen und Beobachtungen beruhen. Die angestrebte «Reform» der Ethik stellt sich die Aufgabe, die Natur des Menschen mit ihren Affekten und moralischen Wertschätzungen auf eine empirisch erforschte Basis zu stellen. Es gilt, bei allen moralischen Untersuchungen eine ähnliche Neugestaltung wie in den Naturwissenschaften durchzuführen und jedes ethische System zu verwerfen, das nicht auf der empirischen Methode beruht. «Wir müssen nur etwas bewußter die Phänomene beobachten, die im täglichen Leben und der Konversation vorkommen.» (EPM, 85; vgl. 8f.)

Beziehungswelt der Gefühle

> «Die Menschen verhalten sich in ihrem Innern zueinander wie Spiegel. Und dies nicht nur in dem Sinne, daß sie ihre Gefühlsregungen wechselseitig spiegeln; sondern es werden auch die Strahlungen der Affekte, Gefühle, Meinungen wiederholt hin- und zurückgeworfen, bis sie ganz allmählich verlöschen.»
>
> Hume, *Ein Traktat über die menschliche Natur* (T2, 98f.)

Hume gründet seine Ethik auf eine Theorie der Gefühle beziehungsweise Affekte (*passions*). Ethik ist Sache des Gefühls, nicht der Vernunft. Befreit von metaphysischen Begriffen und Konstrukionen untersucht Hume im zweiten Buch des *Traktats über die menschliche Natur* die Mechanismen der Macht und die Bedeutung, die die Affekte für das alltägliche praktische Leben der Menschen haben. Die Untersuchung wendet sich einer Vielfalt von Gefühlen zu wie zum Beispiel Stolz und Kleinmut, Liebe und Hass, Begehren und Abscheu. Durch die empirisch psychologische Analyse dieser Affekte findet eine Drehung statt, durch die die Vernunft jetzt aus dem Blickwinkel der Gefühlswelt gesehen wird.

Schon einfache Beobachtungen zeigen laut Hume, dass Menschen wie Tiere von Stimmungen und Gefühlen ihrer Umgebung beeinflusst werden. Dabei spielt die Sympathie (*sympathy*) eine besondere Rolle, die sehr umfassend als ein Mitempfinden, Mitfühlen oder Mitleiden verstanden wird und auch mit Empathie übersetzt werden könnte. Durch dieses grundlegende Prinzip durchbricht das Individuum die enge Sphäre seines Bewusstseins, indem es sich in seine Mitmenschen einfühlt, sich an ihre Stelle versetzt und von ihrer Freude oder ihrem Leid bewegt wird. Die Gefühlszustände anderer übertragen sich auf die Erfahrungen des Ich, reißen es aus seiner Abkapselung heraus und versetzen es in eine emotionale Bewegtheit. «Keine Eigenschaft der menschlichen Natur ist, sowohl an sich, als auch in ihren Folgen bedeutsamer als die uns eigentümliche Neigung, mit anderen zu sympathisieren, und auf dem Wege der Mitteilung deren Neigungen und Gefühle, auch wenn sie von den unseren noch so verschieden, ja denselben entgegengesetzt sind, in uns aufzunehmen.» (T2, 48)

Der Einfluss der Sympathie auf die Bewusstseinswelt ist immens. Durch die Sympathie kommuniziert ein Ich mit dem anderen durch den Austausch von Gefühlen wie Hass, Groll, Achtung, Liebe, Mut, Schwermut. Es findet eine Art emotionale Verständigung der Menschen untereinander statt, eine ursprüngliche «Mitteilung von Affekten» (T2, 135), die die Gefühlslagen formt. Ein fröhliches Gesicht vermittelt fühlbare Freude und Heiterkeit, ein ärgerliches dämpft die Stimmung. Affekte sind ansteckend.

Die Sympathie vollzieht sich entweder spontan und unmittelbar oder aber vermittelt durch ein gedankliches Ausmalen und reflektiertes Hineinversetzen in eine fremde Situation. Tritt Reflexion hinzu, dann kann sich diese Vorstellung in einen gefühlten Eindruck verwandeln, der zu einem starken Affekt wird. Die Phantasie steigert noch die Lebhaftigkeit des Einfühlens und verbindet sogar das Fernerliegende, das nicht direkt Wahrnehmbare mit dem Nächstliegenden. Es gehört zum Resultat der allgemeinen Betrachtung der menschlichen Natur, dass die Sympathie die «Seele» ist, das «belebende Prinzip» aller Affekte, das uns antreibt. Affekte wie Stolz, Ehrgeiz, Geiz, Neugierde, Rachedurst oder sinnliche Begierde hätten keine Macht über uns, «sähen wir bei ihnen gänzlich von den Gedanken und Gefühlen anderer ab» (T2, 97).

Die produktive Kraft der Affekte gibt dem Menschen eine sinnliche konkrete Realität. Aus dem negativen Ergebnis der Erkenntnislehre im ersten Buch des *Traktats*, dass die Ich-Identität bloß eine Ideenkollektion, eine Fiktion ist, wird in der sich daran anschließenden Affektenlehre das Konzept eines Ich, das im emotionalen Zusammenleben eine sozial fundierte Wirklichkeit konstituiert. Die theoretische Philosophie reduzierte das einsam reflektierende Ich zu einer abstrakten Erdichtung der Einbildungskraft; der Neuanfang der praktischen Philosophie rehabilitiert die persönliche Identität aufgrund der wechselseitig erlebten und kommunizierten Gefühlswelt als gesellschaftlich vermittelter, realer ganzer Mensch. Die Welt des Menschen ist eine emotional durchwirkte, in sich gespiegelte Beziehungswelt der Gefühle.

Die Identität der Persönlichkeit ist nach Hume auf menschliche Gemeinschaft angewiesen. Der Mensch ist unfähig, sich selbst zu genügen. Die größte Strafe ist vielleicht die Einsamkeit. Jede Lust erstirbt, wenn sie mit niemandem genossen werden kann, und ganz ohne Sympathie wird jeder Schmerz noch grausamer und unerträglicher. «Wenn alle Naturkräfte und Elemente sich verbänden, um einem Menschen zu dienen und zu gehorchen, wenn die Sonne auf seinen Befehl auf- und unterginge, das Meer und die Flüsse nach seinem Belieben fluteten, wenn die Erde freiwillig alles hervorbrächte, was ihm nützlich oder angenehm ist, er würde doch elend sein, bis ihr ihm wenigstens einen Menschen gebt, mit dem er sein Glück teilen, und dessen Wertschätzung und Freundschaft er genießen kann.» (T2, 97)

Gefühl und Vernunft

Für Hume ist es ein eingefleischter Irrglaube, dass die Vernunft den Willen bestimmt. In der Philosophie sowie im täglichen Leben ist es üblich, vom «Kampf zwischen Affekt und Vernunft» zu sprechen. Stets wird dabei der Vernunft der Vorrang eingeräumt und Handlungen gelten nur insoweit als tugendhaft, wie sie sich den Geboten der Vernunft unterwerfen. «Jedes vernünftige Geschöpf, sagt man, soll seine Handlungen nach seiner Vernunft einrichten; wenn irgend ein anderes Motiv oder Prinzip die Leitung seines Tuns beansprucht, so soll es dies Motiv so lange bekämpfen, bis dasselbe völlig unterdrückt ist oder wenigstens mit jenem höheren Prinzip sich in Einklang gesetzt hat.» (T2, 150f.) Die Moralphilosophie alter und neuer Zeit bietet eine Fülle von metaphysischen Argumenten auf, um den angeblichen Vorrang der Vernunft gegenüber den Affekten zu rechtfertigen. Bei dieser immer wieder auftretenden Verklärung der Vernunft wird ihre Ewigkeit, ihre Unwandelbarkeit und ihr göttlicher Ursprung herausgestellt, während Hume andererseits die Blindheit, Veränderlichkeit und das Irreführende der Affekte unterstreicht.

Die Vernunft als das Vermögen, zwischen Wahrheit und Irrtum zu unterscheiden, kann jedoch niemals allein das Motiv eines Willensaktes sein. Der Wirkungskreis des abstrakten oder demonstrativen Denkens, «die Welt der Vorstellungen», betrifft immer nur Tatsachen oder Beziehungen zwischen Ideen. In diesen bloß theoretischen Überlegungen, bei denen es um richtig oder falsch, also um die Geltung von Urteilen geht, liegt noch kein lockendes oder abschreckendes Motiv eines Willensaktes. Bejahende und verneinende Urteile haben für sich genommen keine bewegende Kraft. «Was einsichtig, evident, wahrscheinlich oder wahr ist, bewirkt nur die kühle Zustimmung des Verstandes.» (EPM, 6)

Erst wenn von einem Gegenstand Lust oder Unlust erwartet wird, werden wir von einem Gefühl der Neigung oder Abneigung «getrieben». «Der Wille aber versetzt uns immer in die Welt der Realitäten.» (T2, 151) Nur wenn die Erkenntnis von einem Gefühl des

Interesses unterlegt ist, ändern sich unsere Handlungen. Der An-
stoß geht nicht von der Vernunft aus, sondern von einem Gefühl, in
dessen Dienst die Vernunft steht. Der Impuls eines Affektes kann
nur durch einen entgegengesetzten Impuls – nicht aber durch eine
rationale Einsicht – unterdrückt oder verzögert werden. Die Vernunft ist gar nicht imstande, mit irgendeinem Affekt oder einem Gefühl um die Herrschaft zu streiten. «Die Vernunft ist nur der Sklave
der Affekte und soll es sein; sie darf niemals eine andere Funktion
beanspruchen, als die, denselben zu dienen und zu gehorchen.»
(T2, 153)

Affekte bilden in der Bewusstseinssphäre einen Bereich sui gene-
ris. Ein Affekt ist ein ursprüngliches «originales Etwas». Er unterscheidet sich gänzlich von einer Vorstellung, die etwas abbildet oder
etwas repräsentiert. Der Affekt Ärger beispielsweise, der einen
Menschen ergreift, ist kein «Abbild eines anderen Etwas». So widerspricht der Affekt keineswegs einem Urteil der Vernunft oder der
Wahrheit eines Sachverhalts, sondern diese Gefühlsregung steht für
sich selbst. Sie hat mit einer Übereinstimmung oder Nichtüberein-
stimmung von Vorstellungen mit den durch sie repräsentierten Dingen nichts zu tun. Affekte stellen eine Realität für sich dar, jenseits
von Vernunft oder Unvernunft. Um die dezidierte Unterscheidung
zwischen Affekt und Vorstellung zu unterstreichen, sagt Hume: «Es
läuft der Vernunft nicht zuwider, wenn ich lieber die Zerstörung der
ganzen Welt will, als einen Ritz an meinem Finger.» (T2, 154)

Um unvernünftig zu sein, muss der Affekt von einem falschen
Urteil begleitet sein, etwa von einer Aussage über Dinge, die gar
nicht existieren. Dann jedoch ist nicht der Affekt, sondern nur das
Urteil vernunftwidrig. Da der Affekt selbst nicht als unvernünftig
bezeichnet werden kann, können Vernunft und Affekt gar nicht miteinander um die Herrschaft über den Willen und die Handlungen
kämpfen. «Im Augenblick, wo wir die Unwahrheit irgend einer Voraussetzung oder das Unzureichende irgendwelcher Mittel erkennen,
geben unsere Affekte ohne Widerstand unserer Vernunft nach.»
(T2, 154)

Die Annahme eines Kampfes zwischen Vernunft und Gefühl beruht auf einer Verwechslung von Vernunft und «ruhigen Affekten» (*calm passions*). Unter ruhigen Affekten versteht Hume entweder ursprüngliche Instinkte wie Liebe zum Leben, Freundlichkeit zu Kindern oder allgemeines Streben nach Gutem sowie Abneigung gegen das Übel (vgl. T2, 155). Zu den heftigen Affekten (*violent passions*) gehören Liebe und Hass, Rachebedürfnis, Angst oder Abscheu.

Wenn die ruhigen Affekte störungsfrei den Willen zu praktischen Handlungen motivieren, werden sie, weil sie scheinbar «still» und emotionslos wirken, leicht als «Nötigungen der Vernunft» angesehen, obwohl sie mit dem Vermögen, das über Wahrheit und Irrtum entscheidet, nichts zu tun haben. Willensbestimmend ist in solchen Fällen nicht die Vernunft, sondern ruhig wirkende Gefühlserregungen, dauerhafte, wenig spürbare Gefühlseinstellungen. Im Allgemeinen üben die heftigen Affekte einen stärkeren Einfluss auf den Willen aus. Der Irrtum der Metaphysiker besteht darin, dass sie die Leitung des Willens der Vernunft zuerkennen, statt den natürlichen Neigungen der ruhigen beziehungsweise der heftigen Affekte. «Wir können aber ganz allgemein sagen, daß diese beiden Prinzipien (oder diese beiden Arten der Affekte) auf den Willen wirken, und daß da, wo sie sich entgegenstehen, eines derselben überwiegt, je nach dem *allgemeinen* Charakter oder der *augenblicklichen* Stimmung des Menschen. Was wir Geistesstärke nennen, schließt das Vorwiegen der ruhigen Affekte über die heftigen ein.» (T2, 156)

Der angebliche Konflikt zwischen Vernunft und Gefühl ist nach Hume in Wirklichkeit ein Konflikt zwischen ruhigen und heftigen Affekten. «Im Ganzen bringt dieser Kampf zwischen Affekt und Vernunft, wie er genannt wird, Mannigfaltigkeit in das Leben, sofern er bewirkt, daß Menschen so verschieden sind, wie sie es sind, nicht nur voneinander, sondern auch jeder von sich selbst in den verschiedenen Zeiten.» (T2, 177) Die intra- und interpsychische Konflikthaftigkeit erzeugt bis ins Kleinste das Kaleidoskop der Wechselfälle des Lebens, die unüberschaubare Vielfältigkeit empirisch konstatierbarer Individualitäten. Die Philosophie kann nur einige der markantesten Stadien dieses Widerstreits des Lebens erklären, die feinere Dynamik fällt durch das begriffliche Netz hindurch. Weder kann die Vernunft die Gefühlswelt letztlich beherrschen noch rational völlig durchdringen (vgl. T2, 177).

Sein und Sollen

Es gehört zur Charakteristik von Humes Ethik, dass sie die rationale, erkennende Seite des Menschen von seiner emotionalen, begehrenden Seite begrifflich scharf trennt. Die Vernunft wird dem Gefühl und der Neigung untergeordnet. Erkennen und Wollen, also das rein theoretische Verknüpfen von Ideen und die zu praktischen Handlungen bewegende Neigung liegen auf zwei Ebenen. Hume kritisiert mit dieser Unterscheidung und Rangordnung einerseits ein falsches Vertrauen in die Stärke der vormals metaphysisch begründeten reinen Vernunft und andererseits eine mögliche logische Fehlerquelle beim unbedachten Wechsel von einer Ebene zur anderen.

Welche Handlung als gut oder schlecht bewertet wird, wird nicht durch eine Schlussfolgerung der Vernunft entschieden, sondern durch ein Gefühl der Billigung oder Missbilligung. Aus einer Tatsache, deren Analyse wahr oder falsch sein kann, lässt sich keine Wertung ableiten. Moralische Werturteile haben ihren Ursprung nicht in der Vernunft, sondern in einem Gefühl von Lust oder Unlust, von Wohlgefallen oder Missfallen. «Sittlichkeit wird also viel mehr gefühlt als beurteilt.» (T2, 212)

Hume bringt als Beispiel die absichtliche Tötung eines Menschen. Die Vernunft, die eine solche Tat untersucht, entdeckt zum einen die Werkzeuge der Ausführung und zum anderen bei dem Täter Affekte, Motive, Willensentschließungen und Gedanken. Außer diesen Tatsachen, diesen Gegebenheiten, kann sie nichts feststellen. Was Hume mit diesem Beispiel zeigen möchte, ist, dass sich allein aus der bloßen Tatsache einer absichtlichen Tötung nicht schließen lässt, dass die Handlung unmoralisch war. Das, was «Laster», sittliche Verwerflichkeit, genannt wird, gehört nicht zu den Tatsachen dieses Sachverhalts. «Das ‹Laster› entgeht Euch gänzlich, solange Ihr nur den Gegenstand betrachtet. Ihr könnt es nie finden, wofern Ihr nicht Euer Augenmerk auf Euer eigenes Innere richtet, und dort ein Gefühl von Mißbilligung entdeckt, das in Euch angesichts dieser Handlung entsteht. Auch dies ist (gewiß) eine Tatsache, aber dieselbe ist Gegenstand des Gefühls, nicht der Vernunft. Sie liegt in Euch selbst, nicht in dem Gegenstand.» (T2, 210f.)

Wirkungsgeschichtlich bedeutsam für die Geschichte der Ethik wird Humes Auffassung, dass der Übergang von deskriptiven zu normativen Aussagen logisch unzulässig ist. Diese Auffassung, die auch das «Hume'sche Gesetz» genannt wird, erklärt den logischen Schluss von Seinsaussagen auf Sollensaussagen als Fehlschluss. Aus einem Sein erfolgt kein Sollen, aus einer deskriptiven Tatsache lässt sich keine wertende Aussage ableiten.

Mit der Aufdeckung dieses logischen Fehlschlusses glaubt Hume, einen Umsturz der bisherigen Moralsysteme herbeizuführen. Eher beiläufig findet sich im *Traktat* der folgende wichtige und berühmte Abschnitt: «Ich kann nicht umhin, diesen Betrachtungen eine Bemerkung hinzuzufügen, der man vielleicht einige Wichtigkeit nicht absprechen wird. In jedem Moralsystem, das mir bisher vorkam, habe ich immer bemerkt, daß der Verfasser eine Zeitlang in der gewöhnlichen Betrachtungsweise vorgeht, das Dasein Gottes feststellt oder Beobachtungen über menschliche Dinge vorbringt.» (T2, 211) Zunächst würden also deskriptive Sätze verwendet, die lediglich sagen, was *ist*. «Plötzlich werde ich damit überrascht, daß mir anstatt der üblichen Verbindungen von Worten mit ‹ist› und ‹ist nicht› kein Satz mehr begegnet, in dem nicht ein ‹sollte› oder ‹sollte nicht› sich fände. Dieser Wechsel vollzieht sich unmerklich; aber er ist von größter Wichtigkeit. Dies ‹sollte› oder ‹sollte nicht› drückt eine neue Beziehung oder Behauptung aus, muß also notwendigerweise beachtet und erklärt werden. Gleichzeitig muß ein Grund angegeben werden für etwas, das sonst ganz unbegreiflich scheint, nämlich dafür, wie diese neue Beziehung zurückgeführt werden kann auf andere, die von ihr ganz verschieden sind.» (T2, 211) War bislang von Sachverhalten die Rede, so kommt jetzt eine Norm, eine Vorschrift ins Spiel. Eine Norm sagt nichts über die Wahrheit eines Sachverhalts aus, ob er besteht oder nicht besteht. Die Norm fordert vielmehr, dass ein bestimmter Sachverhalt verwirklicht werden soll, also dass man einer bestimmten Forderung nachkommt. Die Pointe des berühmten Zitats ist: Es ist unmöglich, aus Ist-Sätzen logisch Sollens-Sätze abzuleiten. Aus dem, was ist, kann nicht auf das geschlossen werden, was sein soll.

Hume fährt fort: «Da die Schriftsteller diese Vorsicht meistens nicht gebrauchen, so erlaube ich mir, sie meinen Lesern zu empfehlen; ich bin überzeugt, daß dieser kleine Akt der Aufmerksamkeit alle gewöhnlichen Moralsysteme umwerfen und zeigen würde, daß die Unterscheidung von Laster und Tugend nicht in der bloßen Beziehung der Gegenstände begründet ist, und nicht durch Vernunft erkannt wird.» (T2, 211f.) Ist-Sätze, gleichgültig ob es sich um empirische oder metaphysische Aussagen handelt, implizieren keine moralischen Urteile, keine Normen oder Werte. Aus Tatsachen lassen sich keine Werte erschließen.

Modell der vollkommenen Tugend

> «Das häßliche Kleid, mit dem viele Theologen und einige Philosophen sie [die Tugend] bedeckt haben, fällt ab, und es zeigt sich nichts anderes als Zärtlichkeit, Menschlichkeit, Wohltätigkeit, Freundlichkeit, ja, zu angebrachten Zeiten sogar Spiel, Ausgelassenheit und Fröhlichkeit. Sie spricht nicht von nutzlosen Enthaltsamkeiten und Härten, Leiden und Selbstverneinung. Sie behauptet, daß es ihr einziger Zweck ist, ihre Anhänger und die ganze Menschheit in jedem Moment ihrer Existenz möglicherweise fröhlich und glücklich zu machen.»
>
> Hume, *Eine Untersuchung über die Prinzipien der Moral*
> (EPM, 119)

Die Dichotomie zwischen Sein und Sollen lässt keine theoretische Überbrückung beider Begriffe mehr zu. Nicht die Vernunft sagt, was sein soll, sondern ein ursprüngliches moralisches Gefühl, eine Art innerer Sinn für das Liebenswerte und Hassenswürdige, trifft moralische Unterscheidungen. Hume nennt dieses moralische Gefühl im Anschluss an Anthony Shaftesbury (1671–1713) und Francis Hutcheson (1694–1746) *moral sense* (T2, 212; vgl. EPM, 6f.). Dieser innere Sinn für gut und böse ist allen Menschen gemeinsam, wenn auch durch die verschiedenen Charaktere unterschiedlich ausgebildet. Da das moralische Gefühl meist unscheinbar ist, «sanft und zart», wird es leicht mit einer bloßen Vorstellung oder der Vernunft verwechselt, wie bereits erwähnt.

Die Betrachtung eines guten Charakters oder einer tugendhaften Handlung löst eine besondere Art der Befriedigung aus, worin unser Lob und unsere Bewunderung besteht. Mit diesem Gefühl der inneren Zustimmung, einer «unmittelbaren Lust», empfinden und billigen wir das moralisch Richtige. Der Philosoph muss nur einen Augenblick in sein Herz schauen (vgl. EPM, 8) und darauf achten, was er im täglichen Leben persönliches Verdienst nennt und ob er mit diesen oder jenen Eigenschaften ausgestattet sein möchte. Aus der empirischen Stoffsammlung vieler Beispiele von schätzens- oder tadelnswerten Eigenschaften können induktiv die universellen Prinzipien der Ethik herausgelesen werden.

Hume ordnet die lobenswerten Eigenschaften nach vier Gesichtspunkten. Ein persönliches Verdienst wird positiv bewertet, so folgert er aus der Selbstbetrachtung seiner Gefühle, wenn es entweder nützlich oder angenehm ist, und zwar entweder für den Handelnden oder für andere. Am Beispiel eines fiktiven Dialogs, bei dem es um die Heirat einer Tochter mit einem vortrefflichen Mann namens Cleanthes geht, veranschaulicht er seine vierfache Einteilung (EPM, 108): «Nehmen wir an, daß jemand zu einem anderen sagt: ‹Du bist sehr glücklich, weil du deine Tochter dem *Cleanthes* als Ehefrau gegeben hast.[35] Er ist ein Mann von Ehre und Menschlichkeit. Jeder, der Umgang mit ihm hat, kann sicher sein, daß er *gerecht* und *freundlich* behandelt wird.›» Damit ist die erste Gruppe genannt: die der schätzenswerten Eigenschaften, die anderen nützlich sind.

Ein zweiter Gratulant sagt zum Vater der Braut: «Auch ich beglückwünsche dich, weil dein Schwiegersohn große Aussichten hat. Seine peinliche Aufmerksamkeit auf sein Studium der Jurisprudenz, seine schnelle Auffassungsgabe und seine frühzeitige Kenntnis von

Menschen wie auch Geschäften versprechen die größten Ehren und Ämter.» Diese Eigenschaften, die der Person selbst nützlich sind, bilden die zweite Gruppe.

«Du überraschst mich», lässt Hume sodann einen dritten Mann sagen, «wenn du von *Cleanthes* als von einem Mann des Geschäfts und der Praxis sprichst. Ich habe ihn letztlich in einer äußerst fröhlichen Runde getroffen und er war das wahre Leben und die wahre Seele unserer Unterhaltung. Ich habe bei einem anderen noch nie so viel Witz mit gutem Benehmen, soviel Galanterie ohne Affektiertheit, soviel interessantes Wissen so vornehm vorgetragen erlebt.» Hier werden – drittens – Eigenschaften genannt, die anderen unmittelbar angenehm sind.

Und schließlich charakterisiert ein vierter Mann den Bräutigam wie folgt: «Du würdest ihn noch mehr bewundern, wenn du ihn näher kennen würdest. Die Fröhlichkeit, die du bemerken würdest, ist kein plötzlicher Funke, der durch die Gesellschaft hervorgerufen wird. Sie ist ein Bestandteil seines ganzen Lebens und gibt seinem Gesichtsausdruck Ruhe und seiner Seele einen beständigen Frieden. Er war schweren Krisen, Unglück wie auch Gefahren ausgesetzt; doch durch die Größe seines Gemüts war er ihnen gewachsen.» Damit zeigt sich Humes vierte Kategorie: Eigenschaften, die der Person selbst unmittelbar angenehm sind.

Diese Einteilung basiert auf dem moralischen Sinn, der sich am täglichen Leben orientiert. Sie zeichnet das Bild einer mehrere Tugenden in sich vereinigenden, mit sich und anderen harmonisierenden, moralisch vollkommenen Persönlichkeit. Bei dieser makellosen Abrundung des Menschen scheint noch das alte Ideal des Hofmannes aus der Zeit der Renaissance durch. Die vollendet ausgebildete Persönlichkeit, wie sie beispielsweise Baldassare Castiglione (1478–1529) formuliert hat, wirkt zur Zeit Humes weiter im gesellschaftlichen Leitbild des englischen *Gentleman*. Der kleine Dialog, der als Inbegriff höchster Vollkommenheit alle vier Gruppen von Eigenschaften in einer Person vereinigt wissen möchte, endet mit dem Ausruf: «Ein Philosoph könnte diesen Charakter als ein Modell der vollkommenen Tugend wählen.» (EPM, 109)

Die vierteilige Anordnung des Dialogs findet sich als Gesamtgliederung von Humes Werk *Eine Untersuchung über die Prinzipien der Moral* (1751) wieder. Humes Tugendkatalog, der seiner Auffassung nach unsystematisch und unvollständig, aber realitätsgesättigt zusammengetragen ist, verdeutlicht, was er unter gut und schlecht versteht. Als gut oder «wertvoll» gilt aufgrund des moralischen Gefühls alles, was nützlich oder angenehm (zum Teil auch im Sinn von vergnüglich) ist, und zwar für den Einzelnen oder für andere. Letzteres kann heißen: für ein geselliges Beieinander, für die Gesellschaft im Großen oder für die Menschheit insgesamt.

Zur ersten Gruppe der lobenswerten Handlungen beziehungsweise der ihnen zugrunde liegenden Charaktereigenschaften – nützlich für andere – zählt Hume etwa Wohlwollen, Menschenliebe, Gerechtigkeit. Zur zweiten Gruppe – nützlich für einen selbst – zählt er z. B. Besonnenheit, Fleiß, Sparsamkeit, Willensstärke, Körperkraft. Zur dritten Gruppe – angenehm für andere – gehören u. a. gute Manieren, Höflichkeit, Witz, Reinlichkeit, Charme. Zur vierten Gruppe – angenehm für einen selbst – gehören z. B. Heiterkeit, Mut, Selbstwertgefühl, philosophische Ruhe. Hume zählt viele weitere Tugenden auf (vgl. EPM, 80). Die Einteilungen des Dialogs und die Gliederung des genannten Buchs stimmen aber nicht genau überein. Es gibt Überschneidungen, besonders bei der dritten und vierten Gruppe.

Zur Eigenschaft des Charmes bemerkt Hume, dass es eine Grazie, eine Leichtigkeit, eine Vornehmheit gibt, ein «Ich-weiß-nicht-was», also etwas gefühlt Mysteriöses und rational Unerklärliches, eine verborgene Magie des Geneigtseins. Diese Art von Charakterzügen, die nur der Geschmack und die Empfindung auszudrücken vermögen und die doch als ein Teil der Ethik angesehen werden muss, hat uns gleichsam die Natur gegeben, «um allen Stolz der Philosophie zunichte zu machen und ihr zu zeigen, wie eng ihre Grenzen sind und wie klein ihr Erwerb» (EPM, 105). Das rationalistische Denken reicht mit seinen abstrakten Prinzipien an die Feinheiten des Benehmens und an die zauberhaft zarten Zuneigungen der Menschen nicht heran.

Umgekehrt gilt für Humes auf die irdische Diesseitigkeit ausgerichtete Gefühlsethik, dass alles schlecht ist, was dem Einzelnen oder anderen weder nützt noch angenehm ist. Als Beispiele für negative Gefühle des Tadels oder der Abneigung nennt Hume die mönchischen Tugenden der christlichen Religion: «Zölibat, Fasten, Buße, Kasteiung, Selbstverleugnung, Demut, Schweigen, Einsamkeit und die ganze Anzahl mönchischer Tugenden werden von vernünftigen Männern zurückgewiesen, weil sie keiner Art Zweck dienen. Sie tragen weder zum Glück eines Menschen in der Welt, noch zum größeren Nutzen der Gesellschaft bei. Sie bereiten ihn weder auf die Unterhaltung von Gästen vor, noch steigern sie seine Fähigkeit, sich selbst zu vergnügen.» (EPM, 109)

Die mönchischen Tugenden durchkreuzen nach Hume die wünschenswerten sozialen Ziele, stumpfen den Verstand ab, verhärten das Herz, verdunkeln die Einbildungskraft und versauern das Temperament. Mit aller Deutlichkeit verurteilt Hume diese Tugenden und vollzieht eine rigorose Umwertung: «Mit Recht weisen wir ihnen darum die entgegengesetzte Seite zu und bezeichnen sie als Laster.» (EPM, 109) Aber kein religiöser Aberglaube kann so stark sein, dass er die natürlichen Gefühle und Neigungen von vorurteilslosen, charakterfesten Persönlichkeiten ganz pervertieren könnte. «Ein düsterer und unvernünftiger Enthusiast hat nach seinem Tod vielleicht einen Platz im Kalender, aber in seinem Leben wird er kaum in vertrauten Umgang und Gesellschaft eingeschlossen werden, es sei denn bei Menschen, die genauso verwirrt und verächtlich sind wie er selbst.» (EPM, 109)

Die sozialen Tugenden, die anderen nützlich sind, wie Wohlwollen (*benevolence*) und Gerechtigkeit gehören zu den höchsten Verdiensten, die die menschliche Natur zu erreichen fähig ist. Keine Eigenschaften verdienen mehr Billigung als «gesellig, gutmütig, menschlich, gütig, dankbar, freundlich, großzügig, wohltätig» (EPM, 10). Alles, was aus einem sanftmütigen Mitgefühl mit anderen entspringt und zum Glück aller beiträgt, empfiehlt sich unmittelbar unserer Wertschätzung. Hume widerspricht entschieden der Auffassung, dass das Wohlwollen für andere, die Sorge um unsere

Art und unser Geschlecht, nur eine versteckte Selbstliebe ist (vgl. EPM, 55). Zur affektiven Grundlage des Menschen gehört eben dies Wohlwollen, wenigstens ein Funke von Freundschaft zur Menschheit. Niemand ist restlos gleichgültig gegenüber dem Glück oder dem Leid anderer. «Ein kleines Stück der Taube [ist] in unsere Gestalt geknetet, zusammen mit Elementen des Wolfes und der Schlange.» (EPM, 110)

Diese großzügigen Empfindungen, diese wirklich vorhandenen allgemeinen Gefühle von Lob und Tadel, sind es, die «die Regungen unseres Geistes leiten» müssen (EPM, 110). Von hier aus erschließt sich auch die ethische, durchaus optimistische Bedeutung des bereits zitierten Satzes, dem Hume nachdrücklich beipflichtet: «Der Verstand ist nur der Sklave der Affekte und soll es sein.» (T2, 153) Die ganze Menschheit teilt, wenn auch mit Einschränkungen durch die Realität vieler egoistischer Motive, ein universales «Gefühl der Menschlichkeit, das wir hier verteidigen» (EPM, 111). Die Grundlage der Moral liegt in der menschlichen Natur, die durch keine Erbsünde verderbt ist und auch keiner göttlichen Gnade bedarf. Es gibt ein uneigennütziges Gefühl für das Wohlergehen anderer und dieses Gefühl, das die Selbstachtung des Menschen steigert, genügt sich selbst als Lohn.

Hume verkennt dabei nicht, dass es auch starke selbstsüchtige Gefühle gibt, die die gesellschaftlichen Institutionen erforderlich machen. Hinzu kommen Kontexte schwieriger Lebensumstände, zum Beispiel die Knappheit an lebenswichtigen Gütern. Aufgrund dieser Gegebenheiten hat sich durch stillschweigende Übereinkunft, die einzig auf Erfahrung und nicht auf apriorischen Normen beruht, eine historisch bedingte, konventionelle Rechtsordnung herausgebildet. Diese Rechtsordnung hat eine nützliche Funktion, weil sie elementare Interessen der Menschen besser schützt, sofern die allgemeine Menschenliebe dazu nicht mehr ausreicht. Hume nennt drei unerlässliche Bedingungen zur Aufrechterhaltung der Gesellschaft und ihres Friedens. Es sind die Konventionen: Sicherheit des Eigentums, Übertragung des Eigentums und Erfüllung von Versprechen (vgl. T2, 274).

Aufgrund von Nützlichkeitserfahrungen kommt der Mensch nach Hume zu der Einsicht, dass er durch wechselseitige Einschränkungen, insbesondere durch die Institution der Gerechtigkeit (Eigentumsrecht), mehr gewinnt als durch Zügellosigkeit und Gewalttätigkeit. Aus dem Zwang, die Rechtsnormen zu befolgen, entwickelt sich im Laufe der Zeit und im Fortgang der Affekte und Gefühle eine allgemein empfundene moralische Einstellung, die sich das Wohl der Gesellschaft zu eigen macht. Die Rechtsnormen werden durch Erziehung und Gewohnheit zu einem moralischen Gefühl gleichsam zweiter Natur verinnerlicht. Hume spricht daher von einer «künstlichen», vom gesellschaftlichen Zusammenleben herbeigeführten und habitualisierten Tugend der Gerechtigkeit. Er nennt sie auch «sittliche Verbindlichkeit der Pflicht» (T2, 321) oder «Pflichtgefühl» (*sense of duty*; T2, 276). Aus Eigennutz, aus Gesichtspunkten reiner Nützlichkeit also erwächst ursprünglich die Rechtsordnung, aber durch hinzukommende Sympathie für das Allgemeinwohl erfährt sie zudem moralische Achtung.

Der Sympathiebegriff ist bei Hume zum ethischen Grundprinzip fortgebildet. Der «mächtige» Faktor des Mitgefühls, die extensive Sympathie lässt den Menschen am Wohl der Menschheit (*the good of mankind*) Anteil nehmen. Die Moralität wird durch das unwillkürliche, sich aufdrängende und sich durchsetzende Gefühl der «Freude über das Glück der Menschheit und die Empörung über deren Elend» bestimmt. Das im weitesten Sinn verstandene «Mitgefühl mit der Menschheit» umfasst die Mitfreude ebenso wie das Mitleiden (*pity, compassion*). Die Vernunft klärt über die Beschaffenheit der Dinge und die Folgen von Handlungen auf, die «*Menschlichkeit* trifft eine Entscheidung zugunsten derjenigen Handlungen, die nützlich und wohltätig sind» (EPM, 125). Das Herz, die Neigung, muss sich entscheiden, denn das öffentliche Wohl ist uns gleichgültig, wenn das Mitgefühl uns nicht bewegt (vgl. T2, 372).

IMMANUEL KANT

«Handle so, daß die Maxime deines Willens
jederzeit zugleich als Princip einer allgemeinen
Gesetzgebung gelten könne»[36]

Leben und Werk

Geboren am 22. April 1724 in Königsberg, gestorben am 12. Februar
1804 ebendort. – Philosoph, Wissenschaftler, Universitätsprofessor. – Sohn des Riemermeisters Johann Georg Kant und seiner Frau
Anna Regina, geb. Reuter, entstammt einer bescheiden lebenden,
rechtschaffenen Handwerkerfamilie mit insgesamt elf Kindern, wird
im Geist des protestantischen Pietismus erzogen (die Pietisten «be-
saßen das Höchste, was der Mensch besitzen kann, jene Ruhe, jene
Heiterkeit, jenen inneren Frieden, der durch keine Leidenschaft be-
unruhigt wurde»[37]), empfindet noch im Alter «dankbarste Gefühle»
für seine moralische Erziehung im Elternhaus, verliert als 13-Jähri-
ger seine Mutter, an der er sehr hängt («Ich werde meine Mutter nie
vergessen, denn sie pflanzte und nährte den ersten Keim des Guten
in mir, sie öffnete mein Herz den Eindrücken der Natur; sie weckte
und erweiterte meine Begriffe, und ihre Lehren haben einen immerwährenden, heilsamen Einfluß auf mein Leben gehabt»[38]). Leidet in
der Schule am Übermaß pietistischer Andachten («Jugendsklave-
rei»), liest eifrig die römischen Klassiker.

1740 beginnt Kant als 16-Jähriger an der Königsberger Universität Philosophie, Naturwissenschaften und Mathematik zu studieren (im selben Jahr wird Friedrich II., der Große, preußischer König), zu den Studienschwerpunkten gehört die Philosophie von Leibniz und Wolff sowie die mathematisch strenge Physik von Newton. 1746 Tod des Vaters, von 1746 bis 1755 Hauslehrerstellen für den Unterricht von Kindern oder Jugendlichen auf Gütern der Umgebung («Er pflegte über sein Hofmeisterleben zu scherzen und zu versichern, daß in der Welt vielleicht nie ein schlechterer Hofmeister gewesen wäre als er»[39]), lernt die elende Lage erbuntertäniger Bauern kennen, setzt Vertrauen in seine eigenen Kräfte («Ich habe mir die Bahn schon vorgezeichnet, die ich halten will. *Ich werde meinen Lauf antreten, und nichts soll mich hindern, ihn fortzusetzen.*»[40])

1755 *Allgemeine Naturgeschichte und Theorie des Himmels* (Weltentstehungslehre des Kosmos, Kants wichtigster Beitrag zur Physik), 1755 Promotion (*Über das Feuer*, verfasst als Abhandlung in lateinischer Sprache) und Habilitation (*Neue Erhellung der ersten Grundsätze metaphysischer Erkenntnis*, ebenfalls auf Latein). Kant lehrt als Privatdozent Logik, Metaphysik, philosophische Enzyklopädie, Mathematik, Ethik, Naturrecht, Pädagogik, natürliche Theologie, physische Geographie, Anthropologie; lehnt 1764 eine angebotene Professur für Dichtkunst ab, 1764 *Beobachtungen über das Gefühl des Schönen und Erhabenen*, 1765 Unterbibliothekar an der Königlichen Schlossbibliothek mit geringem Einkommen, lebt ärmlich, liebt kultivierte Geselligkeit, bleibt unverheiratet («In frühern Jahren ging er vor dem Mittagsessen, nach Endigung seiner Vorlesungen auf ein Kaffeehaus, trank da eine Tasse Tee, unterhielt sich über Ereignisse des Tages oder spielte eine Partie Billard»[41]). In der Mitte der 1760er Jahre erfährt sein Stolz eine tiefgreifende moralische Zurechtweisung durch Rousseaus Schriften («Ich verachtete den Pöbel, der von nichts weiß. Rousseau hat mich zurecht gebracht. Dieser verblendende Vorzug verschwindet, ich lerne die Menschen ehren», Bem., 44). Weitere intellektuelle Erschütterung durch den Empirismus von Hume (der «zuerst den dogmatischen Schlummer unterbrach», Prol., 260), 1766 *Träume eines Geistersehers* (Metaphysikkritik). 1770 ordentlicher Professor für Metaphysik und Logik in seiner Heimatstadt, deren Umkreis er nie verlässt, schärft den Hörern seiner anspruchsvollen Vorlesungen ein: selbst denken, selbst forschen, auf eigenen Füßen stehen!

Die folgenden Werke der sogenannten kritischen Phase (ab etwa 1770) werden epochemachend, vor allem die drei *Kritiken*: 1781 erscheint nach zehnjährigen Vorarbeiten die *Kritik der reinen Vernunft*, 1787 in zweiter, veränderter Auflage; Moses Mendelssohn nennt Kant wegen seiner erkenntnistheoretischen Kritik an der Metaphysik den «Alleszermalmer». 1788 *Kritik der praktischen Vernunft* (Kants großem Werk zur Ethik), 1790 *Kritik der Urteilskraft* (Fragen der Ästhetik und des Zweckbegriffs). Weitere wichtige Werke in Kants arbeitsreichem Leben sind: 1783 *Prolegomena* [Vorbemerkungen] *zu einer jeden künftigen Metaphysik, die als Wissenschaft wird auftreten können* (Erläuterungsschrift zur *Kritik der reinen Vernunft*), 1784 *Idee zu einer allgemeinen Geschichte in weltbürgerlicher Absicht* (Grundzüge einer teleologischen Geschichtsphilosophie), 1785 *Beantwortung der Frage: Was ist Aufklärung?* («Habe Muth, dich deines *eigenen* Verstandes zu bedienen! ist also der Wahlspruch der Aufklärung», W. i. Aufkl.?, 35), 1785 *Grundlegung zur Metaphysik der Sitten* (Grundzüge der Ethik), 1786 *Metaphysische Anfangsgründe der Naturwissenschaft*, 1793 *Die Religion innerhalb der Grenzen der bloßen Vernunft* (Religionsphilosophie), 1795 *Zum ewigen Frieden*, 1797 *Die Metaphysik der Sitten* (Rechts- und Tugendlehre), 1798 *Anthropologie in pragmatischer Hinsicht abgefaßt* (Lehre von der Menschenkenntnis). Ein weiteres 1795 begonnenes Werk, das *Opus postumum*, bleibt unvollendet (umfangreiche Sammlung von ungeordneten Fragmenten zur Tranzendentalphilosophie).

1783 bezieht Kant ein eigenes Haus mit acht Räumen auf zwei Stockwerken, im unteren Stock ist ein Hörsaal für Vorlesungen und die Wohnung der Köchin, im oberen Stock das Ess- und Schlafzimmer sowie das Besuchszimmer und die Studierstube mit freier Aussicht über die Gärten, in einem kleinen Dachzimmer befindet sich die Wohnung des alten Dieners Lampe; einziger Schmuck an den kahlen Wänden im Haus ist ein Bildnis von Rousseau. Bei den ausge-

dehnten Mittagessen mit drei bis neun geladenen Gästen legt Kant
Wert auf Entspannung und Geselligkeit, fachliche Gespräche über
Philosophie sind eher unerwünscht im Gegensatz zu neuen Nachrichten zum Beispiel über den Verlauf der Französischen Revolution
von 1789, mit der Kant sympathisiert. 1786 wird Kant zum ersten
Mal Rektor der Königsberger Universität, 1796 Beendigung der
Lehrtätigkeit, bei der die eigene kritische Philosophie nie Gegenstand seiner Vorlesungen war. Kant gelingt es mit seinem pedan-
tisch streng geregelten Tagesablauf, die Kräfte seiner schwachen
Konstitution zu kompensieren und ein hohes Alter zu erreichen, ab
1798 setzt ein zunehmender Verfall der körperlichen und geistigen
Kräfte ein, 1803 erkrankt er zum ersten Mal in seinem Leben ernst-
lich. Als der Arzt dem fast 80-jährigen Kant wenige Tage vor dessen
Tod einen Hausbesuch macht, richtet Kant sich mit viel Mühe auf
und verharrt so lange in dieser für ihn qualvollen Stellung, bis der
Arzt sich hingesetzt hat, dann sagt Kant mit mühsamer Stimme:
«Das Gefühl für Humanität hat mich noch nicht verlassen.»[42]

Der zeitgenössische Biograph R.B.Jachmann berichtet, dass
Kant seine Neigungen durch sittliche Grundsätze befestigte und fest
bei dem blieb, was er nach einer vernünftigen Überlegung beschlossen hatte: «Der Buchhändler Nicolovius, dessen Vater ein Freund
Kants war, faßte auf der Universität den Entschluß, sich dem Buchhandel zu widmen und teilte ihn Kant mit. Er billigte diesen Plan
und ließ bloß die Worte fallen, daß er künftig seinem Etablissement
nützlich zu werden erbötig wäre. Aber kaum hatte Nicolovius seinen Buchhandel in Königsberg errichtet, so gab ihm Kant seine
Werke, den Bogen gegen ein geringes Honorar in Verlag. Einige Zeit
darauf empfahl sich eine angesehene Buchhandlung in Deutschland
dem weltberühmten Schriftsteller und erbot sich selbst zu einem
weit höheren Honorar, aber Kant erwiderte, daß er die Summe
selbst zu hoch fände und daß er es für patriotisch und pflichtmäßig
hielt, einen kleinen Verdienst seinem Landsmanne und dem Sohne
eines ehemaligen alten Freundes zuzuwenden.»[43]

Im Alter wird Kants ruhiges Geistesleben massiv gestört. Voraus
geht 1786 der Tod Friedrichs des Großen, des Königs des aufgeklär-

ten Absolutismus. In Frankreich schreitet die Revolution voran (1789 Erklärung der Menschen- und Bürgerrechte, 1792 Gefangennahme und 1793 Hinrichtung des Königs). Aufgrund des sich verschärfenden reaktionären Kurses von Friedrichs Nachfolger Friedrich Wilhelm II. gerät Kant 1793 mit seinem Buch *Die Religion innerhalb der Grenzen der bloßen Vernunft* mit der preußischen Zensurbehörde in Konflikt. Der Vorwurf der Königlichen Kabinettsorder von 1794 lautet, Kant entstelle herabsetzend manche Grundlehren der Heiligen Schrift und des Christentums, weshalb er zur Vermeidung höchster Ungnade seine Lehren schleunigst ändern müsse. Andernfalls würden ihm bei fortgesetzter Renitenz unfehlbar unangenehme Verfügungen drohen (Friedrich Wilhelm II. erklärt: «Desgleichen Kantens schädlichen Schriften muß es auch nicht länger fortgehen», «diesem Unwesen muß absolut gesteuert werden»). Kant antwortet, er verdiene zwar diese Vorwürfe nicht, doch unterwerfe er sich als «Euer Königlichen Majestät getreuester Untertan» und werde sich in Zukunft aller öffentlichen religionsphilosophischen Äußerungen enthalten. In einer privaten Notiz schreibt er: «Widerruf und Verleugnung seiner inneren Überzeugung ist niederträchtig, aber Schweigen in einem Falle wie der gegenwärtige ist Untertanenpflicht, und wenn alles, was man sagt, wahr sein muß, so ist darum nicht auch Pflicht, alle Wahrheit öffentlich zu sagen.» Nach dem Tod von Friedrich Wilhelm II. im Jahr 1797 betrachtet sich Kant nicht mehr als «getreuester Untertan» dieses Königs und sieht sich von seinem Versprechen ganz entbunden.[44]

Kants Hörsäle sind oft überfüllt. Einer seiner Hörer ist von 1762 bis 1764 der 18-jährige Herder, der sich dreißig Jahre später mit Dankbarkeit an seinen Lehrer erinnert, auch wenn sich der geistige Gegensatz zwischen beiden mittlerweile stark vertieft hat: «Ich hab das Glück genossen, einen Philosophen zu kennen, der mein Lehrer war. Er in seinen blühendsten Jahren hatte die fröhliche Munterkeit eines Jünglinges, die, wie ich glaube, ihn auch in sein greisestes Alter begleitet. Seine offne, zum Denken gebaute Stirn war ein Sitz unzerstörbarer Heiterkeit und Freude; die gedankenreichste Rede floß von seinen Lippen; Scherz und Witz und Laune standen ihm zu Gebot, und sein lehrender Vortrag war der unterhaltendste Umgang. Mit ebendem Geist, mit dem er Leibniz, Wolff, Baumgarten, Crusius, Hume prüfte und die Naturgesetze Keplers, Newtons, der Physiker verfolgte, nahm er auch die damals erscheinenden Schriften Rousseaus, seinen ‹Emil› und seine ‹Heloïse›, sowie jede ihm bekannt gewordene Naturentdeckung auf, würdigte sie und kam immer zurück auf unbefangene *Kenntnis der Natur* und *auf moralischen Wert des Menschen.*»[45] Herder zeichnet das Porträt eines unabhängigen, universal gebildeten Philosophen, Wissenschaftlers, Gelehrten und Pädagogen und vergleicht Kant «seiner Absicht nach» geistig und moralisch mit Sokrates. Das Zitat fährt fort: «Menschen-, Völker-, Naturgeschichte, Naturlehre, Mathematik und Erfahrung waren die Quellen, aus denen er [Kant] seinen Vortrag und Umgang belebte; nichts Wissenswürdiges war ihm gleichgültig; keine Kabale, keine Sekte, kein Vorteil, kein Namenehrgeiz hatte je für ihn den mindesten Reiz gegen die Erweiterung und Aufhellung der Wahrheit. Er munterte auf und zwang angenehm zum *Selbstdenken*; Despotismus war seinem Gemüt fremde. Dieser Mann, den ich mit größester Dankbarkeit und Hochachtung nenne, ist *Immanuel Kant*; sein Bild steht angenehm vor mir.»[46]

Die KRITIK DER REINEN VERNUNFT *als Grundlage von Kants Ethik*

Die Moralphilosophie Kants, die das theoretische Hauptwerk *Kritik der reinen Vernunft* zur Voraussetzung hat, steht im Mittelpunkt seiner kritischen Philosophie. Der Mensch wird in den wichtigsten ethischen Schriften, der *Grundlegung zur Metaphysik der Sitten* und der *Kritik der praktischen Vernunft*, als ein vernünftiges Wesen gesehen, das bloß seiner eigenen moralischen Gesetzgebung, dem «kategorischen Imperativ», unterworfen ist. Das in seiner Gesinnung gute Handeln gehorcht keinem anderen moralischen Gesetz als dem, das es sich selbst gibt. Nur die Vernunft soll das Wollen bestimmen.

Das vernünftige Wesen, das durch das moralische Handeln sich selbst bestimmt, ist autonom (gr. *autó-nomos*, nach eigenen Gesetzen lebend). Moralisch entscheidend ist die Selbstbestimmung durch Vernunft. Der Schlüssel zu Kants Moralphilosophie liegt in der Idee der Autonomie der praktisch-moralischen Vernunft. Die Autonomie ist der Grund der Würde des Menschen.

Die Freiheit des Willens ist ein Grundbegriff der Ethik Kants. Wird die Willensfreiheit verneint, dann wird das moralische Vermögen aufgehoben und der Mensch gleicht nur noch einem würdelosen Maschinenwesen mit der «Freiheit eines Bratenwenders» (KpV, 97). Ohne Freiheit fällt Moralität und mit ihr die Würde des Menschen in sich zusammen. Moralisches Handeln ist ein vernunftgemäßes Handeln im Bewusstsein der Freiheit.

Der Sachverhalt ist jedoch schwierig. Freiheit stellt, wie Kant in der *Kritik der reinen Vernunft* zeigt, ein theoretisches Problem dar, das die Vernunft, insofern sie das Weltganze reflektiert, in einen grundsätzlichen Widerspruch verwickelt. Zwei Auffasungen, für die es gleichermaßen gute Gründe gibt, stehen sich gegenüber.

Unter dem Gesichtspunkt der Naturkausalität erscheint Freiheit unmöglich. Der Mensch als Teil der Natur ist eingereiht in die lückenlosen, empirisch konstatierbaren und erklärbaren Zusammenhänge von Ursache und Wirkung. Innere und äußere Ursachen, z. B. psychologische Motive oder natürliche Zwänge bestimmen hier den menschlichen Willen. Wer unter dieser Voraussetzung die Freiheit des Menschen behauptet, der bestreitet die universale Gültigkeit der kausalen Naturordnung.

Dagegen ist Freiheit unter dem Gesichtspunkt der moralischen Autonomie unabdingbar. Die Kausalität nach Gesetzen der Natur kann in moralischer Hinsicht nicht die einzige Kausalität sein, die es gibt. Damit Moralität überhaupt als möglich gedacht werden kann, muss noch eine ganz andere Art von Kausalität angenommen werden, eine Kausalität, die durch einen freien Willen bewirkt wird. Nur wenn der Mensch in seinen Entscheidungen frei ist, wenn es also neben der Naturkausalität noch eine Kausalität aus Freiheit gibt, können ihm seine Handlungen verantwortlich zugerechnet werden und damit eine moralische Bewertung allererst möglich machen.

Die theoretische Ausweglosigkeit, wie sie sich zunächst darstellt, liegt darin, dass die Willensfreiheit kein empirisch feststellbarer Gegenstand ist, der nach Naturgesetzen erklärt werden kann. Schon der Versuch einer solchen Erklärung widerspricht der Freiheit, zu deren Begriff gerade die unableitbare «absolute Spontaneität» gehört. Freiheit kann empirisch nicht bewiesen werden. Der moralisch handelnde Mensch aber ist auf die Idee der Freiheit angewiesen. Er kann die Kausalität seines eigenen Willens niemals anders als unter der Idee der Freiheit denken, durch die er sich allerdings in eine andere, über die Empirie hinausgehende Ordnung der Dinge versetzt. Die Annahme eines freien Willens, einer Kausalität ganz eigener Art, überschreitet Kant zufolge den Mechanismus der Natur und führt in die Dimension einer Metaphysik der Sitten.

Kant sucht für diese und ähnliche Problemstellungen, die er «Antinomie der reinen Vernunft» nennt, eine Lösung. Auf die Antworten der bisher zuständigen traditionellen Metaphysik, zu deren klassischen Themen die unsterbliche Seele, die Freiheit des Willens (im Zusammenhang mit dem Weltganzen) und das Dasein Gottes gehören, ist für Kant kein Verlass mehr. Das Zeitalter der Aufklärung, das 18. Jahrhundert, hat gewichtige agnostische, antimetaphysische Argumente hervorgebracht (etwa durch David Hume oder, bereits im 17. Jahrhundert, durch John Locke). Die alte Metaphysik als ein über die Reichweite der Sinneswahrnehmung hinausgehendes, rein apriorisch verfahrendes Denken ist ohne Kritik nicht mehr hinnehmbar.

Die einstige «Königin der Wissenschaften», wofür die Metaphysik lange gehalten wurde, ist zu einem Kampfplatz endloser dogmatischer oder skeptischer Streitigkeiten und Spiegelgefechte verkommen. Die einen, wie Kant bereits 1770 in seiner lateinischen Dissertation sagt, melken den Bock, während die anderen ihre Siebe darunter halten (vgl. KrV B 83). Die Metaphysik, insbesondere die einflussreiche Schule um Christian Wolff, hat ihre Autorität verloren. Eine prinzipiell skeptische, die Urteile zurückhaltende Geisteshaltung als Alternative für das zweifelhaft gewordene Wissen kommt für Kant wegen der Ernsthaftigkeit der metaphysischen Themen nicht in Frage. Die Positionen, die sich ausschließlich auf Empirie

(David Hume) oder enthusiastisch auf das Gefühl (Anthony Shaftesbury) gründen, sind ihm zu wechselhaft und zu unexakt. Kants Vorbild für alle Wissenschaften (auch für die Metaphysik) ist die Exaktheit der mathematischen Naturwissenschaft, wie sie exemplarisch Isaac Newton vertritt.

Ein radikaler Neuanfang, der die Basis des gesamten wissenschaftlichen Denkens sicherstellt, steht an. Kant sucht durch die *Kritik der reinen Vernunft* eine fundamentale Erneuerung der Wissenschaften in die Wege zu leiten. Das große Werk verfolgt zu diesem Zweck das Ziel, das menschliche Erkenntnisvermögen umfassend zu untersuchen. Die Organisation der Vernunft soll Aufschluss darüber geben, ob und wie ein apriorisches, von der Erfahrung unabhängiges, also metaphysisches Wissen überhaupt möglich ist. Kant fragt kritisch, aber in konstruktiver Intention nach der Möglichkeit der Metaphysik als Wissenschaft. Zu dem großangelegten Vorhaben der theoretischen Philosophie gehört auch die gewichtige Absicht, für die praktische Philosophie beziehungsweise Ethik eine wegbereitende Lösung der Freiheitsproblematik, einen Ausweg aus dem inneren Widerspruch der Vernunft zu finden.

Die Schwierigkeiten bei der Rezeption von Kants Schriften hängen mit der Redlichkeit seines Philosophierens zusammen. Sie zeigt sich darin, dass auftauchende Probleme nicht einfach durch die Einführung neuer vager Begriffe terminologisch geglättet oder durch unzulängliche Definitionen, die sich über komplexe Kontexte hinwegsetzen, scheinbar gelöst werden. Kant stellt vielmehr solche Widersprüche wie die angedeutete Antinomie der Freiheit als eine mit aller Anstrengung argumentativ zu lösende Aufgabe deutlich heraus. Fragestellungen, die sich nicht ohne weiteres beantworten lassen, lässt er gegebenenfalls ohne Antwort stehen, aber er kaschiert sie nicht. Zentrale Begriffe wie «Freiheit» oder «Würde» verwendet er niemals als Schlagworte. Begriffe dieser Art sind für ihn keine fertig gegebenen Instrumente des Denkens, die man bloß sprachlich, womöglich assoziativ oder rhetorisch aneinanderzureihen hätte, um eine erwünschte Aussage zu erzielen oder suggestiv unter dem Deckmantel der Moralität eigennützige Interessen durchzusetzen. Kants zentrale Termini sind Fachausdrücke, die stellvertretend für ausgearbeitete Theorieabschnitte stehen. In der *Kritik der reinen Vernunft* hat er elementare theoretische Voraussetzungen dieser für die Ethik unentbehrlichen Termini herausgearbeitet.

Die *Kritik der reinen Vernunft* bildet das Fundament der *Kritik der praktischen Vernunft*. Ohne Kants Vernunftkritik ist seine Ethik und seine radikale Umdeutung des Metaphysikbegriffs nicht zu verstehen. Im Folgenden werden deshalb in einem ersten Teil (Vernunftkritik und Metaphysik) die Grundlagen von Kants theoretischer Philosophie, der sogenannten Transzendentalphilosophie, dargestellt. Im Anschluss daran behandelt der zweite Teil (Ethik und postulierte Metaphysik) die Grundlinien seiner Praktischen Philosophie/Ethik.

I. VERNUNFTKRITIK UND METAPHYSIK

Transzendentalphilosophie – die Umänderung der Denkart

> Es könnte wohl sein, daß selbst unsere Erfahrungserkenntniß ein Zusammengesetztes aus dem sei, was wir durch Eindrücke empfangen, und dem, was unser eigenes Erkenntnißvermögen (durch sinnliche Eindrücke bloß veranlaßt) aus sich selbst hergiebt, welchen Zusatz wir von jenem Grundstoffe nicht eher unterscheiden, als bis lange Übung uns darauf aufmerksam und zur Absonderung desselben geschickt gemacht hat. Es ist also wenigstens eine […] Frage: ob es ein dergleichen von der Erfahrung und selbst von allen Eindrücken der Sinne unabhängiges Erkenntniß gebe. Man nennt solche *Erkenntnisse a priori*, und unterscheidet sie von den *empirischen*, die ihre Quellen *a posteriori*, nämlich in der Erfahrung, haben.»
>
> Kant, *Kritik der reinen Vernunft* (B 1f.)

Kants Antwort auf den vielschichtigen theoretischen Problembestand seiner Zeit ist die *Kritik der reinen Vernunft*. Die Vernunft, deren Fragen niemals aufhören und die ihrer Natur gemäß über jede
partielle Erfahrung und Erklärung hinaus immer weiter fragt, fordert den Gesichtspukt der Totalität aller Bedingungen, verlangt
nach letzten Gründen, zielt auf das Wissen des Unbedingten: Existiert Gott, ist der Wille frei, ist die Seele unsterblich? Gerade durch
dieses Interesse an in sich abgeschlossener metaphysischer Erkenntnis, die notgedrungen über die Erfahrung hinausgehen muss, hat
sich Kant zufolge die Vernunft «in Dunkelheit und Widersprüche»
gestürzt, in «verborgene Irrtümer» verstrickt und wird durch
«Scheinwissen hingehalten». Zur Problemlage von Kants Diagnose
gehören die an Universitäten dogmatisch gelehrte, religiös motivierte und erstarrte Schulmetaphysik Christian Wolff'scher Provenienz sowie im extremen Gegensatz dazu die provozierend aufrüttelnde, skeptisch antimetaphysische Erfahrungsphilosophie David
Humes. Hinzu kommt die Vulgärmetaphysik der abergläubischen
Esoteriker, die zum Beispiel wie Emanuel Swedenborg behaupten,
sie könnten mit Seelen von Verstorbenen in Verbindung treten.
Kant nennt solche Anhänger bereits 1766 «Candidaten des Hospitals». Nicht besser wird das Ganze durch die gängige Theologie, die
eine «Zauberlaterne von Hirngespenstern» (KpV, 141) zu sein
scheint. Die *Kritik der reinen Vernunft*, die eine Theorie über «Grenzen
und Schranken menschlicher Erkenntnis» ist, soll von Grund auf aus
diesen Wirrnissen herausführen und schließlich den Weg zu einer
unumstößlichen Ethik der Autonomie ebnen.

Die *Kritik der reinen Vernunft* formuliert schon als Buchtitel die
Aufgabenstellung. Beabsichtigt ist die Prüfung oder Untersuchung
(«Kritik») des menschlichen Erkenntnisvermögens («Vernunft»), insofern es unabhängig von Erfahrung («rein») tätig ist, wie dies bei
der Metaphysik der Fall ist. Die *Kritik der reinen Vernunft* prüft die
Eignung des Erkenntnisvermögens für metaphysische Erkenntnis.
Ist es möglich, durch bloßes Denken («reine Vernunft»), also unter
Ausschluss der Erfahrung Aussagen über Gott, Freiheit und Unsterblichkeit zu machen?

Der Titel lässt sich in zwei Richtungen lesen, je nachdem ob der Genitiv als Objekt oder als Subjekt aufgefasst wird. Zum einen soll *an* der Vernunft Kritik geübt werden, zum anderen ist es die Vernunft *selbst*, die kritisiert. Kant wendet das Bewusstsein reflexiv auf sich selbst zurück. Die Vernunft untersucht, was die Vernunft vermag. Es geht um die Kompetenz des Vernunftvermögens insgesamt. Die «Hauptfrage» bleibt immer, «was und wie viel kann Verstand und Vernunft, frei von aller Erfahrung, erkennen [...]?» (A XVII)

Für «frei von aller Erfahrung» sagt Kant auch «a priori», so dass hauptsächlich die Kompetenz des apriorischen Vernunftvermögens verhandelt wird. Die Vernunft hält also Gericht über sich, ist Angeklagte und Richterin zugleich. In diesem Prozess, in diesem beschwerlichen Geschäft der «Selbsterkenntniß» (A XI), das über Möglichkeit oder Unmöglichkeit der Metaphysik entscheidet, gibt es keine höhere Autorität als die Vernunft selbst.

Ein Grundgedanke Kants ist, dass das Erkennen ein aktiver Vorgang ist, kein passives Erleiden. Erkenntnis ist keine Abspiegelung fertig gegebener Realitäten. Der Gegenstand des Erkennens wird nicht abgebildet, also ein zweites Mal in einem Bewusstsein wiederholt. Das erkennende Subjekt stellt vielmehr den Gegenstand in seiner Gegenständlichkeit allererst zusammen, konstituiert ihn, bringt mannigfaltige Vorstellungsdaten in einen einheitlichen Zusammenhang. Erkennen bedeutet das Herstellen einer «Synthesis», das heißt einer Verknüpfung von Mannigfaltigem, von Wahrnehmungen, Vorstellungen und Begriffen. Durch diese synthetisierende Tätigkeit wird die Gegenstandswelt der Erfahrung, das was Natur oder Wirklichkeit heißt, aufgebaut. Die Synthesis liegt also nicht schon bereits im Material (Stoff) der Erfahrung, sondern entspringt den ordnenden Funktionen (Formen) des erkennenden Bewusstseins. Was die empirische Wirklichkeit unabhängig von dieser Konstitution als «Ding an sich» ist, bleibt prinzipiell unerkennbar. Erkennbar ist nur die von der Synthesis hervorgebrachte Erscheinung (Phänomenon), nicht das von jeder Synthesis unabhängige Ding an sich (Noumenon). Die Gegenstände werden nur so erkannt, wie sie uns erscheinen, nicht wie sie an sich sind.

Zwei Gegebenheiten werden in einer Erkenntnis zu einer Synthese verbunden. Auf der einen (aber niemals isoliert vorkommenden) Seite steht der amorphe Stoff der sinnlichen Eindrücke oder Empfindungen, die «Rezeptivität unserer Sinnlichkeit», auf der anderen Seite die – durch die *Kritik der reinen Vernunft* zu erforschende und theoretisch zu erschließende, mühsam ins Bewusstsein zu hebende – formgebende Ausstattung des Erkenntnisvermögens. Ohne dass der Erkenntnisgegenstand (welcher Art auch immer) die formalen Bedingungen und die Gesetzmäßigkeiten der Organisation der Vernunft annimmt, gibt es für das Subjekt weder einen Gegenstand noch eine Erkenntnis.

Kant vergleicht seine Erkenntnislehre mit der epochalen Entdeckung des Kopernikus, mit dessen kühner Ersetzung des geozentrischen durch das heliozentrische Weltbild. So wie Kopernikus die astronomischen Probleme gelöst hat, beansprucht Kant, die Schwierigkeiten der menschlichen Erkenntnis bewältigt zu haben. Kopernikus widerspricht dem Augenschein, dass die Sonne sich um die Erde dreht, und lehrt das Gegenteil. Analog dazu formuliert Kant durch eine «Umänderung der Denkart» die für den gesunden Menschenverstand nur schwer begreifliche geistige Zumutung, dass es nicht die Erkenntnis ist, die sich nach dem Gegenstand, sondern dass es der Gegenstand ist, der sich nach der Erkenntnis richtet (vgl. B XVI).

In dieser Erkenntnislehre zeigt sich Kants veränderte neuzeitliche Stellung gegenüber der Antike oder dem Mittelalter. Einfach gesagt: Der Ausgangspunkt ist nicht mehr die vorausgesetzte, von aller Erkenntnis unabhängige Ordnung des wahrhaft Seienden – die Kosmos- oder Gottesordnung –, sondern das sich auf seine grundlegenden Gesetze des Erkennens selbst reflektierende Subjekt, die Reflexion der Vernunft auf sich selbst. Die Subjektivität erlangt zentrale, unbedingte Bedeutung. Der Gegenstand, der Gesamtzusammenhang der Erfahrung, hat sich der absoluten Subjektivität zu unterwerfen. Im Vordergrund steht nicht mehr das Seiende, sondern die Erfahrbarkeit des Seienden, die Erkenntnis der Erkenntnis, die Erkenntniskritik. Die Subjektivität gilt als das oberste Prinzip der Möglichkeit der Erfahrung und der Gegenstände. Der Kern von Kants theoretischer Philosophie, von seiner kopernikanischen Revolution, wird durch den Satz ausgedrückt: «Die Bedingungen der *Möglichkeit der Erfahrung* überhaupt sind zugleich Bedingungen der *Möglichkeit der Gegenstände der Erfahrung.*» (B 197)

Diese von Kant sehr konsequent durchgeführte Revolution der Erkenntnislehre besagt nicht einfach nur eine Wendung zur Subjektivität, nicht nur eine Reduktion von Objektivität auf Subjektivität. Diese Wendung gab es in der Neuzeit schon mehrfach zuvor, zum Beispiel bei David Hume. Zu Kants nachdrücklicher Intention gehört gerade die Begründung von Objektivität durch die (nicht subjektivistisch, nicht individualistisch verstandene) Subjektivität. Die Subjektivität ist der neue Garant für die Objektivität.

Der für Kant charakteristische Gedanke besteht darin: Wenn alle Gegenstände sich unausweichlich nach den subjektiven Erkenntnisformen richten müssen und wenn die Gesetze dieser Erkenntnisformen invariant sind, dann bietet die Erkenntnis dieser immer schon vorauszusetzenden Formen Zugang zu einem neuartigen objektiv gültigen Wissen, das unerschütterlich grundlegend ist. Ein solches Erkennen der Erkenntnisformen kann von keiner zukünftigen Erfahrung, wie auch immer sie ausfallen mag, widerlegt werden, da prinzipiell jede nur mögliche Erfahrung diese Formen zu ihrer logischen Bedingung hat. Das Kennzeichen dieses objektiv gültigen Wissens, das in seiner Fundamentalität unabhängig von aller Erfahrung ist, ist unbedingte Notwendigkeit (*necessitas*) und strenge Allgemeinheit (*universitas*). Kant spricht von denknotwendigen Formen, die «im Gemüthe *a priori* bereit liegen» (B 34).

Kant nennt die Theorie, deren Forschungsgegenstand das Apriori ist, «Transzendentalphilosophie». Die *Kritik der reinen Vernunft* ist der Entwurf eines Plans für eine vollständige Transzendentalphilosophie. Ihr Anliegen ist die Klärung der Möglichkeit apriorischer Erkenntnis. Es gilt, die formbestimmenden apriorischen Elemente abzusondern – also das, «was unser eigenes Erkenntnißvermögen (durch sinnliche Eindrücke bloß veranlaßt) aus sich selbst hergiebt» (B 1), – und systematisiert ins Bewusstsein zu heben. «Ich nenne alle Erkenntnis *transscendental*, die sich nicht sowohl mit Gegenständen, sondern mit *unserer Erkenntnisart* von Gegenständen, so fern diese *a priori* möglich sein soll, überhaupt beschäftigt. Ein *System* solcher Begriffe würde *Transscendental-Philosophie* heißen.» (B 25)

Die Termini «transscendental» und «transscendent» sind bei Kant (oft) unterschieden. Transzendental heißt diejenige Erkenntnis, die sich mit dem Apriori und seiner Möglichkeit beschäftigt, die also den Ursprung und die Grenzen möglicher Erkenntnis absteckt. Transzendent wird die Erkenntnis genannt, die diese Grenzen (unerlaubterweise) überschreitet. «Das Wort transscendental [...] bedeutet nicht etwas, das über alle Erfahrung hinausgeht, sondern was vor ihr (*a priori*) zwar vorhergeht, aber doch zu nichts mehrerem bestimmt ist, als lediglich Erfahrungserkenntniß möglich zu machen. Wenn diese Begriffe die Erfahrung überschreiten, dann heißt ihr Gebrauch transscendent.» (Prol., 373)

Der Terminus «a priori» ist für sich genommen schwierig zu explizieren. Gemeint ist nicht, dass die apriorischen Erkenntniselemente in einem zeitlichen Sinn der Erfahrung vorausgehen. Ein Missverständnis wäre es auch, den Terminus psychologisch oder biologisch erklären zu wollen. Mit eingeborenen Ideen hat das Apriori bei Kant so wenig zu tun wie mit Gehirnfunktionen. Das Apriori kann kein empirischer Gegenstand einer Wissenschaft sein – es sei denn um den Preis eines Zirkelschlusses –, weil der Terminus die transzendental-logischen Bedingungen von Gegenständlichkeit überhaupt meint, die ausnahmslos jede Wissenschaft immer schon voraussetzen muss. In seinem logischen Vorsprung ist das Apriori empirisch nicht einholbar.

Die apriorischen Faktoren betreffen die elementaren Voraussetzungen der Erkenntnis, die im Subjekt liegenden erfahrungsunabhängigen formalen Bedingungen, etwas anschauen oder denken zu können. Der Ausdruck bezeichnet etwas rein Formales der Erkenntnis, das in der Gesetzlichkeit der Vernunft wurzelt. Die Transzendentalphilosophie, die sich auf einer hohen Stufe der menschlichen Reflexion auf das Apriori selbst richtet, ist die Erkenntnis über Erkenntnisse a priori. Mit der Transzendentalphilosophie erreicht das durch Sokrates begonnene Denken des Denkens eine neue Dimension der philosophischen Selbstreflexion.

Anschauungsformen und Kategorien

> «Die Behauptung der Kritik steht immer fest: daß keine Kategorie die mindeste Erkenntniß enthalte, oder hervorbringen könne, wenn ihr nicht eine correspondirende Anschauung, die für uns Menschen immer sinnlich ist, gegeben werden kann, mithin mit ihrem Gebrauch in Absicht auf theoretische Erkenntniß der Dinge niemals über die Grenze aller möglichen Erfahrung hinaus reichen könne.»
>
> Kant, *Über eine Entdeckung, nach der alle neue Kritik der reinen Vernunft durch eine ältere entbehrlich gemacht werden soll*
> (Üb. e. Entd., 198)

Bei der Synthesis, bei der Konstitution der Welterfahrung und Welterkenntnis unterscheidet Kant drei Erkenntnisarten: die Sinnlichkeit (das Vermögen der Anschauung mit den Formen Raum und Zeit), den Verstand (das Vermögen des Denkens mit den Formen der Kategorien) und die Vernunft (das Vermögen des Denkens im engeren Sinn mit den Formen der Ideen). Durch die Sinnlichkeit wird das Material der Empfindungen zu räumlich und zeitlich strukturierten Anschauungsbildern zusammengesetzt. Der tätige weiterverarbeitende Verstand verknüpft durch seine Kategorien die gelieferten Anschauungen zur Erfahrung der natürlichen Wirklichkeit. Die Vernunft verbindet aufgrund ihrer Ideen das gesamte, bereits kategorial geformte Erfahrungsmaterial zur stets verbesserbaren, höchstmöglichen Einheit des Denkens. «Alle unsere Erkenntniß hebt von den Sinnen an, geht von da zum Verstande und endigt bei der Vernunft.» (B 355) Die subjektbedingte Weltformung erstreckt sich über mehrere Ebenen von ursprünglich unbewussten Funktionen des Erkennens bis zur höchsten Stufe der selbstreflexiven transzendentalphilosophischen Bewusstheit des Bewusstseins. Von fundamentaler Bedeutung für die Konstitution der Erkenntnisgegenstände sind die wechselseitig sich bedingenden Erkenntnis-arten Sinnlichkeit und Verstand. Ohne Sinnlichkeit kann kein Gegenstand (als existierend) gegeben sein und ohne Verstand kann kein Gegenstand (als ein bestimmtes Etwas) gedacht werden. «Anschauung und Begriffe machen also die Elemente aller unsrer Erkenntniß aus, so daß weder Begriffe, ohne ihnen auf einige Art correspondirende Anschauung, noch Anschauung ohne Begriffe ein Erkenntniß abgeben können.» (B 74) Indem Kant sagt, «aller» unsrer Erkenntnis, betont er damit das prinzipielle Verankertsein der menschlichen Erkenntnis in der sinnlichen Wahrnehmung. Aus dieser Auffassung geht Kants Ablehnung der überlieferten Metaphysik hervor, die sich aus der Kontrollmöglichkeit, die die sinnliche Verankerung bietet, losreißt. Es ist daher, sagt Kant mit metaphysik-kritischer Intention, ebenso notwendig, die Begriffe sinnlich zu machen, das heißt ihnen den Gegenstand in der Anschauung hinzuzufügen, wie es andererseits zwingend erforderlich ist, die Anschauungen unter Begriffe zu bringen. «Gedanken ohne Inhalt sind leer, Anschauungen ohne Begriffe sind blind.» (B 75)

Raum und Zeit sind die apriorischen Elemente, die den Empfindungen der Sinnlichkeit Form geben. In mehreren Begründungen (vgl. B 37ff. und B 46ff.) sucht Kant nachzuweisen, dass Raum und Zeit keine aus der Erfahrung abstrahierten Begriffe sind, sondern der Gesetzlichkeit des anschauenden Bewusstseins entspringen. Da uns nur in diesen Formen ein Gegenstand erscheinen kann, hat die Synthese der sinnlichen Eindrücke zu einem gesetzmäßig geordneten Nebeneinander und Nacheinander objektive Gültigkeit, obgleich – besser: gerade weil – die Synthese subjektiven Ursprungs ist.

Raum und Zeit haben keine absolute Realität. Sie sind «Nichts», sobald die Bedingungen der Möglichkeit aller Erfahrung weggelassen werden. Die Dinge, wie sie an sich selbst sind, unabhängig vom Bezug auf das Bewusstsein, sind weder räumlich noch zeitlich. Raum und Zeit werden nicht den Dingen an sich zugeschrieben, sondern den Dingen, sofern sie uns sinnlich erscheinen.

Kant nennt die Wissenschaft von den Prinzipien der Sinnlichkeit a priori «transscendentale Ästhetik». (Ästhetik hat hierbei noch die ursprüngliche griechische Bedeutung der Lehre von der Wahrnehmung.) Die Resultate der Wahrnehmungslehre, der Lehre von den Bedingungen der Möglichkeit von Wahrnehmung, lauten: «Wir haben also sagen wollen: daß alle unsre Anschauung nichts als die Vorstellung von Erscheinung sei; daß die Dinge, die wir anschauen, nicht das an sich selbst sind, wofür wir sie anschauen, noch ihre Verhältnisse so an sich selbst beschaffen sind, als sie uns erscheinen, und daß, wenn wir unser Subject oder auch nur die subjective Beschaffenheit der Sinne überhaupt aufheben, alle die Beschaffenheit, alle Verhältnisse der Objecte im Raum und Zeit, ja selbst Raum und Zeit verschwinden würden und als Erscheinungen nicht an sich selbst, sondern nur in uns existiren können.» (B 59)

Nur die Erscheinungen sind räumlich und zeitlich bestimmt. Raum und Zeit werden aus der Sphäre des Objekts in die Sphäre des Subjekts verlegt. «Was es für eine Bewandtnis mit den Gegenständen an sich und abgesondert von aller dieser Receptivität unserer Sinnlichkeit haben möge, bleibt uns gänzlich unbekannt. Wir kennen nichts als unsere Art, sie wahrzunehmen, die uns eigenthümlich ist, die auch nicht nothwendig jedem Wesen, ob zwar jedem Menschen zukommen muß.» (B 59)

Im Anschluss an die transzendentale Ästhetik behandelt Kant die transzendentale Analytik, die das Zentrum seiner theoretischen Philosophie bildet. Die transzendentale Analytik ist der Teil, der «die Elemente der reinen Verstandeserkenntniß vorträgt, und die Principien, ohne welche überall kein Gegenstand gedacht werden kann» (B 87).

Die Elemente der reinen Verstandeserkenntnisse, also die apriorischen Formen des Verstandes, sind die «Kategorien». Kant spricht auch von «Stammbegriffen» des reinen Verstandes oder von «reinen Verstandesbegriffen». Es sind fundamentale «Gedankenformen», an die das Denken gebunden ist. Die Gegenstände der Erfahrung können nur unter der Voraussetzung erfasst und denkend bearbeitet werden, dass sie die Formung durch die Kategorien annehmen. Denken ohne Kategorien ist unmöglich.

Die insgesamt zwölf Katagorien, die Kant unterscheidet, sind die formalen Bedingungen der Möglichkeit des begrifflich diskursiven Erkennens, so wie Raum und Zeit die formalen Bedingungen der Möglichkeit der Anschauung sind. Auf der gleichsam oberen, bewussten Ebene ist der Verstand das spontane Vermögen, Begriffe zu bilden und diese durch Urteile zu verbinden. Die zugrunde liegende, eher vorbewusst zu nennende logische Ebene der Verknüpfung, die Synthesis der Mannigfaltigkeit der Begriffe, richtet sich nach invarianten, vorgegebenen Grundmustern, also nach Maßgabe der apriorischen Kategorien. Die Kategorien sind logische Verknüpfungsweisen von Vorstellungen, die in allen möglichen Urteilen ihre zwölf Funktionen ausführen. Diese Kategorien sind keine durch Abstraktion gewonnenen Begriffe, sondern «reine» Begriffe, Grundmuster der Denkverarbeitung, die logisch unausweichlich allem Denken zugrunde liegen und als notwendige Bedingungen der Möglichkeit des Denkens konstitutiv sind. Durch die Synthesis des Urteilens werden Anschauungen und Begriffe zu einer durchgehend kategorial verarbeiteten, einheitlich zusammenhängenden Erfahrung miteinander verbunden. Dies ist der Aufbau der Erscheinung der Welt in der Tätigkeit des Erkennens.

Kant leitet aus den logischen Funktionen des Denkens, aus den Stammformen des Urteilens, zwölf Kategorien ab. Ihre Anordnung legt er auf einer «Tafel der Kategorien» in vier Gruppen zu je drei Kategorien fest. Es sind erstens die Kategorien der *Quantität*: Einheit, Vielheit, Allheit; zweitens die Kategorien der *Qualität*: Realität, Negation, Limitation; drittens die Kategorien der *Relation*: Inhärenz/Subsistenz, Kausalität/Dependenz, Gemeinschaft und viertens die Kategorien der *Modalität*: Möglichkeit/Unmöglichkeit, Dasein/Nichtsein, Notwendigkeit/Zufälligkeit (vgl. B 106 und Prol., 302f.).

Die Dinge an sich stehen außerhalb der Kategorien und können durch die kategoriale Grundstruktur des begrifflichen Apparats, der stets auf Anschauung bezogen bleibt, nicht bestimmt werden. Den Dingen an sich kommt zum Beispiel weder Vielheit zu, noch sind sie Substanzen, noch unterliegen sie dem Kausalitätsverhältnis. Die Kategorien dienen nur dazu, Erscheinungen zu buchstabieren, um sie als Erfahrung lesen zu können (vgl. Prol., 312). «Was die Dinge an sich sein mögen, weiß ich nicht, und brauche es auch nicht zu wissen, weil mir doch niemals ein Ding anders als in der Erscheinung vorkommen kann.» (B 333)

Die Kategorien finden nur Anwendung auf die Erscheinungen, nicht auf die Dinge an sich. Die Natur wird als einheitlicher Erscheinungszusammenhang formal durch die Gesetzlichkeit des Verstandes bestimmt. Der Verstand legt mit seinen Kategorien in die Erscheinungen – in die «Natur als ein Inbegriff von Erscheinungen» (A 114) – Gesetze a priori hinein: «*Der Verstand schöpft seine Gesetze (a priori) nicht aus der Natur, sondern schreibt sie dieser vor.*» (Prol., 320) Diese Umwendung, die den gesunden Menschenverstand auf den Kopf stellt, verdeutlicht noch einmal, warum Kant seine Philosophie mit der revolutionären Entdeckung des Kopernikus vergleicht. Die gesetzmäßige Welt der Erfahrung, der wir als Menschen einzig begegnen, ist in formaler Hinsicht ein «Produkt unseres Denkens». Die Transzendentalphilosophie vollzieht einen Standpunktwechsel.

Alle Synthesis ist in ihrem tiefsten Grund eine Verstandeshandlung: «Allein die *Verbindung (conjunctio)* eines Mannigfaltigen überhaupt kann niemals durch Sinne in uns kommen [...]; denn sie ist ein Actus der Spontaneität der Vorstellungskraft, und da man diese zum Unterschiede von der Sinnlichkeit Verstand nennen muß, so ist alle Verbindung, wir mögen uns ihrer bewußt werden oder nicht, [...] eine Verstandeshandlung, die wir mit der allgemeinen Benennung *Synthesis* belegen würden, um dadurch zugleich bemerklich zu machen, daß wir uns nichts als im Object verbunden vorstellen können, ohne es vorher selbst verbunden zu haben, und unter allen Vorstellungen die *Verbindung* die einzige ist, die nicht durch Objecte gegeben, sondern nur vom Subjecte selbst verrichtet werden kann, weil sie ein Actus seiner Selbstthätigkeit ist.» (B 129f.)

Transzendentale Apperzeption – die Urbedingung aller Erkenntnis

> «Der Verstand [ist] der Ursprung der allgemeinen
> Ordnung der Natur.»
>
> Kant, *Prolegomena zu einer jeden künftigen Metaphysik,
> die als Wissenschaft wird auftreten können* (Prol., 322)

Der höchste Punkt der Transzendentalphilosophie, der Gipfelpunkt der Vernunftkritik erschließt, dass die Identität der Natur (als einheitlicher Erscheinungszusammenhang) in der Identität des (nicht individuell-subjektiv zu verstehenden) «Ich denke» gründet. Kant sucht zu erweisen, dass die Einheit der dinghaften Erscheinungswelt die Einheit eines Bewusstseins als Urbedingung alles Erkennens logisch voraussetzen muss. Dieses Bewusstsein von der Identität seiner selbst, dieses allem vorausliegende «usprüngliche Selbstbewußtsein», nennt Kant «*transscendentale Apperception*» (A 107).

Über den verschiedenen einheitsstiftenden apriorischen Synthesis-Leistungen des Erkennens gibt es eine noch höhere, eine ursprüngliche Urhandlung der Synthesis. Diese letzte Synthesis, die transzendentale Apperzeption, ist die grundlegendste Bedingung, die alles empirische und kategoriale Zusammenfassen ermöglicht. Empirisch zeigt sich diese an sich nicht-empirische (intelligible) Urhandlung des Verstandes in der Möglichkeit, dass ich mir das Bewusstsein, das ich vom jeweiligen Gegenstand habe, beihergehend (apperzipierend, mitauffassend) bewusst machen kann.

Die Urhandlung des Verstandes selbst aber geht aller Empirie voraus, ist selbst unerfahrbar, ist die unbedingte Bedingung dafür, dass aus allen möglichen Erscheinungen ein notwendiger und allgemeingültiger Zusammenhang nach Gesetzen konstituiert wird. Diese logisch erschlossene transzendentale Apperzeption, die das oberste, alle Erkenntnisarten synthetisierende Prinzip ist, bezeichnet Kant auch als das «Radicalvermögen aller unsrer Erkenntniß» (A 114) oder als «Bewußtsein überhaupt» (B 143). Es meint ein überindividuelles, immer mit sich identisches, spontanes Aktivitätsvermögen, das als letzter Grund allen Erkennens jeden Inhalt unseres empirischen Bewusstseins in die Form einer letzten Einheit – in die Form der ursprünglichen Einheit des Bewusstseins – bringt oder, anders gesagt: in die Form der überindividuellen, allgemeingültigen und notwendigen Gesetze des Bewusstseins überhaupt zwingt.

Der unabdingbare Bezug jeder Erkenntnis zu diesem höchsten Einheitspunkt stellt die prinzipielle Bewusstseins-Bezogenheit heraus, die allem, was für uns existiert, anhaftet. Alles uns nur mögliche Material der Erkenntnis nimmt durch das transzendentale «Ich denke», das dabei notwendig mitgedacht werden muss, logisch zwingend die Form des Bewusstseins einer wirklichen Welt an. Sämtliche apriorischen Erkenntniselemente der Sinnlichkeit wie des Verstandes, sämtliche als Form allem Inhalt vorausgehenden rein logischen Verknüpfungsweisen werden in der mit sich identischen Grundform der «ursprünglich-synthetischen Einheit der Apperception» zu einer Welt für das Bewusstsein vereinigt. Diese oberste Vereinigung ist die vom individuellen Bewusstsein unabhängig verlaufende Synthesis aller Synthesis: «Das: *Ich denke*, muß alle meine Vorstellungen begleiten *können*; denn sonst würde etwas in mir vorgestellt werden, was gar nicht gedacht werden könnte, welches eben so viel heißt als: die Vorstellung würde entweder unmöglich, oder wenigstens für mich nichts sein.» (B 132) Die Transzendentalphilosophie versucht – im Nachhinein – diese oberste Tätigkeit der Vereinigung als das Werk unseres Verstandes zu rekonstruieren und ins deutliche Bewusstsein zu heben.

Noch einmal zur Verdeutlichung gesagt: Im Unterschied zum empirischen Bewusstsein, das so wechselhaft und verschieden ist wie die zufälligen psychologischen Empfindungszustände der Individuen und daher nur subjektive relative Gültigkeit hat, bezieht sich die transzendentale Apperzeption auf das Bewusstsein aller Menschen in seiner Allgemeinheit, das allem menschlichen Erkennen gleichermaßen zugrunde liegende Bewusstsein überhaupt, das objektiv gültig ist. Das empirische Bewusstsein ist ein «vielfarbiges verschiedenes Selbst», das Humes Vorstellung vom Ich als einem wandelbaren, bloßen «Bündel von Vorstellungen» nahekommt.

Demgegenüber ist das transzendentale Bewusstsein die Urbedingung aller Erkenntnis, das «stehende und bleibende Selbst» (A 107), das alles Vorstellen und alle Begriffe begleitende und bedingende identische Bewusstsein des «Ich denke». Die transzendentale Einheit der Apperzeption, der Inbegriff der apriorischen Funktionen, stellt aus allen möglichen Erscheinungen einen Zusammenhang nach den überindividuellen Gesetzen des Verstandes her und begründet die notwendige und allgemeingültige Objektivität in der Subjektivität.

Als Kopernikus einer neuen revolutionären Ontologie, die nur für Gegenstände der Erfahrung gilt, sagt Kant: «Daß die Natur sich nach unserm subjectiven Grunde der Apperception richten, ja gar davon in Ansehung ihrer Gesetzmäßigkeit abhängen solle, lautet wohl sehr widersinnisch und befremdlich. Bedenkt man aber, daß diese Natur an sich nichts als ein Inbegriff von Erscheinungen, mithin kein Ding an sich, sondern blos eine Menge von Vorstellungen des Gemüths sei, so wird man sich nicht wundern, sie blos in dem Radicalvermögen aller unsrer Erkenntniß, nämlich der transscendentalen Apperception, in derjenigen Einheit zu sehen, um deren willen allein sie Object aller möglichen Erfahrung, d. i. Natur, heißen kann.» (A 114)

Zu den Resultaten von Kants Transzendentalphilosophie gehört, dass die apriorischen Elemente der Sinnlichkeit und des Verstandes ausschließlich innerhalb der Bewusstseins-Welt, der Welt der Erfahrung gelten. Der Verstand ist inhaltlich auf sinnliche Anschauung angewiesen. Es gibt keine begrifflichen Werkzeuge, mit deren Hilfe sich die transzendentale Apperzeption überspringen ließe, um statt der Erscheinungen die Dinge an sich zu erkennen. Die apriorischen Anschauungsformen Raum und Zeit sowie die apriorischen Kategorien bleiben stets an das transzendentale «Ich denke» als das Prinzip ihrer Einheit und ihres Zusammenhangs gebunden. Gegenstand der Erkenntnis ist die bewusstseinsimmanente Welt der Erscheinungen – sowie ihrer apriorischen Bedingungen. In Abgrenzung gegenüber früheren dogmatischen Formen des «eigentlichen» Idealismus (von Parmenides bis George Berkeley), die die Erkenntnis durch Sinne und Erfahrung als lauter Schein abwerten und nur in den Ideen die Wahrheit sehen, sagt Kant von seinem «kritischen Idealismus»: «Alles Erkenntniß von Dingen aus bloßem reinen Verstande oder reiner Vernunft ist nichts als lauter Schein, und nur in der Erfahrung ist Wahrheit.» (Prol., 374)

Die traditionelle positive Metaphysik als apriorische Erkenntnis der Dinge an sich, das heißt als notwendige und allgemeingültige Erkenntnis des Transzendenten aus reiner Vernunft, erweist sich als Illusion. Für die theoretische Philosophie zeichnet sich demgegenüber eine neue Metaphysik ab, die projektierte Transzendentalphilosophie als eine «Metaphysik von der Metaphysik» (Brief an Marcus Herz 1781, Briefw., X, 269). Es ist das Projekt einer kritischen «Grenzwache» gegenüber den Irrtümern und Anmaßungen des unkritischen dogmatischen Denkens.

Eines der wichtigsten Ergebnisse der *Kritik der reinen Vernunft* ist, dass die transzendentale Apperzeption von keiner Metaphysik – aber auch von keiner Wissenschaft – zum Gegenstand einer Erklärung gemacht werden kann. Jeder theoretische Erklärungsversuch muss die transzendentale Apperzeption logisch voraussetzen und gerät unvermeidlich in eine Zirkelstruktur. Das, was abgeleitet werden soll, vollzieht selbst immer die Ableitung und entzieht sich der Vergegenständlichung. Das «Ich denke» ist sich immer schon als solches vorweg. «Und so ist die synthetische Einheit der Apperception der höchste Punkt, an dem man allen Verstandesgebrauch, selbst die ganze Logik und nach ihr die Transscendental-Philosophie heften muß, ja dieses Vermögen ist der Verstand selbst.» (B 134 Anm.)

An der transzendentalen Apperzeption hängt die Unhintergehbarkeit der Phänomenalität der Welt und damit verbunden die Abriegelung von den Dingen an sich.

Ideen — das Blendwerk objektiver Behauptungen

> «Wir haben jetzt das Land des reinen Verstandes [die Welt
> der Erfahrung] nicht allein durchreiset und jeden Theil
> davon sorgfältig in Augenschein genommen, sondern es
> auch durchmessen und jedem Dinge auf demselben seine
> Stelle bestimmt. Dieses Land aber ist eine Insel und durch
> die Natur selbst in unveränderliche Gränzen eingeschlos-
> sen. Es ist das Land der Wahrheit (ein reizender Name),
> umgeben von einem weiten und stürmischen Oceane, dem
> eigentlichen Sitze des Scheins, wo manche Nebelbank und
> manches bald wegschmelzende Eis neue Länder lügt und,
> indem es den auf Entdeckungen herumschwärmenden
> Seefahrer unaufhörlich mit leeren Hoffnungen täuscht, ihn
> in Abenteuer verflechtet, von denen er niemals ablassen,
> und sie doch auch niemals zu Ende bringen kann.»
>
> Kant, *Kritik der reinen Vernunft* (B 294f.)

Mit der Prüfung der Erkenntnisart der Vernunft rücken die metaphysischen Themen in den Fokus der Vernunftkritik. Die Vernunft
findet in der Erfahrung keine Befriedigung und strebt in ihren
Schlussfolgerungen nach dem unbedingten Ganzen der Erkenntnis.
Sie sucht das durch den Verstand schon Bearbeitete unter die
höchste Einheit des Denkens zu bringen. Kant verwendet zur Bezeichnung dieser totalen Vollständigkeit den Terminus «Idee». Vernunft wird jetzt enger bestimmt als Vermögen der Ideen.

Die Ideen, auch notwendige «Vernunftbegriffe» genannt, zielen
auf das Absolute, auf das vom «Ich denke» Unabhängige, das niemals
Erscheinung, niemals selbst Erfahrung sein kann. Dieses Streben
nach abgeschlossener Totalität droht den bloß spekulativen Gebrauch der reinen Vernunft in unentwirrbare metaphysische Probleme zu verstricken. Denn der «Kern und das Eigenthümliche der
Metaphysik» ist «die Beschäftigung der Vernunft blos mit sich selbst
und, indem sie über ihre eigene Begriffe brütet, die unmittelbar daraus vermeintlich entspringende Bekanntschaft mit Objecten, ohne
dazu der Vermittelung der Erfahrung nöthig zu haben, noch über-

haupt durch dieselbe dazu gelangen zu können.» (Prol. 327) Das Verfahren der Metaphysik ist «bisher ein bloßes Herumtappen [...] unter bloßen Begriffen» (B XV).

Kant teilt die Themen der traditionellen dogmatischen Metaphysik in drei Klassen von Ideen auf: die Unsterblichkeit der Seele, der Zusammenhang des Weltganzen mit der Möglichkeit der Freiheit des Willens und die Existenz Gottes. Die unbedingte Gesamtheit aller Erfahrungen der Innenwelt wird als Idee «Seele» bezeichnet, der Inbegriff aller äußeren Erscheinungen macht die Idee «Welt» aus und «das Ding, welches die oberste Bedingung der Möglichkeit von allem, was gedacht werden kann, enthält (das Wesen aller Wesen)» (B 391), ist die Idee «Gott». In der «transzendentalen Dialektik», einem der wichtigsten Teile der *Kritik der reinen Vernunft*, übt Kant eine vernichtende Kritik an der angemaßten Erkenntnis dieser von der alten Metaphysik als objektive Realitäten aufgefassten, verdinglichten Ideen. Kant ist entschieden der Überzeugung, «daß die Zeit des Verfalls aller dogmatischen Metaphysik ungezweifelt da ist» (Prol., 132).

Die *Kritik der reinen Vernunft* sucht in der «transzendentalen Dialektik» den Schein transzendenter Schlüsse aufzudecken, indem sie Fehler in den Schlussverfahren nachweist. Eine «Kritik dieses Scheines», dieser «Sophistik», dieser «Kunst mannigfaltiger metaphysischer Gaukelwerke», hat die Aufgabe zu zeigen, wie die vermeintliche Substantialität der Ideen «neue Länder» lügt. Die Ideen können aufgrund der Lehren von der Sinnlichkeit und des Verstandes keine Dinge an sich sein, sondern nur noch «heuristische Fiktionen» von Erscheinungen, um das bereits kategorial bestimmte Erfahrungsmaterial zu ordnen und in Richtung einer prinzipiell unabschließbaren, empirischen Forschung schrittweise zu erweitern. Die Wahl der Vernunft zwischen Scheinwissen und Erkenntniserweiterung hängt davon ab, ob die Ideen irrtümlich für metaphysische Dinge an sich oder kritisch reflektiert (im Hinblick auf die Bedingungen der Erkenntnis der Gegenstände möglicher Erfahrung) für Hilfsmittel der empirischen Forschung gehalten werden.

Aber auch die kritische Philosophie, die sich gegenüber dem «Blendwerk objectiver Behauptungen» abgrenzt, kann den Schein der transzendenten Urteile, «der unaufhörlich zwackt und äfft» (B 397), nicht wirklich zum Verschwinden bringen. Die Vorspiegelung des Daseins übersinnlicher Gegenstände ist nicht auszurotten, nur durch Selbstreflexion unschädlich zu machen. Der «dialektische Schein» ist ein unwillkürlicher Trugschluss, eine «unvermeidliche Illusion». Kant fasst, pointiert gesagt, die Verirrungen der Metaphysik als eine kolossale Projektion der reinen Vernunft auf. Es ist der Irrglaube der reinen Vernunft, objektive Wesenheiten zu erkennen, wo es in Wahrheit nur sie selbst ist, der sie begegnet, ohne sich allerdings in ihren eigenen Funktionen und Hypostasierungen wiederzuerkennen. Es ist ein Vorgang des Unterstellens, der etwas, «was blos in Gedanken existirt, [...] als einen wirklichen Gegenstand außerhalb dem denkenden Subjecte annimmt» (A 384), «da man seine Gedanken zu Sachen macht und sie hypostasirt; woraus eingebildete Wissenschaft [...] entspringt» (A 395). Eine ähnliche Formulierung, die die ganze *Kritik der reinen Vernunft* geradezu in nuce enthält, lautet: «Man kann allen *Schein* darin setzen: daß die *subjective* Bedingung des Denkens für die Erkenntniß des *Objects* gehalten wird.» (A 396)

Die reine Vernunft kann in theoretischer Hinsicht die Welt der Erfahrung nicht transzendieren. Sie kann nicht vom Blickwinkel der Ewigkeit aus, gleichsam mit den Augen Gottes (*sub specie aeternitatis*), «die absolute Totalität in der Synthesis der Bedingungen» als fertig gegebenen Gegenstand schauen. Es bleibt der über sich selbst kritisch aufgeklärten Vernunft nur die Regel, immer größere «Vollständigkeit des Verstandesgebrauchs im Zusammenhange der Erfahrung» (Prol., 332) anzustreben und nicht bei einem «Schlechthinunbedingten», bei einem Ersten oder Letzten, stehen zu bleiben. Die Ideen sind keine konstitutiven Prinzipien, durch die wie bei den Kategorien des Verstandes Objekte der Erfahrung begründet werden, sondern nur regulative Prinzipien im Umgang mit Erfahrungen, die der Verstand liefert. Das Ganze der Erfahrung, die Totalität aller bedingten Erscheinungen, ist nicht selbst ein Gegenstand der Erfahrung, sondern eine Idee, eine Aufforderung zum Suchen, ein Zielgedanke der Vernunft, um in der wissenschaftlichen Forschung, im menschlichen Wissen überhaupt, eine größtmögliche «systematische Einheit des Verstandesgebrauchs» (Prol., 350) herzustellen. Der transzendentale Schein, dem die alte Metaphysik verfällt, besteht darin, das Unbedingte und Unendliche der Ideen, das uns aufgegeben ist, so zu behandeln, als ob es uns bereits gegeben wäre.

Der Versuch, mit Hilfe der drei Ideen Seele, Welt und Gott die Grenze möglicher Erfahrung zu überfliegen, führt zu theoretisch abwegigen Schlussfolgerungen über «blosse Gedankenwesen» und lässt die Vernunft «dialektisch» werden, entzweit sie mit sich selbst im «Blendwerk objektiver Behauptungen». Die *Kritik der reinen Vernunft* zielt auf eine Destruktion der Verdinglichungen des Absoluten. Zunichtegemacht werden nacheinander die Hypostasierungen der traditionellen metaphysischen Doktrinen: (a) die «Paralogismen» der Idee Seele (rationale Psychologie), (b) die «Antinomie» der Idee Welt (rationale Kosmologie) und (c) der «dialektische Schein» der Idee Gott (rationale Theologie).

(a) Die Idee Seele. – Die Paralogismen (Fehlschlüsse) der reinen Vernunft kommen zustande, wenn die Idee der Seele den Schein eines Gegenstands annimmt. Die rationale Psychologie sucht aus dem Ichbewusstsein, aus dem bloßen Bewusstsein, das das denkende Ich von sich selbst hat, zu erweisen, dass die Seele eine Substanz sei. Das «Ich denke», der höchste Punkt der Transzendentalphilosophie, kann aber nicht durch die Kategorie Substanz (oder durch eine andere Kategorie) wie ein in der Anschauung gegebenes Objekt bestimmt werden. Jedes erkennbare Objekt setzt das «Ich denke», die logisch formale Bedingung der Möglichkeit aller Erkenntnis schon immer voraus, so dass die vermeintliche erkenntniserweiternde Anwendung der Kategorien auf die Urbedingung aller Erkenntnis zu einer Zirkelreflexion führt. Das «Ich denke» kann gedanklich nicht eingeholt, nicht kategorial bestimmt werden, weil es jedem Gedanken als dessen logische Bedingung schon voraus ist. Die kritische Reflexion behält ein bloßes «X» übrig, mit dem die Frage nach der Unsterblichkeit der Seele nicht beantwortet werden kann. «Ich denke» heißt nicht, «eine Substanz denkt».

Der «Natur unseres denkenden Wesens» können wir nichts anderes zugrunde legen «als die einfache und für sich selbst an Inhalt gänzlich leere Vorstellung: Ich, von der man nicht einmal sagen kann, daß sie ein Begriff sei, sondern ein bloßes Bewußtsein, das alle Begriffe begleitet. Durch dieses Ich oder Er oder Es (das Ding), welches denkt, wird nun nichts weiter als ein transzendentales Subject der Gedanken vorgestellt = X, welches nur durch die Gedanken, die seine Prädicate sind, erkannt wird und wovon wir abgesondert niemals den mindesten Begriff haben können, um welches wir uns daher in einem beständigen Cirkel herumdrehen, indem wir uns seiner Vorstellung jederzeit schon bedienen müssen, um irgend etwas von ihm zu urtheilen.» (B 404) Die Zirkelreflexion des Ich stellt ein unlösbares Problem dar.

Die Paralogismen resultieren aus der Neigung des Denkens, reine Erkenntnismittel als Erkenntnisgegenstände zu verdinglichen, geistige Funktionen als für sich bestehende Substanzen zu hypostasieren. Die *Kritik der reinen Vernunft* durchschaut den dialektischen Schein. Die Seele ist kein Objekt, sondern eine Idee. Sie ist regulativ, das heißt, sie lässt uns alle Erscheinungen unseres Gemüts am Leitfaden der inneren Erfahrung so verknüpfen, «als ob» sie eine einfache Substanz wäre, obgleich ihre Zustände kontinuierlich wechseln. Die Idee Seele kann lediglich als heuristische Fiktion der systematischen, unabschließbaren Vervollständigung der empirischen Seelenforschung dienen.

(b) Die Idee Welt. – Die Antinomie (der Widerstreit der Gesetze) der reinen Vernunft entspringt der Verdinglichung der Idee Welt. Wenn das prinzipiell unerfahrbare Weltganze, das kategorial unbestimmt bleiben muss, nicht als forschungsleitende Idee (regulativ) aufgefasst, sondern (konstitutiv) als ein außerhalb des denkenden Subjekts fertig gegebenes Objekt unterstellt wird, d. h. als die absolute Realität hypostasiert wird, dann tritt der Zustand ein, dass «die Vernunft sich mit sich selbst entzweit». In der rationalen Kosmologie, in der traditionellen Metaphysik, die die Idee Welt auf solche Weise konstitutiv verwendet, zeigt sich daher «das seltsamste Phänomen der menschlichen Vernunft» (Prol., 339), der «Skandal» des Widerspruchs der Vernunft mit ihr selbst (vgl. Brief an Christian Garve vom 21.9.1798, Briefw., XII, 258). Die reine Vernunft verirrt sich aufgrund solcher Hypostasierungen des Weltganzen in das falsche Entweder-Oder eines «dialektischen Kampfplatzes», einer «Logik des Scheins» (vgl. B 86f.).

Antinomien sind Widersprüche, formulierbar in These und Antithese, in die sich die spekulative Vernunft bei ihren «vernünftelnden Schlüssen» verwickelt, wenn sie das in der Erfahrung nicht anzutreffende Weltganze gegenständlich zu denken versucht. Es entstehen unvereinbare kontradiktorische Behauptungen wie zum Beispiel: Die Welt hat einen Anfang in der Zeit und Grenzen im Raum (These); die Welt ist anfangslos und unendlich (Antithese). Die Unversöhnlichkeit dieses Widerstreits beruht darauf, dass beide dogmatisch argumentierende Seiten «durch gleich einleuchtende klare und unwiderstehliche Beweise dargethan werden können» (Prol., 340).

Kant leitet insgesamt vier Antinomien ab (gleichwohl verwendet er den Terminus nur im Singular). Im Folgenden geht es um die dritte Antinomie, deren Freiheitsthematik für die Grundlegung der Ethik von fundamentaler Bedeutung ist. Gerade diese Antinomie lässt ein zentrales Anliegen der *Kritik der reinen Vernunft* hervortreten. Falls die Freiheit des menschlichen Willens nicht in einem direkten theoretischen Zugriff erwiesen werden kann, dann soll wenigstens ihre widerspruchsfreie Denkmöglichkeit in einer ansonsten kausal determinierten Welt aufgezeigt werden.

Die widerstreitenden Sätze der dritten Antinomie lauten:

«*Thesis*. Die Causalität nach Gesetzen der Natur ist nicht die einzige, aus welcher die Erscheinungen der Welt insgesammt abgeleitet werden können. Es ist noch eine Causalität durch Freiheit zu Erklärung derselben anzunehmen nothwendig.»

«*Antithesis*. Es ist keine Freiheit, sondern alles in der Welt geschieht lediglich nach Gesetzen der Natur.» (B 472f.)

Kant unterscheidet zweierlei Kausalität, die Kausalität in der Natur und die Kausalität aus Freiheit. Die Natur steht unter der Herrschaft des Kausalitätsgesetzes. Alle Kausalität der Phänomene in der Sinnenwelt ist «dem Mechanismus der Natur unterworfen». In der Naturkausalität kann keine Freiheit angetroffen werden, denn diese Kausalität ist die lückenlose «Verknüpfung eines Zustandes mit einem vorigen in der Sinnenwelt, worauf jener nach einer Regel folgt» (B 560). Die Kausalität durch Freiheit dagegen ist eine Ursache, die selbst keine Ursache hat. Mitten im Naturmechanismus fängt das Vermögen der Freiheit eine Reihe von Handlungen ganz von selbst an, ganz spontan.

Das für das menschliche Selbstverständnis außerordentlich wichtige Vermögen dieser unbedingten Spontaneität nennt Kant «transscendentale Freiheit». Ohne dieses Vermögen wäre der Mensch von der Naturgesetzlichkeit, etwa von sinnlich tierischen Bewegursachen, gänzlich determiniert und eine eigenverantwortliche, moralische Handlung wäre ausgeschlossen. «Wenn alle Causalität in der Sinnenwelt bloß Natur wäre, so würde jede Begebenheit durch eine andere in der Zeit nach nothwendigen Gesetzen bestimmt sein; [...] so würde die Aufhebung der transscendentalen Freiheit zugleich alle praktische Freiheit vertilgen.» (B 562)

Von der Auflösung der dritten Antinomie hängt die Möglichkeit des moralischen Handelns ab, sowie überhaupt die Möglichkeit, Handlungen moralisch beurteilen zu können. Moral setzt Freiheit voraus. Schon in der *Kritik der reinen Vernunft*, nicht erst in der Ethikschrift *Kritik der praktischen Vernunft*, führt Kant das außergewöhnliche «Sollen» ins Feld, das in Imperativen seinen Ausdruck findet, und auf eine seltsame Weise aus der Naturkausalität herausfällt (vgl. B 575f.).

Den Schlüssel zur Aufhebung des in sich zerstrittenen dialektischen Scheins der Freiheits-Antinomie gibt Kants «transscendentaler Idealismus», der zwischen Erscheinung und Ding an sich unterscheidet. Dieser in der transzendentalen Ästhetik gründende Lehrbegriff ermöglicht die widerspruchsfreie Zuordnung beider Kausalitäten zu zwei verschiedenen Betrachtungsweisen. Danach sind alle Erscheinungen durch Naturnotwendigkeit bedingt, in den Dingen an sich aber, so wenigstens ist es denkbar, liegt die Möglichkeit der Freiheit. Die Freiheit als Grundvoraussetzung der Moralität ist damit nicht erwiesen, aber sie lässt sich ohne Widerspruch denken, ihre Denkmöglichkeit ist herausgestellt.

Die Auflösung der dritten Antinomie, an die die Ethik anschließen kann, besagt demnach, dass sowohl These als auch Antithese wahr sind und widerspruchsfrei als zusammenbestehend gedacht werden können. Der Mensch ist sowohl Erscheinung als auch Ding an sich. Einerseits untersteht er der Naturkausalität, andererseits ist er ein freies Vernunftwesen, das einer «Art von Nothwendigkeit und Verknüpfung mit Gründen» (B 575) verpflichtet ist. Aufgrund zweier Betrachtungsweisen ist der Mensch determiniert und frei zugleich. In der *Kritik der reinen Vernunft* heißt es: «Daß nun diese Antinomie auf einem bloßen Scheine beruhe, und daß Natur der Causalität aus Freiheit wenigstens *nicht widerstreite*, das war das einzige, was wir leisten konnten, und woran es uns auch einzig und allein gelegen war.» (B 586)

(c) Die Idee Gott. – Das dialektische Blendwerk der rationalen Theologie entsteht, wenn der Inbegriff aller Realitäten oder Vollkommenheiten, die Idee Gott, als Gegenstand gedacht und den Kategorien unterworfen wird. Kant hält sämtliche Versuche eines bloß spekulativen Gebrauchs der Vernunft in Sachen Theologie für «gänzlich fruchtlos» und für «null und nichtig» (B 664). Wird die Idee Gott nicht als oberster Leitgesichtspunkt der empirischen Forschung aufgefasst, sondern im transzendenten Sinn hypostasiert und personifiziert, dann wird dieses «Ideal der Vernunft» mit dem Begriff eines Dings verwechselt und muss als «Erdichtung» verworfen werden.

Die rechtmäßige Funktion des Vernunftideals besteht demgegenüber darin, eine «durchgängige Bestimmung» in die Erfahrung zu bringen. Die Idee Gott ist «eine notwendige Hypothese zur Befriedigung unserer Vernunft». Sie wird wegen der systematischen «Begrifflichkeit der Verknüpfung, Ordnung und Einheit» der Erfahrungswelt vorausgesetzt. Die hypostasierte Idee von der höchsten Realität ist nur eine «formale Bedingung des Denkens» (B 648), ein reiner Leitbegriff der innerweltlichen Forschung, ein Gedankenordner, ein «Schema, [...] welches nur dazu dient, um die größte systematische Einheit im empirischen Gebrauche unserer Vernunft zu erhalten» (B 698). Das höchste Wesen dient dazu, alle Verbindungen in der Welt so anzusehen, als würden sie aus einer Ursache entstammen. Gott ist in theoretischer Hinsicht ein «*als ob*» (B 700).

Kant prüft und verwirft alle Gottesbeweise der traditionellen Metaphysik als nicht stichhaltig. Der ontologische Gottesbeweis zum Beispiel abstrahiert von aller Erfahrung und schließt gänzlich a priori aus bloßen Begriffen auf das Dasein einer höchsten Ursache. Wenn Gott, so die zu kritisierende dogmatische Argumentation, das allerrealste und allervollkommenste Wesen ist, dann muss in diesem Begriff auch die Eigenschaft der Existenz enthalten sein, sonst wäre der Begriff nicht der Begriff des vollkommensten Wesens. Kant bestreitet aber, dass die Existenz ein reales Prädikat ist. Der Begriff bleibt seinem Inhalt nach derselbe, gleichgültig ob das, was er meint, existiert oder nicht.

Der ontologische Gottesbeweis verwechselt mit illusionärer Macht eine Aussage über die Realität eines Begriffs mit einer Aussage über seinen Inhalt. Auch hier entsteht der dialektische Schein dadurch, dass wir unkritisch die «subjectiven Bedingungen unseres Denkens» als «objective Bedingungen der Sachen selbst» missverstehen (vgl. Prol., 348). «Es ist also an dem so berühmten ontologischen (cartesianischen) Beweise, vom Dasein eines höchsten Wesens, aus Begriffen alle Mühe und Arbeit verloren, und ein Mensch möchte wohl eben so wenig aus bloßen Ideen an Einsichten reicher werden, als ein Kaufmann an Vermögen, wenn er, um seinen Zustand zu verbessern, seinem Cassenbestande einige Nullen anhängen wollte.» (B 630)

Gott lässt sich Kant zufolge aus reiner Vernunft nicht objektiv erkennen. Weder sein Dasein noch sein Nicht-Dasein lassen sich beweisen. Die an sinnliche Anschauungen gebundenen Kategorien wie Realität, Substanz oder Kausalität haben auf die «Supposition der Vernunft» von einem höchsten Wesen «nicht die mindeste Anwendung». Die theoretische Philosophie hat von diesem «als ob» keine Begriffe.

Grenzbestimmung

> «Der größte und vielleicht einzige Nutzen aller Philoso-
> phie der reinen Vernunft ist also wohl nur negativ: da sie
> nämlich nicht als Organon zur Erweiterung, sondern als
> Disciplin zur Grenzbestimmung dient und, anstatt
> Wahrheit zu entdecken, nur das stille Verdienst hat,
> Irrthümer zu verhüten.»
>
> Kant, *Kritik der reinen Vernunft* (B 823)

Weder die Kategorien noch die Ideen sind beliebig verwendbare begriffliche Werkzeuge oder verfügbare Gegenstände des Denkens. Die
Kritik der reinen Vernunft stellt ihren (Erfahrungserkenntnis möglich
machenden) transzendentalen Sonderstatus heraus und bestimmt
die Grenzen für ihren legitimen Gebrauch. Sowohl die Anwendung
der Kategorien wie auch die regulative Verwendung der Ideen ist auf
die «Insel», auf die sinnlich anschaubare Welt der Erscheinung begrenzt. Alle Erkenntnis ist eingeschränkt und bleibt bezogen auf Gegenstände möglicher Erfahrung, d. h. auf die Anschauungen der empirischen Realität in Raum und Zeit. Unser Wissen richtet sich auf
Erfahrungen und auf die apriorischen Voraussetzungen der Erfahrung, nicht aber auf die Dinge an sich. Die Kategorien sind kein ge-
eignetes Werkzeug, um die Grenzen der Erfahrung zu transzendieren. Ohne zugrunde liegende Anschauung werden die Kategorien
missbraucht und sind dann nichts weiter als ein «elendes Namensre-
gister». Ähnlich verhält es sich mit den Ideen, die in ihren zulässigen
Ordnungsfunktionen missbraucht und zu «Blendwerken» werden,
wenn sie von ihrem bereits kategorial bestimmten Erfahrungsmaterial, auf das sie stets bezogen bleiben, losgerissen und über die Grenzen der Erfahrung hinausgehend verselbständigt und transzendent
interpretiert werden. Die theoretische Philosophie verfügt über
kein metaphysisches Wissen vom Wesen der Dinge. Die alte Metaphysik des Abendlandes ist zertrümmert.

Kant stellt die Kränkung heraus, die es für die menschliche Vernunft bedeutet, dass sie in ihrem reinen (spekulativen, metaphysischen) Gebrauch nichts ausrichtet und zudem noch einer eigenen Disziplin bedarf, um ihre «Ausschweifungen zu bändigen» (B 823). Andererseits ist die disziplinierende Zensur der Vernunft eine Selbstzensur, keine Fremdzensur, und das von ihr zu errichtende «System der Vorsicht und Selbstprüfung» (B 739) gibt ihr als ihre eigene Leistung zu Recht wieder erhebendes «Zutrauen». Im letzten Absatz der *Kritik der reinen Vernunft* steht der programmatische, ins Offene weisende Satz: «Der *kritische* Weg ist allein noch offen.» (B 884)

Es muss aber doch, so Kant, einen «Quell von positiven Erkenntnissen» geben, die in das Gebiet der reinen Vernunft fallen. Diese gesuchten Erkenntnisse sind es wohl, die trotz aller Blendwerke und Irrtümer, trotz aller Rückschläge, das Ziel des unermüdlichen Strebens abgeben, dennoch irgendwo über die Grenze der Erfahrung hinaus festen Fuß zu fassen. «Vermuthlich wird auf dem einzigen Wege, der ihr [der reinen Vernunft] noch übrig ist, nämlich dem des *praktischen* Gebrauchs, besseres Glück für sie zu hoffen sein.» (B 824)

II. ETHIK UND POSTULIERTE METAPHYSIK

Der gute Wille

> «Es gibt überall nichts in der Welt, ja überhaupt auch außer derselben zu denken möglich, was ohne Einschränkung für gut könnte gehalten werden, als allein ein *guter Wille*. Verstand, Witz [etwa: Findigkeit], Urtheilskraft und wie die *Talente* des Geistes sonst heißen mögen, oder Muth, Entschlossenheit, Beharrlichkeit im Vorsatze als Eigenschaften des *Temperaments* sind ohne Zweifel in mancher Absicht gut und wünschenswerth; aber sie können auch äußerst böse und schädlich werden, wenn der Wille, der von diesen Naturgaben Gebrauch machen soll und dessen eigenthümliche Beschaffenheit darum *Charakter* heißt, nicht gut ist.»

> Kant, *Grundlegung zur Metaphysik der Sitten* (GMS, 393)

Kants Ethikkonzeption der praktischen, das Handeln betreffenden Vernunft basiert auf den Voraussetzungen seiner theoretischen Philosophie. Die *Kritik der reinen Vernunft* hat die traditionelle Metaphysik aus den Angeln gehoben. Die vorgängige Erkenntnis einer höheren Welt bietet für die Begründung einer Ethik kein mögliches Fundament mehr. Ein Wissen vom Wesen metaphysischer Wirklichkeiten wie (platonische) Idee, Gott, Weltganzes oder Seele kommt als Ausgangspunkt für eine Moralphilosophie nicht mehr in Frage.

Kants zentrales Anliegen bleibt der Nachweis, dass Freiheit nicht nur ohne Widerspruch denkmöglich ist, wie die Auflösung der dritten Antinomie durch den Lehrbegriff des transzendentalen Idealismus gezeigt hat, sondern auch denknotwendig. Freiheit aber ist ein metaphysischer Gegenstand. Weder die alte Metaphysik noch das empirische Denken (etwa die von der Anthropologie untersuchten Lebenswelten) helfen hier weiter. Kant sieht die Lösung in der Grundlegung zu einer neuen Metaphysik, im Auffinden eines neuen Fundaments zu einer «Metaphysik der Sitten».

Für die ganz andere Dimension der Freiheit spricht, dass es nicht nur ein Sein der Natur gibt, sondern auch ein moralisches Sollen, das sich aus der Natur nicht erklären lässt. «Es mögen noch so viel Naturgründe sein, die mich zum *Wollen* antreiben, noch so viel sinnliche Anreize, so können sie nicht das *Sollen* hervorbringen.» (B 576) Von der Natur lässt sich nur sagen, was jeweils ist, nicht, was sein soll. «Wir können gar nicht fragen, was in der Natur geschehen soll.» (B 575) Das Sein der Natur steht nicht unter der moralischen Aufforderung eines Sollens, das nur unter der Voraussetzung von Freiheit erfüllt werden kann.

In einem ersten Schritt bestimmt Kant in der von ihm propädeutisch verstandenen *Grundlegung zur Metaphysik der Sitten* (1785) das «*oberste* Princip aller Moralität» (GMS, 392). Er will dieses Prinzip in seiner «absoluten Nothwendigkeit» darlegen und den Grund der Verbindlichkeit «*a priori* lediglich in Begriffen der reinen Vernunft» (GMS, 389) aufzeigen. Die von Verderbnis bedrohten Sitten bedürfen zwingend allgemeingültiger Gesetze, die für jedes vernünftige

Wesen gültig sind. Gesucht wird ein Apriori des praktischen Vernunftgebrauchs. Kant geht zunächst von einem weit verbreiteten Vorverständnis dessen aus, was moralisch als gut gilt – es ist der «gute Wille» –, um aus der Analyse dieser Vorgabe Aufschluss über das Prinzip aller Moralität, das er kategorischen Imperativ nennen wird, zu erhalten.

Der gute Wille gilt allenthalben als das unbedingt Gute. Beliebige Eigenschaften des Menschen können äußerst böse und schädlich werden, wenn die «Grundsätze» eines guten Willens fehlen. Der Verbrecher kann beispielsweise die Tugend der Selbstbeherrschung in den Dienst seiner Tat stellen. Entscheidend sind auch nicht die Dinge, die der Mensch anstrebt, sondern ob sein Wollen an sich gut ist. Auch wenn bei größter Anstrengung die Ziele verfehlt werden, so würde der gute Wille doch seinen vollen Wert in sich selbst behalten. Nützlichkeit oder Vergeblichkeit können ihm weder etwas hinzufügen noch etwas wegnehmen.

Der gute Wille ist daran zu erkennen, dass nicht aus Neigung oder aus Furcht gehandelt wird, sondern aus «Pflicht». Kant bringt hier das Beispiel des ehrlichen Kaufmanns. Der Kunde wird von Letzterem nicht übervorteilt; es ist aber möglich, dass der Kaufmann nur aus Vorsicht nicht betrügt und nicht aus «Grundsätzen der Ehrlichkeit». Eine solche in Wirklichkeit eigennützige Handlung ist zwar äußerlich «pflichtmäßig» (pflichtgemäß), aber sie geschieht nicht «aus Pflicht». Es handelt sich lediglich um eine selbstsüchtige, auf den eigenen Vorteil bedachte Gesinnung. Die Handlung als bloßes Faktum sagt nichts über ihre Moralität aus, sondern nur die Handlung, die von einem bestimmten Wollen veranlasst wird.

Kant lässt Neigungen aller Art (wechselnde Bedürfnisse, lästige Gefühle, sinnliche Antriebe) nicht als moralische Motive des Willens gelten, weil sie unzuverlässig sind. So ist auch die «aus unmittelbarer Neigung», aus der «weichherzigen Theilnehmung» des Mitleids motivierte Wohltätigkeit nicht moralisch. Es kann sein, dass ich wohltätig bin, um mich an meinen eigenen Werken zu ergötzen oder um mir einen selbstsüchtigen Vorteil zu verschaffen.

Kant bringt das Beispiel eines von eigenen Sorgen schwer belasteten lobenswerten Menschen: «Gesetzt also, das Gemüth jenes Men-
schenfreundes wäre vom eigenen Gram umwölkt, der alle Theilnehmung an anderer Schicksal auslöscht, er hätte immer noch Vermögen,
andern Nothleidenden wohlzuthun, aber fremde Noth rührte ihn
nicht, weil er mit seiner eigenen g[e]nug beschäftigt ist, und nun, da
keine Neigung ihn mehr dazu anreizt, risse er sich doch aus dieser
tödtlichen Unempfindlichkeit heraus und thäte die Handlung ohne
alle Neigung, lediglich aus Pflicht, alsdann hat sie allererst ihren
ächten moralischen Werth.» (GMS, 398)

Eine Handlung aus Neigung hat «keinen sittlichen Wert», keinen
«sittlichen Gehalt» (GMS, 398). Erst einer Handlung aus Pflicht
ohne alle Neigung, unabhängig von jedem Gefühl der Lust oder Unlust, wird von Kant ein «echter moralischer Wert» zugesprochen.
«Neigung ist blind und knechtisch, sie mag nun gutartig sein oder
nicht, und die Vernunft, wo es auf Sittlichkeit ankommt, muß nicht
blos den Vormund derselben vorstellen, sondern, ohne auf sie Rücksicht zu nehmen, als reine praktische Vernunft ihr eigenes Interesse
ganz allein besorgen.» (KpV, 118)

 Es ist die Konsequenz dieser rigorosen gefühlsabweisenden Auffassung, die schon Schiller kritisiert, dass in einem umfassenderen
Sinn das Streben nach Glückseligkeit insgesamt aus der Grundlegung der Ethik ausgeschlossen wird. Glückseligkeit, ein vielseitiges,
unbestimmtes «Princip der Selbstliebe» (KpV, 22) ohne gemeinsamen Nenner, kann weder moralisches Motiv noch Kriterium der
Ethik sein. Die Ethik ist keine Glückseligkeitslehre (Eudämonis-
mus). Der Mensch kann nur die Würdigkeit, glücklich zu sein, erringen. Aristoteles' Ethik der Glückseligkeit und Kants Ethik der
Pflicht bilden ganz gegensätzliche Konzepte.

Laut Kant ist nur derjenige Wille gut, der die Pflicht tut um der
Pflicht willen. Da beim Menschen das Wollen nicht schon automa-
tisch mit der Moralität zusammenfällt, muss er sich gegen seine Neigungen zwingen. Er muss sich als Vernunftwesen über sich als Sinnenwesen erheben. Der Terminus Wille, der nicht mit der
unbestimmten Beliebigkeit der Willkür zu verwechseln ist, meint

bei Kant ein Vermögen der Vernunft. Er hat mit dunklen irrationalen Triebkräften nichts zu tun. «Ein jedes Ding der Natur wirkt nach Gesetzen. Nur ein vernünftiges Wesen hat das Vermögen, *nach der Vorstellung* der Gesetze, d. i. nach Principien, zu handeln, oder einen *Willen*. Da zur Ableitung der Handlungen von Gesetzen *Vernunft* erfordert wird, so ist der Wille nichts anders als praktische Vernunft.» (GMS, 412) Wenn die Vernunft den Willen sicher bestimmt, dann ist der Wille ein Vermögen, das nur dasjenige wählt, was die Vernunft unabhängig von der Neigung als gut erkennt. «Der Wille ist eine Art Causalität lebender Wesen, so fern sie vernünftig sind.» (GMS, 446)

Das unbedingt Wertvolle, das uneingeschränkt Gute kann nur im Prinzip des Wollens liegen. Für dieses Prinzip, das ein subjektiv geltender Handlungsvorsatz ist, verwendet Kant den Terminus «Maxime». Der moralische Wert liegt in der verallgemeinerungsfähigen Maxime des Handelns und nicht in einer bestimmten Zielsetzung oder der Realisierung eines bestimmten Zwecks. «Eine Handlung aus Pflicht hat ihren moralischen Werth *nicht in der Absicht*, welche dadurch erreicht werden soll, sondern in der Maxime, nach der sie beschlossen wird, hängt also nicht von der Wirklichkeit des Gegenstandes der Handlung ab, sondern blos von dem *Prinzip* des *Wollens*, nach welchem die Handlung unangesehen aller Gegenstände des Begehrungsvermögens geschehen ist.» (GMS, 399f.)

Eine Maxime ist ein Vorsatz, in vergleichbaren Situationen nach einer bestimmten Regel zu handeln. Eine Maxime kann beispielsweise lauten: Immer dann, wenn ich in einer misslichen Lage bin, befreie ich mich aus ihr durch ein lügenhaftes Versprechen. Diese Regel dient eindeutig der Annehmlichkeit des Lebens und folgt dem Prinzip der Selbstliebe. Kant fragt nun: Wie muss die Maxime beschaffen sein, um dem Willen die unbedingte, die allgemeingültige Ausrichtung auf Moral statt auf Selbstliebe zu geben?

Eine Maxime ist dann moralisch gut, wenn sie zu einer Handlung aus Pflicht führt, wenn sie sich an einem Wollen orientiert, das strikt von allen möglichen individuellen Neigungen oder Absichten unabhängig ist. Diese Unabhängigkeit eines objektiven reinen Willens behält eine Gesetzmäßigkeit zurück, die in ihrer Allgemeinheit nur formal sein kann. Alle möglichen Absichten, Gegenstände oder Ziele, an denen der Wille ein Interesse haben könnte, jedes nur denkbare inhaltliche «materielle Princip», scheidet als moralischer Bestimmungsgrund des Willens aus. Für eine auf Moral ausgerichtete Maxime, für eine Handlung aus Pflicht, bleibt nur das «formelle Princip des Wollens überhaupt» (GMS, 400) übrig, nur die «bloße *Form* einer allgemeinen Gesetzgebung» (KpV, 27).

Das gesuchte moralische Gesetz kann nur ein formales Gesetz sein, dessen Vorstellung den Willen bestimmen muss, damit dieser «schlechterdings und ohne Einschränkung» gutheißen kann: «Ich soll niemals anders verfahren als so, *daß ich auch wollen könne, meine Maxime solle ein allgemeines Gesetz werden.*» (GMS, 402) Diese allgemeine Gesetzmäßigkeit der Handlungen überhaupt, die Kant im weiteren Verlauf als «kategorischen Imperativ» expliziert, dient als «Kompaß», um in allen vorkommenden Situationen unterscheiden zu können, was gut und böse, was pflichtgemäß oder pflichtwidrig ist. Ein vernünftiges Wesen soll seine Maxime als praktisches allgemeines Gesetz denken.

Das Kriterium, ob eine Maxime moralisch ist, liegt in der jeweiligen Verallgemeinerungsfähigkeit dieses subjektiven Prinzips. «Was ich also zu thun habe, damit mein Wollen sittlich gut sei, dazu brauche ich gar keine weit ausholende Scharfsinnigkeit. Unerfahren in Ansehung des Weltlaufs, unfähig auf alle sich eräugnende Vorfälle desselben gefaßt zu sein, frage ich mich nur: Kannst du auch wollen, daß deine Maxime ein allgemeines Gesetz werde? Wo nicht, so ist sie verwerflich und das zwar nicht um eines dir oder auch anderen daraus bevorstehenden Nachtheils willen, sondern weil sie nicht als Princip in eine mögliche allgemeine Gesetzgebung passen kann.» (GMS, 403)

Die menschliche Vernunft als praktisches Vermögen hat einen leitenden Einfluss auf den Willen. Ihre höchste, «wahre Bestimmung», besteht darin, einen «an sich selbst guten Willen hervorzubringen» (GMS, 396). Der gute Wille ist nicht durch das, was er ausrichtet, gut, sondern allein durch sein Wollen selbst. Der Bestimmungsgrund für dieses Wollen ist ein objektives Prinzip, ein formales Gesetz a priori. Der Wille ist gut, wenn seine Handlung aus Pflicht, d. h. «aus Achtung» für dieses allgemeine Gesetz geschieht. Selbst wenn der gute Wille bei größter Anstrengung, unter Aufbietung aller Mittel, nichts ausrichten würde, «so würde er wie ein Juwel doch für sich selbst glänzen, als etwas, das seinen vollen Werth in sich selbst hat» (GMS, 394).

Der kategorische Imperativ

Der Mensch, der als Vernunftwesen handeln soll, kann seine Moralität nicht von Neigungen bestimmen lassen. Der Ausgangspunkt einer methodisch durchgeführten, moralischen Selbstreflexion muss der Begriff der reinen praktischen Vernunft sein. Nur dieser strenge Ausgangspunkt kann den weit verbreiteten «ekelhaften Mischmasch von zusammengestoppelten Beobachtungen und halbvernünftelnden Principien» abschütteln, an dem sich «schale Köpfe laben», weil er «fürs alltägliche Geschwätz» brauchbar ist (GMS, 409). Die populären Blendwerke der Philosophie propagieren, je nach gerade bevorzugtem Geschmack, beliebige ethische Prinzipien: «Von diesem etwas, von jenem auch etwas.» (GMS, 410)

Ein «Desiderat von der höchsten Wichtigkeit» ist für Kant eine «völlig isolirte Metaphysik der Sitten, die mit keiner Anthropologie [aufgrund empirischer Menschenkenntnisse], mit keiner Theologie, mit keiner Physik oder Hyperphysik, noch weniger mit verborgenen Qualitäten (die man hypophysisch [übernatürlich] nennen könnte) vermischt ist» (GMS, 410). Eine Metaphysik der Sitten, die nicht schwankt, lässt sich weder durch Erfahrung noch durch ein vorgeblich transzendentes Wissen begründen. «Aus dem Angeführten erhellt», sagt Kant, «daß alle sittlichen Begriffe völlig *a priori* in der Vernunft ihren Sitz und Ursprung haben [...], daß in dieser Reinigkeit ihres Ursprungs eben ihre Würde liege, um uns zu obersten praktischen Principien zu dienen.» (GMS, 411)

Wäre der Mensch Gott, so hätte er einen «heiligen Willen»

(GMS, 414), d. h. einen guten Willen schlechthin. Er hätte gar nicht
die Möglichkeit, unvernünftig zu handeln, weil sein Handeln dann
nicht von Trieben, Affekten und Neigungen mitbestimmt werden
würde. Da im Begriff Gott Vernunft und Wille zusammenfallen, gibt
es für ein so gedachtes Wesen keine Nötigung, vernünftig zu handeln. Die göttliche Vernunft bestimmt «unausbleiblich» den Willen.
«Das *Sollen* ist hier am unrechten Orte, weil das *Wollen* schon von
selbst mit dem Gesetz nothwendig einstimmig ist.» (GMS, 414)

Im Menschen bestimmt die Vernunft den Willen nicht hinläng-
lich. Der Wille ist den Gründen der Vernunft nicht notwendig
folgsam. Die menschliche Doppelnatur schwankt zwischen Ver-
nunftbestimmung und sinnlichen Antrieben. Insofern aber der
Mensch sich primär als Vernunftwesen versteht, muss er durch
Gründe der Vernunft seinen Willen zwingen («nöthigen»). Das Verhältnis der objektiven Vernunftgesetze zu einem noch von subjektiven Motiven bestimmten, noch nicht wirklich guten Willen stellt
eine Nötigung dar. Der Wille *soll* aufgrund der objektiven Gesetze
der Vernunft bestimmt, d. h. (wenn nötig) gegen seine Neigungen
gezwungen, zur Vernunft gebracht werden. Der als vernünftiges
Wesen handelnde Mensch hat aus Achtung vor dem Gesetz die
Pflicht, sich gegebenenfalls gegen seine Bedürfnisse zu entscheiden.
«Die Vorstellung eines objectiven Princips, sofern es für einen Willen nöthigend ist, heißt ein Gebot (der Vernunft) und die Formel
des Gebots heißt *Imperativ*. Alle Imperativen werden durch ein *Sollen*
ausgedrückt.» (GMS, 413)

Kants Auffassung, dass der Mensch eine ursprünglich böse Willensrichtung hat, verschärft die Dramatik der Nötigung, des
Kampfes gegen die starke sinnliche Natur. Im Menschen, so heißt es
in der Schrift *Die Religion innerhalb der Grenzen der bloßen Vernunft*
(1793), besteht ein zutiefst habituell gewordenes «radical Böses», ein
in seiner (intelligiblen) Selbstverschuldung letztlich unerforschli-
cher, die ganze Gattung umfassender «natürlicher Hang zum Bösen»
(Rel., 30). Die böse «Widerstrebung» gegen das moralische Gesetz
meint die bis zur Maxime in Stufen steigerbare Neigung des Menschen, die moralische Ordnung der Motive umzukehren und nur

dann dem Gesetz folgen zu wollen, wenn es ihm Nutzen und Vergnügen bereitet. Der Mensch in seiner Gattung betrachtet ist also dadurch böse, dass er die Motive der Selbstliebe und ihre Neigungen zur Bedingung der Befolgung des Gesetzes macht. Die verkehrte Unterordnung der Vernunft unter die Sinnlichkeit, diese Umkehr der moralischen Ordnung, bedeutet für Kant eine «Verkehrtheit (*perversitas*) des menschlichen Herzens» (Rel., S. 32), die mit «seelenverderbenden Grundsätzen die Gesinnung insgeheim untergräbt» (Rel., 57). «Das eigentliche Böse aber besteht darin: daß man jenen Neigungen, wenn sie zur Übertretung anreizen, nicht widerstehen will, und diese Gesinnung ist der wahre Feind.» (Rel., 58 Anm.) Böse ist der Mensch, wenn er das Bewusstsein des moralischen Gesetzes hat und sich trotzdem – als Maxime – vornimmt, davon – und sei es nur gelegentlich – abzuweichen. Die böse Willensausrichtung, die Abwendung vom moralischen Gesetz als Disposition, ist das «radical Böse», das den Grund aller Maximen verdirbt. Kants Religionsschrift stellt die (nicht als Erbsünde verstandene) tief verwurzelte Negativität der Menschennatur heraus, mit der seine Vernunftethik als Gegebenheit und als Gegenmacht rechnet.

Das moralische Gesetz ist der kategorische Imperativ (auch: «Imperativ der Pflicht» genannt), der das Wollen unbedingt bestimmt. Das Gesetz ist rein formal. Um es in seiner bloßen Form benennen zu können, streicht Kant sämtliche inhaltlichen Bestimmungen. Was bei diesem Abstraktionsprozess übrig bleibt, ist die bloße formale Gesetzmäßigkeit der Vernunft selbst. Das Herausdestillierte ist die Form der erfahrungsunabhängigen, objektiven Gültigkeit a priori, die eins ist mit Allgemeinheit und Notwendigkeit. «Nun bleibt von einem Gesetze, wenn man alle Materie, d. i. jeden Gegenstand des Willens, (als Bestimmungsgrund) davon absondert, nichts übrig, als die bloße *Form* einer allgemeinen Gesetzgebung.» (KpV, 27) Der kategorische Imperativ als Begriff der reinen praktischen Vernunft behält «nichts als die Allgemeinheit eines Gesetzes überhaupt übrig, welchem die Maxime der Handlung gemäß sein soll» (GMS, 421).

Kant unterscheidet zwischen dem kategorischen und dem hypothetischen Imperativ. Dem hypothetischen Imperativ geht es um die Beschaffung von Mitteln für bestimmte Zwecke. Diese Zweck-Mittel-Rationalität hat die Form: Wenn du das und das willst, dann musst du so und so verfahren. Anders als bei diesem Werkzeugdenken, bei dem alles bedingt ist und um eines anderen willen geschieht, geht es beim kategorischen Imperativ ohne eigenes Interesse bedingungslos nur um diesen selbst. Das Sittengesetz gilt unter allen Umständen («kategorisch») und nicht unter einer bestimmten Voraussetzung («hypothetisch»). Es verlangt ein absolutes Wollen aus Pflicht, das seinen Wert einzig und allein in sich selbst hat. Die Autorität, die «du sollst» gebietet, ist die eigene Vernunft, die das unbedingt zu befolgende Gesetz dem Wollen gibt und dieses dadurch (im Gegensatz zur beliebigen Willkür) zu einem Vernunftwillen macht.

Kant drückt den kategorischen Imperativ, der «ein einziger» ist, in verschiedenen Formeln aus. In der *Grundlegung zur Metaphysik der Sitten* lassen sich im Wesentlichen drei Versionen unterscheiden. Die erste Version lautet: «Handle nur nach derjenigen Maxime, durch die du zugleich wollen kannst, daß sie ein allgemeines Gesetz werde.» (GMS, 421; vgl. 402) In der *Kritik der praktischen Vernunft* verwendet Kant in Anlehnung an diese erste Version lediglich eine Formulierung, die als seine berühmteste gilt: «Handle so, daß die Maxime deines Willens jederzeit zugleich als Princip einer allgemeinen Gesetzgebung gelten könne.» (KpV, 30)

Der kategorische Imperativ schreibt vor, bei einer bevorstehenden Handlung zunächst eine Maxime zu bilden, also eine subjektive Regel, die auch für ähnliche Fälle gelten soll, und dann diese Maxime auf ihre objektive, für alle Vernunftwesen geltende, universale und widerspruchsfreie Verallgemeinerbarkeit zu überprüfen. Es wird durch den kategorischen Imperativ nicht die einzelne konkrete Handlung beurteilt, sondern immer die Maxime dieser Handlung. Wenn ich aufgrund meiner Überprüfung nicht wollen kann, dass mein subjektiver Handlungsvorsatz ein allgemeines Gesetz wird, muss ich die Maxime verwerfen und die Handlung unterlassen.

Die aus dem Dienstverhältnis der Neigungen emanzipierte Vernunft gebietet aus Pflicht, «aus Achtung vor dem Sittengesetz», was geschehen soll. Der «Kanon der moralischen Beurteilung» lautet: «Man muß *wollen können*, daß eine Maxime unserer Handlung ein allgemeines Gesetz werde.» (GMS, 424) Der Imperativ der Pflicht ähnelt in der strengen Allgemeinheit seiner Form der Gesetzmäßigkeit einer Naturordnung. Die Maximen, so lautet die Analogie, müssen so gewählt werden, «als ob sie wie allgemeine Naturgesetze gelten sollten» (GMS, 436; vgl. 421), d. h. genauso unausweichlich und allgemeingültig zu sein haben.

Die zweite Version des kategorischen Imperativs lautet: *«Handle so, daß du die Menschheit sowohl in deiner Person, als in der Person eines jeden andern jederzeit zugleich als Zweck, niemals bloß als Mittel brauchst.»* (GMS, 429)

Mit «Menschheit» meint Kant den Begriff eines mit Vernunft begabten Wesens überhaupt, also nicht nur die Summe aller möglichen, faktisch existierenden Menschen in Raum und Zeit. Der Begriff steht für das empirisch nicht zu erfassende reine Wesen des Menschen, für das, wodurch der Mensch eigentlich Mensch oder «Person» ist. Das Dasein eines jedes vernünftigen Wesens hat einen absoluten Wert, oder, wie Kant auch sagt, es ist ein «Zweck an sich selbst» (GMS, 428). Der «übersinnliche Mensch» in uns, also die Menschheit in jeder Person, ist das unverfügbare «Subjekt des moralischen Gesetzes». «In der ganzen Schöpfung kann alles, was man will, und worüber man etwas vermag, auch *blos als Mittel* gebraucht werden; nur der Mensch und mit ihm jedes vernünftige Geschöpf ist *Zweck an sich selbst*. Er ist nämlich das Subject des moralischen Gesetzes, welches heilig [unverletzlich] ist, vermöge der Autonomie seiner Freiheit.» (KpV, 87)

Das Subjekt des moralischen Gesetzes soll in der Person des anderen Menschen wie auch in der eigenen Person geachtet werden. Der Mensch ist immer als Selbstzweck anzusehen und darf niemals ausschließlich als nützliches Ding, niemals lediglich als Mittel zum Zweck gebraucht werden. «Selbst nicht von Gott.» (KpV, 131) Das Werkzeugdenken allein, die Zweck-Mittel-Rationalität der hypothetischen Imperative, wird, sofern es auf den Menschen selbst angewandt wird, dem vernünftigen Wesen als Subjekt des moralischen Gesetzes nicht gerecht. Kein Mensch darf einen anderen Menschen instrumentalisieren. Die Rigorosität von Kants Ethik steht für die Nicht-Relativierbarkeit dieses moralischen Gesetzes.

Als Person hat der Mensch einen «innern Werth, d. i. *Würde*» (GMS, 435). Würde ist ein Wert jenseits aller Nützlichkeit, jenseits aller Dinghaftigkeit. Der Mensch verdient als Mensch und nicht aufgrund seiner Brauchbarkeit, seines «Marktpreises» (vgl. GMS, 434) Achtung. «Das moralische Gesetz ist *heilig* [unverletzlich]. Der Mensch ist zwar unheilig genug, aber die *Menschheit* in seiner Person muß ihm heilig sein.» (KpV, 87) Alle Dinge haben einen Preis, allein der Mensch hat Würde.

Vorsorglich weist Kant darauf hin, dass die reine Gesinnung des Gesetzes nicht mit der «trivialen» Goldenen Regel verwechselt werden darf. Diese Regel besagt: Was du nicht willst, das man dir tu, das füg' auch keinem andern zu. Für Kant bleibt dieser Grundsatz der Zufälligkeit egoistischer individueller Neigungen verhaftet. Die zweite Formel des kategorischen Imperativs zielt auf die Hervorbringung der Gesinnung einer universalen Zwischenmenschlichkeit. Die unabhängig von Vorteilskalkülen geltende unbedingte Achtung der Menschenwürde ist das Ziel.

Aus dem für Kants Ethik zentralen Gedanken der «Autonomie des Willens» folgt die dritte Version des kategorischen Imperativs: Handle «nur so, daß der Wille durch seine Maxime sich selbst zugleich als allgemein gesetzgebend betrachten könne» (GMS, 434). Entscheidend ist: Der vernünftige Wille wird von keiner fremden Instanz genötigt, sondern er gehorcht nur sich selbst, d. h., er bringt sich in Übereinstimmung mit sich selbst. Zwar ist der Wille dem Gesetz verpflichtet, aber er selbst ist der Gesetzgeber. Der Wille ist autonom. Er ist «als gesetzgebend keinem Willen eines andern unterworfen» (GMS, 433). Bislang, so hebt Kant hervor, sah man den Menschen lediglich durch die Pflicht an Gesetze gebunden, «man ließ es sich aber nicht einfallen, daß er *nur seiner eigenen und* dennoch *allgemeinen Gesetzgebung* unterworfen sei» (GMS, 432). Der Handelnde soll sich in die Gesinnung eines (von der Sinnenwelt unabhängigen) Gesetzgebers aus Vernunftgründen heben, der zugleich sich selbst befiehlt und sich selbst gehorcht. Die ideale Vorstellung einer systematischen Verbindung aller vernünftigen Wesen, die im gemeinsamen moralischen Gesetz gründet und die die Würde der Person achtet, nennt Kant ein mögliches «allgemeines Reich der Zwecke». Jedes vernünftige Wesen macht sich durch seine moralische Gesetzgebung zu einem autonomen Glied in der Zielperspektive dieser übersinnlichen Welt (*mundus intelligibilis*). «Ein solches Reich der Zwecke würde nun durch Maximen, deren Regel der kategorische Imperativ allen vernünftigen Wesen vorschreibt, wirklich zu Stande kommen, *wenn sie allgemein befolgt würden*.» (GMS, 438)

Aus dem kategorischen Imperativ spricht die eigene und zugleich allgemeine, auf sich selbst hörende Vernunft, frei von aller Fremdbestimmung. «Die Vernunft bezieht also jede Maxime des Willens als allgemein gesetzgebend auf jeden anderen Willen und auch auf jede Handlung gegen sich selbst und dies zwar nicht um irgend eines andern praktischen Bewegungsgrundes oder künftigen Vortheils willen, sondern aus der Idee der *Würde* eines vernünftigen Wesens, das keinem Gesetze gehorcht als dem, das es zugleich selbst giebt.» (GMS, 434)

Freiheit – eine andere Ordnung der Dinge

Das Bewusstsein des moralischen Gesetzes nennt Kant eine «urspünglich gesetzgebende» Tatsache der Vernunft, ein «Factum der Vernunft». Das Gesetz kann wegen seiner Ursprünglichkeit nicht hinterfragt werden. Die theoretische Vernunft kann den kategorischen Imperativ nicht weiter erklären. «Man kann das Bewußtsein dieses Grundgesetzes ein Factum der Vernunft nennen, weil man es nicht aus vorhergehenden Datis der Vernunft [...] herausvernünfteln kann, sondern weil es sich für sich selbst uns aufdringt.» (KpV, 31) Die objektive Realität des moralischen Sollens kann weder durch theoretische Spekulation bewiesen, noch unterstützend durch Erfahrung bestätigt werden «und steht dennoch für sich selbst fest» (KpV, 47).

Kant geht einen entscheidenden Schritt in Richtung Metaphysik weiter. Das bedingungslos gebietende Gesetz, das wir in uns vorfinden, muss mit der Vorstellung verbunden sein, dass es durch unser Handeln auch erfüllt werden kann: Du kannst, denn du sollst. Diese Vorstellung ist keine andere als die der Freiheit, also die eine der großen Ideen der Metaphysik. Die Freiheit «offenbart sich» durch das moralische Gesetz. Das Gesetz ist «die Bedingung […] unter der wir uns allererst der Freiheit *bewußt werden* können» (KpV, 4 Anmerkung).

Der kategorische Imperativ setzt Freiheit als Autonomie voraus, «d. i. die Eigenschaft des Willens, sich selbst ein Gesetz zu sein» (GMS, 447). Mit Freiheit meint Kant hier ausdrücklich Autonomie durch Vernunft, nicht die Heteronomie durch willkürlich sich durchsetzende Neigungen. «Ein freier Wille und ein Wille unter sittlichen Gesetzen [ist] einerlei.» (GMS, 447) Das moralische Gesetz, das Faktum der Vernunft, lässt erkennen (als *ratio cognoscendi*, als Erkenntnisgrund), dass es Freiheit gibt, ohne die das Gesetz in praktischer Hinsicht keine Bedeutung hätte. Die Freiheit ist «die einzige unter allen Ideen der speculativen Vernunft, wovon wir die Möglichkeit *a priori wissen*, ohne sie doch einzusehen, weil sie die Bedingung des moralischen Gesetzes ist» (KpV, 4). Für die theoretische Vernunft aber bleibt die objektive Realität der Freiheit problematisch, für die reine praktische Vernunft ist sie ein «Postulat», eine notwendige, aber nicht erweisbare Forderung.

Kant kehrt durch diese Postulatenlehre in weiteren Schritten zu den klassischen Themen der alten Metaphysik zurück, aber er transformiert sie zu einer postulierten Metaphysik. Diese neue Metaphysik der Postulate umfasst neben der Vernunftidee der Freiheit des Willens auch noch die Vernunftideen Unsterblichkeit der Seele und das Dasein Gottes. Für die spekulative Vernunft sind diese Ideen «völlig leer», für das Handeln aus praktischer Vernunft dagegen bekommen sie eine moralisch praktische Realität, so «als ob» ihre Gegenstände gegeben wären. Die wiedererrichtete Metaphysik wird einzig und allein auf das moralische Gesetz des kategorischen Imperativs gegründet. Von seiner Gültigkeit hängen sämtliche Postulate ab. Aus den hypothetischen Vernunftideen wird ein praktisch moralischer Vernunftglaube, der zu Kants Moraltheologie, zu seiner «Vernunftreligion» hinüberführt, wie er sie in *Die Religion innerhalb der Grenzen der bloßen Vernunft* (1793) entwickelt hat.

Im Zentrum aber steht der Autonomiegedanke, den Kant nicht mehr in Frage stellt. Kants Ethik ist eine Philosophie der Freiheit. Der Mensch ist frei, wenn er sein Wollen unter die Gesetzgebung seines wahren, über die sinnliche Erscheinung hinausgehenden Wesens bringt. Durch diesen überempirischen Standpunkt setzt sich der autonom handelnde Mensch in eine «ganz andere Ordnung der Dinge», er macht sich «zu einem Gliede einer intelligibelen Welt» (GMS, 454). Es ist eine Ordnung gänzlich außerhalb der Naturkette, «da er daselbst nur als Intelligenz das eigentliche Selbst (als Mensch hingegen nur Erscheinung seiner selbst) ist» (GMS, 457). Mit intelligibler Welt – Kant sagt auch «intellektuelle Welt» – ist «das Ganze vernünftiger Wesen, als Dinge an sich selbst» (GMS, 458) gemeint. Der Mensch als intelligibles Wesen gibt sich selbst als dem Sinnenwesen das moralische Gesetz. Als «Phänomenon» (Erscheinung) empfängt er das Gesetz, als «Noumenon» (Ding an sich) gibt er es sich.

Der Mensch ist als Vernunftwesen nur seiner eigenen moralischen Gesetzgebung, dem «kategorischen Imperativ», unterworfen. Durch das sittliche Handeln steht er außerhalb der Naturkausalität und ist frei von Fremdbestimmung. Kant sieht im Menschen gleichsam einen Bürger zweier Welten. Als empirisches Wesen gehört er der sichtbaren Sinneswelt an, als intelligibles Wesen dagegen der ganz anderen, von der Natur unabhängigen Vernunftwelt.

Kants praktische Philosophie fordert auf, ein Ich zu sein, eine Person: Sei keine Sache, sei Subjekt deines Wollens und behandle auch alle anderen als Personen und nicht bloß als Objekte! Lass dich nicht fremdbestimmen, sondern bestimme dich moralisch selbst! Handle als vernünftiges Wesen! Stimme mit dir, mit dem allgemeingültigen moralischen Gesetz, das in dir ist, überein!

Autonomie bedeutet für Kant ein Doppeltes: Freiheit und Pflicht. Einerseits meint Autonomie Unabhängigkeit des moralischen Wollens von allen äußeren Faktoren. Andererseits bedeutet Autonomie Abhängigkeit von der Normgebung der eigenen Vernunft. Es wäre ein grobes Missverständnis, unter Kants moralischem Freiheitsbegriff Willkürfreiheit zu verstehen. Die moralische Selbstbestimmung hat mit willkürlichen, subjektiven Interessen, mit Motiven eigener Neigungen nichts zu tun. Kants Forderung lautet vielmehr: Handle so, dass der Vorsatz (die Maxime) deines Handelns für alle Vernunftwesen gelten kann! Handle im Bewusstsein der Freiheit aus rechter Gesinnung (Pflicht)!

Mit dieser Freiheitslehre, dass die Vernunft sich selbst das unbedingt verpflichtende Gesetz des Handelns gibt, übt Kant – neben der kopernikanischen Wende seiner Erkenntnislehre sowie seiner Theorie über das Schöne und das Zweckmäßige (*Kritik der Urteilskraft*, 1790) – einen starken Einfluss auf die Philosophie und Dichtung seiner Zeit aus. Dies gilt insbesondere für den sogenannten «Deutschen Idealismus» etwa der Jahre 1781 (Erscheinungsjahr der Vernunftkritik) bis 1821 (Hegels *Philosophie des Rechts*).

Über «die große Idee der Selbstbestimmung» schreibt Schiller am 18. Februar 1793 emphatisch an den Dichter Theodor Körner: «Es ist gewiß von keinem sterblichen Menschen kein größeres Wort noch gesprochen worden, als dieses Kantische, was zugleich der Inhalt seiner ganzen Philosophie ist: Bestimme Dich aus Dir selbst; sowie das in der theoretischen Philosophie: Die Natur steht unter dem Verstandesgesetze.»[47]

Auch Hegel stellt in seinen einflussreichen *Vorlesungen über die Geschichte der Philosophie* die höchst wichtige Bedeutung von Kants Prinzip der Freiheit heraus: «Es ist ein großer Fortschritt, daß dies Prinzip aufgestellt ist, daß die Freiheit die letzte Angel ist, auf der der Mensch sich dreht, diese letzte Spitze, die sich durch nichts imponieren läßt, so daß der Mensch nichts, keine Autorität gelten läßt, insofern es gegen seine Freiheit geht.» (Hegel, GP III, 367)

Mit dem erschlossenen und postulierten Begriff Freiheit des Willens oder der Autonomie (beide Begriffe bedeuten dasselbe) hat bei

Kant «alle praktische Philosophie» ihre «äußerste Grenze» (GMS, 455) erreicht. Die theoretische Vernunft würde alle ihre Grenzen überschreiten, wenn sie erklären wollte, wie Freiheit möglich ist oder wie reine Vernunft praktisch sein kann. Freiheit ist kein Erfahrungsbegriff, sondern eine Idee, deren objektive Realität auf keine Weise auf Naturgesetze zurückgeführt werden kann. Freiheit kann «niemals begriffen» (GMS, 459) werden. «Wo aber Bestimmung nach Naturgesetzen aufhört, da hört alle *Erklärung* auf und es bleibt nichts übrig als *Vertheidigung*, d. i. Abtreibung der Einwürfe derer, die tiefer in das Wesen der Dinge geschaut zu haben vorgeben und darum die Freiheit dreust [dreist] für unmöglich erklären.» (GMS, 459)

Die Voraussetzung des kategorischen Imperativs ist Freiheit, aber wie diese in moralisch praktischer Hinsicht postulierte Idee der Freiheit selbst möglich ist, bleibt – theoretisch – unbegreiflich. Hier ist die «oberste Grenze aller moralischen Nachforschung», an der alles Wissen ein Ende hat. Am Schluss der «Grundlegung» heißt es: «Und so begreifen wir zwar nicht die praktische unbedingte Nothwendigkeit des moralischen Imperativs, wir begreifen aber doch seine *Unbegreiflichkeit*.» (GMS, 463)

Metaphysik der Menschenwürde

«Zwei Dinge erfüllen das Gemüth mit immer neuer und zunehmender Bewunderung und Ehrfurcht, je öfter und anhaltender sich das Nachdenken damit beschäftigt: *der bestirnte Himmel über mir und das moralische Gesetz in mir.* Beide darf ich nicht als in Dunkelheiten verhüllt, oder im Überschwenglichen, außer meinem Gesichtskreise suchen und bloß vermuthen; ich sehe sie vor mir und verknüpfe sie unmittelbar mit dem Bewußtsein meiner Existenz. […] Der erstere Anblick einer zahllosen Weltenmenge vernichtet gleichsam meine Wichtigkeit, als eines *thierischen Geschöpfs*, das die Materie, daraus es ward, dem Planeten (einem bloßen Punkt im Weltall) wieder zurückgeben muß, nachdem es eine kurze Zeit (man weiß nicht wie) mit Lebenskraft versehen gewesen. Der zweite erhebt dagegen meinen Werth, als einer *Intelligenz*, unendlich durch meine Persönlichkeit, in welcher das moralische Gesetz mir ein von der Thierheit und selbst von der ganzen Sinnenwelt unabhängiges Leben offenbart, wenigstens so viel sich aus der zweckmäßigen Bestimmung meines Daseins durch dieses Gesetz, welche nicht auf Bedingungen und Grenzen dieses Lebens eingeschränkt ist, sondern ins Unendliche geht, abnehmen läßt.»

Kant, *Kritik der praktischen Vernunft* (KpV, 161 f.)

Der autonome Mensch, die Ineinssetzung von Freiheit und Gesetz im Handeln, steht im Zentrum von Kants Ethik. Die Autonomie des Willens ist das «oberste Princip der Sittlichkeit» (GMS, 440).

Kants moralische Selbstreflexion hat sich von allen möglichen ontologischen Verankerungen losgerissen, so wie sie sich (aufgrund des Pflichtgedankens) zugleich von allen zufälligen und heteronomen, die empirischen Neigungen betreffenden Bestimmungsgründen des Willens losgesagt hat. Die einzige verbleibende Gewissheit einer moralischen Verbindlichkeit, die nach allen kritischen Säuberungen Bestand hat, ist das formale moralische Gesetz, der kategorische Imperativ, der um seiner selbst – um der «Würde des Gebots» (GMS, 425) – willen befolgt werden soll. Dieses Gesetz entstammt keiner äußeren, dem Menschen vorgegebenen metaphysischen Instanz (etwa von Gott), sondern der eigenen reinen praktischen Vernunft, oder allgemeiner gesagt, dem Prinzip der Vernünftigkeit aller nur möglichen vernünftigen Wesen.

Der kategorische Imperativ, abgeleitet aus dem allgemeinen Begriff eines vernünftigen Wesens, ist ein durch Reflexion (unter Ausschluss jeder Emotion und Empirie) errungener formaler Ausgangspunkt der Ethik, die Formulierung eines unbedingten Sollens. Zuallererst aus der Perspektive dieser Gewissheit des handelnden Menschen, der ganz auf die eigene Gesetzgebung, auf die Allgemeingültigkeit seiner vernünftigen Willensbestimmung gestellt ist, lassen sich neben der Freiheit des Willens weiterführende Annahmen über die großen metaphysischen Themen Gott und Unsterblichkeit postulieren. Das Erkennen, Kant spricht hier exakter vom Fürwahrhalten des «Vernunftglaubens», erfährt durch die praktische Philosophie eine Erweiterung, die der theoretischen Philosophie verwehrt bleibt. Am Ende steht kein Wissen, sondern ein postulierter Glaube. Es ist jetzt die Moralität aus der subjektiven Perspektive des Bewusstseins, die eine erneuerte Metaphysik fundiert, das heißt, es ist nicht mehr so wie bisher in der großen philosophischen Tradition, dass eine dogmatische Metaphysik aus der Perspektive des Seins (einer höheren Welt) die Moralität begründet. Bei Platon ist die Schau des Ewigen die Quelle, die die Moralität verbürgt, bei Kant ist umgekehrt die Moralität das unbedingt Erste (die höhere Welt eines übersinnlichen Gesetzes), das die Wirklichkeit des Ewigen zu bezeugen hat. Nur das moralische Bewusstsein mit seinen Begriffen Wille, Freiheit und Gesetz führt – nicht mehr als theoretisches Wissen, sondern als praktisch moralische Forderung – über die Welt der Erscheinungen hinaus. Die *Kritik der reinen Vernunft* bildet zwar die theoretische Grundlage von Kants Ethik, aber die Ethik erlangt als neue, metaphysikbegründende Instanz die hinreichend beglaubigte Deutungshohheit. Kant vollzieht eine Umwälzung in der Hierarchie der Vernunftanwendungen, weil alles Interesse der Vernunft zuletzt praktisch ist. Die praktische Vernunft erringt über die theoretische Vernunft den Primat.

Kants Ethik stellt den obersten Maßstab für das moralische Sollen auf, indem sie die Voraussetzungen und Quellen des Moralischen auf der Basis der Transzendentalphilosophie untersucht. Entscheidende Bedeutung kommt dem Lehrbegriff des transzendentalen Idealismus zu, wie er in der *Kritik der reinen Vernunft* entwickelt wird. Er besagt: Wir erkennen die Dinge nicht so, wie sie an sich sind, sondern nur so, wie sie uns in den Formen der Anschauung (Raum und Zeit) und des Denkens (Kategorien) erscheinen. Mit der Unterscheidung von Ding an sich und Erscheinung kann Kant die Reduktion des Menschen auf ein ausschließlich kausalbedingtes Naturwesen abwehren. Als Ding an sich, dies folgt aus der prinzipiellen Begrenztheit des Erkenntnisvermögens, entschlüpft der Mensch in seiner autonomen Persönlichkeit der dinghaften Welt der Natur und damit jeder auf Vergegenständlichung angewiesenen wissenschaftlichen Erklärung. Der transzendentale Idealismus lehrt, dass der Mensch nicht naturalisierbar ist. Auf der Ebene der Erscheinung, der empirischen Realität, ist er zwar allseitig kausal bestimmt: «Alle Veränderungen geschehen nach dem Gesetze der Verknüpfung der Ursache und Wirkung.» (B 232) Diese universelle kausale Bedingtheit aber ist ein apriorisches Produkt unseres Erkenntnisvermögens, unter der wir die Welt notwendig erkennen müssen. Auf der Ebene der Dinge an sich dagegen, wo die Kategorie der Kausalität keine Geltung hat, kann der übersinnlichen Freiheit des Willens in moralisch praktischer Absicht ein Platz gesichert werden.

Der Mensch ist noch etwas ganz anderes, als das, was er jemals über sich aus der Perspektive der empirischen Realität herausfinden könnte. Als Erscheinung gehört er der Sinnenwelt an, als geistiges, Zwecke setzendes und sich selbst Gesetze gebendes, frei wollendes Wesen aber der Vernunftwelt, der Welt der Dinge an sich oder, wie Kant auch sagt, dem «Reich der Zwecke». Der Mensch ist beides zugleich, er ist als Phänomenon der Natur unterworfen und als Noumenon ein freies Vernunftwesen. Die Idee von einer intelligiblen Welt führt zu einem «vernünftigen Glauben», «um durch das herrliche Ideal eines allgemeinen Reichs *der Zwecke an sich selbst* [...] ein lebhaftes Interesse an dem moralischen Gesetze in uns zu bewirken» (GMS, 462f.).

Die Autonomie des Willens ist der Grund der menschlichen Würde. Alles moralische Handeln erfolgt aus der Idee der Würde eines vernünftigen Wesens, das keinem Gesetz gehorcht als dem, das es sich zugleich selbst gibt. Die Würde eines jeden einzelnen Menschen ist ein unbedingter unvergleichbarer Wert. Für die Unbedingtheit dieser universal gedachten Menschenwürde tritt Kant in seiner Philosophie ein.

Die Würde des Menschen ist unantastbar, weil er Subjekt des moralischen Gesetzes ist. Der gute Wille, dessen Gesinnung an diesem Gesetz ausgerichtet ist, ist selbst im Scheitern weder funktionalisierbar noch kategorial identifizierbar. Unantastbar bleibt er jedem verdinglichenden Zugriff entrückt. Kant erhebt mit seiner Ethik Einspruch gegen die Reduktion des Menschen auf ein bloß empirisch dinghaft existierendes Sinnenwesen. Er wendet sich gegen alle Missachtung der Menschenwürde, insofern der Mensch nur als Mittel zum Zweck gebraucht wird. Er stellt sich gegen die Korruption des moralischen Gesetzes durch Kalküle der Annehmlichkeiten des Lebens. Kant plädiert stattdessen für die Freiheit der Person, für die Selbstbestimmung durch Vernunft. «Es ist nämlich etwas in uns, was zu bewundern wir niemals aufhören können, wenn wir es einmal ins Auge gefaßt haben, und dieses ist zugleich dasjenige, was die Menschheit in der Idee zu einer Würde erhebt, die man am Menschen als Gegenstande der Erfahrung nicht vermuthen sollte.» (Streit d. Fak., 58)

GEORG WILHELM FRIEDRICH HEGEL

«Der Geist ist die sittliche Wirklichkeit»[48]

Leben und Werk

Geboren am 27. August 1770 in Stuttgart, gestorben am 14. November 1831 in Berlin. – Philosoph, Universitätsprofessor, herausragender Systemdenker des deutschen Idealismus. – Ältester Sohn des herzoglichen Beamten (Rentkammersekretärs) Georg Ludwig Hegel (gest. 1799) und seiner gebildeten Ehefrau Maria Magdalena, geb. Fromm (gest. 1783). Hegel besucht mit fünf Jahren die Lateinschule, durchläuft als Musterschüler das Gymnasium und erwirbt sich eine gründliche humanistische Bildung; sein Lerneifer, der über das Schulpensum hinausgeht und durch zusätzlichen Privatunterricht noch gefördert wird, richtet sich auf viele Zweige des Wissens, insbesondere auch auf geschichtliche Zusammenhänge. Er eignet sich erste philosophische Grundkenntnisse (Logik) an, sammelt Auszüge des Gelesenen und führt ein zum Teil lateinisch geschriebenes Tagebuch.

1788 Aufnahme im Evangelischen Stift in Tübingen, wo er in strenger Ordnung Philosophie und Theologie studiert, zum näheren Freundeskreis gehören die «Stiftler» Hölderlin und Schelling, ihr gemeinsames, von einer umfassenden Freiheitsidee getragenes Interesse gilt der antiken griechischen Polis, den wahren Ursprüngen des

Christentums, Kants «Revolution der Denkungsart» sowie den Idealen der Französischen Revolution, die gesellschaftliche Umwälzung in Frankreich wird von vielen Studenten enthusiastisch begrüßt (noch in späteren Jahren schreibt Hegel: «Es war [...] ein herrlicher Sonnenaufgang. Alle denkenden Wesen haben diese Epoche mitgefeiert. Eine erhabene Rührung hat in jener Zeit geherrscht, ein Enthusiasmus des Geistes hat die Welt durchschauert», PG, 529). Im Stift wird er wegen seiner körperlichen Schwerfälligkeit «der alte Mann» oder «der Alte» genannt, am geselligen Leben der «Vierteleschlotzer» nimmt er gern teil (ein Kommilitone soll dem nächtlichen Heimkehrer zugerufen haben: «O Hegel, Du saufscht Dir g'wiß noch Dein ganz bißle Verstand vollends ab»[49]).

Von 1793 bis 1796 Hauslehrer in Bern und von 1797 bis 1801 in Frankfurt am Main, philosophischer Briefwechsel mit Hölderlin und Schelling, die Berner Zeit ist eine Zeit der Niedergeschlagenheit und Unentschlossenheit, 1796 Reise in die Berner Oberalpen («Der Anblick dieser ewig toten Massen gab mir nichts als die einförmige und in die Länge langweilige Vorstellung: *es ist so*», Frühe Schr., 618), in Frankfurt unter anderem Beschäftigung mit Nationalökonomie, Verabschiedung vom Polis-Ideal. Eine Erbschaft vom Vater befreit von der Notwendigkeit der Hauslehrertätigkeit und erleichtert den Beginn der akademischen Karriere.

1801 Umzug nach Jena, Habilitation mit einer Abhandlung über die Planetenumläufe. Hegel hält Vorlesungen über Logik, Metaphysik, Naturrecht, die Geschichte der Philosophie, Mathematik. Erste philosophische Veröffentlichung (*Differenz des Fichteschen und Schellingschen Systems der Philosophie*, worin er wie bisher Partei für Schelling ergreift, eigene Intentionen zeichnen sich aber bereits ab). Besuch bei Goethe. 1802/1803 gibt Hegel zusammen mit Schelling ein *Kritisches Journal der Philosophie* heraus, 1805 Ernennung zum außerordentlichen Professor für Philosophie (Goethe unterstützt Hegels Gehaltsforderung); er arbeitet 1806 noch am Vorabend der Schlacht bei Jena an der *Phänomenologie des Geistes*, der Wissenschaft von den Entwicklungsstufen des Bewusstseins von der niedrigsten Stufe der sinnlichen Gewissheit bis zur höchsten des absoluten Wissens. Die

Franzosen besetzen und plündern die Stadt, Napoleon selbst tritt in Erscheinung, Hegel bringt mit Mühe die noch fehlenden Manuskriptteile aus Jena heraus und sieht trotz seines Ungemachs nicht ohne Begeisterung im großen Feldherrn den Erben der Französischen Revolution, von dem er sich auch für Deutschland eine Erneuerung verspricht. In einem Brief vom 13. Oktober 1806 berichtet Hegel seinem langjährigen Freund Niethammer von den Ereignissen («den Kaiser – diese Weltseele – sah ich durch die Stadt zum Rekognoszieren hinausreiten; – es ist in der Tat eine wunderbare Empfindung, ein solches Individuum zu sehen, das hier auf einen Punkt konzentriert, auf einem Pferde sitzend, über die Welt übergreift und sie beherrscht», Briefe I, 120).

1807 Umzug nach Bamberg, wo Hegel erneut unter Geldnot leidet (Goethe schickt zehn Taler), Geburt des unehelichen Sohnes Ludwig Fischer (Hegel nimmt ihn 1817 in seine Familie auf), Redakteur der Bamberger Zeitung, beschäftigt sich mit Themen der Tagespolitik unter dem drückenden Diktat einer strengen Zensur («Zeitungsgaleere»). Die *Phänomenologie des Geistes* erscheint 1807 (Bruch mit Schelling). 1808 bis 1816 Gymnasialrektor in Nürnberg, wo er philosophische Propädeutik unterrichtet (redet jeden Schüler respektvoll mit «Herr» an), dankt Niethammer (Oberschulrat in München), weil dieser sich für einen durchweg humanistisch ausgerichteten Schulplan an Gymnasien einsetzt (Ausschließung der Realien und der modernen Sprachen aus den Gymnasien, sogenannter Philanthropismus-Humanismus-Streit); Hegel lobt die «Emporhebung des Studiums der Griechen», auf dem die europäische Kultur aufbaut, und begrüßt die «Ausmerzung aller der Schnurrpfeifereien von Technologie, Oekonomie, Papillonfangen u. s. f.» (Briefe I, 271).

1811 heiratet Hegel die zwanzig Jahre jüngere Marie von Tucher («Ich habe damit im ganzen [...] mein irdisches Ziel erreicht, denn mit einem Amte und einem lieben Weibe ist man fertig in dieser Welt», Briefe I, 386), 1813 und 1814 Geburt der Söhne Karl und Immanuel, im Hause herrscht offenbar ein harmonisches und geordnetes bürgerliches Leben, Hegel führt nach schwäbischer Sitte ein Haushaltungsbuch, in das er alle Ausgaben notiert, 1812 und 1816 erscheint in zwei Bänden die *Wissenschaft der Logik* («Es ist keine Kleinigkeit, im ersten Semester seiner Verheuratung ein Buch des abstrusesten Inhalts von 30 Bogen zu schreiben», Briefe I, 393). Von 1816 bis 1818 Professor der Philosophie in Heidelberg («Zu *einem* Kollegium hatte ich nur 4 Zuhörer», Briefe II, S. 147f.), 1817 *Enzyklopädie der philosophischen Wissenschaften im Grundrisse* (Vorlesungs-Kompendium, das erstmals das ganze System von Hegels Philosophie darstellt).

1818 bis zu seinem Lebensende mit eher konservativer, staatskonformer Gesinnung Professor der Philosophie in Berlin (Nachfolger auf dem Lehrstuhl von Johann Gottlieb Fichte), gewinnt trotz seines holprigen Vortrags ein großes Publikum, 1820/21 *Grundlinien der Philosophie des Rechts* (staatstheoretisches Hauptwerk mit Erscheinungsdatum 1821), zahlreiche Dokumente sprechen von einem geselligen Leben im Kreis bedeutender Freunde, Bekannter und Schüler in der Hauptstadt Preußens (wo man Wein aus Fingerhüten trinkt, wie es spaßhaft heißt). Hegel nimmt reges Interesse an Gemäldesammlungen, Konzerten und Theateraufführungen; verschiedene Kunstreisen führen ihn nach Den Haag und Amsterdam, außerdem nach Dresden, Prag und Wien («So lange das Geld, die italienische Oper und die Heimreise zu bezahlen, reicht, – bleibe ich in Wien!», Briefe III, 55), ferner nach Paris und Brüssel, auf der Rückreise von Paris Wiedersehen mit Goethe in Weimar («zwei alte treue Freunde», vgl. Eckermann, Gespräche mit Goethe am 18.10.1827 über das Wesen der Dialektik[50]). Zwischenzeitlich muss sich Hegel mit Verdächtigungen und Anfeindungen herumschlagen, von der katholischen Kirche etwa geht eine Beschwerde beim Kultusministerium wegen öffentlicher Verunglimpfung der Religion aus, denunziert wird zum Beispiel eine gegen das Dogma von der Transsubstantiation gewandte ironische Bemerkung («In der Kirche des Mittelalters, in der katholischen Kirche überhaupt ist die Hostie auch verehrt als äußerliches Ding, so daß, wenn eine Maus eine Hostie frißt, sie und ihre Exkremente zu verehren sind», GP II, 538), Hegel bekennt: «Wir Lutheraner – ich bin es und will es bleiben.» (GP I, 94) 1829 Rektor der Berliner Universität, seine Schrift *Über die englische Reformbill* (1831) behandelt aktuelle politische Probleme, die durch die französische Julirevolution von 1830 entstanden sind.

Hegel wird zu einer führenden Bildungsinstanz seiner Zeit, sein Einfluss reicht weit über die Philosophie hinaus und breitet sich schon zu Lebzeiten in Europa aus, zu seinem Ruhm tragen auch die mit großem Erfolg mehrfach gehaltenen Vorlesungen bei, die durch ihre ausführliche Darstellungsweise das Verstehen seiner Philosophie erleichtern helfen: *Vorlesungen über die Geschichte der Philosophie* (drei Bände), *Vorlesungen über die Ästhetik* (drei Bände), *Vorlesungen über die Philosophie der Religion* (zwei Bände) und *Vorlesungen über die Philosophie der Geschichte* (ein Band). 1831 stirbt Hegel, möglicherweise an der zu dieser Zeit in Berlin grassierenden Cholera.

Geist und Geschichte

> «Indem wir die Geschichte als diese Schlachtbank
> betrachten, auf welcher das Glück der Völker, die
> Weisheit der Staaten und die Tugend der Individuen zum
> Opfer gebracht worden, so entsteht dem Gedanken
> notwendig auch die Frage, wem, welchem Endzwecke
> diese ungeheuersten Opfer gebracht worden sind.»
>
> Hegel, *Vorlesungen über die Geschichte
> der Philosophie* (PG, 35)

Hegels Philosophie ist eine Philosophie des Geistes, eine die Empirie überschreitende metaphysische Ausdeutung des Absoluten als Geist. «*Das Absolute ist der Geist*; dies ist die höchste Definition des Absoluten.» (E III, 29) Die «absolute Tendenz» aller Bildung, Religion und Philosophie war es, diese «Definition» zu finden und (in der Entfaltung des philosophischen Systems) zu begreifen. Aus einem universalen geistigen «Drang» (PG, 73) muss letztlich die ganze Weltgeschichte einschließlich des sittlichen Lebens verstanden werden. «Alles, was im Himmel und auf Erden geschieht – ewig geschieht –, das Leben Gottes und alles, was zeitlich getan wird, strebt nur danach hin, daß der Geist sich erkenne, sich sich selber gegenständlich mache, sich finde, für sich selber werde, sich mit sich zusammenschließe.» (GP I, 42)

Das große Thema der Philosophie ist Hegel zufolge das Absolute. Entgegen der Tradition bestimmt er es nicht als etwas Jenseitiges, in sich Ruhendes, Überzeitliches, sondern als etwas, das in die Zeit, in die Endlichkeit, in die Geschichtlichkeit eingetreten ist. Der christliche, wenn auch neu interpretierte Hintergrund, die versöhnende Menschwerdung Gottes und die Geistwerdung des Menschen, ist erkennbar. Der göttlich-menschliche Geist erscheint als geschichtlicher Geist. Es ist das Absolute selbst, das eine geschichtliche Entwicklung durchläuft und dabei doch stets an die Aktivität, an das Denken endlicher Menschen gebunden und mit ihnen vermittelt bleibt. Der absolute Geist ist in seinen bewegten, sich entwickelnden Gestalten überindividuell und individuell zugleich zu verstehen, was in Hegels Philosophie durch mehrschichtige, einander entgegengesetzte und auf höheren Stufen wieder zusammenlaufende dialektische Reflexionen und Perspektiven zum Ausdruck kommt.

In der metaphysischen Konzeption einer Geschichte des Absoluten erreicht der Geist durch die «ungeheure Arbeit der Weltgeschichte», durch die «Arbeit aller vorhergehenden Generationen des Menschengeschlechts» (GP III, 465), das Wissen um sich selbst. Das gewöhnliche Wissen stellt sich nur den Gegenstand vor, ist vom Gegenstand eingenommen, an ihn gefesselt und richtet sich nicht zugleich auf sich, auf das Wissen selbst, auf das Wissen des Wissens. Im Sichselbstwissen aber ist der Geist erst bei sich selbst, ist von nichts Fremdem mehr abhängig und bedingt, durch die Selbstreflexion erst erkennt er sich als frei. Das Ziel des Geistes ist, die «Freiheit seines Wissens *hervorzubringen*» (E III, 234).

Der Geist ist auch das Sichselbstwissen des Individuums, aber er ist darüber hinaus weit mehr noch das Sichselbstwissen einer überindividuellen Dimension, der Dimension der Selbstreflexion des Absoluten. Die höchste Stufe, auf der der Geist sich als Geist weiß, wird in der Philosophie erreicht, die «das Denken des Denkens» (PG, 93) ist. Die Philosophie ist die höchste Wahrheit und Wirklich-

keit des Geistes, sein eigentliches Reich. «Die Geschichte der Philosophie ist das Innerste der Weltgeschichte.» (GP III, 456)

Der vollendete, selbstverwirklichte Geist lässt im *absoluten Wissen* die Zeit, das heißt jeden Prozess einer geschichtlichen Veränderung hinter sich. «Es ist von dem Absoluten zu sagen, daß es wesentlich *Resultat*, daß es erst am *Ende* das ist, was es in Wahrheit ist; und
hierin eben besteht seine Natur, Wirkliches, Subjekt oder Sichselbstwerden zu sein.» (Phän., 24) Zeitlich, geschichtlich gesehen ist
es ein weiter Weg mit großen Anstrengungen und Opfern, bis der
Geist sich zu seinem Wissen von sich selbst emporgearbeitet hat. Bis
dahin arbeitet und «wühlt» die Natur des Geistes im Innern aller
menschlichen Tätigkeiten wie ein «wackerer Maulwurf» (GP III, 456).

Nach Hegel ist es diese immense «Arbeit des Menschengeistes»,
die in der 2500-jährigen Geschichte der Philosophie im «Elemente
des Gedankens» schließlich darin gipfelt, dass der Geist sich als
Geist erkennt und zu sich findet. Sei es unbewusst, sei es bewusst,
der «Maulwurf» – das «Leben des Geistes» – drängt weiter, «bis er,
in sich erstarkt, jetzt die Erdrinde, die ihn von seiner Sonne, seinem
Begriff, schied, aufstößt, daß sie zusammenfällt» (GP III, 456). In der
entbehrungsreichen, aufopferungsvollen Weltgeschichte entwickelt
sich «im Tempel der selbstbewußten Vernunft», im lichtvollen begrifflichen Erkennen, wo alle Fremdheit durchsichtig geworden ist,
mit Notwendigkeit das Bewusstsein des Geistes von seiner Freiheit.

Die «Entwicklung des Geistes» (E III, 32), in der er sein Wesen,
die Freiheit, realisiert, verläuft in drei Stufen: Als *subjektiver Geist*
arbeitet er sich für sich zum Bewusstsein seiner Freiheit durch. Das
Kind beispielsweise, das noch in der unentwickelten Natürlichkeit
befangen ist, ist nur der Möglichkeit nach oder, wie Hegel auch in
Anlehnung an Aristoteles sagt, dem Begriff beziehungsweise der Anlage nach ein geistiger Mensch. «Der Geist ist zwar schon im An-
fange der Geist, aber er weiß noch nicht, daß er dies ist. [...] Zunächst ist er nur an sich Geist; sein Fürsichwerden bildet seine
Verwirklichung.» (E III, 33) Als *objektiver Geist* entfaltet er auf einer
überindividuellen Ebene die Freiheit in der von ihm hervorgebrachten Welt der kulturellen Schöpfungen des Rechts, der Moral und der

Sittlichkeit. Im objektiven Geist ist der Geist aus der Form der bloß innerlichen Subjektivität herausgetreten und entwickelt im Staat seine Freiheit zur real vorhandenen, gesetzlich verfestigten, allgemeinen sittlichen Welt. Als *absoluter Geist* vollendet er sein vollkommenes Sichselbstwissen in den Gestalten der Kunst, der Religion und der Philosophie. Die Philosophie, die letzte und höchste Gestalt, ist das Wissen des Wissens, der Gipfelpunkt der Reflexivität allen Wissens.

Wissen als Vermittlung

Erst die Entfaltung des philosophischen Systems vermag die Definition, die Bestimmung des Absoluten als Geist begreiflich zu machen. Nur in der ausgeführten Wissenschaft, die die bloß äußerlich angehäuften «Aggregate von Kenntnissen» (Phän., 11) überwindet, kommt es zum höchsten, zusammenhängenden Wissen. «Die wahre Gestalt, in welcher die Wahrheit existiert, kann allein das wissenschaftliche System derselben sein.» (Phän., 14) Die programmatische Bedeutung der berühmten und grundlegenden Vorrede zur zweiten Auflage der *Phänomenologie des Geistes* von 1831 liegt in der Absicht, die Philosophie als Wissenschaft zu begründen. Nur in der Wissenschaft weiß der Geist von sich als absolutem Geist. Nach Heidegger hat die 60-seitige Vorrede zusammen mit der Einleitung «nichts ihresgleichen in der Geschichte des abendländischen Denkens».[51]

Die Philosophie, so heißt es kritisch zu Beginn der «Vorrede», kann nicht auf einem Gefühl, einem «inwendigen Orakel» basieren. Die bloß gefühlte oder angeschaute Wahrheit wirft Köder zum Anbeißen aus, etwa das Schöne, das Heilige, das Ewige. Sowohl die «leere Tiefe» der religiösen, prophetischen Reden (Romantik) als auch die «leere Breite» des platten Verstandes, der die Tatsachen in ihrer vordergründigen Unmittelbarkeit zum Prinzip erhebt (Aufklärung), korrumpieren die «Arbeit des Begriffs» (Phän., 65). Das Sichberufen auf eine unmittelbare Offenbarung des Göttlichen wie auch die bequeme Orientierung an den festen Identitäten des sogenannten gesunden Menschenverstands ist weiter nichts als ein verwegenes Philosophiesurrogat, vergleichbar mit der «Zichorie» (Phän., 63), dem bloßen Kaffeeersatz. Die Philosophie, deren Element der Begriff und deren wahre Gestalt das wissenschaftliche System ist, muss sich hüten, «erbaulich sein zu wollen» (Phän., 17).

Hegels Kritik zielt auch auf das Erbe der neuzeitlichen Erkenntnistheorie. Die Philosophie wird durch das überkommene, tief eingewurzelte dualistische Denkschema Subjekt und Objekt – entweder erkennendes Subjekt oder erkanntes Objekt – beherrscht, das Hegel zufolge auf falschen Voraussetzungen beruht und das die Dinge zerreißt. Die gewichtige Dimension der notwendigen und anstehenden Überwindung dieses starren Schemas spricht Hegel durch den Grundsatz aus: Es kommt «alles darauf an, das Wahre nicht [nur und einseitig] als *Substanz*, sondern ebenso sehr als *Subjekt* aufzufassen und auszudrücken» (Phän., 23). Das Absolute ist kein Objekt, kein zu erkennendes gegenüberstehendes Ding, auch keine unbewegliche Substanz (wie bei Spinoza), sondern etwas, das sich tätig zu sich selbst verhält, geistig lebendig ist, als entwickelte wahrhafte Wirklichkeit um sich selbst als Subjekt – als Geist – weiß.

Die Intention von Hegels Geistphilosophie, die Substanz als Subjekt aufzufassen, meint die Reflexion auf die durch sämtliche Tätigkeiten des Menschen vermittelte gegenseitige Durchdringung von Subjekt und Objekt. Es geht um die Durchdringung oder das Übergreifen von Subjekt und Objekt im Erkenntnisprozess, die sowohl die Substanz (das Sein, die Wirklichkeit) in eine Welt für uns verwandelt als auch das Subjekt (sämtliche theoretische und praktische menschliche Tätigkeiten) in die Welt hineinholt und hineinbildet. Das Subjekt, das «Sichselbstwerden» wird weltlich, die Welt subjektiv, substantiell. Subjekt wie Objekt verändern sich in der Totalität des Ganzen, fließen im Denken als *Geist* zusammen und verlieren ihre abstrakte versteinerte Entgegensetzung im erscheinenden Absoluten.

An die Stelle eines Weltverständnisses aufgrund der Subjekt-Objekt-Spaltung tritt die reflektierte Wirklichkeit eines Vermittlungsprozesses, der für die Erkenntnis nicht mehr transzendierbar, wohl aber begreifbar, interpretierbar ist. Was im Vollzug dieser Vermittlung im Denken als Absolutes erscheint, ist Geist. Kurz gesagt: Geist ist weder Subjekt noch Objekt, sondern die Wirklichkeit der Vermittlung beider. Die logische und inhaltliche systematische Entfaltung dieses Prozesses der Vermittlung von Bewusstsein und Gegenstand, von Subjektivität und Objektivität, sowie das Bewusstwerden und Wissen dieser universalen Vermittlung macht die Philosophie des Geistes aus. Nicht mehr Kants transzendentale Apperzeption, die Einheit des «Ich denke», ist der höchste unhintergehbare Punkt jeder Erkenntnis, sondern die Vermittlung, der Vollzug der Überwindung des Gegensatzes von Subjekt und Objekt. Menschliches Erkennen und Handeln steht inmitten von Subjekt und Objekt übergreifenden Vermittlungsbezügen, inmitten einer Bewegung des Denkens, durch die auch die alten metaphysischen Abstraktionen, das «alte metaphysizierende Bewußtsein» (GP III, 429), verflüssigt werden. Die Möglichkeit, einen philosophischen Standpunkt außerhalb der Totalität der Vermittlungen einzunehmen, den Standpunkt etwa eines ersten unvermittelten Prinzips (z. B. Descartes «cogito ergo sum»), aus dem alles andere abgeleitet werden könnte, besteht für Hegel nicht.

Der falsche Dualismus von Subjekt und Objekt erzeugt zuallererst das erkenntnistheoretische Problem, wie das Subjekt die Kluft zum Objekt überwinden kann. Wird das Erkennen nach Art eines Werkzeugs (*órganon*) aufgefasst, das die Wahrheit instrumentell erzwingen soll, dann wird das Objekt durch die Erkenntnis verändert und es bleibt unerkennbar, wie der Gegenstand selbst beschaffen ist. «Es ist, als ob man mit Spießen und Stangen auf die Wahrheit losgehen könnte.» (GP III, 334) Ähnliches gilt für die Lehre, dass die Dinge nur im Medium der Anschauungs- und Denkformen erscheinen. In Kants *Kritik der reinen Vernunft* folgt daraus die Unerkennbarkeit des Dings an sich, mit der sich Hegel nicht abfinden will.

Hegels Einwand gegen neuzeitliche Erkenntnistheorien ist von grundsätzlicher Art. Eine der Erkenntnis vorausgehende Erkenntniskritik bewegt sich in einem Zirkel. Eine Theorie, die die Ausstattung der Erkenntnis kennenzulernen sucht, bevor sie zur Anwendung kommt, übersieht, dass eine solche Untersuchung selbst bereits erkennend verfahren muss. Ein solches Vorhaben wie beispielsweise Kants theoretisches Hauptwerk vergleicht Hegel mit dem Versuch eines Schülers, der schwimmen lernen will, ehe er sich ins Wasser wagt (vgl. GP III, 334). Es ist aber ungereimt, so lautet sein prinzipieller Einwand, etwas erkennen zu wollen, ehe man erkennt. Das Erkennen kann nicht hinter sich selbst zurückgehen.

Aus Hegels Konzeption der Welt als Vermittlung, als Geist, ergibt sich eine für sein Werk charakteristische radikale Kritik gegen ein abschlusshaftes, identifizierendes Denken. Die Kritik richtet sich gegen eine bestimmte Art des Verstandesgebrauchs, insofern sich dieser dogmatisch verabsolutiert und nicht mehr über sich hinauskommt. Der einseitige «tote Verstand» greift aus dem Kosmos möglicher Bestimmungen einen Aspekt heraus und identifiziert den komplexen, vielfach vermittelten Sachverhalt mit dieser Reduktion. Es geht darum, die Wahrheit nicht als «ausgeprägte Münze» aufzufassen, «die fertig gegeben und so eingestrichen werden kann» (Phän., 40).

Der kleine Text *Wer denkt abstrakt?* (Jen. Schr., 575 ff.) erläutert dies an einem Beispiel. Ein Mörder wird zur Richtstätte geführt und das gemeine Volk sieht in ihm nichts als dies Abstrakte, dass er ein Mörder ist. Abstrakt denken heißt hier, durch die Fixierung auf dieses eine Merkmal «alles übrige menschliche Wesen an ihm zu vertilgen» (Jen. Schr., 578). Hegels Antwort auf die Frage des Aufsatzes lautet: Der Ungebildete denkt «abstrakt» und begnügt sich mit einer festgelegten Identifizierung, einer Etikettierung, während der Gebildete «konkret» denkt, weil er die Fülle der Bestimmungen eines Gegenstands anerkennt und das Ganze der Wahrheit zu bedenken sucht. Sofern die abstrakte Vorstellung unmittelbar in eine Handlung übergeht, sagt Hegel: «Abstraktionen in der Wirklichkeit geltend machen, heißt Wirklichkeit zerstören.» (GP III, 331)

Das gemeine Denken, der sogenannte gesunde Menschenverstand, hat mit seinem «Aberglauben an Abstraktionen» (WL I, 86) auf die einzelnen Wissenschaften und sogar auf die Philosophie übergegriffen. Der platte Verstand baut auf die reine Identität isolierter fester Gegebenheiten, auf die Gewissheit des zum Prinzip erhobenen

Unmittelbaren. Was dieses «äußerliche Erkennen» gegenüber der lebendigen Totalität des Konkreten zustande bringt, ist Hegel zufolge die wissenschaftliche Organisation einer alles einordnenden «Tabelle, die einem Skelette mit angeklebten Zettelchen» gleicht oder einer Sammlung von in «Reihen verschlossenen Büchsen mit ihren angehefteten Etiketten in einer Gewürzkrämerbude» (Phän., 50f.).

Der Herrschaft der «isolierten Reflexion» (Jen. Schr., 2) liegen die Grundsätze der formalen zweiwertigen Logik zugrunde. Den starren logischen Grundsätzen der Identität und des Widerspruchs zufolge ist jeder Gegenstand, über den etwas ausgesagt werden kann, mit sich und mit nichts anderem identisch, allen anderen Gegenständen dagegen ist er entgegengesetzt. Für den trennenden Verstand mit seinem rigiden Entweder-Oder werden quantitative Bestimmungen maßgebend, alles beruht auf oberflächlichen Unterscheidungen, auf bloßen Vergleichungen, auf «begrifflosem Kalkulieren». «Das Ableiten der sogenannten Regeln und Gesetze, des Schließens vornehmlich, ist nicht viel besser als ein Befingern von Stäbchen von ungleicher Länge, um sie nach ihrer Größe zu sortieren und zu verbinden.» (WL I, 47) Die geistlose Tätigkeit der schlichten (wissenschaftlichen) Gemüter ist nicht mehr wert «als die spielende Beschäftigung der Kinder, von mannigfaltig zerschnittenen Gemälden die passenden Stücke zusammenzusuchen» (WL I, 47). Die Kenntnisse und Fertigkeiten des abstrakt denkenden Verstandes gleichen den Meinungen in Platons Höhlengleichnis, die über die Unmittelbarkeit der Schattenwelt nicht hinauskommen.

Solches Denken verkommt laut Hegel zu einem mechanischen «Rechnen» nach formallogischen Regeln. Qualitäten werden zu berechenbaren Quantitäten heruntergebrochen und in eine Rangfolge mit vermeintlichem Erklärungswert gebracht. Die dabei gemachte Voraussetzung, dass der Inhalt des Erkennens von seiner Form getrennt ist, wird nicht mehr hinterfragt. Der Zustand der Philosophie, die sich (beinahe) einer Erfahrungswissenschaft annähert, basiert auf dem «toten Gebein der Logik» (WL I, 48). Hegel bringt mit seiner Kritik zum Ausdruck, dass das weltunterwerfende Räderwerk der zweiwertigen formalen Logik die Inhalte konkreter Zusammenhänge methodisch spaltet oder «zerquetscht» und dabei die Erkennbarkeit des Absoluten, das System der Vermittlungen, ausschließt oder vor ihm kapituliert.

In der Philosophie bildet dieser Formalismus auf der etablierten Grundlage des Subjekt-Objekt-Denkens polare Begriffe aus wie Geist und Materie, Seele und Leib, Freiheit und Notwendigkeit oder, allgemeiner gesagt, Subjektivität und Objektivität. Die einander gegenüberstehenden Denkbestimmungen des Verstandes gelten als etwas absolut Festes, Unentstandenes, die durch einen unendlichen Abgrund voneinander getrennt sind. Schon in seiner frühen Schrift über die *Differenz des Fichteschen und Schellingschen Systems der Philosophie* sieht Hegel in diesem «absoluten Fixieren der Entzweiung durch den Verstand» das «Bedürfnis der Philosophie» wurzeln. «Solche festgewordenen Gegensätze aufzuheben, ist das einzige Interesse der Vernunft.» (Jen. Schr., 20ff.) In Hegels *Enzyklopädie der philosophischen Wissenschaften im Grundrisse* heißt es: «Der Kampf der Vernunft besteht darin, dasjenige, was der Verstand fixiert hat, zu überwinden.» (E I, 99) In diesem Kampf, in diesem Widerspruchsgeist gegen die «Verstandesmetaphysik», bei dem die Gedanken wieder flüssig und das Wissen um die Totalität der Vermittlungen reflexiv werden sollen, hat die Dialektik bei Hegel ihr Leben. Für diesen Kampf, durch den der Geist sich zu seinem Wissen von sich selbst emporarbeitet, steht die Metapher vom unterwühlenden «Maulwurf».

Während der rechnende Verstand die Begriffsbestimmungen nur in ihrer Abstraktion fasst und an ihrer Einseitigkeit und Endlichkeit affirmativ festhält, ist die Vernunft negativ und dialektisch, insofern sie der «geistlosen Identität» (E I, 18) der Fixierungen widerspricht und sie auflöst. Der Verstand unterscheidet, trennt, isoliert, die Vernunft ist das auf das Ganze bezogene übergeordnete Vermögen des dialektisch-spekulativen Denkens, das die Einheit in den Gegensätzen begreift. Das spekulative Denken der Dialektik – Dialektik als Gegenbegriff zum isolierenden Verstand – besteht darin, dass dieses Denken den Widerspruch nicht verleugnet, sondern ihn festhält, ihn in einer höheren Einheit «aufhebt». Die Vermittlung des

Widerspruchs zu einem neuen, höheren und reicheren Begriff nennt Hegel «Aufheben». Dieser wichtige Terminus hat die dreifache Bedeutung von «aufbewahren, *erhalten*», von «aufhören lassen, *ein Ende machen*» (WL I, 113f.) sowie von höher heben, *auf eine höhere Ebene bringen* (vgl. Berl. Schr., 540). Der aufgehobene Widerspruch verliert seine Unmittelbarkeit, ohne vernichtet zu sein. «Etwas ist nur insofern aufgehoben, als es in die Einheit mit seinem Entgegengesetzten getreten ist; in dieser näheren Bestimmung als ein Reflektiertes kann es passend *Moment* genannt werden.» (WL I, 114)

Die Dialektik geht über die Einseitigkeit und Beschränktheit der Verstandesbestimmungen hinaus. Durch den Widerspruch, der zu immer konkreteren begrifflichen Einheiten führt, kommen gerade die unberücksichtigten Bestimmungen eines Urteils, die Totalität aller übrigen, vom Verstand unterschlagenen Merkmale und Beziehungen in die Reflexion. Das Nichtidentifizierte, das Nichtidentische, erhebt Einspruch gegen seinen Ausschluss. Etwa das, was jener Mensch außerdem noch ist, außer dass er als Mörder gilt, erzwingt Beachtung. Der Widerspruch der Dialektik, der das «Tiefere und Wesenhaftere» gegenüber dem «toten Sein» der Identität ausmacht, ist die «Wurzel aller Bewegung und Lebendigkeit» (WL II, 75). Die Dialektik ist beides: einerseits die reale «unwiderstehliche Macht» (E I, 175), vor der nichts zu bestehen vermag, die Bewegung der Sachen selbst und andererseits die Methode der philosophischen Argumentation, mit der Hegel die Bewegung der Sachen selbst zum Ausdruck bringt. Der Terminus Dialektik umfasst sowohl das Denken als auch die Realität. «Was überhaupt die Welt bewegt, das ist der Widerspruch, und es ist lächerlich zu sagen, der Widerspruch lasse sich nicht denken.» (E I, 247)

Hegel stellt die «ungeheure Macht des Negativen» (Phän., 36) heraus, die das Dasein und Leben beherrscht. Alles Endliche ist der Negativität, dem Widerspruch ausgesetzt. Das Endliche hebt sich aufgrund seiner eigenen Natur auf und geht durch sich selbst in sein Gegenteil über. «Die wahrhafte Auffassung aber ist diese, daß das Leben als solches den Keim des Todes in sich trägt und daß überhaupt das Endliche sich in sich selbst widerspricht und dadurch sich aufhebt.» (E I, 173) Die Dialektik als philosophische Methode besitzt die Kraft, dem Negativen, dem Tod, ins Angesicht zu blicken und das Negative, das Widersprechende in seinen Bestimmungen zu fassen und auszuhalten. «Aber nicht das Leben, das sich vor dem Tode scheut und vor der Verwüstung rein bewahrt, sondern das ihn erträgt und in ihm sich erhält, ist das Leben des Geistes.» (Phän., 36) Die Qual des Leidens, der Schmerzen, der Seelenangst gehören zur Natur des Geistes dazu. Der Schmerz ist das Vorrecht lebendiger Naturen. Der Geist «gewinnt seine Wahrheit nur, indem er in der absoluten Zerrissenheit sich selbst findet» (Phän., 36).

Objektiver Geist

Hegel hat keine eigenständige Ethik verfasst. Die Ethik ist vor allem in die *Grundlinien der Philosophie des Rechts* und in die *Enzyklopädie der philosophischen Wissenschaften* (E III, §§ 483–552) eingeflossen. Beide Werke enthalten die zentrale Lehre vom *objektiven Geist*, die die Teile Recht, Moralität und Sittlichkeit umfasst. Zum (Selbst-)Verständnis Hegels gehört, dass nicht er es ist, der sich in seiner Philosophie ein Modell des Geistes ausdenkt, ein Modell, das auch ganz anders ausfallen könnte. Es ist vielmehr der allgemeine Geist selbst, der unweigerlich an der Zeit ist – der «Geist der Zeit» (GP III, 462) –, der sich in seinen Werken ausspricht, der sich selbst zum Inhalt, Gegenstand und Zweck hat.

Der objektive Geist überschreitet das innere Leben des bloß auf sich selbst gerichteten subjektiven Geistes. Der subjektive Geist geht in den objektiven Geist über und bringt sich als eine «äußerlich *vorhandene Welt* der Freiheit» (E III, 240) hervor. Durch das Tun aller Menschen, die auf mannigfaltige Art Geistiges in ihre gemeinsame Lebenswelt hineinformen, wird der Geist objektiv und trägt den Charakter des geschichtlich Hervorgebrachten. Im zwischenmenschlichen, vernunftdurchwirkten Handeln, in der Tradition der Bildung wie auch in der der Umformung der Natur durch körperliche Arbeit entsteht das gesamte, den Einzelnen übergreifende ideelle und materielle Gut der Kultur, durch das der aus sich herausgegangene Geist objektiv wird. Der objektive Geist nimmt in der äußeren Welt verfestigte Gestalt an. Er manifestiert sich in einer sittlich verfassten Welt, in der das «öffentlich Anerkannte», die «Gebote der Sittlichkeit und des Staates» gelten (Rph, 14).

Einerseits ist der objektive Geist durch die Individuen bedingt, die ihn (meist ohne ein Bewusstsein davon zu haben) hervorbringen, andererseits sind weit mehr noch die Individuen von dem unverfügbar vorgegebenen objektiven Geist durchdrungen und bestimmt, dessen Auswirkungen und Einflüssen sie sich nicht mehr entziehen können. Jeder Einzelne, jeder zunächst noch ungebildete freie Wille, wird in eine bereits vorhandene überindividuelle Realität von gesellschaftlichen Einrichtungen und kulturellen Schöpfungen hineingeboren und von diesen so tiefgreifend überformt und geprägt, dass Hegel von einer geschichtlich entstandenen *«zweiten Natur»* (Rph, 301; vgl. PG, 57) des Menschen spricht. Der dialektische Zusammenhang zwischen der Objektivierung des Geistes und der geistig kulturellen Selbstgestaltung der Menschen vollzieht sich im jeweils konkret existierenden staatlichen Rahmen des Rechts, der Moral und der Sittlichkeit.

Hegels Philosophieverständnis ist auf die Gegenwart ausgerichtet und konzentriert sich auf das, was (jetzt) ist, nicht auf das, was (morgen anders oder moralisch besser) sein soll. Es geht um das Ist, nicht um das Sollen. Die Philosophie, die sich mit dem Wahren beschäftigt, hat es «mit ewig Gegenwärtigem», mit dem frischen «Leben des gegenwärtigen Geistes» zu tun, in dem die Momente des Vergangenen wie in einem «Kreislauf von Stufen» unverloren aufgehoben sind. Der Geist «ist nicht vorbei und ist nicht noch nicht, sondern ist wesentlich jetzt» (PG, 105). Er manifestiert sich im Staat, dem «sittlichen Universum» (Rph, 26) des objektiven Geistes. Der Staat muss als *«ein in sich Vernünftiges»* (Rph, 26) erkannt werden und darf nicht (aufgrund untergeordneter, tatsächlich vorhandener, aber niemals restlos zu behebender Mängel) als eine erst zu konstruierende, sein sollende, ideale Wirklichkeit dargestellt werden. Das Sein des Staates ist der reale Inbegriff der Sittlichkeit, nicht das Sollen eines kategorischen Imperativs. Wenn ein Individuum seine Zeit, seine Gegenwart belehrend zu überspringen sucht, dann baut es sich eine Welt, die nur im beliebigen Meinen, «einem weichen Element» (Rph, 26), existiert. Es gilt einzusehen und bejahend anzuerkennen, dass durch die tätige Geistnatur des Menschen bereits jetzt Vernunft und Wirklichkeit zu einer konkreten Einheit zusammengewachsen sind.

Die Vernunft ist vorhandene Wirklichkeit, «und was wirklich ist, das ist vernünftig» (Rph, 24). Die keineswegs schwache Kraft der allgemeinen Vernunft, des objektiven Geistes, setzt sich, was Hegel in der Geschichtsphilosophie zu erweisen sucht, nicht nur mit dem, sondern auch gegen den Willen des Einzelnen gleichsam hinter dessen Rücken listig durch («List der Vernunft»). «Das *was ist* zu begreifen, ist die Aufgabe der Philosophie, denn das *was ist*, ist die Vernunft. Was das Individuum betrifft, so ist ohnehin jedes ein *Sohn seiner Zeit*; so ist auch die Philosophie *ihre Zeit in Gedanken erfaßt*.» (Rph, 26)

Hegels Terminus «Sittlichkeit» ist weiter entwickelt als der der «Moralität», der bloß subjektiven Selbstbestimmung. Mit Moralität kennzeichnet Hegel auch Kants Ethik, die er wegen ihres *«leeren Formalismus»* und ihrer «Rednerei von *der Pflicht um der Pflicht willen»* ablehnt. Die Pflicht hat bloß «das Bestimmungslose zu ihrer Bestimmung» (Rph, 252). Kants Standpunkt der subjektiven Autonomie, der durchaus ein «erhabener» ist, schließt laut Hegel aber eine inhaltliche, konkrete Pflichtenlehre aus, auf die es gerade ankomme. Die Forderung nach einer widerspruchslosen Verallgemeinerbarkeit einer Maxime bleibe inhaltsleer und abstrakt unbestimmt, so dass auch unrechtmäßige und unmoralische Handlungsweisen gerechtfertigt werden können: «Denn der Satz: Betrachte, ob deine Maxime könne als ein allgemeiner Grundsatz aufgestellt werden, wäre sehr gut, wenn wir schon bestimmte Prinzipien über das hätten, was zu tun sei. Indem wir nämlich von einem Prinzip verlangen, es solle auch Bestimmung einer allgemeinen Gesetzgebung sein können, so setzt eine solche einen Inhalt schon voraus, und wäre dieser da, so müsste die Anwendung leicht werden.» (Rph, 253 f.)

Wenn der «Inhalt» des Prinzips, also der Maxime, im Vorhinein schon feststeht, etwa «daß Eigentum und Menschenleben sein und respektiert werden soll», dann ergibt sich bei einem Diebstahl oder einem Mord ein Widerspruch zwischen Prinzip und Handlung. «Ein Widerspruch kann sich nur mit etwas ergeben, das ist, mit einem Inhalt, der als festes Prinzip zum voraus zugrunde liegt.» (Rph, 253) Hegel will Kants Standpunkt der subjektiven Freiheit zur moralischen Selbstbestimmung durchaus bewahren, ihn aber mit einem übergeordneten, bereits vorhandenen, inhaltlich normativen Kontext als dessen Bedingung der Möglichkeit vermittelt wissen. Dieser konkrete, gleichsam transzendentale Kontext ist der in der Gegenwart existierende Staat, der geschichtlich entstandene und Wirklichkeit gewordene objektive Geist. Der Staat verkörpert mit seinen rechtlichen Einrichtungen und moralischen Wertschätzungen die sittliche Lebenswelt eines Volkes, die den *inhaltlichen* Maßstab für jeden Handlungsvorsatz, für jede subjektive Prüfung der Verallgemeinerbarkeit einer Handlungsmaxime abgibt. Durch die philosophische Reflexion wird der in die staatliche Realität schon immer eingesenkte Geist ins Bewusstsein gehoben, ins Bewusstsein seiner Wirklichkeit gewordenen Freiheit. Die Sittlichkeit ist die Vereinigung der Subjektivität der Freiheit (moralische Selbstbestimmung) mit der vorgegebenen Objektivität allgemein anerkannter Vernünftigkeit.

Moralität und Sittlichkeit

Ein Verständnisschlüssel für Hegels ethische Reflexionen ist die «welthistorische Person» (GP I, 441) des Sokrates, in dessen Leben und Philosophie zwei Prinzipien in Kollision geraten. Beide Prinzipien, die insbesondere in der Philosophiegeschichte (GP I, 441–516) und in der Geschichtsphilosophie (PG, 428 ff.) dargelegt werden, finden in der Perspektive der weltgeschichtlichen Entwicklung einen versöhnenden, wenn auch nicht gänzlich konfliktfreien Ausgleich. Es sind die Prinzipien subjektive Freiheit und staatliche Ordnung.

In der Zeit vor Sokrates, so Hegel, herrscht in der griechischen Polis eine «unbefangene Sittlichkeit». Die Menschen sind mit ihrem Stadtstaat und dem ihm zugrunde liegenden Regelwerk des Zusammenlebens identifiziert. Die Gesetze gelten, weil sie Gesetze sind. Die Autorität der gesellschaftlichen Verfasstheit wird nicht in Frage gestellt. Die große geistige Erschütterung erfolgt durch Sokrates.

Das «revolutionäre» Prinzip von Sokrates besteht darin, dass der individuelle Mensch durch sein eigenes Denken zur allgemeingültigen Wahrheit gelangen muss. Das Bewusstsein schöpft jetzt das Wahre aus sich, zuvor war es als anerkanntes Sein vorhanden und in seiner Gültigkeit durch den Einzelnen nicht befragbar. Dadurch wird die Allgemeingültigkeit der Sittlichkeit auf das individuelle Denken gestellt und wird von dessen Begriffsbildung abhängig. Es vollzieht sich eine weltgeschichtliche Umwälzung. «Der Geist der Welt fängt hier eine Umkehr an.» (GP I, 468) Die Freiheit des Selbstbewusstseins, der autonome Wille, ist aufgegangen. Aus der Sittlichkeit wird Moralität. «Die Sittlichkeit ist unbefangen, die mit Reflexion verbundene Sittlichkeit ist Moralität.» (GP I, 445) Hegel nennt Sokrates wegen dieser geistigen Revolution den «*Erfinder* der Moral» (PG, 329). Die Athener vor Sokrates waren sittliche, keine moralischen Menschen. Ohne (subjektzentrierte) Reflexion waren sie «vortrefflich».

Auf tragische Weise stoßen fortan zwei berechtigte Mächte aufeinander: einerseits das göttliche Recht der unbefangenen Sitte, andererseits das ebenso göttliche Recht der subjektiven Freiheit mit dem Anspruch auf Wissen. Im Prinzip des Sokrates, in der «*für sich frei werdenden Innerlichkeit*» (PG, 326), sieht Hegel die «Frucht des Baums der Erkenntnis des Guten und Bösen». Die subjektive Freiheit, die Erkenntnis aus eigener Vernunft, die «das allgemeine Prinzip der Philosophie für alle folgenden Zeiten» (GP I, 447) wird, unterwandert und verdirbt die «substantielle Sittlichkeit» Athens (PG, 326). Die in höchster Blüte stehende griechische Epoche erscheint als Verderben. Ein Schwanken der Sitten setzt ein, das schon mit den Sophisten seinen Anfang nahm. Der Orientierung und Halt gebende Staat verliert seine Kraft. Das Individuum muss selbst für seine Sittlichkeit sorgen und erstmals selbst entscheiden, «d. h. es wird moralisch» (GP I, 470).

Das alte delphische Orakel des wissenden Gottes Apollo, der göttliche Zuspruch zur absolut geltenden sittlichen Ordnung des Staates, wird durch das Selbstbewusstsein des Menschen, durch die sich entwickelnde inwendige Instanz einer eigenständigen Prüfung der moralischen Begriffe ersetzt. Ein «anderer neuer Gott» (GP I, 503), ein Gott der inneren Gewissheit, verdrängt die Instanz der alten göttlichen Sittlichkeit. Das Individuum vollzieht seine Einsetzung zum wirklichen, frei denkenden und handelnden Subjekt, das die Gesetze und Normen nicht mehr einfach reflexionslos als Seinsgewissheit hinnimmt. Hegel zufolge widersetzt sich Sokrates mit seiner Person und seinem Prinzip dem Gemeinwesen, dessen Grundfesten er erschüttert, und verletzt als aufrührerischer Verbrecher das sittliche Leben seines Volks. «So ist die Anklage gegen Sokrates ganz richtig.» (GP I, 503)

Andererseits ist Sokrates der Heros, der das absolute Recht des neuen Prinzips für sich hat. Das Individuum Sokrates ist durch die Todesstrafe vernichtet, nicht jedoch das von ihm verkörperte Prinzip, das bestimmt ist, eine «neue höhere Wirklichkeit zu gebären» (GP I, 512). Die griechische Welt konnte das Prinzip der subjektiven Reflexion, den Widerspruch mit der unbefangenen Sittlichkeit, noch nicht ertragen. Der Geist des griechischen Volks löst sich auf, aber aus seiner Asche geht, gleichsam wie es im Bild des Phönix dargestellt wird, ein neues, verjüngtes Bewusstsein hervor. «Die Wahrheit des [Sokrates-]Prinzips ist, als Gestalt des Weltgeistes aufzutreten, als allgemeines.» (GP I, 512) Eine höhere geistige Welt geht auf, wird objektiv, reflektiert sich in sich.

Erst mit dem Christentum, so Hegel, kann das Prinzip der Subjektivität als Prinzip *aller* Menschen zur Grundlage von Gesellschaft und Staat werden. Das Prinzip, dass jeder Mensch vor Gott frei ist und einen «unendlichen Wert» hat, der alle Zufälligkeiten von Geburt und Nation aufhebt, tritt zum ersten Mal in der christlichen Religion in Erscheinung. «Aber dieses Prinzip auch in das weltliche Wesen einzubilden, das war eine weitere Aufgabe, welche zu lösen und auszuführen eine schwere lange Arbeit der Bildung erfordert. Mit der Annahme der christlichen Religion hat z. B. nicht unmittelbar die Sklaverei aufgehört, noch weniger ist damit sogleich in den Staaten die Freiheit herrschend, sind die Regierungen und Verfassungen auf eine vernünftige Weise organisiert oder gar auf das Prinzip der Freiheit gegründet worden. Die Anwendung des Prinzips auf die Weltlichkeit, die Durchbildung und Durchdringung des weltlichen Zustands durch dasselbe ist der lange Verlauf, welcher die Geschichte selbst ausmacht.» (PG, 31f.)

Das Prinzip des Sokrates, das als Widerspruchsgeist in die Welt der Geschichte eingesenkt bleibt, bringt nicht nur Widerspruch und Verderben, sondern auch Wiederherstellung und Aufbau. Im modernen Staat entwickelt sich der objektive Geist zu einer Vereinigung von Moralität und Sittlichkeit. Zwar steht auch dieser Staat noch in der Sphäre der Willkür, des Zufalls und des Irrtums, kann seine Mängel nicht gänzlich abstreifen, aber in die vorherrschende substantielle Sittlichkeit, in die konkrete Lebenswelt, ist unverlierbar das Recht der subjektiven Freiheit eingeschrieben. «Das Wesen des neuen Staates ist, daß das Allgemeine verbunden sei mit der vollen Freiheit der Besonderheit und dem Wohlergehen der Individuen, daß also das Interesse der Familie und bürgerlichen Gesellschaft sich zum Staate zusammennehmen muß, daß aber die Allgemeinheit des Zwecks nicht ohne das eigene Wissen und Wollen der Besonderheit, die ihr Recht behalten muß, fortschreiten kann. Das Allgemeine muß also betätigt sein, aber die Subjektivität auf der anderen Seite ganz und lebendig entwickelt werden. Nur dadurch, daß beide Momente in ihrer Stärke bestehen, ist der Staat als ein gegliederter und wahrhaft organisierter anzusehen.» (Rph, 407)

Die sittliche Lebenswelt – Familie, bürgerliche Gesellschaft, Staat

«Dadurch, daß ich mich [in der bürgerlichen Gesellschaft
bei der Befriedigung meiner Bedürfnisse] nach dem
anderen richten muß, kommt hier die Form der Allgemeinheit herein. Ich erwerbe von anderen die Mittel der
Befriedigung und muß demnach ihre Meinung annehmen.
Zugleich aber bin ich genötigt, Mittel für die Befriedigung
anderer hervorzubringen. Das eine also spielt in das andere
und hängt damit zusammen. Alles Partikulare wird
insofern ein Gesellschaftliches; in der Art der Kleidung, in
der Zeit des Essens liegt eine gewisse Konvenienz, die man
annehmen muß, weil es in diesen Dingen nicht der Mühe
wert ist, seine Einsicht zeigen zu wollen, sondern es am
klügsten ist, darin wie andere zu verfahren.»

Hegel, *Grundlinien der Philosophie des Rechts* (Rph, 349)

Die Sittlichkeit ist für Hegel das wirklich vorhandene «lebendige
Gute» (Rph, 292), die vorgegebene gemeinschaftliche Lebenswelt.
Zu den Einrichtungen der Sittlichkeit gehören die Familie, die bürgerliche Gesellschaft und der Staat. In diesen drei Institutionen oder
Rechtsformen des objektiven Geistes entfaltet sich die Wirklichkeit
des Guten. Was bisher geistig nur innerlich war, wird auch äußerlich real in einer geordneten gemeinschaftlichen Welt. Sowohl die
subjektive Freiheit, die Rechte der bewusst gewordenen Individualität, als auch die allgemein anerkannte Vernünftigkeit des Gemeinwesens sind in der sittlichen Lebenswelt vereint. Als zweite Natur
des Menschen durchdringt die objektive Sittlichkeit substantiell
das individuelle wie das gesellschaftliche Leben. «Die Sittlichkeit»,
schreibt Hegel, ist «*der zur vorhandenen Welt und zur Natur des Selbst-
bewußtseins gewordene Begriff der Freiheit*» (Rph, 292).

Die erste Gestalt der Sittlichkeit ist die *Familie*, der «*natürliche
sittliche Geist*» (Rph, 306). Die Familie prägt mit ihren gefühlsmä-
ßigen Bindungen den Menschen von klein auf. Er findet sich in ihr
als geliebtes und liebendes Mitglied einer Gemeinschaft vor. «Die
Familie hat als die *unmittelbare Substantialität* des Geistes seine sich

empfindende Einheit, die *Liebe*, zu ihrer Bestimmung.» (Rph, 307) Die Liebe hat die Bedeutung, sich in Einheit mit einem anderen zu empfinden, bejaht zu werden und zu wissen, dass man nicht isoliert ist. Die Familie ist ein «organisches Ganzes», deren Glieder durch «Liebe, Vertrauen und natürlichen Gehorsam (*Pietät*)» (Nürn. Schr., 245 f.) vereint sind.

Die Grundlage der sittlichen Natur ist die Ehe, die «rechtlich-sittliche Liebe». Die Ehe ist die freie Einwilligung von Mann und Frau, «*eine Person auszumachen*» (Rph, 310). Durch das Kind wird die Liebe gegenständlich. «Die Mutter liebt im Kinde den Gatten, dieser darin die Gattin; beide haben in ihm ihre Liebe vor sich.» (Rph, 326) Das Kind hat das Recht, ernährt und erzogen zu werden, weil es nicht durch Instinkt, sondern durch Erziehung sein freies Menschsein, seine denkende Vernunft erlangt. Insbesondere die frühkindliche Erziehung durch die Mutter ist laut Hegel wichtig, «denn die Sittlichkeit muß als Empfindung in das Kind gepflanzt worden sein» (Rph, 329). Erziehung und Bildung habitualisieren das Sittliche zur zweiten Natur des Kindes, das nur dem Begriff, nur der realen Möglichkeit nach ein sich selbst erfassender geistiger Mensch ist. «Die Pädagogik ist die Kunst, die Menschen sittlich zu machen: sie betrachtet den Menschen als natürlich und zeigt den Weg, ihn wiederzugebären, seine erste Natur zu einer zweiten geistigen umzuwandeln, so daß dieses Geistige in ihm zur *Gewohnheit* wird.» (Rph, 302) Durch die gebietende (nicht kindisch spielende) Erziehung wird dem jungen Menschen die Sitte, der «Geist eines Volks» (GP I, 488), einverleibt und geht durch Gewohnheit in Fleisch und Blut über.

Die Familie vollendet sich in den Stufen Ehe, Vermögen, Erziehung und Auflösung. Mit der Volljährigkeit des Kindes tritt eine Distanzierung und Entfremdung von der Familie ein, die für das Erlangen einer selbstbewussten Freiheit und für die Neugründung einer auf Eigentum bedachten eigenen Familie notwendig ist. Aus den Kindern sind selbstständige, lebenswelttaugliche, sittlich sozialisierte Persönlichkeiten geworden.

Zum deutlichen Verständnis: In Hegels Geistmetaphysik ist der objektive Geist unverfügbar. Einzelne Menschen können ihn nicht willentlich beherrschen, manipulieren oder verändern. Erziehung, die die freie Persönlichkeit intendiert, wird nur vordergründig von Erziehern gemacht oder bewirkt. Erziehung geschieht dem Individuum gleichsam schicksalhaft als Selbstvollzug des allem zugrunde liegenden substantiellen Geistes, des Geistes, der an der Zeit ist. Das Individuum erkennt sich im Laufe des Prozesses seiner Bildung im Geist der vorherrschenden allgemeinen Lebenswelt wieder und ist aufgrund dieser Wiedererkennung mit der sittlichen Lebenswelt versöhnt. Vom Blickwinkel des Geistes aus gesehen ist dieses versöhnliche individuelle Wissen Teil des allgemeinen Wissens, das der Geist von sich selbst herausbildet.

Die zweite Gestalt der Sittlichkeit, des objektiven Geistes, ist die *bürgerliche Gesellschaft*. Die Bürger sind Hegel zufolge selbstständige Personen, «Privatpersonen» (Rph, 343), die sich zur Befriedigung ihrer ökonomischen Bedürfnisse und vielseitigen Interessen aufeinander beziehen und ein gesellschaftliches «System allseitiger Abhängigkeit» (Rph, 340) begründen. «Die bürgerliche Gesellschaft [ist] der Kampfplatz des individuellen Privatinteresses aller gegen alle.» (Rph, 458) Der egoistische Vorteil, der persönliche Erfolg aufgrund von Leistung und Vermögen zählt. «In der bürgerlichen Gesellschaft ist jeder sich Zweck, alles andere ist ihm nichts.» (Rph, 339) Die anderen werden als nützliche «Mittel» für eigene Ziele eingespannt. Da dies in der «Form der Allgemeinheit» (Rph, 340) wechselseitig für alle gilt, wird ausgleichend (wenn auch in unterschiedlichem Ausmaß) der selbstsüchtige Zweck des anderen mitbefriedigt. Das Privatinteresse ist mit dem Wohl und Recht aller verflochten.

Die in der modernen Welt entstandenen Einrichtungen der bürgerlichen Gesellschaft bezwecken die Sicherung der Bedürfnisbefriedigung bei fortschreitender Bevölkerung und Industrie. Aus Eigennutz passt sich der Einzelne an das vorgegebene «System der *Bedürfnisse*» (Rph, 346) an, das den gesellschaftlichen Zusammenhang einer allseitigen Abhängigkeit schafft. Dabei werden die Bedürfnisse und Ansprüche immer größer. Auch kommen veränderte oder neue Bedürfnisse hinzu, hinter deren Hervorbringung häufig Gewinninteressen stehen. Die Bedürfnisse mit ihrer «ins Unendliche fortgehenden Vervielfältigung» (Rph, 349) wollen nicht nur elementar befriedigt, sondern zudem auf angenehmste, luxuriöse Weise zufriedengestellt werden. «Es ist zuletzt nicht mehr der Bedarf, sondern die Meinung, die befriedigt werden muß.» (Rph, 348)

Der Bürger, der Bourgeois, pocht auf seine Besonderheit, auf sein Recht. Da dies jeder tut, baut sich ein allgemeines «Sichgleichmachen» (Rph, 350) auf, das von der vermeintlich eigenen Meinung bis zur normierten Mode reicht. Das Prinzip des Individuellen, der Originalität, der Besonderheit geht in die Allgemeinheit über und entwickelt sich so zu einer nicht überschreitbaren Totalität, wodurch das Besondere abgeschliffen und nivelliert wird. Die Individuen verfolgen zwar ihre Privatinteressen, aber diese Interessen sind durch das, was allgemein gilt, vermittelt und entindividualisiert. «Alles Partikulare wird insofern ein Gesellschaftliches.» (Rph, 349)

Dem gesellschaftlich geformten und normierten Kampf aller gegen alle, der gegenseitigen Selbstbehauptung (Sicherung der materiellen Subsistenz, des Vermögens, des Wohlstands, des Luxus) ist mit intentional eingesetzten ethischen Mitteln nicht beizukommen. Eine Ethik in der Form von Sollensvorschriften ist gegenüber der Dynamik der Gesellschaft wirkungslos. Für den Bourgeois ist es am erfolgverprechendsten und klügsten, sich unabhängig von einem übergeordneten moralischen Prinzip (z. B. dem kategorischen Imperativ) an die gesellschaftlichen Gegebenheiten anzupassen und so zu sein und zu handeln wie alle anderen, beziehungsweise dem Anpassungsdruck (metaphysisch gesehen: dem Drang des objektiven Geistes) keinen Widerstand zu leisten. Die bürgerliche Gesellschaft ist «die ungeheure Macht, die den Menschen an sich reißt» (Rph, 386) und seine totale Konformität betreibt.

Zur Bewältigung der angewachsenen Bedürfnisse ist eine tiefgreifende Veränderung im Arbeitsprozeß notwendig. Durch die «*Teilung der Arbeiten*» wird die Produktion mehr und mehr spezialisiert und mechanisiert. Die Folge ist, «daß der Mensch davon [von der Produktion] wegtreten und an seine Stelle die *Maschine* eintreten lassen kann» (Rph, 352f.). Die Arbeitsteilung macht zwar das Arbeiten einfacher und erhöht die Produktion, zugleich aber wird «die *Abhängigkeit* und die *Wechselbeziehung* der Menschen für die Befriedigung der übrigen Bedürfnisse zur gänzlichen Notwendigkeit» (Rph, 352). Die «subjektive Selbstsucht» schlägt durch ihre allgemein gewordene Verkettung um in den «*Beitrag zur Befriedigung der Bedürfnisse aller anderen*» (Rph, 353). So erweist sich im Resultat der Egoismus der Begierde als eine Tätigkeit für das Gemeinwesen, die vom Individuum bewusst gar nicht intendiert war. Gleichsam hinter dem Rücken der Bürger ist in der Gesellschaft etwas objektiv Sittliches entstanden, das aber noch nicht zum Bewusstsein und zur Reflexion gefunden hat. Das System der Bedürfnisse entwickelt und erwirkt durch Arbeit und Bildung, durch die immanente Vernunft der menschlichen Tätigkeiten, ein sich selbst organisierendes Ganzes, eine sich durchsetzende (sich aber noch nicht selbst wissende) Sittlichkeit des objektiven Geistes.

Die ungleichen Voraussetzungen, die der Einzelne mitbringt (Kapital, Geschicklichkeit, Körperkraft, Bildung), um an dem allgemeinen Vermögen teilnehmen zu können, erzeugen die Ungleichheit der Menschen in der bürgerlichen Gesellschaft. Dem grenzenlosen Luxus einer machtvollen Minderheit, so Hegel weiter, steht eine «unendliche Vermehrung der Abhängigkeit und Not» (Rph, 351) gegenüber. Die Kluft zwischen den Erfolgreichen und Besitzenden, die die Reichtümer anhäufen, und der an die Beschränktheit und die Not der Arbeit «gebundenen Klasse» ist strukturell unüberbrückbar. Das Proletariat, oder noch extremer der «Pöbel» (Rph, 389), die niedrigste Weise der Subsistenz, ist von Reichtum und Genuss ausgeschlossen. Die Masse verarmt. Sie verliert dabei das Gefühl des Rechts und der Ehre. Schließlich wendet sie sich aufgrund der empfundenen Ungerechtigkeit mit innerer Empörung gegen die Gesellschaft. «Somit entsteht im Pöbel das Böse, daß er die Ehre nicht hat, seine Subsistenz durch seine Arbeit zu finden, und doch seine Subsistenz zu finden als sein Recht anspricht. Gegen die Natur kann kein Mensch ein Recht behaupten, aber im Zustande der Gesellschaft gewinnt der Mangel sogleich die Form eines Unrechts, was dieser oder jener Klasse angetan wird. Die wichtige Frage, wie der Armut abzuhelfen sei, ist eine vorzüglich die modernen Gesellschaften bewegende und quälende.» (Rph, 390)

Die bürgerliche Gesellschaft ist nicht reich genug, dem «Übermaße der Armut und der Erzeugung des Pöbels zu steuern» (Rph, 390). Die «Forderung der *Gleichheit*» bedeutet angesichts der «Unterschiede der Stände», die sich teilweise ohne Bürgerrechte mit Notwendigkeit ausbilden, ein wirkungsloses Sollen, das dem abstrakten, «leeren Verstande» (Rph, 354) angehört. Auch die Rechtspflege auf der Grundlage des bürgerlichen Rechts, die Polizei zur Sicherheit der Person und des Eigentums sowie die Korporation als genossenschaftliche, sittlich-solidarische Organisation können die von Wirtschaftskrisen und innerer Selbstzerstörung bedrohte bürgerliche Gesellschaft nicht wirklich befrieden. Die immanenten Widersprüche erweisen sich innerhalb der bürgerlichen Gesellschaft als unversöhnlich.

Um der industriellen Überproduktion von Konsumgütern und der gesellschaftlichen Auflösung Herr zu werden, expandiert die Gesellschaft in imperialer Absicht durch Gründung von Kolonien und Überseemärkten. «Durch diese ihre Dialektik [der Armut trotz ständig wachsenden Reichtums] wird die bürgerliche Gesellschaft über sich hinausgetrieben, zunächst *diese bestimmte* Gesellschaft, um außer ihr in anderen Völkern, die ihr an den Mitteln, woran sie Überfluß hat, oder überhaupt an Kunstfleiß usf. nachstehen, Konsumenten und damit die nötigen Subsistenzmittel zu suchen.» (Rph, 391) «Die bürgerliche Gesellschaft wird dazu getrieben, Kolonien anzulegen.» (Rph, 392) Dem Widerstreit zwischen Produktion und Konsumtion wird (letztlich vergebens) durch die Erschließung neuer Absatzmärkte begegnet. Verkehr und Handel begründen den Weltmarkt und erlangen welthistorische Bedeutung.

Die dritte Gestalt der Sittlichkeit, in der der objektive Geist sich manifestiert, ist bei Hegel der *Staat*. Als «*selbstbewußte* sittliche Substanz» (E III, 330) vereinigt er die Prinzipien der Familie und der bürgerlichen Gesellschaft, die er beide als «Momente» in sich enthält. Der Staat ist die «ungeheure Vereinigung der Selbständigkeit der Individualität und der allgemeinen Substantialität» (Rph, 91), der subjektiven Interessen der Einzelnen und der objektiven der Allgemeinheit, wobei das Allgemeine gegenüber dem Besonderen Priorität erhält. Das Leben im Staat ist die «*sittliche Welt*» (Rph, 15), die Grundlage und Verwirklichung etwa der Freiheit, des Rechts, der Arbeit, der Sitten, der Bildung, der Kunst, der Religion, der Wissenschaft. Der Staat umfasst alle Lebensbereiche, alle Gemeinschaftsformen.

Im Staat vollendet sich die objektive Sittlichkeit, die das Bewusstsein der Gesellschaft ergreift und den Einzelnen in seinem Wissen und Tun beseelt und mitreißt. Der Grund des Staates «ist die Gewalt der sich als Wille verwirklichenden Vernunft» (Rph, 403). Der Staat beruht auf dem Bewusstsein des lebendigen überindividuellen Vernunftwillens eines Volkes, das sich als Gemeinschaft weiß und will. Die metaphysische Kraft dieser sich wollenden Vernunft oder dieses sich reflektierenden Geistes nennt Hegel auch «sittliche Idee»: «Der Staat ist die Wirklichkeit der sittlichen Idee – der sittliche Geist, als der *offenbare*, sich selbst deutliche, substantielle Wille, der sich denkt und weiß und das, was er weiß und insofern er es weiß, vollführt.» (Rph, 398)

Die bürgerliche Gesellschaft ist deutlich vom Staat unterschieden. Die Bestimmung des Staates ist nicht wie bei der bürgerlichen Gesellschaft, das Eigentum oder die persönliche Freiheit zu schützen. Der Staat ist nicht dazu da, die Anhäufung von Geld zu fördern und abzusichern oder anderen privaten, akzidentellen Bedürfnissen zu dienen. Andernfalls wäre das selbstsüchtige Interesse des Bürgers der letzte Zweck der staatlichen Vereinigung. Der Bezug des Staates zum Einzelnen sieht ganz anders aus und ist von grundsätzlicher Bedeutung. Der Staat macht aus dem Menschen den substantiellen Menschen. Dadurch dass der Einzelne Mitglied eines Staates ist, durchdrungen vom objektiven Geist des Staates, gewinnt er zuallererst «Objektivität, Wahrheit und Sittlichkeit» (Rph, 399). «Die *Vereinigung* als solche ist selbst der wahrhafte Inhalt und Zweck, und die Bestimmung der Individuen ist, ein allgemeines [den Gemeinschaftsinteressen konformes] Leben zu führen.» (Rph, 399)

Im modernen Staatsorganismus, der einer Art Gesamtperson gleicht, weiß jeder, dass seine subjektive Freiheit integriert ist und erhalten bleibt. Zugleich akzeptieren alle (oder haben zu akzeptieren) die Priorität und die Autorität dieses sinnvollen Ganzen gegenüber den desintegrierenden Interessen Einzelner oder Vieler. Selbst ein Sichberufen auf das subjektive Wissen eines Gewissens als letzter Entscheidungsinstanz, eines Gewissens, das in sich und aus sich selbst zu wissen vorgibt, was Recht und Pflicht ist, kann der Staat nicht anerkennen. Das staatlich organisierte Leben, das aus dem Bewusstsein einer vernünftigen allgemeinen Sittlichkeit heraus geführt wird, trotzt den immanenten gesellschaftlichen Widersprüchen, dem blinden Geschehen der «Entzweiung der bürgerlichen Gesellschaft» (Rph, 397). Die Autorität und Macht der im sittlichen Staat verwirklichten Vernünftigkeit leitet und reguliert die bürgerliche Gesellschaft. Eine höhere, notwendige Ordnung des Geistes, die «objektive Sittlichkeit», unterwirft das Besondere dem Allgemeinen.

Die Selbstsucht wird der sich wissenden Vernunft beziehungsweise dem allgemeinen substantiellen Willen des Staates untergeordnet. «Der Staat ist als die Wirklichkeit des substantiellen *Willens*, die er in dem zu seiner Allgemeinheit erhobenen besonderen *Selbstbewußtsein* hat, das an und für sich *Vernünftige*.» (Rph, 399) Der Einzelne kann sich der höchsten, unbedingten Macht der Vernunft, dem Staat als Durchdringung des Substantiellen und des Besonderen, nicht entziehen. «Diese substantielle Einheit ist absoluter unbewegter Selbstzweck, in welchem die Freiheit zu ihrem höchsten Recht kommt, so wie dieser Endzweck das höchste Recht gegen die Einzelnen hat, deren *höchste Pflicht* es ist, Mitglieder des Staates zu sein.» (Rph, 399)

Der Staat ist nicht aus vernünftigen Überlegungen heraus entstanden, etwa durch den Abschluss eines Vertrags, sondern er zeigt sich als Realisierung der die Widersprüche vermittelnden Vernunft. Der Mensch ist erst dann wahrhaft frei, wenn er sich in den Staat als Moment des Geistes bewusst einordnet und weiß, dass er in den Gesetzen des Staates nichts Fremdem gehorcht, sondern einem Ganzen, zu dem er geistig selbst gehört. Die Freiheit, die sich im Staat verwirklicht, stellt eine höhere Dimension der Freiheit dar als die (subjektiv willkürliche) Freiheit des Individuums. «Der Staat an und für sich ist das sittlich Ganze, die Verwirklichung der Freiheit, und es ist absoluter Zweck der Vernunft, daß die Freiheit wirklich sei. Der Staat ist der Geist, der in der Welt steht und sich in derselben mit *Bewußtsein* realisiert.» (Rph, 403) Repräsentiert wird der Staat, dem ein einziger Wille zugrunde liegt, durch die fürstliche Macht des Monarchen, das heißt in diesem Falle die preußische Monarchie von 1820.

Bei Streitigkeiten zwischen souveränen Staaten gibt es keinen Schiedsrichter, keine übergreifende Rechtsordnung. Im Falle eines Krieges geht es um den höheren Zweck der Erhaltung des Staates, dem Leben und Eigentum zu opfern sind. Hegel betrachtet den Krieg nicht als ein absolutes Übel oder als eine äußerliche Zufälligkeit, sondern misst ihm ein «sittliches *Moment*» bei. Der Krieg kann Interessen integrieren, wozu die bürgerliche Gesellschaft nicht in der Lage ist. «Glückliche Kriege [haben] innere Unruhen verhindert und die innere Staatsmacht befestigt.» (Rph, 493) Die höhere Bedeutung des Kriegs liegt darin, dass durch ihn «die sittliche Gesundheit der Völker in ihrer Indifferenz gegen das Festwerden der endlichen Bestimmtheiten erhalten wird, wie die Bewegung der Winde die See vor der Fäulnis bewahrt, in welche sie eine dauernde Ruhe, wie die Völker ein dauernder oder gar ein ewiger Friede, versetzen würde» (Rph, 492 f.). Der lang andauernde Friede führt zu einem Übergewicht des bürgerlichen Lebens, die Menschen «versumpfen» und «ihre Partikularitäten werden immer fester und verknöchern» (Rph, 493).

Hegels Ausführungen über die sittliche Lebenswelt gipfeln in einer Apotheose des Staates. «Es ist der Gang Gottes in der Welt, daß der Staat ist.» (Rph, 403) Die «Idee» des Staates ist ein «wirklicher Gott» (Rph, 403). Das Sittliche des Staates ist das Göttliche in seiner weltlichen Realität. Der Staat steht zwar mit Fehlern in der realen Welt, in der «Sphäre der Willkür, des Zufalls und des Irrtums» (Rph, 404), aber das «Affirmative», der inwendige staatliche Organismus, das Bewusstsein der Vereinigung, besteht trotz des Mangels. «Man muß daher den Staat wie ein Irdisch-Göttliches verehren.» (Rph, 434)

Die Weltgeschichte

> «Aber nicht das Leben, das sich vor dem Tode scheut und von der Verwüstung rein bewahrt, sondern das ihn erträgt und in ihm sich erhält, ist das Leben des Geistes. Er gewinnt seine Wahrheit nur, indem er in der absoluten Zerrissenheit sich selbst findet. Diese Macht ist er nicht als das Positive, welches von dem Negativen wegsieht, wie wenn wir von etwas sagen, dies ist nichts oder falsch, und nun, damit fertig, davon weg zu irgend etwas anderem übergehen; sondern er ist diese Macht nur, indem er dem Negativen ins Angesicht schaut, bei ihm verweilt. Dieses Verweilen ist die Zauberkraft, die es in das Sein umkehrt.»
>
> Hegel, *Phänomenologie des Geistes* (Phän., 36)

Hegel erweitert seine ethischen Reflexionen, die hauptsächlich in seiner Staats- und Rechtsphilosophie integriert sind, indem er sie in einen noch umfassenderen geschichtsphilosophischen Kontext stellt. Das Verbindende der Staaten untereinander ist der Geist, der sich in der «Weltgeschichte», der geistigen Wirklichkeit in ihrem ganzen Umfang manifestiert. Der objektive Geist entfaltet sich in der Zeit als «*Geist der Welt*» (Rph, 503). Die «höchste absolute Wahrheit des Weltgeistes» (Rph, 91) steht noch höher als das Recht des einzelnen Staates.

Die *Vorlesungen über die Philosophie der Geschichte* stellen die Weltgeschichte als ein zielgerichtetes, mit innerer Notwendigkeit sich entwickelndes, sinnhaftes Ganzes dar. Die Weltgeschichte ist «eine Auslegung des Geistes in der *Zeit*» (PG, 96f.), «ein zum Ganzen sich ordnendes Leben des Geistes» (Phän., 225). Aus der metaphysischen Geschichtskonzeption, aus dem Verständnis des Ganzen als eines sinnhaften Zusammenhangs, ergibt sich für Hegel, dass das moralische Handeln der Individuen sowie ihre Ideale des Guten gegenüber der Vorherrschaft des Allgemeinen eine untergeordnete Rolle spielen.

Die Weltgeschichte ist die Geschichte des Geistes, dessen Wesen die Freiheit ist. Die Freiheit ist das «einzig Wahrhafte» (PG, 30) der Substanz des Geistes. «Die Weltgeschichte ist der Fortschritt im Bewußtsein der Freiheit», der die «Bestimmung der geistigen Welt», der «*Endzweck der Welt*» (PG, 32) ist. «Dieser Endzweck ist das, worauf in der Weltgeschichte hingearbeitet worden, dem alle Opfer auf dem weiten Altar der Erde und in dem Verlauf der langen Zeit gebracht worden.» (PG, 33)

In der Sprache der religiösen Vorstellung sagt Hegel: «Dieser Endzweck ist das, was Gott mit der Welt will.» (PG, 33) Es ist der Wille des Absoluten, seine Vorsehung, sein «Plan» (PG, 53). Die Philosophie, die das Leiden in der Welt begrifflich zu rechtfertigen hat, gewinnt die «versöhnende Erkenntnis» (PG, 28), «daß die wirkliche Welt ist, wie sie sein soll» (PG, 53). Das wahrhaft Gute hat auch die Macht, sich zu vollbringen. In der begriffenen Weltgeschichte wird das Übel in der Welt sowie alles Böse mit dem denkenden Geist «versöhnt». Hegels Geschichtsphilosophie stellt eine «Theodizee» (PG, 28) dar, eine Rechtfertigung der Leiden der Menschheit und eine Versöhnung mit dem innerweltlich verstandenen Absoluten (vgl. PG, 540).

Bei der Einteilung der Weltgeschichte richtet sich Hegel nach den historischen Entwicklungsstufen, die der Geist bis zur Erlangung des Endzwecks, des Freiheitsbewusstseins, durchlaufen muss. Die orientalische Welt weiß zunächst nur, dass *einer*, der Willkürherrscher, frei ist. Bei den Griechen und Römern entsteht bereits das Bewusstsein, dass *einige*, nicht aber die Sklaven, frei sind. Erst die christlichen Nationen wissen, dass *alle* Menschen frei sind, weil «der Mensch als Mensch frei ist» (PG, 31). Hegels Geschichtsphilosophie gliedert sich dementsprechend in vier Teile, die sich der orientalischen, der griechischen, der römischen beziehungsweise der christlich-germanischen Welt widmen. Sie endet mit der Französischen Revolution.

Die Mittel, die der Geist – Hegel sagt auch die «Vernunft» oder die «Idee» – braucht, um seinen Endzweck zu realisieren, sind die menschlichen Leidenschaften. Diese treibenden und wirkenden «Naturgewalten» sind es, die «Tätigkeiten des Menschen aus partikulären Interessen» und die «selbstsüchtigen Absichten» (PG, 38), «wodurch sich die Freiheit zu einer Welt hervorbringt» (PG, 33). Die Weltgeschichte beginnt nicht mit bewussten Zielsetzungen, sondern als natürliche Unmittelbarkeit, als Natur, als unterirdischer Geist der Welt: als «bewußtloser Trieb» (PG, 39). «Diese unermeßliche Masse von Wollen, Interessen und Tätigkeiten sind die Werkzeuge und Mittel des Weltgeistes, seinen Zweck zu vollbringen, ihn zum Bewußtsein zu erheben und zu verwirklichen.» (PG, 40)

Die Menschen bringen durch ihre Handlungen noch etwas anderes hervor als das, was sie in ihrem Selbstverständnis bezwecken, etwas «an und für sich Allgemeines und Substantielles» (PG, 40), von dem sie unmittelbar weder etwas wissen noch wollen. Aus der Perspektive der Individuen sieht es so aus, als handelten sie aus eigenem Interesse, aus dem Blickwinkel des Ganzen betrachtet, werden sie gleichsam listig als Mittel für einen höheren Zweck benutzt. Der Einzelne (das Besondere, das Partikulare) dient auf der Schlachtbank der Geschichte dem Fortschritt des unversehrt bleibenden Allgemeinen (der Idee, des Geistes), für den er aufgeopfert und preisgegeben wird. «Nicht die allgemeine Idee ist es, welche sich in Gegensatz und Kampf, welche sich in Gefahr begibt; sie hält sich unangegriffen im Hintergrund. Das ist die *List der Vernunft* zu nennen, daß sie die Leidenschaften für sich wirken lässt, wobei das, durch was sie sich in Existenz setzt, einbüßt und Schaden leidet.» (PG, 49) Die Individuen werden als Mittel zum Zweck einer höheren Macht aufgeopfert und gehen unter, die Idee aber bleibt erfolgreich und ist ewig.

Der Fortschritt im Bewusstsein der Freiheit bedeutet keinen Fortschritt für das Lebensglück des Menschen. Das Glück des Einzelnen stellt kein Ziel der allgemeinen geschichtlichen Entwicklung dar. «Die Weltgeschichte ist nicht der Boden des Glücks. Die Perioden des Glücks sind leere Blätter in ihr.» (PG, 42)

Der Weltgeist bedient sich auch «*welthistorischer Individuen*», die wissen, «was not und was *an der Zeit ist*» (PG, 45 f.). Es sind für Hegel «Heroen einer Zeit», meist praktische und politische Menschen, die Einsicht in die nächste Stufe ihrer Welt haben. Die Zwecke dieser Singularitäten sind ebenfalls partikular, zufällig oder selbstsüchtig, aber sie enthalten zugleich noch «unterirdisch» das Substantielle, das «an die Außenwelt wie an die Schale pocht und sie sprengt» (PG, 46). Solche welthistorischen Menschen wie etwa Alexander, Cäsar oder Napoleon sieht Hegel als «Geschäftsführer des Weltgeistes» (PG, 46). Sie vor allem bringen die «bewußtlose Innerlichkeit», wenn nötig ohne moralische Skrupel, «zum Bewußtsein». Manche unschuldige Blume müsse von ihnen zertreten und manches, was sich ihnen in den Weg stellt, zertrümmert werden.

Der Weltgeist bringt sukzessiv den Prozeß seiner Selbsterkenntnis in den Schicksalen und Taten der Völker hervor und verkörpert sich in den verschiedenen Formen des Staates. «Der Staat ist die Welt, die der Geist sich gemacht hat.» (Rph, 434) Die Idee der Freiheit als Endzweck des Geistes realisiert sich, wird Existenz im «Material» des Staates und erhält ihre konkrete Gestalt, ihre Objektivität in den Sitten, den Gesetzen und der Verfassung.

Im Staat als dem sittlichen Ganzen schließt sich einerseits das Allgemeine, die Idee, «die im inneren Schacht des Geistes ruht» (PG, 42) und andererseits das subjektive Wollen zu einer Einheit zusammen. Zwei «Momente» sind es, die sich vereinigen: «Das eine ist die Idee, das andre sind die menschlichen Leidenschaften; das eine ist der Zettel, das andre der Einschlag des großen Teppichs der vor uns ausgebreiteten Weltgeschichte. Die konkrete Mitte und Vereinigung beider ist die sittliche Freiheit im Staate.» (PG, 38) Das Individuum findet seine vernünftige und sittliche Existenz, sein substantielles Leben, seine «*zweite Natur*» (Rph, 301) – gegenüber seiner tierhaft unvernünftigen ersten Natur – durch sein Integriertsein im Staat. Wie der Staat in den Individuen lebendig ist, das ist die Sittlichkeit.

Der lange Prozeß der Geschichte ist Hegel zufolge der Fortschritt und die Realisierung des Prinzips der Freiheit in der weltgeschichtlichen Allgemeinheit, im Staat. «Der Staat [...] ist die ver-

nünftige und sich objektiv wissende und für sich seiende Freiheit.»
(PG, 66). Die Selbsterkenntnis des Geistes im Staat ist der universale Sinn der Weltgeschichte. Dieser Sinn, das Durchdringen des
Freiheitsbewusstseins in der Welt, die Verwirklichung der Freiheit
des Willens als Gesetz, setzt alles mit allem in eine zweckmäßige
Beziehung, vermittelt alles zu einer vernunftdurchwirkten Sinntotalität.

Wegen dieser Sinntotalität des Ganzen, der zusammenhängenden
ubiquitären Einheit aller Lebensäußerungen, lässt sich in der philosophischen Reflexion, in der wissenschaftlichen Erörterung, nichts
mehr isoliert betrachten und nichts mehr enthistorisieren. «Das
Wahre ist das Ganze.» (Phän., 24) Alles steht in der Totalität konkreter zusammenhängender Bezüge und Tendenzen des Weltgeschehens. Alles ist unmittelbar und vermittelt zugleich, alles ist das, was
es faktisch ist, sowie das, was es durch seine Kontextbeziehungen
und -bedeutungen darüber hinaus noch ist. Es ist das Prinzip der
Dialektik, dass das Unmittelbare vermittelt ist, dass aber in der
Vermittlung erst das Unmittelbare erscheint. Daher ist es nach Hegel so, «daß es Nichts *gibt*, nichts im Himmel oder in der Natur oder
im Geiste oder wo es sei, was nicht ebenso die Unmittelbarkeit enthält als die Vermittlung.» (WL I, 66) Der sich als Geist wissende
Geist, die reflexiv gewordene universale Vermittlung, ist im entfal-
teten System «zum vollen Bewußtsein» (PG, 74) gekommen. Der
Geist ist die sittliche Wirklichkeit.

ARTHUR SCHOPENHAUER

«Tiefgefühltes, universelles Mitleid mit allem,
was Leben hat»[52]

Leben und Werk

Geboren am 22. Februar 1788 in Danzig, gestorben am 21. September 1860 in Frankfurt am Main. – Philosoph, Klassiker der deutschen Sprache. – Sohn des wohlhabenden, weltoffenen Kaufmanns Heinrich Floris Schopenhauer (ein «vortrefflicher Vater») und dessen Ehefrau, der später namhaften Reise- und Romanschriftstellerin Johanna Henriette Schopenhauer, geb. Trosiener. Unbeschwerte Kindheit, 1793 nach der preußischen Besetzung Danzigs Umzug nach Hamburg («So ward ich schon in zarter Kindheit [...] heimatlos; auch habe ich seitdem eine neue Heimat niemals erworben», GBr, 648), 1797 Geburt der Schwester Adele; 1797 bis 1799 zwei glückliche Jahre als Gast im Haus eines Geschäftsfreundes des Vaters in Le Havre, um Französisch zu lernen. Im Jahr 1800 dreimonatige Reise mit den Eltern nach Karlsbad und Prag (Tagebucheinträge im *Journal einer Reise*), 1803/04 große Reise zum Vergnügen und zur Bildung mit den Eltern durch halb Europa, Schopenhauer sammelt Erfahrungen mit der großen Gesellschaft, lernt gründlich Englisch, erlebt die Schönheit der Natur und der Kunst, wird aber auch mit dem kümmerlichen Los verarmter Menschen und mit dem Elend von

6000 Galeerensklaven konfrontiert. Die Reise, so schreibt er in sein Reisetagebuch, gibt immer wieder «unendlichen Stoff zum Dencken». Im Lebenslauf von 1819 heißt es: So «wurde mein Geist, nicht, wie gewöhnlich geschieht, mit leeren Worten und Berichten von Dingen [...] angefüllt [...], sondern statt dessen durch die Anschauung der Dinge genährt und wahrhaft unterrichtet [...], weshalb ich später nie Gefahr lief, Worte für Dinge zu nehmen.» (GBr, 650) 1832 notiert er: «In meinem 17 ten Jahre ohne alle gelehrte Schulbildung, wurde ich vom *Jammer des Lebens* so ergriffen, wie Buddha in seiner Jugend, als er Krankheit, Alter, Schmerz und Tod erblickte.» (HN IV 1, 96)

1805 beginnt Schopenhauer eine Kaufmannslehre, den plötzlichen Tod des Vaters durch Ertrinken erlebt er als «schrecklichste[n] Schicksalsschlag». 1806 eröffnet die Mutter in Weimar einen literarischen Salon, in dem auch Goethe wiederholt verkehrt, und führt ein «glänzendes Leben», was den Sohn verdrießt, Schopenhauer fühlt sich während der Teeabende «immer fremd und einsam»[53] und strapaziert die allgemeine gute Laune. 1807 bricht er die vom Vater geforderte, aber immer gehasste Kaufmannslehre in Hamburg ab, um die Gelehrtenlaufbahn einzuschlagen, in Gotha und Weimar holt er «mit unermüdlicher Emsigkeit» die gymnasiale Bildung nach (Privatunterricht in Latein und Griechisch), 1808/1809 besucht er häufig das Theater in Weimar, dessen damaliger Direktor Goethe ist, und verliebt sich in die Schauspielerin Caroline Jagemann, das ausbezahlte väterliche Erbe ermöglicht ihm zeitlebens die «aufrechte Haltung» eines von allen Seiten unabhängigen Philosophierens.

1809 Beginn des Studiums in Göttingen, zunächst Medizin, dann Philosophie, aufgrund einer Empfehlung seines Lehrers Gottlob Ernst Schulze (genannt Aenesidemus), des Hauptvertreters des Skeptizismus im damaligen Deutschland, wendet er sich zunächst ganz Platon und Kant zu. 1811 Fortsetzung des Philosophiestudiums in Berlin u. a. bei Fichte und Schleiermacher, außerdem umfassende natur- und geisteswissenschaftliche Studien. Dem alten Dichter Christoph Martin Wieland gegenüber verteidigt er bei einer Begegnung im Salon seiner Mutter seine Studienwahl und sein sich abzeichnendes pessimistisches Denken («Das Leben ist eine mißliche Sache, ich habe mir vorgesetzt, es damit hinzubringen, über dasselbe nachzudenken», Ge, 22). 1813 Promotion in Jena mit der Schrift *Ueber die vierfache Wurzel des Satzes vom zureichenden Grunde*, die Dissertation erweckt Goethes Interesse an Schopenhauer, ab 1814 Diskussionen über die Farbenlehre («Goethe [...] würdigte mich seiner Freundschaft und seines vertrauten Umgangs»). Im selben Jahr führt ihn der Orientalist Friedrich Majer in die altindische Philosophie ein, «welches von wesentlichem Einfluß auf mich gewesen ist» (Der «Oupnekhat» [Upanischaden] ist die «belohnendeste und erhebendeste Lektüre, die [...] auf der Welt möglich ist», P II, 422). 1814 endgültiges Zerwürfnis mit der Mutter, Umsiedlung nach Dresden, 1816 *Über das Sehn und die Farben*.

1819 entsteht das Hauptwerk *Die Welt als Wille und Vorstellung*. «Ich [glaube nicht], daß meine Lehre je hätte entstehen können, ehe die Upanischaden, Platon und Kant ihre Strahlen zugleich in eines Menschen Geist werfen konnten», schreibt Schopenhauer. «Mein Werk [...] ist eine im höchsten Grad zusammenhängende Gedankenreihe, die bisher noch nie in irgend eines Menschen Kopf gekommen» (GBr, 29). 1818/19 erste Italienreise bis Paestum, Schopenhauer eckt wegen seiner Schroffheit bei deutschen Reisenden an, 1819 bringt ein Dresdner Zimmermädchen eine uneheliche Tochter von ihm zur Welt, die wenige Monate nach der Geburt stirbt, er trifft erfolgreich Maßnahmen zur Rettung seines Erbes (Bankrott des Danziger Handelshauses Muhl). 1820 Habilitation an der Universität Berlin unter Mitwirkung Hegels, im Sommersemester hält Schopenhauer seine erste und einzige (kaum besuchte) Vorlesung über *Die gesammte Philosophie d. i. Die Lehre vom Wesen der Welt und von dem menschlichen Geiste* (die stark erweiterte Reformulierung des Hauptwerks, rund 1100 Druckseiten, stellt seinen größten Systementwurf dar, den er je verfaßt hat, und gehört zum Kernbestand des Nachlasses). In den Berliner Jahren weiterhin intensive naturwissenschaftliche Studien (u. a. Rezeption des französischen Physiologen und Materialisten Cabanis). 1820 Liebesbeziehung mit der Chorsängerin und Schauspielerin Caroline Richter, genannt Medon (bis 1831), 1822/23 zweite Italienreise («Ich war so gesellig wie lange nicht»), 1823 schwere Krankheit (Ertaubung des rechten Ohrs, Depressionen), in der Folgezeit anhaltende Nichtbeachtung (ein Großteil des Hauptwerks wird zu Altpapier gemacht), verlorener Prozess wegen Körperverletzung, Scheitern von Übersetzungsplänen, Ausbleiben von Studenten, Ablehnung eines Heiratsantrags. 1830 erscheint die *Theoria colorum physiologica* (die lateinische Version der Farbenlehre), Schopenhauer lernt zwischendurch als Autodidakt Spanisch und übersetzt Baltasar Graciáns *Hand-Orakel und Kunst der Weltklugheit* (erscheint postum 1862).

1831 Flucht aus Berlin vor der Cholera, 1833 endgültige Übersiedlung nach Frankfurt am Main, wo Schopenhauer bis zu seinem Tod 1860 lebt («guter Ort für eine Erimitage»), in den frühen Frankfurter Jahren Geburt einer zweiten, ebenfalls nur kurz lebenden Tochter, 1838 Tod der Mutter, 1848 steht Schopenhauer während der Revolution auf der Seite der Regierung und plädiert für die Aufrechterhaltung der gesetzlichen Ordnung, 1849 Tod der Schwester. In Frankfurt am Main verfasst Schopenhauer die meisten seiner Werke, die alle den Grundgedanken des ersten Bandes des Hauptwerks von 1819 verpflichtet bleiben: 1836 *Ueber den Willen in der Natur* (Naturphilosophie, Metaphysik), 1841 *Die beiden Grundprobleme der Ethik* (umfasst die beiden Preisschriften *Ueber die Freiheit des menschlichen Willens* und *Ueber das Fundament der Moral*), 1844 zweiter Band des Hauptwerks *Die Welt als Wille und Vorstellung* (der Ergänzungsband erscheint zusammen mit dem neu aufgelegten ersten Band), 1847 *Ueber die vierfache Wurzel des Satzes vom zureichenden Grunde* (zweite, stark erweiterte Auflage der Dissertation von 1813, aus der Schrift ist nun eine gewichtige «kompendiose Theorie des gesammten Erkenntnißvermögens» geworden), 1851 *Parerga und Paralipomena* (die zweibändigen Nebenarbeiten und Nachträge enthalten unter anderem die *Aphorismen zur Lebensweisheit*, die zum Durchbruch der allgemeinen Anerkennung beitragen). Schopenhauer wird in seinem letzten Lebensjahrzehnt berühmt, der «Kaspar Hauser der Philosophieprofessoren», wie er genannt wurde und wie er sich selbst nennt, spricht jetzt von der «Komödie meines Ruhmes»

(«Meine Werke», schreibt er 1858, «haben eingeschlagen und daß es kracht. Ganz Europa kennt sie», GBr, 436).

Die Biographie eines Philosophen zu kennen, hat für Schopenhauer nur eine nebensächliche Bedeutung, die vom eigentlichen Werk ablenkt («Die aber, welche, statt die *Gedanken* eines Philosophen zu studiren, sich mit seiner Lebensgeschichte bekannt machen, gleichen Denen, welche, statt mit dem Gemälde, sich mit dem Rahmen beschäftigen, den Geschmack seiner Schnitzerei und den Werth seiner Vergoldung überlegend», P II, 90). Schopenhauer weist alle Versuche, seinen Pessimismus aus persönlichen Lebensumständen erklären zu wollen, zurück. Auch die historische Situation ist für Schopenhauer kein stichhaltiger Erklärungsgrund für die philosophische Reflexion, er kritisiert heftig den Philosophiehistoriker Kuno Fischer, der die Zeitumstände für seinen Pessimismus verantwortlich macht. Am 15. Juli 1855 schreibt Schopenhauer an seinen Freund und Anhänger Julius Frauenstädt: «Von der Hegelei unheilbar verdorben, *konstruirt* er [Fischer] die Geschichte der Philosophie, nach seinen apriorischen Schablonen, und da bin ich als Pessimist der nothwendige Gegensatz des *Leibniz* als Optimisten: und das wird daraus abgeleitet, daß Leibniz in einer *hoffnungsreichen*, ich aber in einer *desperaten* und malörösen Zeit gelebt habe: *Ergo*, hätte ich 1700 gelebt, so wäre ich so ein geleckter, optimistischer Leibniz gewesen, und dieser wäre ich, wenn er jetzt lebte! – So verrückt macht die Hegelei. Obendrein aber ist mein Pessimismus von 1814 bis 1818 (da er komplet [in Form des ersten Bandes der *Welt als Wille und Vorstellung*] erschien) erwachsen; welches die hoffnungsreichste Zeit, nach Deutschlands Befreiung, war. Das weiß der Gelbschnabel nicht!» (GBr, 368)

Die Welt

Schopenhauers Ethik basiert auf einer radikalen Umbildung der Metaphysik. Die Voraussetzung der traditionellen, metaphysisch gestützten Ethik, dass der Mensch wesenhaft Geist ist und als Geist einer höheren Welt angehört, wird problematisiert und abgewiesen. Das Grundprinzip alles Seienden ist nicht die Vernunft, sondern ein blinder triebhafter Wille, die Quelle des Leidens. Das Verhängnis des Wollenmüssens, die urgewaltige Dämonie, die das Wesen der Welt wie das des Menschen ausmacht, ist durch keine Vernunft beherrschbar. Die neu konzipierte Metaphysik, deren Grund und Boden das Unerklärliche und Sinnlose ist, soll Aufschluss geben über die erfahrbare Negativität der Welt, ohne dabei das ubiquitäre Leiden zu rechtfertigen.

Unter diesen neuen metaphysischen Voraussetzungen ändert sich die Gestalt der Ethik grundlegend. Kants Idee der Autonomie der praktischen Vernunft wird bedeutungslos. Entscheidend ist nicht mehr der Gedanke der moralischen Selbstbestimmung des Menschen durch Vernunft, sondern die intuitive Identifikation mit dem Schmerz eines endlichen physischen Lebewesens. Durch die Erfahrung des Leidens und des verzweifelt quälenden Sträubens gegen das Sterben kann eine solidarische Verbundenheit zwischen den Menschen wirksam werden, die in ihrer Unmittelbarkeit von der Vernunft und von Moralgesetzen unabhängig ist. Die metaphysische Deutung dieser Verbundenheit charakterisiert Schopenhauers Ethik als «Metaphysik der Sitten» (P II, 20; Titel von VN IV). An die Stelle der Vernunftethik tritt die Mitleidsethik.

Die Metaphysik Schopenhauers ist eine Interpretation des Wesens der Welt als eines blinden erkenntnislosen Willens. Der Wille ist das «innere Wesen» der Natur, das «universelle Grundwesen aller Erscheinungen» (W II, 362), das «was die Welt im Innersten zusammenhält» (HN I, 347). Das «ganze Seyn und Leben» (W I, 345) des Menschen ist die Erscheinung des Willens, eine Erscheinung, die von der «Urkraft» (W II, 332) des vernunftlosen Willens durchwirkt und bestimmt ist und die in ihrem Wurzelpunkt Leiden ist. Durch die Vermittlung des menschlichen Intellekts kommt der an sich unbewusste Wille zum Bewusstsein, zur Erkenntnis, und schreckt vor dem Leiden, das er global vorfindet, zurück. «Aus der Nacht der Bewußtlosigkeit zum Leben erwacht findet der Wille sich als Individuum, in einer end- und gränzenlosen Welt, unter zahllosen Individuen, alle strebend, leidend, irrend; und wie durch einen bangen Traum eilt er zurück zur alten Bewußtlosigkeit.» (W II, 657)

Der Wille, den Schopenhauer mit erkenntniskritischen Einschränkungen in Anlehnung an Kant «Ding an sich» nennt, ist das «Erste und Unbedingte», die «Prämisse aller Prämissen» (W II, 410). Der Terminus «Wille» bezeichnet etwas anderes als den traditionell verstandenen Sachverhalt eines zielbewussten rationalen Vorgangs von Entschluss und Handlung. Unter Wille als Ding an sich wird jetzt kein geistiger Akt mehr begriffen, keine bewusste, vernunftgeleitete Entscheidung zu handeln, auch keine praktische Vernunft im Sinne Kants. Der wesentliche Gesichtspunkt ist, dass Schopenhauer bei der Revolutionierung des Metaphysikbegriffs den Intellekt als den ursprünglichen Ort des Willens tilgt.

Der metaphysisch interpretierte Wille ist ein dunkler Lebensdrang ohne Erkenntnis, ohne Bewusstsein, ohne Raum und Zeit, ohne Vielheit, ohne Grund, ohne Zweck. Als das Wesentliche in allen Erscheinungen ist der Wille die schlechthin *eine* schaffende Urkraft, die Schopenhauer auch «Wille zum Leben» (W II, 398 ff.) nennt. Der Wille ist «der Herr der Welten» (P II, 304).

Erst indem sich der Wille in der Natur in einem Intellekt, einer animalischen Funktion, objektiviert, tritt neben der «Welt als Wille» eine zweite, jetzt eine auf ein individuelles Bewusstsein bezogene Welt in Erscheinung. Diese objektive, gegenständlich anschaubare Welt ist die «Welt als Vorstellung». «Der Wille an sich selbst ist bewußtlos und bleibt es im größten Theile seiner Erscheinungen. Die sekundäre Welt der Vorstellung muß hinzutreten, damit er sich seiner bewußt werde.» (W II, 313) Die zweite Welt ist die in Vorstellungen erscheinende empirische Realität.

Der Intellekt ist ein tätiger «Mechanismus» (W II, 307) des Erkennens, der eine gegenständliche Welt vor uns stellt, also vor-stellt. Schopenhauer spricht auch von «projiziren» (G, 82) oder, *ergänzend* von einem materialistisch-physiologischen Blickwinkel aus gesehen, von dem «Gehirnphänomen der gegenständlichen Welt» (G, 71). Diese vordergründige, durch den Intellekt vermittelte Welt ist nicht die unbedingte Welt, wie sie an sich selbst ist, sondern lediglich wie sie in Bezug auf ein Bewusstsein erscheint. Der Wille ist die *natura naturans*, die in metaphysischer Hinsicht schaffende Natur, das Ganze der Vorstellung dagegen ist die *natura naturata* (W II, 194), die durch die Erkenntnistätigkeit eines Intellekts beziehungsweise eines Gehirns zu einer Erscheinung geformte *geschaffene Natur*.

Die Vorstellungswelt ist nach Schopenhauer eine hermetische, in sich geschlossene Bewusstseinswelt. Keiner kann aus seinem Bewusstsein heraus, um zu erkennen, was die Dinge unabhängig vom Bewusstsein sind. Alle Anschauungen, alle Begriffe, liefern nur immanente, keine transzendente Erkenntnisse. «Die Wahrheit ist, daß man auf dem Wege der Vorstellung nie über die Vorstellung hinaus kann: sie ist ein geschlossenes Ganzes.» (W I, 596) Da der Philosophie nur das Bewusstsein unmittelbar gegeben ist und ihre Grundlagen auf Tatsachen des Bewusstseins beschränkt sind, ist sie «wesentlich *idealistisch*» (W II, 5). Im Rahmen dieser «idealistischen Grundansicht» (W II, Kap. 1), «daß Alles, was für die Erkenntniß daist, also diese ganze Welt, nur Objekt in Beziehung auf das Subjekt ist, Anschauung des Anschauenden, mit Einem Wort, Vorstellung» (W I, 3 f.), reflektiert Schopenhauer die Durchführbarkeit seiner Metaphysik.

Ein «einziger Gedanke» (W I, VII) ist es, den Schopenhauer in seinem Hauptwerk *Die Welt als Wille und Vorstellung* (1819, 1844) mitteilen will: nämlich «dass diese Welt, in der wir leben und sind, ihrem ganzen Wesen nach, durch und durch *Wille* und zugleich durch und durch *Vorstellung* ist» (W I, 193), also sowohl Wesen oder Ding an sich (Wille) und Erscheinungswelt (Vorstellung). Diesem Gedanken ist von Anfang an ein pessimistischer Grundzug eingeschrieben. Die Welt ist voller Übel und nicht in Ordnung: «*Alles Leben* [ist] *Leiden.*» (W I, 366)

Die Mitteilung dieses «noch nie dagewesenen Gedankens» (W I, 193) beruht auf einer Erkenntnislehre im Anschluss an Kants Transzendentalphilosophie, jedoch ergänzt (zum Beispiel) durch Cabanis' materialistische Physiologie. Aufgrund eines methodischen Standortwechsels soll die Einseitigkeit der «*Kritik der reinen Vernunft*» durch eine «Kritik der Gehirnfunktionen» kompensiert werden. Der

Weg der Untersuchung führt nicht nur vom Intellekt zur Erkenntnis der Welt, sondern auch von der als vorhanden angenommenen Welt zum Intellekt. «Es ist eben so wahr, daß das Erkennende ein Produkt der Materie sei, als daß die Materie eine bloße Vorstellung des Erkennenden sei: aber es ist auch eben so einseitig.» (W II, 15) Die in sich ambivalente Erkenntnislehre nimmt noch einmal völlig neue Züge an, sobald der Intellekt in den Kontext der neuartigen Willensmetaphysik gestellt wird, die die abendländische Denktradition von der Vorherrschaft der Vernunft umstürzt.

Die vier Teile des zweibändigen Hauptwerks gliedern das philosophische System in Erkenntnislehre, Metaphysik der Natur, Ästhetik und Ethik. Die *Erkenntnislehre* sucht zu klären, ob die angeschauten und die gedachten Eigenschaften der Dinge wirklich den Dingen selbst zukommen oder ihnen aufgrund unseres Erkenntnisvermögens nur angedichtet werden. «Dies ist dem zu vergleichen, daß man die Farbe eines Glases den dadurch gesehenen Gegenständen beilegt.» (P II, 19) Für die Ethik ist hierbei besonders relevant, dass die als absolut aufgefasste Scheidewand zwischen dem eigenen und dem fremden Individuum, die im Handeln den Egoismus und die Bosheit ermöglicht, auf einer Täuschung des Erkenntnisvermögens beruht. Die Vielheit und numerische Verschiedenheit der Individuen insgesamt haben kein unbedingtes Dasein, sondern sind als Erscheinung des Willens nur in der Vorstellung vorhanden. Die *Metaphysik der Natur* ist die Lehre vom Wesen der Welt. Sie erklärt und versteht die Natur aus dem Inneren des Menschen, aus seinem Willen, und nicht umgekehrt, den Menschen aus der Natur. Der Wille als Ding an sich ist ganz und ungeteilt in jedem sich individuell darstellenden Ding. Die metaphysische Interpretation sieht im Zwiespalt des Willens mit sich selbst eine Hauptquelle des Leidens. Die *Ästhetik* handelt von der zeitweiligen Befreiung des Intellekts aus der Knechtschaft des Willens durch die erhebende kontemplative Erkenntnis des Kunst- und Naturschönen. Die Künste entlasten vom leidvollen Leben. Die *Ethik* zeigt im Mitleid und letztlich in der Resignation, im Nirvana der Buddhisten, weitere Möglichkeiten auf, wie das Leiden gelindert oder aufgehoben werden kann.

Die folgende Darstellung beschränkt sich auf einige zentrale, auch methodisch bedeutsame Aspekte der neuartigen Metaphysik des Willens sowie der Ethik des Mitleids.

Animal metaphysicum

«In der That wenn Einer dem Optimismus zugethan ist, und nicht sowohl für das Begreifen und Denken als für das Sehn empfänglich ist; so brauche man nur ihm die entsetzlichen Schmerzen und Quaalen vor die Augen zu bringen, denen doch auch sein Leben beständig offen steht; so muß ihn Grausen ergreifen: dann führe man ihn noch durch die Krankenhospitäler, Lazarethe und chirurgische Marterkammern, dann durch die Gefängnisse, durch die Bleidachkammern in Venedig, die Sklavenställe in Algier, die Folterkammern der Inquisition, über die Schlachtfelder und Gerichtsstätten, man schließe ihm alle die finstern Behausungen des Elends auf, wo es sich vor den Blicken der kalten Neugier verkriecht; und lese ihm endlich aus dem Dante [*Göttliche Komödie*, Hölle, 33. Gesang] den Tod des Ugulino und seiner Kinder im Hungerthurm vor, mit dem Bedeuten daß dies mehr als einmal wirklich war, – dann würde auch wohl zuletzt der verstockteste Optimist einsehn, welcher Art dieser *meilleur des mondes possibles* [die beste aller möglichen Welten; Leibniz, Theodizee I, 8] ist.»

Schopenhauer, *Metaphysik der Sitten* (VN IV, 132)

Die Philosophie hat ihren Ursprung in der Verwunderung, im Wissen um den Tod, in der Betrachtung des Leidens und der Not des Lebens. Im Menschen erwächst im Unterschied zum Tier aus der anfänglichen Verwunderung das ihm allein eigene «Bedürfnis einer Metaphysik», das so unaustilgbar ist wie irgend ein physisches. Schon aus den ersten Reflexionen stellt sich die Verwunderung ein, die spätere «Mutter der Metaphysik» (W II, 176). Der Mensch ist ein «*animal metaphysicum*» (W II, 176), ein metaphysisches Lebewesen, das nach Erkenntnis der letzten Gründe seines dunklen, ungewissen, endlichen Daseins verlangt.

Das «*Metaphysische*» ist für Schopenhauer «das *hinter* der Natur
Liegende, ihr Daseyn und Bestand Ertheilende und daher sie Beherrschende» (N, 115). Metaphysik begnügt sich nicht mit dem Kennen-
lernen der vorhandenen Natur, sondern fasst sie als eine irgendwie
bedingte Erscheinung auf, in der sich ein von ihr verschiedenes Wesen, das Ding an sich, darstellt. Unter Metaphysik versteht Schopenhauer in einem sehr allgemeinen Sinn jede angebliche Erkenntnis,
die über die Möglichkeit der Erfahrung hinausgeht, um Aufschluss
zu erteilen über das, was hinter der Natur liegt. Für seine eigene
Philosophie gilt: «Sie ist ein Wissen, geschöpft aus der Anschauung
der äußern, wirklichen Welt und dem Aufschluß, welchen über diese
die intimste Thatsache des Selbstbewußtseyns liefert, niedergelegt
in deutliche Begriffe.» (W II, 204)

Das Dasein des Menschen, ein «Konkrement von tausend Bedürfnissen» (W I, 368) versteht sich nicht von selbst und die Welt, der es
ausgesetzt ist, gewährt keine Geborgenheit. «Im unendlichen Raum
und unendlicher Zeit findet das menschliche Individuum sich als
endliche, folglich als eine gegen Jene verschwindende Größe, in sie
hineingeworfen und hat, wegen ihrer Unbegränztheit, immer nur
ein relatives, nie ein absolutes *Wann* und *Wo* seines Daseyns».
(W I, 366) Der Mensch ist da, ohne zu wissen, «woher, wohin und
wozu» (P II, 58). «Alle Menschen wollen leben, aber keiner weiß,
weshalb er lebt.» (HN IV 2, 2) Hinzu kommt noch dieses: «Wir sehn
einander an und verkehren mit einander, – wie *Masken* mit Masken,
wir wissen nicht, wer wir sind; – aber wie Masken, die nicht ein Mal
sich selbst kennen. Und eben so sehn die Thiere uns an; wir sie.»
(P II, 58) Mittlerweile setzen wir unser Leben so sorgfältig fort, wie
man eine «Seifenblase» so lange und so groß wie möglich aufbläst,
obgleich man weiß, dass sie platzen wird. Das Rätselhafte reicht bis
in die höchsten Reflexionen der philosophischen Tradition: «*Kants*
Satz: ‹das *Ich denke* muß alle unsere Vorstellungen begleiten›, ist un-
zureichend: denn das Ich ist eine unbekannte Größe, d. h. sich selber
ein Geheimniß.» (W II, 153)

Schopenhauer zufolge ist der sich verwundernde, fragende
Mensch in ein «Meer» von Rätseln und Unbegreiflichkeiten ver-

senkt. Er ist bedürftig nach Orientierung und Trost, aber auch an-
fällig für den Missbrauch und die Verbiegung seiner metaphysischen
Anlage durch verführerische Wahrheitssurrogate der Religionen,
durch Blendwerke staatskonformer Philosophien oder durch weltanschaulich verabsolutierte Naturwissenschaften. Viele Dogmen
wachsen aufgrund von frühkindlicher Dressur dem Intellekt ein wie
ein Zweig auf dem gepfropften Baum. Sie verhindern die Selbstreflexion und geben später gar Anlass oder Vorwand zum Morden «in
metaphysischen Angelegenheiten», sei es auf dem Schlachtfeld, sei es
auf dem Schafott, sei es in den Gassen (W II, 208). Das echte Philosophieren dagegen ist selbstkritisch und im Ursprung von der tiefen
Empfindung des Sokrates durchdrungen: «Dies Eine weiß ich, daß
ich nichts weiß.» (W II, 208)

Vor allem sind es das Wissen um den Tod, die Betrachtung des
Leidens und das Bewusstsein der Lebensnot, die Anlass zum Philosophieren geben. «Nicht bloß, daß die Welt vorhanden, sondern
noch mehr, daß sie eine so trübsälige sei, ist das *punctum pruriens* [die
juckende Stelle] der Metaphysik.» (W II, Kap. 17, 190) Wäre das Leben ohne Ende und Schmerz, dann fiele es vielleicht niemandem ein,
nach dem Warum seiner Beschaffenheit zu fragen, und alles verstünde
sich von selbst. So aber drängt sich die Frage nach der metaphysischen Bedeutung auf: Warum sind wir in keinem absoluten Zustand?
«In der That ist die Unruhe, welche die nie ablaufende Uhr der Metaphysik in Bewegung erhält, das Bewußtseyn, daß das Nichtseyn
dieser Welt eben so möglich sei, wie ihr Daseyn.» (W II, 189)

Der Philosophie geht ein betroffen machender «Anblick *des Uebels
und des Bösen* in der Welt» (W II, 190) voraus. Nur der ist ein echter
Philosoph, dem «aus dem Anblick der Welt selbst» und nicht «nur
aus einem Buche, einem vorliegenden Systeme» (W I, 38) das Bedürfnis nach Erkenntnis entspringt. «Eine wahre Philosophie [läßt] sich
nicht herausspinnen aus bloßen, abstrakten Begriffen; sondern muß
gegründet seyn auf Beobachtung und Erfahrung, sowohl innere, als
äußere.» (P II, 9) Sie muss ihre Quelle in einer «*anschaulichen* Auffassung der Dinge» (W II, 432) haben und sich offen halten für die innere Erfahrung des eigenen Selbst, des «Selbstbewußtseyns» (E, 9ff.

Der Philosoph muss lernen, sich auf die «geheimnisvollen Tiefen seines eigenen Innern» (N, 115) zu richten. «Auch darf es dabei, so sehr auch der Kopf oben zu bleiben hat, doch nicht so kaltblütig hergehn, daß nicht am Ende der ganze Mensch, mit Herz und Kopf, zur Aktion käme und durch und durch erschüttert würde.» (P II, 9)

Unter dem Blickwinkel von Schopenhauers entfalteter Metaphysik wird rückblickend deutlich, dass die Verwunderung mehr bedeutet als eine psychologische Veranlassung zu philosophieren. Die Verwunderung gehört in den größeren ontologischen Zusammenhang eines bejahenden oder verneinenden Bezugs des inneren Wesens der Welt zu sich selbst, durch den sich eine Wandlung vom Wollen zum Nichtmehrwollen vollziehen kann. Es kommt Schopenhauer darauf an zu zeigen, dass das Thema des Leids, die Negativität der Welt, kein Gesichtspunkt ist, dem die Philosophie nur äußerlich und zufällig begegnet, sondern von Anfang an in ihr Zentrum gehört.

Das Verhältnis der anschauenden zur abstrakten Erkenntnis, von Anschauung und Begriff, ist von grundlegender Bedeutung. Es ist ein «Grundzug meiner Philosophie» (W II, 96), sagt Schopenhauer, dass die Begriffe, mit denen wir denken, von unseren Anschauungen inhaltlich abhängig sind. Er nennt die Anschauungen daher «primäre», die Begriffe «sekundäre Vorstellungen» (W II, 76). Ohne Anschauungen, das heißt ohne Erfahrung in einem umfassenden Sinn verstanden, hat unser Denken keinen realen Gehalt, letztlich auch keinen wirklichen Bezug mehr zum Leiden in der Welt. Statt Begriffe haben wir dann bloß Worte im Kopf, «leere Hülsen» wie etwa das Absolute, Gott oder das Werden. Das Sein, der Infinitiv der grammatischen Kopula, ist beinahe nichts als ein Wort.

Zwar gibt es sehr allgemeine Begriffe, die durch keine Anschauung belegt werden können. Aber diese Abstrakta, so Schopenhauer, bilden weder den Ausgangspunkt noch den eigentlichen Stoff der Philosophie. Allenfalls darf die Philosophie ihre Resultate in solche Begriffe niederlegen, aber niemals von ihnen als dem scheinbar ursprünglich Gegebenen ausgehen. Die Philosophie ist nicht, wie Kant sie bestimmt, eine Wissenschaft *aus* Begriffen, sondern eine *in* Begriffen. Zu allen Zeiten war das Operieren mit abstrakten Begriffen, die

von keiner Erfahrungsbasis mehr kontrolliert werden, die Hauptquelle der Irrtümer des dogmatischen Philosophierens. Das unkritische «Vernünfteln» ist in der Lage, nahezu jedes gewünschte Ergebnis hervorzuzaubern und «nöthigenfalls sogar den Teufel und seine
Großmutter *a priori* zu deduciren» (N, 7).

Schopenhauer denkt hier beispielsweise an Leibniz, den «Begründer des systematischen *Optimismus*» (W II, 668), der in seinem Werk
Die Theodizee (1710) mit einer Art rationalistischen Begriffsalgebra
Gott angesichts der Übel und des Bösen in der Welt rechtfertigt und
apodiktisch darlegt, dass wir in der besten unter allen möglichen
Welten leben. «Und dieser Welt, diesem Tummelplatz gequälter
und geängstigter Wesen, welche nur dadurch bestehn, daß eines das
andere verzehrt, wo daher jedes reißende Tier das lebendige Grab
tausend anderer und seine Selbsterhaltung eine Kette von Marterto-
den ist, wo sodann mit der Erkenntniß die Fähigkeit Schmerz zu
empfinden wächst, welche daher im Menschen ihren höchsten Grad
erreicht und einen um so höheren, je intelligenter er ist, – dieser
Welt hat man das System des *Optimismus* anpassen und sie als die
beste unter den möglichen andemonstriren wollen. Die Absurdität
ist schreiend.» (W II, 667) Die Welt ist keine Schöpfung eines göttlichen Intellekts, sondern, so das Resultat von Schopenhauers metaphysischer Spekulation, das Werk des blinden Willens zum Leben,
der wir selbst sind.

Schopenhauer kennt den Einwand gegen das «Melancholische und
Trostlose» seiner Philosophie, gegen die Übertreibung und Generalisierung der pessimistischen Sicht. Vielen Menschen, so lautet das
Gegenargument, geht es doch gut; sie sind zufrieden, fühlen sich
glücklich und leben gern. Er weist den Widerspruch entschieden zurück: «Daß Tausende in Glück und Wonne gelebt hätten, höbe ja nie
die Angst und Todesmarter eines Einzigen auf.» (W II, 661) Die optimistische Geisteshaltung, die das Leiden dieser Welt verleugnet,
verharmlost oder vergleichgültigt, ist eine «wahrhaft *ruchlose* Denkungsart», ein «bitterer Hohn über die namenlosen Leiden der
Menschheit» (W I, 385). Schopenhauer führt konkretisierbare, visua-
lisierbare Beispiele und Szenarien vor Augen und verleiht seinen

Texten durch solche «sinnlichen Vorstellungen», durch ein Denken in Gegenwart von Anschauungen, einen aufrüttelnden, Anteil nehmenden Ausdruck. Die nordamerikanische Sklaverei, deren Endzweck Zucker und Kaffee ist, bestätigt ihm beispielsweise, «daß der Mensch an Grausamkeit und Unerbittlichkeit keinem Tiger und keiner Hyäne nachsteht» (P II, 225). Wie kann ein Mensch sich überhaupt glücklich fühlen, wenn auch nur ein einziges Lebewesen leidet?

Neben dem Missbrauch des metaphysischen Bedürfnisses, der sich an Macht und Ausbeutung orientiert, problematisiert Schopenhauer auch die Vereinnahmung des philosophischen Staunens durch die zeitgenössische materialistische Weltanschauung, durch die «*Physik ohne Metaphysik*» (W II, 193). Die großen Fortschritte der Naturwissenschaften auf ihren speziellen Gebieten, die alle früheren Jahrhunderte in «tiefen Schatten» stellen, verleiten zu einer anmaßenden Erklärungs- und Deutungshohheit der Welt als ganzer, die sich an die Stelle der alten Metaphysik setzt. Der Standpunkt der «absoluten Physik oder des Naturalismus» ignoriert Kants Unterscheidung zwischen Erscheinung und Ding an sich und usurpiert das metaphysische Bedürfnis. Eine verabsolutierte Physik – Physik wird von Schopenhauer im weitesten Sinn als Inbegriff der Naturwissenschaft verstanden –, die die Erscheinung zum Ding an sich erhebt und dadurch keinen Raum mehr für die Metaphysik lässt, ist die «auf den Thron der Metaphysik gesetzte Physik» (W II, 194). Die Materialisten glauben an eine Physik, aber an keine Metaphysik.

Der Materialismus sieht zwar zu Recht, dass alle Phänomene, auch die geistigen, physisch sind, aber er verkennt, dass alles Physische zugleich ein Metaphysisches ist. Schopenhauer denkt bei seiner Materialismuskritik zum Beispiel an die naturwissenschaftlich orientierte Weltanschauung von Ludwig Büchner und an dessen Erfolgsbuch *Kraft und Stoff* (1855). Verabsolutierter Materialismus heißt für Schopenhauer Kant-Vergessenheit, das sträfliche Ignorieren der *Kritik der reinen Vernunft*. Den einseitigen Materialismus, der ganz in die «Empirie verstrickt» (W II, 198) ist, sucht Schopenhauer durch seine «idealistische Grundansicht» (W II, Kap. I), dass uns nur das Bewusstsein unmittelbar gegeben ist – «kein Objekt ohne Subjekt» –, zu komplettieren. Aus dem Geist dieser Grundansicht sagt er: «Der Materialismus ist die Philosophie des bei seiner Rechnung sich selbst vergessenden Subjekts.» (W II, 15)

Bleibt das menschliche Bewusstsein als Bedingung aller Erkenntnis unberücksichtigt, so herrscht die Einbildung vor, es könne in einem direkten Zugriff über die Dinge selbst gesprochen werden. Der naive Mensch hat es mit Dingen zu tun, der besonnene Philosoph mit dem Bewusstsein von Dingen. Seine Reflexionen, die immer Selbstreflexionen mit einschließen, sind daher «idealistisch» (W II, 5), und die Welt ist für ihn eine «Welt als Vorstellung». Schopenhauer nennt das Außerachtlassen des Bewusstseins «naturalisiren». Mit Empörung schreibt er 1856 in einem Brief: «Es ist unerträglich, wie heut zu Tage die Schweine in den Tag hinein naturalisiren, ohne alle Ahndung der Kantischen Transscendentalphilosophie.» (GBr, 382)

Der Punkt, auf den es Schopenhauer wesentlich ankommt, ist ein ethischer. Es geht ihm um die Rettung einer nichtreligiösen, einzig auf Argumente sich gründenden Metaphysik, um die Ethik abzusichern. Er befürchtet, dass eine absolute Physik für die Ethik letztlich zerstörend sein muss. Die von ihm intendierte, offen argumentierende Metaphysik, deren einzige Verpflichtung es ist, wahr zu sein, gilt ihm auch für die kritische Auseinandersetzung mit dem metaphysischen Bedürfnis am angemessensten.

Diese Metaphysik zielt auf die Bewusstmachung eines universellen Involviertseins von allem und von jedem in die Beschaffenheit der Welt, die durch und durch nach moralischer Bewertung verlangt. Alles steht in einem auf den Menschen fokussierten universalen Verursachungs- und Leidenszusammenhang, in einem durch das menschliche Wollen, Handeln und Denken vermittelten Kontext, der infolge des metaphysischen Bedürfnisses und des daraus resultierenden Philosophierens sich bewusst zu werden sucht.

Die idealistische Grundansicht der «Welt als Vorstellung» und die metaphysische Bestimmung der «Welt als Wille» setzen das Sein im Ganzen «in Abhängigkeit *von uns*» (W II, 16), sagt Schopenhauer. Wie die Welt von uns erkannt wird, wie sie uns in unseren Vorstellungen erscheint, wie wir die Welt von Grund auf wollen, wie das

Gewebe unserer Handlungen ausfällt, hängt von uns ab, ist von unserem Bezug zu ihr nicht mehr zu trennen. Wir sind «mit der Welt viel mehr Eins, als wir gewöhnlich denken: ihr inneres Wesen ist unser Wille; ihre Erscheinung ist unsere Vorstellung» (W II, 556). Sätze wie, ‹Ich habe damit nichts zu tun› oder ‹Die anderen sind schuld›, werden radikal problematisiert. Das Involviertsein in das moralische Dasein der Welt ist total. Die Welt ist ein «Makranthropos» (W II, 739), ein «Großmensch». Moralische Selbstreflexion heißt: «Innewerden seiner selbst als des Dings an sich.» (P II, 235)

Das, was die Welt ist, stellt keinen von uns unabhängigen, uns gegenüberstehenden neutralen Sachverhalt dar, der im Rahmen einer naturwissenschaftlich gestützten, materialistischen Weltsicht äußerlich wertfrei untersucht, quantifiziert und berechnet werden könnte. Die Beschaffenheit der Welt weist vielmehr auf eine «moralische Bedeutung», auf eine «*moralische* Tendenz» (W II, 679) hin, die der metaphysischen Auslegung bedarf. Schopenhauer sieht seit Sokrates das Problem der Philosophie in dem Nachweis, dass eine «*moralische* Weltordnung» die Grundlage der «*physischen*» bildet (W II, 677). Dass die Welt nur eine physische, keine moralische Bedeutung habe, diese Reduktion ist der «heilloseste Irrthum», der aus der «größten Perversität des Geistes» (P II, 108) entspringt. Dem hält Schopenhauer entgegen: «Daher kann man als das nothwendige Credo aller Gerechten und Guten dieses aufstellen: ‹Ich glaube an eine Metaphysik›.» (W II, 194)

Metaphysik aus empirischen Erkenntnisquellen

> «Die letzten Grundgeheimnisse trägt der Mensch in
> seinem Innern.
> [...]
> Demzufolge müssen wir die Natur verstehn lernen aus uns
> selbst, nicht umgekehrt uns selbst aus der Natur.»
>
> Schopenhauer, *Die Welt als Wille und Vorstellung*
> (W II, 198 bzw. 219)

Schopenhauers Metaphysik ist eine «Deutung und Auslegung» (W II, 203) der Welt als Vorstellung, vergleichbar mit der «Ablesung bis dahin räthselhafter Charaktere einer unbekannten Schrift» (P II, 19). Schopenhauer sucht die Welt als Vorstellung nicht kausal aus einem außerweltlichen Prinzip zu erklären, sondern sie innerweltlich zu verstehen. Was sich in der empirischen Realität zum Ausdruck bringt, das Substrat der Erscheinung, das der Vorstellungsseite der Welt Abgewandte, soll hermeneutisch sinnverstehend entschlüsselt werden. Erklärt kann es nicht werden, weil das Prinzip der Erklärung, der Satz vom Grund, nur auf einzelne Erscheinungen, auf Objekte der Vorstellungen, anwendbar ist.

Gefragt wird nach der «Bedeutung» der Erfahrung im Ganzen, nach dem, was die Welt außerdem, dass sie Vorstellung ist, noch ist. Die Lösung des Rätsels der Welt soll aus dem Verständnis der Welt selbst hervorgehn und nicht in etwas von der Welt gänzlich Verschiedenem, einem «Wolkenkukuksheim» (GBr, 290) gesucht werden. Das Problem ist die Welt. Mit diesem allein hat es die Philosophie zu tun, weshalb sie die Götter in Ruhe lässt, so wie sie ihrerseits erwartet, auch von ihnen in Ruhe gelassen zu werden. Die Metaphysik ist «Erfahrungswissenschaft», aber nicht im Sinne einzelner Erfahrungen, sondern «das Ganze und Allgemeine aller Erfahrung ist ihr Gegenstand und ihre Quelle» (W II, 204). Sie bleibt immanent und wird nicht transzendent. Schopenhauer bezeichnet sein System daher als «*immanenten Dogmatismus*» (P I, 139).

Um trotz der von Kant herausgestellten Unerkennbarkeit des Dings an sich metaphysische Erkenntnis vom Wesen der Welt sicherstellen zu können, verabschiedet Schopenhauer den traditionellen Metaphysikbegriff, den «vorgefaßten Begriff einer rein *a priori* zu findenden Metaphysik» (W II, 200). Er trennt sich von der vorkritischen Identifizierung von Metaphysik und Erkenntnis a priori. Es ist widersinnig, so Schopenhauer, dass die Metaphysik als die Wissenschaft von der Erfahrung als ganzer die inhaltliche Seite der Erfahrung ausschließen soll. Metaphysik kann nicht auf den bloß formellen Teil der Erfahrung, auf die apriorischen Formen der Erkenntnis, reduziert werden, sondern muss «*empirische* Erkenntnisquellen» (W II, 200) haben. «Aber erscheint es nicht vielmehr geradezu verkehrt, daß man, um die Erfahrung, d. h. die uns allein vorliegende Welt, zu enträthseln, ganz von ihr wegsehn, ihren Inhalt ignoriren und bloß die *a priori* uns bewußten, leeren Formen zu seinem Stoff nehmen und gebrauchen solle? Ist es nicht vielmehr der Sache angemessen, daß die *Wissenschaft von der Erfahrung überhaupt* und als solcher, eben auch aus der Erfahrung schöpfe? Ihr Problem selbst ist ihr ja empirisch gegeben; warum sollte nicht auch die Lösung die Erfahrung zu Hülfe nehmen? Ist es nicht widersinnig, daß wer von der Natur der Dinge redet, die Dinge selbst nicht ansehn, sondern nur an gewisse abstrakte Begriffe sich halten sollte?» (W II, 200f.)

Das «*Fundament* der metaphysischen Erkenntniß» (W II, 199) muss von empirischer Art sein, wobei ihre Erkenntnisquelle die *ganze* Erfahrung umfasst, sowohl die äußere als auch die innere Erfahrung, das heißt das Bewusstsein von anderen Dingen sowie das Bewusstsein von sich selbst (Selbstbewusstsein). Schopenhauer will keine erfahrungstranszendente Metaphysik mehr *aus* Begriffen deduzieren, sondern er will den erfahrungsimmanenten Sinn des Daseins «aus dem Verständniß der Welt selbst» (W I, 507) entziffern und ihn dann erst in abstrakte Begriffe niederlegen. Die Aufgabe der Metaphysik besteht nicht darin, «die Erfahrung, in der die Welt dasteht, zu überfliegen, sondern sie von Grund aus zu verstehen (W I, 507). «Das Ganze der Erfahrung gleicht einer Geheimschrift, und die Philosophie der Entzifferung derselben, deren Richtigkeit sich durch den überall hervortretenden Zusammenhang bewährt. Wenn dieses Ganze nur tief genug gefaßt und an die äußere die innere Erfahrung geknüpft wird; so muß es aus sich selbst *gedeutet, ausgelegt* werden können.» (W II, 202f.)

Der Preis für diesen der Tradition entgegengesetzten Wechsel von apriorischer Deduktion zum hermeneutischen Sinnverstehen ist der Verzicht auf apodiktische Gewissheit, wie sie der Logik oder Mathematik zukommt. Schopenhauer gibt das apriorische Wissenschaftsideal für die inhaltliche metaphysische Seite seiner Philosophie auf. Er begnügt sich mit metaphysischen Aussagen, die nur noch eine annähernde, eine approximative Allgemeingültigkeit haben. In diesem eingeschränkten und doch zugleich erweiterten Sinn sucht er die Metaphysik vor ihrem Ende zu bewahren. Erweitert ist die Metaphysik, weil sie im Gegensatz zu Kant theoretisches Wesenswissen wieder zulässt und nicht nur praktisch moralische Einsicht gewährt, eingeschränkt ist sie, weil dieses Wesenswissen kein absolut notwendiges und allgemeingültiges mehr sein kann. Das Ding an sich gilt jetzt mit diesen Einschränkungen, trotz Kants *Kritik der reinen Vernunft*, als erkennbar.

Das methodische Vorgehen zeigt, dass das Ding an sich in seiner Deutung nie von der Erscheinung ganz losgerissen als ein «*ens extramundanum*» (W II, 203), als ein außerweltliches Wesen, für sich betrachtet werden kann. Es kann nur in seiner Beziehung zur Erscheinung verstanden werden, also nur als etwas Relatives, als ein «relativ Letztes» (GBr, 220). Die Frage, was das Ding außerhalb dieses Bezugs sei, kann auf keine Weise beantwortet werden. In Schopenhauers Philosophie gibt es streng genommen keine unbedingte Erkenntnis eines Absolutums. «Welche Fackel wir auch anzünden und welchen Raum sie auch erleuchten mag; stets wird unser Horizont von tiefer Nacht umgränzt bleiben.» (W II, 206)

Die Schranken der menschlichen Erkenntnis sind nicht zu beseitigen. Die Metaphysik «bleibt daher immanent und wird nicht transscendent. Denn sie reißt sich von der Erfahrung nie ganz los, sondern bleibt die bloße Deutung und Auslegung derselben, da sie vom Dinge an sich nie anders, als in seiner Beziehung zur Erscheinung redet» (W II, 203). Die metaphysische Hermeneutik der Welt als Vorstellung ist die Entzifferung des Dings an sich relativ zu seiner Erscheinung.

Das Wort des Rätsels heißt Wille. Die Entschlüsselung, sagt Schopenhauer, wäre unmöglich, wenn das erkennende Individuum lediglich ein «geflügelter Engelskopf ohne Leib» (W I, 118) wäre. Die Erkenntnis aber ist «vermittelt durch einen Leib», mit dem sich das Individuum identisch findet. Der Leib ist als einziges von allen übrigen Objekten auf zwei ganz verschiedenen Erkenntnisweisen gegeben: einmal von außen als Vorstellung und einmal davon völlig verschieden von innen als Wille. Einerseits ist der Leib eine Vorstellung von einem Gegenstand wie jede andere auch, ein Objekt unter Objekten und den Gesetzen dieser unterworfen; andererseits ist er «jenes Jedem unmittelbar Bekannte, welches das Wort *Wille* bezeichnet» (W I, 119).

Der Doppelaspekt der Erfahrung des eigenen Leibs eröffnet das Verständnis für die gesuchte Bedeutung, für die andere, unzugängliche Seite der Vorstellungswelt. Die Leiberfahrung gewährt gleichsam einen Blick «hinter den Koulissen» (G, 145). «In der That ist unser *Wollen* die einzige Gelegenheit, die wir haben, irgend einen sich äußerlich darstellenden Vorgang zugleich aus seinem Innern zu verstehn, mithin das einzige uns *unmittelbar* Bekannte und nicht, wie alles Uebrige, bloß in der Vorstellung Gegebene.» (W II, 219)

Der erlebte und reflektierte Leib, dies ist der springende Punkt der Begründung von Schopenhauers Metaphysik, ist der Verständnisschlüssel für die Welt, die «einzige, enge Pforte zur Wahrheit» (W II, 219). Schopenhauer setzt Wille und Leib identisch an. Der Leib des Individuums ist beides zugleich: einmal Wille und sodann Wille, der als Leib erscheint. Vermittelt durch eines seiner Organe, das Gehirn, tritt der Leib als gegenständliche Vorstellung in Erscheinung, ohne dabei aufzuhören, Wille zu sein. Der Leib ist nichts anderes als der objektivierte, zur Vorstellung gewordene Wille. Schopenhauer nennt die Wille-Leib-Identität wegen ihrer ursprünglichen, unableitbaren Besonderheit «*katéxochen* [schlechthin] philosophische Wahrheit» (W I, 122). «Es ist ein Hauptsatz meiner Philosophie.» (HN I, 180)

Die doppelte Erkenntnis, die der Leib gewährt, gibt Aufschluss über das «Wesen, Wirken und Leiden» (W I, 123) aller anderen realen Objekte, bei denen wir nur äußere Vorstellungen haben. Das uns unmittelbar Bekannte muss das nur mittelbar Bekannte auslegen. «Offenbar aber ist es richtiger, die Welt aus dem Menschen verstehn zu lehren, als den Menschen aus der Welt.» (W II, 739)

Gemäß dieser Grundkonzeption unterlegt Schopenhauer der gesamten Natur – nach Analogie der eigenen doppelten Leiberfahrung – einen Willen. So wie mein Leib einerseits Vorstellung und andererseits Wille ist, so verhält es sich auf analoge Weise mit dem Rest der Natur. Die Metaphysik aus empirischen Erkenntnisquellen setzt die äußere Erfahrung mit der inneren in Verbindung und macht dabei die innere Erfahrung zum Interpretationsschlüssel für die äußere Erfahrung. Die Welt als Vorstellung hat, so die kühne spekulative Annahme analog zum menschlichen Leib, noch eine gänzlich andere Seite: die Welt als Wille, das Ding an sich.

Der Analogieschluss kann der Natur aber nur die Erscheinung des Dings an sich unterlegen. Das Ding an sich, Schopenhauer beachtet diese Differenz, ist unabhängig von seiner Erscheinung eine unbekannte Größe. Etwas anderes als die Erscheinung des Dings an sich kennt er eingestandenermaßen nicht. Auch wenn die innere Wahrnehmung, der erlebte Leib im Spektrum von Wollust und Schmerz, die deutlichste Erscheinung des Dings an sich ist, so bleibt sie doch immer noch Erscheinung. «Bei jedem Hervortreten eines Willensaktes aus der dunkeln Tiefe unsers Innern in das erkennende Bewußtseyn geschieht ein unmittelbarer Uebergang des außer der Zeit liegenden Dinges an sich in die Erscheinung.» (W II, 221) Die Zeit ist keine Bestimmung des Dings an sich. «Demnach hat in dieser innern Erkenntniß das Ding an sich seine Schleier zwar großen Theils abgeworfen, tritt aber doch noch nicht ganz nackt auf.» (W II, 220)

Die Metaphysik des Willens

«Das stete Streben aber, welches das Wesen jeder Erscheinung des Willens ausmacht, erhält auf den höhern Stufen der Objektivation seine erste und allgemeinste Grundlage dadurch, daß hier der Wille sich erscheint als ein lebendiger Leib, mit dem eisernen Gebot, ihn zu nähren: und was diesem Gebote die Kraft giebt, ist eben, daß dieser Leib nichts Anderes, als der objektivirte Wille zum Leben selbst ist. Der Mensch, als die vollkommenste Objektivation jenes Willens, ist demgemäß auch das bedürftigste unter allen Wesen: er ist konkretes Wollen und Bedürfen durch und durch, ist ein Konkrement von

> tausend Bedürfnissen. Mit diesen steht er auf der Erde,
> sich selber überlassen, über Alles in Ungewißheit, nur
> nicht über seine Bedürftigkeit und seine Noth: demgemäß
> füllt die Sorge für die Erhaltung jenes Daseyns, unter so
> schweren, sich jeden Tag von Neuem meldenden Forde-
> rungen, in der Regel, das ganze Menschenleben aus. An sie
> knüpft sich sodann unmittelbar die zweite Anforderung,
> die der Fortpflanzung des Geschlechts. Zugleich bedrohen
> ihn von allen Seiten die verschiedenartigsten Gefahren,
> denen zu entgehn es beständiger Wachsamkeit bedarf. Mit
> behutsamem Schritt und ängstlichem Umherspähen
> verfolgt er seinen Weg: denn tausend Zufälle und tausend
> Feinde lauern ihm auf. So gieng er in der Wildniß, und so
> geht er im civilisirten Leben; es giebt für ihn keine
> Sicherheit.»

Schopenhauer, *Die Welt als Wille und Vorstellung* (W I, 368)

Das erkenntniskritisch relativierte Ding an sich wird mit einem Namen bezeichnet, den es von der deutlichsten seiner Erscheinungen, vom menschlichen Willen, borgt. Schopenhauer spricht von einer «*denominatio a potiori*» (W I, 132), von einer Benennung nach dem Vorzuziehenden, also nach dem, was bei der Namengebung den Vorzug erhält, weil es uns am bekanntesten ist. Durch die Bestimmung des Willens als Ding an sich und seine Übertragung auf die Natur erhält der Begriff Wille eine gewaltige Veränderung und Ausdehnung. Er umfasst jetzt zum Beispiel auch die Kraft, die die Pflanze treibt, die Kraft, die den Magneten zum Nordpol wendet oder die Kraft, die den Stein zur Erde und die Erde zur Sonne zieht.

Schopenhauer geht in seiner Spekulation noch einen Schritt weiter. Da der Wille das Ding an sich in seiner *für uns* deutlichsten Erscheinung ist, gilt es noch, ihn von allen Schranken unserer Erkenntnis frei zu denken und von sämtlichen Hinzufügungen des Intellekts zu reinigen. Schopenhauer sucht alle allgemeinen Strukturen der menschlichen Erkenntnis, die seine Erkenntnislehre ermittelt hat, vom Willensbegriff abzuziehen. Auf diese Weise erschließt er *ex negativo* drei metaphysische Eigenschaften des Willens als Ding an sich: «Einheit, Grundlosigkeit, Erkenntnißlosigkeit» (VN II, 104).

Diese Eigenschaften sind keine Eigenschaften mehr der Erscheinung des Dings an sich, sondern des Dings an sich selbst.

Nur negativ, im Sinn von «ist nicht», lässt sich von dem nicht-vorstellbaren Wesen der Welt sagen: Der Wille steht außerhalb von Raum, Zeit und Kausalität, das heißt auch außerhalb von aller Möglichkeit der Vielheit. Als «universelles Grundwesen aller Erscheinungen» (W II, 362) ist der Wille unteilbar «Eins» (VN II, 104), ein einziger (Einheit). – Der Wille ist zudem unabhängig vom Satz vom Grund, dem universalen Gesetz aller Notwendigkeit. Zwar hat jede einzelne Willenserscheinung in der Vorstellungswelt eine Ursache, warum sie grade hier und jetzt da ist, aber «daß» (W I, 148) ihr inneres Wesen, der Wille, überhaupt da ist, wollend *ist*, dies hat keinen Grund. Der Mensch kann sich erklären, warum er dies und nicht jenes will, aber nicht, warum er überhaupt will (Grundlosigkeit). – Schließlich ist der Wille weder Subjekt noch Objekt, weder Erkennendes noch Erkanntes (vgl. VN II, 106), denn diese existieren nur als Bestandteile einer Vorstellung und mit ihnen ist schon die Erscheinung da. Der Wille ist blinder, erkenntnisloser Drang, ein Streben ohne Rast und Ziel (Erkenntnislosigkeit). – Zusammenfassend heißt es: «Die drei metaphysischen Eigenschaften des Willens sind alle negativ: was positive Prädikate hat, ist Vorstellung, also Erscheinung.» (VN II, 106) Diese Bestimmungen schließen jeden Entwicklungsgedanken des Dings an sich aus.

Charakteristisch für die metaphysische Deutung der Natur ist der ontologisch festgeschriebene «Kampf aller Willenserscheinungen gegen einander» (W I, 177). Die universale Disharmonie ist der Wurzelpunkt des Leidens. Der eine, grundlose, erkenntnislose Wille treibt und bewegt in seiner «Entzweiung mit sich selbst» (W I, 174) die Welt von innen zum Dasein, wo immer möglich zum Organischen, zum Leben. In allen sichtbaren Erscheinungen, in der gesamten Natur herrschen Streit, Kampf und Überwältigung. «Die deutlichste Sichtbarkeit erreicht dieser allgemeine Kampf in der Thierwelt, welche die Pflanzenwelt zu ihrer Nahrung hat, und in welcher selbst wieder jedes Thier die Beute und Nahrung eines andern wird, d. h. die Materie, in welcher seine Idee [seine Gattung] sich darstellte, zur Darstellung einer andern abtreten muß, indem jedes Thier sein Daseyn nur durch die beständige Aufhebung eines fremden erhalten kann; so daß der Wille zum Leben durchgängig an sich selber zehrt und in verschiedenen Gestalten seine eigene Nahrung ist, bis zuletzt das Menschengeschlecht, weil es alle andern überwältigt, die Natur für ein Fabrikat zu seinem Gebrauch ansieht.» (W I, 175)

Das Menschengeschlecht trägt diesen furchtbaren Kampf, diese Selbstentzweiung, auch in sich selbst aus, so dass ein Mensch dem andern zum Wolf wird (*homo homini lupus*, wie Hobbes sagt). Außerdem droht inmitten des vielbeschworenen Fortschritts der Zivilisation immer wieder der «Rückfall in die Barbarei» (Ge, 113). Ist der Zwist der Individuen durch die Staatseinrichtung zurückgedrängt, so kommt er von außen als Krieg der Völker wieder und fordert die blutigen Opfer. Vor allem ist es die Gestalt eines Eroberers, eines «Erzteufels», der einige hunderttausend Menschen einander gegenüberstellt und ihnen befiehlt: ««Leiden und Sterben ist euere Bestimmung: jetzt schießt mit Flinten und Kanonen auf einander los!› und sie thun es.» (W II, 663) Eine unabsehbare Potentialität von Leiden ist noch gar nicht Wirklichkeit geworden, noch gar nicht in Erscheinung getreten.

Der Wille zum Leben, das allerhöchste, allerrealste metaphysische Wesen ist nicht zugleich auch – dies ist ein Novum in der philosophiegeschichtlichen Tradition – das Gute. Er ist ein Ungeheuerliches, ein alles blind Durchherrschendes, eine monströse, unstillbare, sich selbst verzehrende sinnlose Gier. Seine Manifestation, sein authentischer Ausdruck ist der Schmerz, das Streben ohne Zweck, das Leiden alles Lebendigen. Wir selbst sind dieses Ding an sich und verschulden seine Erscheinungen und bejahen sie von Atemzug zu Atemzug durch unseren eigenen Willen zum Leben, der in allen Lebewesen ein und derselbe ist. Das Leiden ist dem getriebenen Leben, der Erscheinung des Willens, wesentlich. «Inzwischen», bemerkt Schopenhauer, «heißt ein Optimist mich die Augen öffnen und hineinsehn in die Welt, wie sie so schön sei, im Sonnenschein, mit ihren Bergen, Thälern, Ströhmen, Pflanzen, Thieren u.s.f. – Aber ist denn die Welt ein Guckkasten? Zu *sehn* sind diese Dinge freilich schön; aber zu *seyn* ist ganz etwas Anderes.» (W II, 667)

Die Schlussfolgerung des metaphysischen Pessimismus ist gravierend: Der Mensch ist kein Vernunftwesen. Das Vernünftige ist von Grund auf bedingt und abhängig von etwas Nicht-Vernünftigem. «Der Grundcharakter meiner Philosophie» (W II, 567), sagt Schopenhauer, ist die «gänzliche Sonderung des Willens von der Erkenntniß» (N, 19) sowie der «Primat» des Willens gegenüber der Erkenntnis. «Alle Philosophen haben darin geirrt, daß sie das Metaphysische, das Unzerstörbare, das Ewige im Menschen in den *Intellekt* setzten: es liegt ausschließlich im *Willen*, der von jenem gänzlich verschieden und allein ursprünglich ist.» (W II, 567)

Schopenhauer revolutioniert die traditionelle Rangordnung von Intellekt und Wille. Die europäische Tradition sieht zwar im Menschen ein widersprüchliches Wesen, das den Konkflikt von Vernünftigkeit (Geist) und Triebhaftigkeit (Leib) austragen muss. Doch gilt der Geist oder die Vernunft des *animal rationale* nicht nur dem Rang, sondern auch der Stärke nach als das maßgebende Prinzip. Im Aufstieg zum Göttlichen oder in der Ausrichtung auf ewige Werte, so die traditionelle Sicht in vielen Varianten, vermag der Mensch potentiell seine Triebe zu beherrschen und im Einklang mit der ontologisch vorgegebenen Seinsordnung zu stehen.

Die Lehre vom Primat des Willens gegenüber der Erkenntnis bezeichnet Schopenhauer als ein «Hauptdogma» (HN III, 255) seiner ganzen Philosophie. Der «uralte und ausnahmslose Grundirrthum» (W II, 122) ist zu beseitigen, dass der Kern des Menschen im erkennenden Bewusstsein liegt und dass dieses den Willen bedingt. Aus dem Blickwinkel der metaphysischen Seite der Welt wird die Bewusstseinswelt, die Welt als Vorstellung, nur noch als zweit- oder gar drittrangig aufgefasst. Schopenhauer setzt in seiner Metaphysik erstens den Willen als Ding an sich als etwas völlig Ursprüngliches, zweitens den Leib als bloße sichtbare Objektivation des Willens und drittens die Erkenntnis als bloß organische Werkzeugfunktion eines Teils des Leibes, des Gehirns.

Das Organ der Intelligenz, das Zerebralsystem, ist ein «bloßes

Werkzeug» (W II, 228), das in die Erhaltung des Individuums und – übergeordnet – in den Fortbestand der Gattung eingespannt ist. Wie andere Organe im Tierreich (zum Beispiel Huf, Klaue, Flügel) dient auch der menschliche Intellekt, der einer gesteigerten Vielzahl von Bedürfnissen gerecht werden muss, letztlich der Befriedigung des Hungers und des Geschlechtstriebs. Schopenhauer betrachtet den Menschen nicht mehr von oben nach unten aus einer göttlichen Perspektive, sondern von unten nach oben aus dem Blickwinkel der Natur, der Tiere. «Der *Intellekt* ist eine Eigenschaft des Thiers, ist also wesentlich animalisch, nur so und nicht anders ist er uns bekannt.» (HN III, 366)

Insgesamt gesehen argumentiert Schopenhauer in seiner Metaphysik aus empirischen Erkenntnisquellen von zwei Richtungen aus und macht jeweils entgegengesetzte Voraussetzungen. Zum einen geht er vom empirisch-individuellen Standpunkt aus und fragt bei der hermeneutischen Entzifferung der Welt als Vorstellung immer weiter und tiefer nach dem ursprünglichen Wesen der Welt. Er erkennt es in Annäherung im Willen, aber diese Erkenntnis muss gewissermaßen auf halber Strecke stehenbleiben, weil die Deutung in dieser Richtung wegen unserer Erkenntnisgrenzen nicht abschließbar ist, weshalb sie auch nicht apodiktisch sein kann. Auf diesem Weg gelangt Schopenhauer, soweit er auch immer kommen mag, an keinen Endpunkt. Die Rätsel der Welt bleiben ein «Abgrund von Unbegreiflichkeiten und Geheimnissen» (W II, 218).

Zum anderen nimmt Schopenhauer den auf halber Strecke erkannten Willen und erhebt diesen bedingten Endpunkt durch die Wendung des Standpunkts zu einem unbedingten Anfang. Schopenhauer spricht dann nicht mehr von einem «relativ Letzten» (GBr, 220), sondern von einem «absoluten Ersten» (N, 50). «Dieser Wille», so heißt es jetzt, ist «das alleinige Ding an sich, das allein wahrhaft Reale, allein Ursprüngliche und Metaphysische» (N, 2). Der bis dahin mit Vorbehalt erkannte Wille wird nun als überindividuelle metaphysische Wirklichkeit unterstellt, um von hier aus die Welt als Vorstellung mit ihren Stufen der Objektivationen des Willens spekulativ erfassen und ontologisch fundieren zu können. Diese Wendung jedoch – mit ihren metaphysischen Bestimmungen (Einheit, Grundlosigkeit, Erkenntnislosigkeit) – macht notgedrungen aus der «halben» Strecke eine «ganze». Da Schopenhauer diesen Ausgangspunkt nunmehr als endgültigen voraussetzt, was im Gegensatz zum Resultat der ersten Betrachtungsweise steht, fallen durch die vollzogene Wendung Wille und Ding an sich differenzlos zusammen. Beide Standpunkte aber gehören methodisch gesehen zusammen.

Schopenhauer denkt den Willen also komplementär zum einen mit kritischen, phänomenalistischen Einschränkungen, zum anderen als metaphysisches Urprinzip. Das hängt davon ab, ob er die Welt als Wille von der Perspektive der Welt als Vorstellung aus betrachtet oder umgekehrt die Welt als Vorstellung von der Perspektive der Welt als Wille aus. Schopenhauer deutet in seinem philosophischen System aus der Erfahrung das Metaphysische und, indem er den Standort wechselt, aus dem Metaphysischen die Erfahrung.[54]

Antimoralische Potenzen

Die Sonderung des Willens von der Erkenntnis und der Primat des Willens gegenüber dem Intellekt reißen die Vernunft aus dem Zentrum traditioneller Welt- und Menschenbilder. Die menschliche Vernunft, der Intellekt als Objektivation des metaphysischen Willens, wird zu einer unwesentlichen, unselbstständigen, endlichen Funktion depotenziert. Der Wille, das Unzerstörbare im Menschen, ist nicht durch Erkenntnis bedingt, aber die Erkenntnis durch den Willen. Der «eigentliche Mensch» ist der Wille, der Intellekt ist bloß sein dienendes Organ, seine «Fühlhörner nach außen» (E, 100). Der Intellekt ist ein lebenserhaltendes Beschaffungswerkzeug für das Wollen, ein Medium der Motive für die Bedürfnisse aller Art. Durch die ontologisch festgelegte Heteronomie der Vernunft verändert sich grundlegend die Konzeption der Ethik. Ihre maßgebende Instanz verlagert sich von der Vernunft auf etwas, das unabhängig von der Vernunft ist, auf die Instanz des Mitgefühls für Leid.

Unter dem veränderten Blickwinkel der Zerstörung beziehungsweise der Ohnmacht der vormals substantiell gedachten Vernunft – sei es der göttlichen, der kosmischen oder der menschlichen – steht die Ethik in Schopenhauers Philosophie vor einer neuen Herausforderung. Es gilt, das entdeckte, aber noch unbekannte Neuland des vom Willen beherrschten Handelns ohne Vorurteile zu untersuchen. Ein solches, einzig der «nackten Wahrheit» verpflichtetes Vorhaben, so befürchtet Schopenhauer, kann leicht mit einem «frevelhaften Angriff auf geheiligte Herzensüberzeugung» (E, 108) verwechselt werden und den Vorwurf der Subversion, des «Unterwühlens» der Moral nach sich ziehen. Dennoch will seine Ethik sich dieser neuen radikalen Sicht, die die Welt als Erscheinung einer nicht vernünftigen Macht deutet, stellen und aus der Geborgenheit falscher Vernunftvoraussetzungen heraustreten. Unter diesen veränderten Vorzeichen bekommt die Ethik die Aufgabe, das wirkliche Leben, das engstens verwoben ist mit dem «entsetzlichen, herzzerreißenden Jammer in der Welt» (N, 143), neu zu erforschen. Ihr Zweck ist zunächst, die empirisch vorfindbaren, in moralischer Hinsicht höchst unterschiedlichen Handlungsweisen der Menschen «zu deuten, zu erklären und auf ihren letzten Grund zurückzuführen» (E, 195).

Als erstes, so lautet Schopenhauers Überzeugung, hat die neue Ethik mit den hohlen Redensarten von der «Würde des Menschen» (E, 195) aufzuräumen, insbesondere mit Kants kategorischen Imperativen, mit diesen apriorischen «Hirngespinsten und Seifenblasen» (E, 195), die auf der vermeintlichen Autonomie der Vernunft beruhen. Die Ethik begnügt sich damit, Aufschluss darüber zu geben, was *ist*, und verzichtet darauf, vergeblich und anmaßend vorschreiben zu wollen, was sein *soll*. «Hingegen praktisch zu werden, das Handeln zu leiten, den Charakter umzuschaffen, sind alte Ansprüche, die sie, bei gereifter Einsicht, endlich aufgeben sollte.» (W I, 319) Schopenhauers Ethik lässt sich als eine Seinsethik charakterisieren, sie ist keine Sollensethik, keine präskriptive Pflichtenethik. «Wir werden überhaupt ganz und gar nicht von Sollen reden: denn so redet man zu Kindern und zu Völkern in ihrer Kindheit, nicht aber zu Denen, welche die ganze Bildung einer mündig gewordenen Zeit sich angeeignet haben.» (W I, 320)

Die Ethik unterscheidet das «*Princip*», das heißt den «obersten *Grundsatz*» vom «*Fundament*» einer Ethik (E, 136). Das Prinzip sagt, was Moral ist und in aller Welt als solche gilt. Die «aller einfachste und reinste» Formel des Prinzips kann lauten: «*Neminem laede; imo omnes, quantum potes, juva*» (E, 137), verletze niemanden; vielmehr hilf allen, soweit du kannst. Während dieses Prinzip, das lediglich die vorhandenen ethischen Auffassungen auf einen gemeinsamen Nenner zu bringen sucht, sich leicht formulieren lässt, ist die Frage nach seinem Fundament, nach seinem «Realgrund» (E, 138) – «was es sei, das dieser Forderung Kraft ertheilt?» (E, 158) – schwer zu beantworten. Offenbar ist das Fundament der Ethik wie der «Stein der Weisen» (E, 137) trotz jahrtausendelanger Suche nur mühsam zu finden.

Schopenhauer widmet sich dieser Problematik ausführlich in seiner Preisschrift *Ueber das Fundament der Moral* (1840). Er geht in zwei Schritten vor. Zunächst fragt er: Was ist das Fundament des ethischen Prinzips? Es muss mit engstem Bezug zur Empirie, zur anschaulichen Auffassung, ermittelt werden. Es wird als «Grundfaktum» (E, 110), das sich als reale Tatsache überprüfen lässt, gesucht. Das Fundament darf sich also nicht im künstlichen akademischen Phrasengewebe verlieren. Sodann will Schopenhauer in einem zweiten Schritt methodisch den Boden der Erfahrung verlassen und fragen: Wie ist das zu ermittelnde Fundament des ethischen Prinzips, das empirische Grundfaktum, metaphysisch auszulegen? Was ist seine metaphysische Bedeutung? Was ist das Fundament des Fundaments?

Schopenhauer kritisiert scharf Kants präskriptive Ethik, in deren absoluten Normen und Forderungen er die «Verkleidung der theologischen Moral» (E, 185), die «Sklavenmoral» der Theologie (E, 134), erblickt. Es ist widersinnig zu fordern, moralische Gebote rein um ihrer selbst willen zu befolgen, wenn man weiß, dass dies in Wirklichkeit nie geschieht. Reine Begriffe a priori, Begriffe ohne Inhalt, können laut Schopenhauer nicht das Fundament der Moral sein. Sie bilden ein formalistisches Spinnengewebe der inhaltleersten Begriffe, die nichts tragen und nichts bewegen können. Der Begriff eines unbedingten vernünftigen Wollens ist aufzugeben.

Kants Vernunftethik wird von Schopenhauer abgelehnt wegen ihrer imperativen Form und ihres Mangels an Realität. «Denn die Moral hat es mit dem *wirklichen* Handeln des Menschen und nicht mit apriorischem Kartenhäuserbau zu thun, an dessen Ergebnisse sich im Ernste und Drange des Lebens kein Mensch kehren würde, deren Wirkung daher, dem Sturm der Leidenschaften gegenüber, so viel seyn würde, wie die einer Klystierspritze bei einer Feuersbrunst.» (E, 143) Im Hintergrund von Kants *Kritik der praktischen Vernunft* steht, so Schopenhauer, der Irrtum, «daß das innere und ewige Wesen des Menschen in der *Vernunft*» (E, 132) liegt.

Untersucht werden zunächst die «antimoralischen Potenzen» des Egoismus, die der gesuchten «moralischen Triebfeder» (E, 143) entgegenstehen. Der Terminus Egoismus wird dabei weit gefasst als «Drang zum Daseyn und Wohlseyn» (E, 196). Im Menschen wie im Tier macht er die «Haupt- und Grundtriebfeder» (E, 196) aus. Der Egoismus ist, wie alltägliche Beispiele belegen und die Introspektion bestätigen kann, «kolossal» und «gränzenlos». Jeder ist sich selbst die ganze Welt, jeder macht sich zum Mittelpunkt. «Der Mensch will unbedingt sein Daseyn erhalten, will es von Schmerzen, zu denen auch aller Mangel und Entbehrung gehört, unbedingt frei, will die größtmögliche Summe von Wohlseyn, und will jeden Genuß, zu dem er fähig ist, ja, sucht wo möglich noch neue Fähigkeiten zum Genusse in sich zu entwickeln. Alles, was sich dem Streben seines Egoismus entgegenstellt, erregt seinen Unwillen, Zorn, Haß: er wird es als seinen Feind zu vernichten suchen. Er will wo möglich Alles genießen, Alles haben; da aber dies unmöglich ist, wenigstens Alles beherrschen.» (E, 196f.)

Die Komplexität des Egoismus zeigt sich im Kleinen wie im Großen. Trotz seines vorgehaltenen Feigenblattes, der konventionell andressierten Höflichkeit, dieser allgemein anerkannten Heuchelei, verrät er sich schon bei der Taxierung neuer Bekanntschaften, ob und wie sie von Nutzen sein können. Er lässt sich ablesen am Konkurrenzkampf der Menschen untereinander und an der Ausbeutung in der Arbeitswelt. Der Eigennutz macht vor nichts halt. «Wer von Feinden verfolgt, in Todesangst, einen ihm begegnenden Tabuletkrämer nach einem Seitenwege frägt, kann erleben, daß dieser ihm die Frage entgegnet: ‹Ob er von seiner Waare nichts brauchen könne?›» (E, 164)

Für den großen Egoisten Mensch ist der Tod gleichbedeutend mit dem Weltuntergang, weshalb die allermeisten, wenn sie es könnten, sich lieber für die Vernichtung der übrigen Welt als für das eigene Ende entscheiden würden. Schopenhauer bezweifelt, ob es wirklich nur eine «emphatische Hyperbel» ist, wenn er zur Verdeutlichung schreibt: «Mancher Mensch wäre im Stande, einen andern todtzuschlagen, bloß um mit dessen Fette sich die Stiefel zu schmieren.» (E, 198)

Im Gegensatz zum Tier steigert sich im Menschen der Egoismus zur Bosheit und Grausamkeit. Die Skala der Grade, die subtil und vielfältig sind, gipfeln in der Möglichkeit des Kriegs aller gegen alle. Der Egoismus will das eigene Wohl, die Bosheit das fremde Wehe und die Bosheit potenziert sich bis zur Grausamkeit. Für die Grausamkeit «ist das fremde Leiden nicht mehr Mittel zur Erlangung der Zwecke des eigenen Willens, sondern Zweck an sich» (W I, 429). Der Grausame sucht indirekt die Linderung seiner eigenen heillosen Qual, indem er sich am Anblick fremden Leidens und am Gefühl seiner Macht gegenüber dem Ohnmächtigen weidet.

Vieles, was der Moral zugeschrieben wird, rührt von anderen Motiven her. Die «Betrachtung der moralischen Verderbniß der Welt» (E, 193) zeigt insgesamt, dass die Triebfeder zum Guten nicht mächtig sein kann. Der desolate Zustand wäre noch schlimmer, wenn der Zwang des Staates, entsprungen aus gegenseitiger Furcht vor gegenseitiger Gewalt, nicht alle bändigen würde, was das wahre Bild von der «Immoralität des Menschengeschlechts» (E, 194) verfälscht. Der Staat ist ein Meisterstück des «aufsummirten Egoismus Aller» (E, 194), der es aufgrund seiner Gewalt erzwingt, dass die Rechte der anderen geachtet werden. Der Zwang, der Eigennutz, hat alle gebändigt, nicht die Moral, auch wenn das Selbstverständnis der Menschen ein anderes ist.

Schopenhauer rät in einer Bestandsaufnahme der «antimoralischen Triebfedern», Berichte von Verbrechen und anarchischen Zuständen zu lesen, um einzusehen, was der Mensch in moralischer Hinsicht eigentlich ist. «Der Mensch ist im Grunde ein wildes, entsetzliches Thier. Wir kennen es bloß im Zustande der Bändigung und Zähmung, welcher Civilisation heißt.» (P II, 225) Ohne die angedrohten Sanktionen der Gesetze und ohne die Angst vor Stigmatisierungen der bürgerlichen Gesellschaft träten «die unersättliche Habsucht, die niederträchtige Geldgier, die tief versteckte Falschheit, die tückische Bosheit der Menschen hervor» wie ein «noch nie gesehenes Monstrum» (E, 194). «Diese Tausende, die da, vor unsern Augen, im friedlichen Verkehr sich durch einander drängen, sind anzusehn als eben so viele Tiger und Wölfe, deren Gebiß durch einen starken Maulkorb gesichert ist.» (E, 194)

Es ist ein Irrtum zu glauben, dass alle legalen und lobenswerten Handlungen einen moralischen Ursprung hätten. Auch die Annahme von der Ursprünglichkeit des Gewissens hält einer skeptischen Ansicht nicht stand. Schopenhauer argwöhnt, dass das von religiösen Menschen vielzitierte Gewissen oft nichts anderes enthält als die abrufbaren Dogmen und Vorschriften ihrer Religion. Dieses schwankende Gewissen ist vergleichbar mit dem Gewissen eines ehrgekränkten Menschen, das lediglich die Gesetze seines Narrenkodexes beinhaltet, der ritterliche Ehre heißt. Das stattlich erscheinende Gewissen ist etwas Vermitteltes und Zusammengesetztes: «etwan aus 1/5 Menschenfurcht, 1/5 Deisidämonie [Furcht und heilige Scheu vor den Dämonen], 1/5 Vorurtheil, 1/5 Eitelkeit und 1/5 Gewohnheit» (E, 192). Der Gewissensträger ist letztlich nicht besser als jener Engländer, der gradeheraus sagte: «ein Gewissen zu halten ist für mich zu kostspielig» (E, 192). Die skeptischen Bedenken gegenüber der Moral, ob sie im Grunde nicht bloß auf erzwungenen Konventionen beruhen, reichen nicht aus, echte Moralität zu leugnen, wohl aber die Erwartungen von der moralischen Anlage des Menschen «zu mäßigen» (E, 193).

Die Abwesenheit aller egoistischen Beweggründe ist das negative Kriterium einer moralischen Handlung. Andernfalls ist sie eine auf den eigenen Nutzen bedachte Handlung, aber keine freiwillige, keine altruistische. Gibt es solche Handlungen überhaupt? Gibt es eine moralische Triebfeder, die den Menschen trotz der tief in seiner Natur wurzelnden eigennützigen Neigungen zu Handlungen von rein moralischem Wert bewegen kann?

Das Mitleid

«Nichts empört so im tiefsten Grunde unser moralisches Gefühl, wie Grausamkeit. Jedes andere Verbrechen können wir verzeihen, nur Grausamkeit nicht. Der Grund hievon ist, daß Grausamkeit das gerade Gegentheil des Mitleids ist. Wenn wir von einer sehr grausamen That Kunde erhalten, wie z. B. die ist, welche eben jetzt die Zeitungen berichten, von einer Mutter, die ihren fünfjährigen Knaben dadurch gemordet hat, daß sie ihm siedendes Oel in den Schlund goß, und ihr jüngeres Kind dadurch, daß sie es lebendig begrub; – oder die, welche eben aus Algier gemeldet wird, daß nach einem zufälligen Streit und Kampf zwischen einem Spanier und einem Algierer, dieser, als der stärkere, jenem die ganze untere Kinnlade rein ausriß und als Trophäe davon trug, jenen lebend zurücklassend; – dann werden wir von Entsetzen ergriffen und rufen aus: ‹Wie ist es möglich, so etwas zu thun?› – Was ist der Sinn dieser Frage? Ist er vielleicht: Wie ist es möglich, die Strafen des künftigen Lebens so wenig zu fürchten? – Schwerlich. – Oder: Wie ist es möglich, nach einer Maxime zu handeln, die so gar nicht geeignet ist, ein allgemeines Gesetz für alle vernünftigen Wesen zu werden? – Gewiß nicht. – Oder: Wie ist es möglich, seine eigene und die fremde Vollkommenheit so sehr zu vernachlässigen? – Eben so wenig. – Der Sinn jener Frage ist ganz gewiß bloß dieser: Wie ist es möglich, so ganz ohne Mitleid zu seyn? – Also ist es der größte Mangel an Mitleid, der einer That den Stämpel der tiefsten moralischen Verworfenheit und Abscheulichkeit aufdrückt. Folglich ist Mitleid die eigentliche moralische Triebfeder.»

Schopenhauer, *Ueber das Fundament der Moral* (E, 232f.)

Ein Schlüsselbegriff der Ethik Schopenhauers ist das Mitleid, das mit einem bloß psychologisch-subjektivem Mitempfinden noch nicht erfasst ist. Seine tiefere Bedeutung erschließt sich erst aus dem

Kontext der «metaphysischen Identität aller Wesen» (W II, 690). Mitleid ist das empirische Hervortreten der metaphysischen Identität des Willens inmitten der zahllosen Vielheit seiner Erscheinungen. Das Mitleid hebt den unseligen, ewig sich selbst wollenden und Leiden schaffenden Willen nicht auf – «die Sonne selbst brennt ohne Unterlaß ewigen Mittag» (W I, 331) –, stellt aber eine Linderung von Leiden dar. Die Mitleidsethik bereitet den letzten Teil der Philosophie Schopenhauers vor. Die weitere Depotenzierung des egoistischen Wollens, zu der neben dem Mitleid auch die wegbereitende ästhetische Kontemplation gehört, endet schließlich mit der Resignation, der Umwandlung des Menschen von Grund aus.

Die Macht des Egoismus ist nur dadurch zu brechen, so der zunächst eingenommene empirisch psychologische Blickwinkel, dass ich mich in den anderen hineinversetze und sein Leid mitempfinde. Durch die Identifikation mit dem anderen wird sein Wohl und sein Wehe unmittelbar mein Motiv. «Dies aber setzt nothwendig voraus, daß ich bei *seinem* Wehe als solchem geradezu mit leide, *sein* Wehe fühle, wie sonst nur meines, und deshalb sein Wohl unmittelbar will, wie sonst nur meines. Dies erfordert aber, daß ich auf irgend eine Weise *mit ihm identificirt* sei.» (E, 208) Die Identifikation hält mich ab, ihm zu schaden oder sie bewegt mich dazu, ihm tätig zu helfen. Der gänzliche Unterschied, der tiefe Graben zwischen mir und dem andern, auf dem mein Egoismus beruht, ist dann kein absoluter mehr. Dieser Vorgang, in verschiedenen Abstufungen erfahrbar, ist kein erträumter, sondern ein ganz wirklicher: «Es ist das alltägliche Phänomen des *Mitleids*.» (E, 208)

Die Identifikation mit dem anderen verändert die gewöhnliche Vorstellung vom Unterschied zwischen der eigenen und der fremden Person. Ich erblicke den anderen nicht mehr so, wie er sich in der empirischen Anschauung von außen darstellt. Der andere hört auf, für mich ein gleichgültiger Fremder zu sein. Im Mitleid wird die «Mauer» zwischen Du und Ich «dünn und durchsichtig» (P II, 218). Auf erstaunliche, mysteriöse Weise ist der Intellekt, der Wesen von Wesen räumlich und zeitlich trennt, aufgehoben, ist das Nicht-Ich für den Augenblick zum Ich geworden.

Die veränderte Erkenntnisweise von Ich und Du, die Auflösung der Scheidewand, macht das Mitleid aus. Dieser «erstaunenswürdige» Vorgang ist «das große Mysterium der Ethik» (E, 209). Es ist das «ethische Urphänomen» (E, 212), der Grenzstein der Erfahrung. Als «unleugbare Thatsache des menschlichen Bewußtseyns» (E, 213), dies ist für Schopenhauer wichtig, beruht das tiefe Mitgefühl nicht auf Voraussetzungen, Begriffen, Normen, Vorschriften, Religionen, Dogmen, Mythen, Erziehung oder Bildung. Es stellt sich ein oder nicht.

Der Vorgang des Mitleids ist das empirisch wirklich *daseiende* und nicht bloß ein begrifflich gefordertes Fundament der Moral. Als die eigentliche «moralische Triebfeder» (E, 205) ist das Mitleid das gesuchte Fundament des ethischen Prinzips: Verletze niemanden; vielmehr hilf allen, soweit du kannst. «Dieses Mitleid ganz allein ist die wirkliche Basis aller *freien* [nicht vom Staat erzwungenen] Gerechtigkeit und aller *ächten* Menschenliebe. Nur sofern eine Handlung aus ihm entsprungen ist, hat sie moralischen Werth: und jede aus irgend welchen andern Motiven hervorgehende hat keinen.» (E, 208f.)

Das Mitleid, das das fremde Wohl will und das bis zum «Edelmuth» und zur «Großmuth» gehen kann, ist universell. Es zeigt sich in allen Ländern und Zeiten. Wer von dem «gränzenlosen Mitleid mit allen lebenden Wesen» erfüllt ist, «wird zuverlässig Keinen verletzen, Keinen beeinträchtigen, Keinem wehe thun, vielmehr mit Jedem Nachsicht haben, Jedem verzeihen, Jedem helfen, so viel er vermag, und alle seine Handlungen werden das Gepräge der Gerechtigkeit und Menschenliebe tragen.» (E, 236) Für Schopenhauer gibt es kein schöneres Gebet, als das, womit die altindischen Schauspiele schließen. «Mögen alle lebenden Wesen von Schmerzen frei bleiben.» (E, 236)

Das Mitleid bewährt sich auch dadurch als Fundament der Moral, dass es «die Thiere als unsere Brüder» (E, 245), das heißt alle leidensfähigen Wesen, mit einbezieht. Die Rechtlosigkeit der Tiere, ihre grausame Behandlung als Sachen, ist eine «empörende Rohheit und Barbarei des Occidents» (E, 238). Die «himmelschreiende Ruch-

losigkeit, mit welcher unser christlicher Pöbel gegen die Thiere ver-
fährt» (P II, 394) und unsere Wissenschaftler sie foltern, beruht auf
dem «Wahn» der gänzlichen Verschiedenheit von Tier und Mensch.
Dieser Wahn, der auf den Schöpfungsbericht des Alten Testaments
zurückgeht, zeigt, dass infolge dieser Tradition auch die christliche
Moral nicht die «allervollkommenste» ist. Dem Tier ist man kein
Erbarmen, sondern Gerechtigkeit schuldig. «Das Thier ist im Wesentlichen das Selbe wie der Mensch.» (P II, 395) Der Unterschied
liegt bloß im Sekundären, im Intellekt, in der somatischen Verschiedenheit eines Organs. «Die Welt ist kein Machwerk und die Thiere
kein Fabrikat zu unserm Gebrauch.» (P II, 399)

Dem «ethischen Urphänomen» entspringen die beiden «Kardinaltugenden» (E, § 17, 213) Gerechtigkeit und Menschenliebe. Gerechtigkeit steht für das im ethischen Prinzip formulierte Nichtverlet-
zen («verletze niemanden») und Menschenliebe für das Helfen («hilf
allen, soweit du kannst»). Die aus dem Mitleid entspringende Gerechtigkeit ist freiwillig und uneigennützig. Sie entstammt nicht der
«Zwangsanstalt» des Staates. Die Menschenliebe besteht darin, dass
man dem anderen ohne egoistische Absicht hilft, um seine Not zu
lindern. Das Mitleid ist der Oberbegriff von Gerechtigkeit und Menschenliebe. Alle übrigen Tugenden lassen sich auf die Gerechtigkeit
beziehungsweise Menschenliebe zurückführen. Insgesamt unterscheidet Schopenhauer *«drei Grund-Triebfedern* der menschlichen
Handlungen» (E, 209f.): den Egoismus, die Bosheit und das Mitleid.
Als vierte Triebfeder fügt er in einer Anmerkung noch ergänzend
die «Askese» hinzu, die bei der Resignation eine wichtige Rolle
spielt (W II, 697).

Obwohl Schopenhauer jede präskriptive Ethik ablehnt, gibt er
dem ethischen Prinzip eine imperative Form. Die Auflösung dieser
Diskrepanz besteht zunächst darin, dass dieses Prinzip eine nachträglich formulierte, zusammenfassende Abstraktion bereits vorhandener Moralauffassungen darstellt. Für die ursprüngliche moralische Handlung selbst ist diese Abstraktion unerheblich. Der
befehlende Charakter des Prinzips hat auf das Handeln allenfalls im
begrenzten Rahmen einer «moralischen Bildung» (E, 255), die über

die wahren Verhältnisse des Lebens aufklärt, eine sehr geringe Einflussnahme. Entscheidend für das Handeln von moralischem Wert ist das ermittelte Fundament der Ethik, das von aller begrifflichen Reflexion unabhängige und aller begrifflichen Reflexion vorausgehende Vorhandensein oder Ausbleiben von Mitleid. Der eigentliche Grund für Schopenhauers Ablehnung jeder Sollensethik ist jedoch das Konzept seiner Seinsethik, das auf der metaphysischen Identität aller Willenserscheinungen basiert.

Eine Ethik kann Mitleid weder fordern noch erzeugen. Es gibt keine Verpflichtung, mitleidig zu sein. Mitleid ist abhängig vom Sein, von der daseienden Prädisposition jedes einzelnen, die aufgrund von Schopenhauers Metaphysik des Willens durch die Beschaffenheit des jeweiligen Charakters ontologisch festgelegt ist. Das Sein, nicht die Erkenntnis, bestimmt die Handlung. «*Operari sequitur esse*» (E, 176), das heißt: Was man tut, folgt aus dem, was man ist. Durch die Unveränderbarkeit des Charakters wird jeder durch gerade die Motive angeregt und in Bewegung gesetzt, für die er überwiegend empfänglich ist. (Die Lehre über den Charakter, die ein weiterer wichtiger Bestandteil der Seinsethik ist, wird ausführlich dargelegt in der ersten Preisschrift *Ueber die Freiheit des menschlichen Willens* von 1839.) Der Seinsethik Schopenhauers kommt es auf das an, was *ist*, was im ontologischen Sinn *festgelegt ist*. Weder kann sie, noch will sie daher das moralische Handeln verbessern. «Dem Boshaften ist seine Bosheit so angeboren, wie der Schlange ihre Giftzähne und Giftblase.» (E, 252) Mit Seneca drückt Schopenhauer seinen metaphysischen Pessimismus aus: «*Velle non discitur*», Wollen lässt sich nicht lernen. (W I, 347) Das Gut-*sein* lässt sich nicht aneignen.

Schopenhauer stellt eine «Regel» auf, die das Mitleid zwar nicht bewirken kann, die aber die sekundäre reflexive Geisteshaltung des Menschen, der zum Mitleid seinsmäßig disponiert ist, zusätzlich noch schärfen und festigen kann: «Bei jedem Menschen, mit dem man in Berührung kommt, unternehme man nicht eine objektive Abschätzung desselben nach Werth und Würde, ziehe also nicht die Schlechtigkeit seines Willens, noch die Beschränktheit seines Verstandes und die Verkehrtheit seiner Begriffe in Betrachtung; da Ersteres leicht Haß, Letzteres Verachtung gegen ihn erwecken könnte: sondern man fasse allein seine Leiden, seine Noth, seine Angst, seine Schmerzen ins Auge: – da wird man sich stets mit ihm verwandt fühlen, mit ihm sympathisiren und, statt Haß oder Verachtung, jenes Mitleid mit ihm empfinden, welches allein die *agápe* [Liebe] ist, zu der das Evangelium aufruft. Um keinen Haß, keine Verachtung gegen ihn aufkommen zu lassen, ist wahrlich nicht die Aufsuchung seiner angeblichen ‹Würde›, sondern, umgekehrt, der Standpunkt des Mitleids der allein geeignete.» (P II, 215 f.)

Nachdem für Schopenhauer das Mitleid als das Fundament der Ethik empirisch nachgewiesen ist, fragt er in einem weiteren Schritt danach, wie dieses Urphänomen, das wie ein Rätsel vorliegt, selbst noch erklärt, wie es metaphysisch gedeutet werden kann. Das, was bisher Erklärungsgrund war, das Mitleid, wird jetzt seinerseits als Problem aufgefasst. Wie kann das ethische Urphänomen metaphysisch ausgelegt werden?

Schopenhauer stellt das Mitleid in den Kontext der Willensmetaphysik und greift auf seine idealistische Erkenntnislehre zurück, die er im Anschluss an Kant entwickelt hat. Die sichtbare Welt, die Welt als Vorstellung, ist an ein Bewusstsein gebunden und hat kein absolutes, unbedingtes, sondern nur ein relatives, bedingtes Dasein. Die Welt als Vorstellung ist ein «Gehirnphänomen der gegenständlichen Welt» (G, 71), das durch die Erkenntnisgesetze des Intellekts vermittelt und bestimmt ist. Zur Phänomenalität der Welt gehört die Täuschung, dass die Vielheit der Individuen etwas Absolutes sei. Die Welt als Vorstellung, die empirische Realität, ist aber – metaphysisch gesehen – die Erscheinung eines einzigen Willens. Der Egoismus steht im Bann einer sich zwangsläufig einstellenden Phantasmagorie der Welt als Vorstellung.

Wer dagegen von Mitleid erfüllt ist, durchschaut in einer unmittelbaren, intuitiven Erkenntnis, «die nicht wegzuräsonniren und nicht anzuräsonniren ist» (W I, 437), den Schein der Vorstellungswelt, die falsche Vorspiegelung der Individuation. Das eigentliche Fundament der Moral, das Fundament des Fundaments, gründet im innersten *einen* Wesen der Welt, das sich im Mitleiden ausdrückt, im

Innewerden der metaphysischen Einheit aller Dinge, ein Innewerden, das auf der Entäußerung der beschränkten und beschränkenden Individualität beruht. Jede «ganz lautere Wohlthat», jede wahrhaft uneigennützige Hilfe, die ausschließlich die Not des anderen zum Motiv hat, ist eigentlich, wenn bis auf den letzten Grund geforscht wird, eine «mysteriöse Handlung, eine praktische Mystik» (E, 273). «Die Andern sind [...] kein Nicht-Ich, sondern ‹Ich noch ein Mal›.» (E, 272)

Der, «der die Werke der Liebe übt» (W I, 440f.) in einem «tief gefühlten, universellen Mitleid mit Allem was Leben hat» (E, 253), ist vom «Wahn und Blendwerk der Maja» (W I, 440f.), wie es im alten indischen Denken heißt, geheilt. Der die Wahrheit verhüllende Schleier der Maja ist durchsichtig geworden. «Sich, sein Selbst, seinen Willen erkennt er in jedem Wesen, folglich auch in dem Leidenden. Die Verkehrtheit ist von ihm gewichen, mit welcher der Wille zum Leben, sich selbst verkennend, hier in Einem Individuo flüchtige, gauklerische Wollüste genießt, und dafür dort in einem *andern* leidet und darbt, und so Quaal verhängt und Quaal duldet, nicht erkennend, daß er, wie Thyestes, sein eigenes Fleisch gierig verzehrt, und dann hier jammert über unverschuldetes Leid und dort frevelt ohne Scheu vor der Nemesis». (W I, 441)

Nur in der durch das Medium des Intellekts bedingten Welt als Vorstellung scheint es so, als seien die Individuen absolut voneinander getrennt. In Wahrheit aber manifestiert sich in ihnen ein und dasselbe Wesen, der Wille als Ding an sich, der Wille zum Leben. Daher ist die in der Handlung liegende, affektiv erlebte, intuitive «Erkenntniß», die den Unterschied zwischen Ich und Du in der moralischen Praxis aufhebt, der reale Ausdruck des Dings an sich und stellt die «metaphysische Basis der Ethik» (E, 270) dar. Eine alte Redewendung im Deutschen, so Schopenhauer, lautet: jemandem sein Herz öffnen. Im Leiden bekundet sich das Einssein aller Lebewesen.

Wenn Schopenhauer vom Mitleid als einer «Erkenntniß» spricht, dann meint er damit einen vorbegrifflichen, vorrationalen Zustand, durch den der Handelnde den Egoismus durch eine Art tiefgefühlter Solidarität dadurch überwindet, dass er anders sieht und anders

will. Zur Bestätigung seiner spekulativen Auslegung führt Schopenhauer übereinstimmende Gedanken aus der langen Geschichte der
europäischen Metaphysik an, vor allem das antike «*hen kai pan*»
(E, 269), das «Eines und Alles», wie auch Lehren und Weisheiten der
altindischen Philosophie. «Diese Erkenntniß, für welche im Sanskrit
die Formel *tat-twam asi*, d. h. ‹dies bist Du›, der stehende Ausdruck
ist, ist es, die als *Mitleid* hervorbricht, auf welcher daher alle ächte,
d. h. uneigennützige Tugend beruht und deren realer Ausdruck jede
gute That ist. Diese Erkenntniß ist es im letzten Grunde, an welche
jede Appelation an Milde, an Menschenliebe, an Gnade für Recht
sich richtet: denn eine solche ist eine Erinnerung an die Rücksicht,
in welcher wir alle Eins und das selbe Wesen sind.» (E, 271)

Nichts

> «Er [der Weltüberwinder] blickt nun ruhig und lächelnd
> zurück auf die Gaukelbilder dieser Welt, die einst auch
> sein Gemüth zu bewegen und zu peinigen vermochten, die
> aber jetzt so gleichgültig vor ihm stehn, wie die Schachfi-
> guren nach geendigtem Spiel, oder wie am Morgen die
> abgeworfenen Maskenkleider, deren Gestalten uns in der
> Faschingsnacht neckten und beunruhigten. Das Leben und
> seine Gestalten schweben nur noch vor ihm, wie eine
> flüchtige Erscheinung, wie dem Halberwachten ein
> leichter Morgentraum, durch den schon die Wirklichkeit
> durchschimmert und der nicht mehr täuschen kann.»
>
> Schopenhauer, *Die Welt als Wille und Vorstellung* (W I, 462)

Am Ende von Schopenhauers metaphysischem Pessimismus steht
der Zustand der Entsagung, der Resignation. In diesem Zustand
wird der Grund des Leidens, der Wille selbst und zugleich die aus
ihm hervorgehenden Erscheinungen, aufgehoben. Aus der intuitiven
Erkenntnis der Allgemeinheit des Leidens, dem tiefgefühlten Mitleid mit allem, was Leben hat, wendet sich der Wille bei einzelnen
Menschen, bei den heiligen Asketen aller Religionen, mit «Abscheu»
(W I, 449) vom egoistisch bejahten Leben ab. Schopenhauer bezieht

sich hierbei auf Lebensbeschreibungen und Zeugnisse von Heiligen und Mystikern, deren Erfahrungen er selbst nicht gemacht hat. Der Wille, so interpretiert er aufgrund seiner Willensmetaphysik diese Berichte, bejaht nicht mehr sein eigenes, sich «in der Erscheinung spiegelndes Wesen», sondern verneint es. Dies ist der «Uebergang von der Tugend zur *Askesis*» (W I, 449).

Schopenhauer denkt diese Verneinung des Metaphysischen, die «*Selbstaufhebung des Willens*» (W I, 478), die nicht mit dem Selbstmord zu verwechseln ist und die auch nicht vorsätzlich herbeigeführt werden kann, radikal als Mortifikation, als Abtötung der Begierden, als «Ertödtung des Eigenwillens» (W I, 453). Der Wille des Weltüberwinders sucht nicht mehr die Welt zu erobern, sondern sich selbst zu bezwingen. Denn «so lange unser Wille der selbe ist, kann unsere Welt keine andere seyn.» (W II, 694) Die mystische Askese, die sich der rationalen Erklärung entzieht, ist ein «*eventualiter* anders wollen» (W II, 743), die «gänzliche Umkehrung der menschlichen Natur» (W II, 719).

Die unheilvolle hedonistische Ausrichtung auf das «chimärische Glück» eines angestrebten «Schlaraffenlebens» (W II, 734), worin der Egoismus den letzten Zweck des Lebens sieht, ist bis auf die Wurzel gehend überwunden. «Vergleichen wir das Leben einer Kreisbahn aus glühenden Kohlen, mit einigen kühlen Stellen, welche Bahn wir unablässig zu durchlaufen hätten; so tröstet den im Wahn Befangenen die kühle Stelle, auf der er jetzt eben steht, oder die er nahe vor sich sieht, und er fährt fort die Bahn zu durchlaufen. Jener aber, der, das *principium individuationis* durchschauend, das Wesen der Dinge an sich und dadurch das Ganze erkennt, ist solchen Trostes nicht mehr empfänglich: er sieht sich an allen Stellen zugleich, und tritt heraus.» (W I, 448f.)

Das «Nichts», das letzte Wort des Hauptwerks (W I), scheint einen rational nicht identifizierbaren Sinn zu bewahren, den Schopenhauer bejahen kann, weil in dieser Bejahung Schuld und Leid radikal verneint werden. Es ist eine vage, jede positive Aussage vermeidende Andeutung, dass die vorliegende Welt «nicht die ganze Möglichkeit alles Seyns ausfüllt», sondern in der *Negation* des unvernünftigen Willens als des Wesens der Welt Raum bleibt für «etwas ganz Anderes» (W II, 693). Als Philosoph will Schopenhauer lieber schweigen, statt über nicht überprüfbare private Erfahrungen der mystischen Askese zu reden. Die Philosophie muss ihre Argumentation bis zuletzt, im Gegensatz zur allegorischen Sprache der religiösen Mystik, in der allen zugänglichen, anschaulich gegebenen Außenwelt und in dem allen gemeinsamen Bewusstsein des eigenen Selbst verankern. Aber an der Grenze des Sagbaren kann die Sehnsucht des metaphysischen Bedürfnisses ihren Ausdruck finden. Unter Zuhilfenahme der ästhetischen Erfahrung heißt es über den Zustand der äußersten Verneinung, er sei «jener Friede, der höher ist als alle Vernunft, jene gänzliche Meeresstille des Gemüths, jene tiefe Ruhe, unerschütterliche Zuversicht und Heiterkeit, deren bloßer Abglanz im Antlitz, wie ihn Raphael und Correggio dargestellt haben, ein ganzes und sicheres Evangelium ist» (W I, 486).

Mit der «Ertödtung des Eigenwillens», der Umwendung des egoistischen Menschen, zerfließt die Welt als Wille und Vorstellung. «Kein Wille: keine Vorstellung, keine Welt.» (W I, 486) Es ist die mit dem Tod verbundene erlösende Wandlung vom Wollen zum Nicht-mehr-Wollen, die Schopenhauer mit einem gewissen Vorbehalt «das absolute Gut, das *summum bonum*» (W I, 428) nennt. «Nur die Erkenntniß ist geblieben, der Wille ist verschwunden.» (W I, 486) Die Buddhisten nennen dieses «relative Nichts» (W I, 484; W II, 703) das selige Nirwana.

Der Schluss von Schopenhauers Hauptwerks *Die Welt als Wille und Vorstellung* lautet: «Wir bekennen es vielmehr frei: was nach gänzlicher Aufhebung des Willens übrig bleibt, ist für alle Die, welche noch des Willens voll sind, allerdings Nichts. Aber auch umgekehrt ist Denen, in welchen der Wille sich gewendet und verneint hat, diese unsere so sehr reale Welt mit allen ihren Sonnen und Milchstraßen – Nichts.» (W I, 487)

FRIEDRICH NIETZSCHE

«Jenseits von Gut und Böse»[55]

Leben und Werk

Geboren am 15. Oktober 1844 in Röcken bei Leipzig, gestorben am
25. August 1900 in Weimar. – Philosoph, Altphilologe, Dichter, radikaler Kritiker von metaphysischen, moralischen und religiösen
Vorstellungen. – Friedrich Wilhelm Nietzsche ist das erste Kind des
protestantischen Pfarrers Carl Ludwig und dessen Ehefrau Fran-
ziska, geb. Oehler, 1846 Geburt der Schwester Elisabeth, 1848 Geburt des Bruders Joseph, der zwei Jahre später stirbt, 1849 Tod des
Vaters («Mein Vater starb mit sechsunddreißig Jahren: er war zart,
liebenswürdig und morbid, wie ein nur zum Vorübergehn bestimmtes Wesen»). 1850 Übersiedlung der ganzen Familie zur Großmutter
nach Naumburg an der Saale («Ich hatte in meinem jungen Leben
schon sehr viel Trauer und Betrübnis gesehn und war deshalb nicht
ganz so lustig und wild wie Kinder zu sein pflegen. Meine Mitschü-
ler waren gewohnt, mich wegen dieses Ernstes zu necken. [...] Von
Kindheit an suchte ich die Einsamkeit und fand mich da am wohls-
ten, wo ich mich ungestört mir selbst überlassen konnte. Und dies
war gewöhnlich im freien Tempel der Natur, und die wahrsten
Freuden fand ich hierbei», AB, 18f.).

1854 Übertritt in das renommierte Naumburger Domgymna-

sium, erste Kompositions- und Lyrikversuche, im Sommer 1856 beurlaubt wegen Kopf- und Augenschmerzen, die sein Leben lang wie-
derkehren. Von 1858 bis 1864 besucht Nietzsche das strenge
humanistische Internat der Königlichen Landesschule Schulpforta
bei Naumburg, ein «ungemeiner Drang nach Erkenntniß, nach uni-
verseller Bildung» ergreift ihn. Er schließt Freundschaft mit Paul
Deussen (später Philosophie-Professor, Anhänger Schopenhauers
und Übersetzer der indischen Philosophie), musiziert mit Freunden
nach einem Klavierauszug von Richard Wagners *Tristan und Isolde*,
schätzt besonders die Dichtung Hölderlins und Platons *Symposion*,
lernt in Schulpforta die historisch-kritische Behandlung der Bibel
kennen, ist häufig auf der Krankenstube (ein Vermerk im Kranken-
buch zu Pforta lautet: «N ist ein vollsaftiger, gedrungener Mensch
mit auffallend stierem Blick, kurzsichtig und oft von wanderndem
Kopfweh geplagt»), außer in Mathematik sehr gute Abiturnoten.

Ab 1864 Studium der Theologie (nur zwei Semester) und der
klassischen Philologie an der Universität Bonn, 1865 bis 1868 Fortsetzung des Philologiestudiums in Leipzig. In einem Antiquariat
entdeckt Nietzsche Schopenhauers Hauptwerk *Die Welt als Wille und
Vorstellung* und hat bei der Lektüre über Wochen hinweg ein durch-
schlagendes Bildungserlebnis («Hier war jede Zeile, die Entsagung,
Verneinung, Resignation schrie, hier sah ich einen Spiegel, in dem
ich Welt, Leben und eigen Gemüt in entsetzlicher Großartigkeit erblickte. Hier sah mich das volle interesselose Sonnenauge der Kunst
an, hier sah ich Krankheit und Heilung, Verbannung und Zuflucht-
ort, Hölle und Himmel. Das Bedürfnis nach Selbsterkenntnis, ja
Selbstzernagung packte mich gewaltsam», AB, 133). 1866 liest er
Friedrich Albert Langes *Geschichte des Materialismus und Kritik seiner
Bedeutung in der Gegenwart* («Kant, Schopenhauer und dies Buch von
Lange – mehr brauche ich nicht»), 1867 zwischenzeitlich Militär-
dienst bei der reitenden Abteilung eines Feldartillerie-Regiments in
Naumburg (schwere Verletzung). 1868 Begegnung mit dem 31 Jahre
älteren Richard Wagner («der wie kein anderer das Bild dessen, was
Schopenhauer ‹das Genie› nennt, mir offenbart»). Der angesehene
Gräzist Friedrich Wilhelm Ritschl lobt Nietzsches Arbeit über den

griechischen Dichter Theognis (Ritschl erklärte, «noch nie von einem Studierenden des dritten Semesters etwas Ähnliches der strengen Methode nach, der Sicherheit der Kombination nach gesehen zu haben. [...] Nach dieser Szene ging mein Selbstgefühl mit mir in die Lüfte», AB, 135). 1869 erfolgt trotz fehlender Promotion und Habilitation die Ernennung des 24-Jährigen zum außerordentlichen, später ordentlichen Professor der klassischen Philologie an der Universität in Basel, wo er zehn Jahre lang Vorlesungen hält.

1869 beginnt Nietzsches anfänglich herzliche Freundschaft mit Richard Wagner und dessen Frau Cosima, Wagners *Tristan und Isolde* vermittelt Nietzsche ein «andauerndes Gefühl der Entrücktheit» («Alles erwogen, hätte ich meine Jugend nicht ausgehalten, ohne Wagnerische Musik. [...] Die Welt ist arm für den, der niemals krank genug für diese ‹Wollust der Hölle› gewesen ist», EH, 289f.), außerdem Bekanntschaft mit dem Kultur- und Kunsthistoriker Jacob Burckhardt, 1870 Freundschaft mit dem Professor für Kirchengeschichte Franz Overbeck, freiwilliger Dienst als Krankenpfleger im Deutsch-Französischen Krieg (Betreuung von Verwundeten und Sterbenden), verstärkte Hinwendung zur Philosophie.

1872 die erste große Publikation *Die Geburt der Tragödie aus dem Geiste der Musik*, die zum Bruch mit der traditionellen Altphilologie führt (Welt- und Kulturdeutung aus dem Gegensatzpaar der irrationalen Naturmächte des Apollinischen und Dionysischen, metaphysisch-ästhetische Umdeutung des griechischen Altertums), der Ruf ist ruiniert, Ritschl zeigt kein Verständnis («geistreiche Schwiemelei»), im Wintersemester kommen nur zwei Hörer, Wagner jedoch, den Nietzsche in dieser Schrift noch kritiklos verehrt, ist begeistert («Schöneres als Ihr Buch habe ich noch nicht gelesen!»). 1872 hält Nietzsche fünf Vorträge *Über die Zukunft unserer Bildungsanstalten* («Nicht Bildung der Masse kann unser Ziel sein: sondern Bildung der einzelnen ausgelesenen, für große und bleibende Werke ausgerüsteten Menschen»). Zwischen 1873 und 1876 erscheinen die vier Stücke *Unzeitgemäße Betrachtungen: David Strauss der Bekenner und Schriftsteller* (Kritik an der «Bildungsphilisterei» in Deutschland), *Vom Nutzen und Nachteil der Historie für das Leben* (gegen übertriebene, das Leben schwächende historische Erinnerung), *Schopenhauer als Erzieher* (Lob der Aufrichtigkeit und Integrität der Person Schopenhauers) sowie *Richard Wagner in Bayreuth* (Hoffnung auf eine «Wiedergeburt der Cultur»). Krankheitsanfälle und weitere Verschlechterung des Augenleidens, 1873 verfasst Nietzsche den philosophischen Essay *Ueber Wahrheit und Lüge im aussermoralischen Sinne* (später aus dem Nachlass herausgegeben), der den Begriff der objektiven Wahrheit problematisiert und eine Kritik an der philosophisch-wissenschaftlichen Sprache vornimmt. 1876 wegen Krankheit für ein Jahr von der Universität beurlaubt, auf einer Italienreise letzte Begegnung mit Wagner in Sorrent.

1878 (Band 1), 1879 (Band 2) *Menschliches, Allzumenschliches. Ein Buch für freie Geister* (Aphorismen zu einer Kritik der Metaphysik, zur Geschichte der moralischen Empfindungen, Religionskritik und Kritik der Kunst, aufklärerische Überwindung der moralischen Vorurteile). Nietzsche findet zum charakteristischen Stil seiner Aphorismus-Bücher, die sein freies unabhängiges Denken ohne Systemanspruch unterstreichen, die beiden Bände repräsentieren eine ruhigere, ausgewogenere, rationalere Phase seines Denkens, er entfernt sich zunehmend kritisch von der romantischen Genieverehrung, auch zu Richard Wagners Antisemitismus äußert er sich entschieden ablehnend. Wagner reagiert wütend auf das Buch, 1878 Ende der Freundschaft mit dem Ehepaar Wagner. Nietzsche gibt in dieser Phase seines Schaffens die «metaphysisch-künstlerischen Ansichten», die sein bisheriges Denken beherrschten, auf («Der wissenschaftliche Mensch ist die Weiterentwickelung des künstlerischen.»). Weiterhin schwere Erkrankungen, qualvoller Gesundheitszustand mit Erbrechen und längeren Ohnmachten (zum Beispiel am 28. Dezember 1879: «Mein Zustand ist so fürchterlich und unheimlich wie nur je. Daß ich die letzten 4 Wochen überlebte, begreife ich nicht», am 29. 12. 1879: «Im letzten Jahr hatte ich 118 *schwere* Anfallstage» und wenige Tage später: «Meine Existenz ist eine *fürchterliche Last*: ich hätte sie längst von mir abgeworfen, wenn ich nicht die lehrreichsten Proben und Experimente auf geistig-sittlichem Gebiete gerade in diesem Zustande des Leidens und der fast absoluten Entsagung machte – diese erkenntnisdurstige Freudigkeit bringt mich auf Höhen, wo ich über alle Marter und alle Hoffnungslosigkeit siege. Im Ganzen bin ich glücklicher als je in meinem Leben: und doch! Beständiger Schmerz [...]», Chron., 111 f.), unstetes einsames Wander- und Reiseleben zwischen dem Schweizer Hochgebirge, der Französischen Riviera und Italien, 1879 Entlassung aus dem Universitätsdienst und Bewilligung einer bescheidenen Pension.

1881 *Morgenröthe. Gedanken über die moralischen Vorurtheile* (Kritik an den religiösen, metaphysischen und zeitgenössischen Begründungen der Moral), erster Aufenthalt in Sils-Maria (Engadin), Nietzsche hört erstmals – später noch zwanzig weitere Male – Georges Bizets Oper *Carmen*, die als «ironische Antithese gegen Wagner» sehr stark auf ihn wirkt. 1882 *Die fröhliche Wissenschaft* (weitere radikale Kritik an der Metaphysik, der Erkenntnis und der Moral, der Ausspruch «Gott ist todt» drückt die Grundlosigkeit allen Geschehens aus), monatelanger, sehr intensiver geistiger Austausch mit Lou von Salomé, ein Heiratsantrag wird von der jungen Russin abgewiesen, Bruch mit Mutter und Schwester wegen intriganter Einmischungen.

Von 1883 bis 1885 erscheint in vier Teilen die philosophische Dichtung *Also sprach Zarathustra. Ein Buch für Alle und Keinen*, die ersten drei Teile entstehen in einer Art dionysischem Rauschzustand jeweils in zehn Tagen, der letzte Teil muss 1885 wegen seines blasphemischen Inhalts als Privatdruck erscheinen, die wichtigsten Gedanken dieser «Bejahung des Lebens» sind der Übermensch, der Wille zur Macht, die ewige Wiederkunft des Gleichen, die Überwindung des Nihilismus, Zarathustra ist die Vision eines künftigen idealen Menschen, der «freie Geist» in «großer Gsundheit». 1885 erneutes Zerwürfnis mit seiner Schwester, die den damals bekannten agitatorischen Antisemiten Bernhard Förster heiratet und mit diesem nach Paraguay auswandert, um dort die «arische» Kolonie «Nueva Germania» zu gründen, Nietzsche findet diesen Antisemitismus wie schon den des Wagner-Kreises abstoßend.

Die letzte Schaffensperiode wird 1886 mit *Jenseits von Gut und Böse. Vorspiel einer Philosophie der Zukunft* eingeleitet (Rückkehr zum aphoristischen Schreibstil, zum experimentellen Denken, Vertiefung der Lehre vom «Willen zur Macht»), schlechter Verkauf neu aufgelegter Bücher. In der wichtigen moralkritischen Schrift *Zur Genealogie der Moral. Eine Streitschrift* (1887) behandelt Nietzsche Themen wie Herrenmoral und Sklavenmoral, Schuld und schlechtes Gewissen, Sprache, asketische Ideale. Er klagt nun über schlimmste «beständige Depression». 1887 *Hymnus an das Leben* (für gemischten Chor und Orchester, «eine Art Glaubensbekenntnis in Tönen», die Melodie ist von Nietzsche, die Partitur von Heinrich Köselitz alias Peter Gast und der Text von Lou von Salomé). Den Plan zu einem Hauptwerk mit dem Titel *Der Wille zur Macht. Versuch einer Umwertung aller Werte* gibt Nietzsche auf (spätere, nach dem Tod Nietzsches erschienene Ausgaben unter diesem Titel basieren auf einer unhaltbaren willkürlichen Auswahl, Zerstückelung und Systematisierung von Aufzeichnungen aus dem Nachlass, von Nietzsche selbst ist kein Werk unter diesem Titel überliefert).

In einer gesteigerten, mit Hochstimmung begleiteten Produktivität schreibt er 1888/89 seine letzten Werke: *Der Fall Wagner. Ein Musikanten-Problem* (eine Abrechnung mit dem 1883 verstorbenen Wagner), *Der Antichrist. Fluch auf das Christentum* (Christentum als «décadence»-Religion, «Niedergangswerte, nihilistische Werte», erscheint 1895), *Götzen-Dämmerung oder Wie man mit dem Hammer philosophirt* («Götzen-Dämmerung – auf deutsch: es geht zu Ende mit der alten Wahrheit»), *Ecce homo. Wie man wird, was man ist* (eine philosophische Autobiographie, schwankend zwischen Selbstironie und Größenwahn, 1908 postum erschienen) sowie *Dionysos-Dithyramben* (freirhythmische Gedichte).

Ende 1888 setzt bei Nietzsche ein zunehmender Realitätsverlust ein, die exzentrischen Lobpreisungen der eigenen Person und sein gesteigertes Sendungsbewusstsein kündigen den kommenden Wahnsinn an. Einem ungesicherten Bericht zufolge sieht Nietzsche Anfang 1889 in Turin, wie ein Pferd von einem Kutscher misshandelt wird, er umarmt weinend das Tier und bricht zusammen, in seiner manifest gewordenen Geisteskrankheit unterzeichnet er Zettel zum Beispiel mit «Phönix», «Der Gekreuzigte» oder «Dionysos». Zunächst

Einlieferung in die Baseler Nervenklinik mit der Diagnose «Paralysis progressiva» (wahrscheinlich infolge einer Syphilis-Infektion), dann Aufnahme in der Psychiatrischen Klinik der Universität Jena, ab 1890 nimmt die Mutter den Kranken zu sich nach Naumburg, nach ihrem Tod (1897) übernimmt die inzwischen verwitwet aus Paraguay zurückgekehrte Schwester die Pflege und bringt ihn nach Weimar. Ab 1893 sitzt Nietzsche im Rollstuhl und verlässt das Haus nicht mehr, insgesamt lebt er bis zu seinem Tod rund elf Jahre in geistiger Umnachtung.

Perspektiven-Optik des Lebens

> «Wir reden, als ob es *seiende Dinge* gebe, und unsere Wissenschaft redet nur von solchen Dingen. Aber ein seiendes Ding giebt es nur nach der *menschlichen Optik*: von ihr können wir nicht los.»
>
> Nietzsche, *Nachgelassene Fragmente* (NF 9, 309)

Die mit der Lebensgeschichte eng verzahnte Philosophie von Nietzsche – «wie ich sie lebe» (NF 13, 492) – entfaltet sich entlang zweier wechselseitig aufeinander bezogener Diskurse: eines kritisch zerstörenden und eines visionär aufbauenden. Im ersten Diskurs unternimmt Nietzsche in seinen sich wandelnden Schriften, die sich zudem in ihrer literarisch-philosophischen Quecksilbrigkeit einer systematischen begrifflichen Festlegung verweigern, einen Totalangriff auf die Moral und die sie tragende Scheinwelt der traditionellen Metaphysik. Nietzsche führt erklärtermaßen einen «Feldzug» gegen die «Lüge von Jahrtausenden» (EH, 366). Die Formel «Gott ist todt» (FW, 481) steht für die Einsicht in die Nichtigkeit aller metaphysischen Wahrheit und die Wertlosigkeit aller Idealität.

Der zweite Diskurs zielt mit experimentierenden, die Tradition überdenkenden Reflexionen auf die «*Umwerthung aller Werthe*» (GM, 409), auf die Umwälzung des moralisch bislang Gültigen. Die Freilegung des schöpferischen Offenseins des *ganzen* Menschen ist ein bleibendes Grundthema. Der Mensch ist das «nicht festgestellte Thier» (NF 12, 72), das undefinierbare, noch unausgeschöpfte Möglichkeitswesen, das mit verschiedenen Perspektiven und Weltinterpretationen experimentieren, neuartige, das Leben bejahende Werte schaffen und seine Machtfülle stets von neuem überbieten kann. Vor allem die späteren Werke und die nachgelassenen Fragmente der Achtzigerjahre richten sich gleichsam visionär als «Vorspiel einer Philosophie der Zukunft» (J, 9) auf die «Erhöhung und Steigerung des Menschen», auf «eine andere stärkere Art Mensch» (NF 13, 493) jenseits von Gut und Böse. Der bisherige alte Mensch, den es zu überwinden gilt, ist durch seinen lebensabgewandten Bezug zu einer metaphysisch jenseitigen «wahren Welt» der Erde untreu geworden. Der fiktive Prophet Zarathustra, der mit dem alt-persischen Religionsstifter nur den Namen gemein hat, verkündet in poetisch hymnischer Begeisterung das Zukunftsideal des neuen, noch nicht existierenden Menschen, den «*Übermenschen*», den «Blitz» aus der «dunklen Wolke». Zukünftige, dem Ideal nahe kommende «Ausnahme-Menschen», Menschen des «Übergangs» werden zu einer privilegierten aristokratischen Elite von Vornehmen gehören. Sie werden, wenn sie nicht selbst degenerieren wollen, über die Masse der gewöhnlichen, von Behaglichkeit eingelullten «*letzten Menschen*» (Z, 19), der nivellierten «Herdenmenschen» rigoros und ohne Mitleid herrschen müssen. «Der Übermensch ist der Sinn der Erde.» (Z, 14)

Nietzsche thematisiert das Ende der Metaphysik, die Verfallsgeschichte der «wahren Welt». An die Stelle der 2500 Jahre alten europäischen Tradition des Denkens des Denkens, der Gründung der Metaphysik durch Partizipation der menschlichen Vernunft an der göttlichen objektiven Vernunft tritt die Konzeption des «Willens zur Macht». Diese Konzeption, gleichsam «die Welt von innen gesehen» (J, 55), meint das pure sich steigernde «Machtgefühl» alles Lebendigseins, die letztlich nicht weiter erklärbare Gegebenheit und Beziehung von sich selber bejahenden und wollenden, jenseits von Gut und Böse stehenden Trieben, Begierden und Leidenschaften als vorgängige Grundlage jeder Rationalität. Der Wille zur Macht will sich als Wille zur Macht. Dieser fundamentale Selbstbezug bedeutet

die Entthronung des Geistes. Der Mensch ist kein von Vernunft ge-
leitetes Geistwesen, er hat keinen ichhaften, in sich zentrierten, die
Handlungen steuernden Willen, kein für sich bestehendes, bewusste
Absichten verfolgendes Vermögen eines zugrunde liegenden Subjekts. Er ist ein dynamisch konflikthaftes, von verschiedenen Antrieben durchherrschtes, durchkämpftes, welthaftes Tier, charakte-
risierbar als «kleine überspannte Thierart» (NF13,488). Der
Intellekt ist ein Werkzeug rivalisierender Triebe und das Denken
«ein Verhalten dieser Triebe zu einander» (J, 54).

Nietzsches Philosophie läuft auf eine Gesamtdeutung des Lebens
hinaus, das rein diesseitig als «Wille zur Macht» bestimmt wird, und
gipfelt in der dunklen, über eine bloße Theorie hinausgehenden,
gleichsam metaphysischen «Weisheit» von der «ewigen Wiederkunft
des Gleichen». Die literarisch-mythische, in Gleichnissen redende
Figur des Zarathustra, des Überwinders der alten Metaphysik einschließlich der Folgen ihrer Zerstörung, ist die Chiffre für die unab-
geschlossene Selbstgestaltung des Menschen. Zarathustra, so die
vagen, in die Zukunft reichenden Andeutungen, bejaht den amorali-
schen Grundcharakter des Lebens, er liebt sein Schicksal (*amor fati*)
durch die Einsicht in die absolute Notwendigkeit allen Geschehens,
durch sein bewusstes Einordnen in das, worin er schon immer eingeordnet ist. Er ist der starke, gelassene, gleichgültige, lachende, tan-
zende Mitspieler in der Sinnlosigkeit des sich ewig im Kreis drehen-
den Spiels der Welt, hineingemischt in ein ewiges Werden, in ein
«ewiges Ja des Sein's» (DD,405). Aus dem von Nietzsche vorange-
triebenen Ende der alten Metaphysik erwächst im zweiten Diskurs
der Anfang eines neuartigen, noch bevorstehenden Mythos, der den
traditionellen abendländischen Logos des argumentativen Denkens
außer Kraft setzt: «Könnt ihr einen Gott *schaffen*?» (Z, 109)

Im Sinn des ersten Diskurses, um ihn geht es im Folgenden
hauptsächlich, untergräbt Nietzsche, was sich dem Leben als
«wahr», als «gut», als «gerecht» ausgibt, durch den Verdacht, dass
diese idealen Kennzeichnungen und Wertungen ihren Ursprung im
Niederen, im «Menschlichen, Allzumenschlichen» haben. In immer
wieder neu ansetzenden Deutungen sucht er den Ursprung, die Her-

kunft, oder wie er auch sagt, die «Genealogie» der Moral aufzudecken, um zeigen zu können, dass *alle* moralischen Werte auf «Immoralität» beruhen. Hinter dem Bewusstsein arbeiten Triebe, die jenseits von Gut und Böse sind. «Wir sind uns unbekannt, wir Erkennenden, wir selbst uns selbst.» (GM, 247) Die vollkommenen Dinge in der Metaphysik, Religion, Kunst und Moral, so der Argwohn, sind nur ein «höherer Schwindel», erzeugt durch Leidenschaft, Irrtum und Selbstbetrug. Dem Bedürfnis nach Glauben und dem Verlangen nach Gewissheit setzt Nietzsche Misstrauen entgegen. «So viel Misstrauen, so viel Philosophie». (FW, 580)

Mit dem Generalverdacht, dass die herkömmliche Metaphysik «von den Grundirrthümern des Menschen handelt, doch so, als wären es Grundwahrheiten» (MA, 40), plädiert Nietzsche in seinem Werk *Menschliches, Allzumenschliches* mit dem Untertitel *Ein Buch für freie Geister* (1878/1879) zunächst wissenschaftsorientiert und noch der Aufklärung verpflichtet für eine «Chemie der Begriffe und Empfindungen». Selbst für den Fall, so lautet seine Abwägung, dass die Analyse der grundlegenden, alles tragenden Schlüsselbegriffe als persönliches Ergebnis «Verzweiflung» mit sich brächte und das theoretische Resultat eine «Philosophie der Zerstörung» (MA, 54) zur Folge hätte, so wäre doch die Destruktion der in Verdacht stehenden Scheinwelt für wirkliche «freie Geister» eine ebenso unumgängliche wie willkommene Aufgabe. Der «wünschenswertheste Zustand» des Freigeistes, der nur deshalb weiterlebt, um ohne die metaphysischen und religiösen Fesseln immer besser erkennen zu können, ist das genügsame «freie furchtlose Schweben über Menschen, Sitten, Gesetzen und den herkömmlichen Schätzungen der Dinge» (MA, 55).

In *Menschliches, Allzumenschliches* heißt es gleich zu Beginn: «Alles, was wir brauchen und was erst bei der gegenwärtigen Höhe der einzelnen Wissenschaften uns gegeben werden kann, ist eine *Chemie* der moralischen, religiösen, ästhetischen Vorstellungen und Empfindungen, ebenso aller jener Regungen, welche wir im Gross- und Kleinverkehr der Cultur und Gesellschaft, ja in der Einsamkeit an uns erleben.» Nietzsche, der seine Gewissheiten oft mit einem rhetorischen Fragezeichen besiegelt, fährt fort: «wie, wenn diese Chemie mit dem Ergebniss abschlösse, dass auch auf diesem Gebiete die herrlichsten Farben aus niedrigen, ja verachteten Stoffen gewonnen sind?» (MA, 24)

In den Fokus des Misstrauens gerät zum Beispiel der Schlüsselbegriff «Gewissen». Das herkömmliche Vertrauen in die «Stimme Gottes im Menschen» wird angezweifelt. Mit der Frage nach der Geschichte der moralischen Empfindungen, der Genesis der moralischen Phänomene wird die Absolutheit der moralischen Instanz relativiert und in historische, kulturelle sowie lebensgeschichtlich bedeutsame Zusammenhänge der Entstehung aufgelöst. «Der Inhalt unseres Gewissens ist Alles, was in den Jahren der Kindheit von uns ohne Grund regelmäßig *gefordert* wurde, durch Personen, die wir verehrten oder fürchteten. Vom Gewissen aus wird also jenes Gefühl des Müssens erregt (‹dieses muss ich thun, dieses lassen›), welches nicht fragt: *warum* muss ich? – In allen Fällen, wo eine Sache mit ‹weil› und ‹warum› gethan wird, handelt der Mensch *ohne* Gewissen; deshalb aber noch nicht wider dasselbe. – Der Glaube an Autoritäten ist die Quelle des Gewissens: es ist also nicht die Stimme Gottes in der Brust des Menschen, sondern die Stimme einiger Menschen im Menschen.» (MA, 576) Die Stimmen der Autoritäten, der geliebten wie gehassten, wirken lebenslang gleichsam «instinktiv wie innere Commandos» (NF 13, 286). Eingeschlossen im Bollwerk der Gesellschaft werden die Autoritäten durch die Verbote und Strafen der «staatlichen Organisation» sanktioniert.

Das Ausleben der Stärke wird fortan mit Hilfe des Gewissens kontrolliert und zurückgedrängt. Das Gewissen ist alles andere als eine göttliche Instanz. Es ist, so lautet die «Hypothese», ein Krankheitssymptom, eine «tiefe Erkrankung» (GM, 321), eine verinnerlichte Selbstmisshandlung. Durch das Gewissen werden die Triebe unterdrückt und pervertiert. «Alle Instinkte», schreibt Nietzsche in der *Genealogie der Moral*, «welche sich nicht nach Aussen entladen, *wenden sich nach Innen* – dies ist das, was ich die *Verinnerlichung* des Menschen nenne: damit wächst erst das an den Menschen heran, was man später seine ‹Seele› nennt. Die ganze innere Welt, ursprünglich

dünn wie zwischen zwei Häute eingespannt, ist in dem Maasse aus
einander- und aufgegangen, hat Tiefe, Breite, Höhe bekommen, als
die Entladung des Menschen nach Aussen *gehemmt* worden ist».
(GM, 322) Die historisch orientierte Herleitung von moralischen
Wertvorstellungen stellt heraus, dass das Bewusstsein von Gut und
Böse nichts ursprünglich Vorhandenes und nichts Unbedingtes ist.
Das Gewissen ist etwas Relatives und Problematisches, das im Lauf
des Prozesses der Zivilisation, im Lauf der versuchten «*Zähmung* der
Bestie Mensch» (GD, 99) entstanden ist.

Das «Raubthiere ‹Mensch›» lässt sich nicht ohne Rest zu einem
zahmen und zivilisierten «*Hausthier*» Mensch (GM, 276) heranzüch-
ten. Die Forderung der alten Instinkte, die Forderung nach tieri-
scher Vitalität und «Grausamkeit», nach Feindschaft und Lust an
der Verfolgung, nach Überfall und Zerstörung, hören nicht auf, sie
werden ins Innere zurückgedrängt und müssen sich dort «neue und
gleichsam unterirdische Befriedigungen» (GM, 322) suchen. Die
nach außen gehemmte Grausamkeit wandelt sich um in eine Grausamkeit nach innen. Durch das Gewissen, das sich «rückwärts» gegen den Menschen richtet, wird die Grausamkeit «zum inneren
Feind», zur pathogenen, das Leben schwächenden «Selbstmarte-
rung». Die Freiheitsinstinkte der Bestie Mensch, in Nietzsches Sprache auch der Wille zur Macht, bleiben als Untergrund von Mensch
und Kultur weiter bestehen. «Die Zähmung eines Thieres seine ‹Besserung› nennen ist in unsren Ohren beinahe ein Scherz. Wer weiss,
was in Menagerien geschieht, zweifelt daran, dass die Bestie daselbst ‹verbessert› wird.» (GD, 99)

Der zum Zweck der Zähmung in den «Staat» Eingesperrte, der
«in sich selbst zurückgescheuchte Thiermensch» (GM, 332), kann
nicht wirklich gebessert werden. Er wird dies auch nicht durch die
seelisch grausame jüdisch-christliche Erfindung der Sünde, die die
innere Konflikthaftigkeit durch das Schuldgefühl nur vergrößert,
durch die «Gewissens-Vivisektion und Selbst-Thierquälerei von
Jahrtausenden» (GM, 335). Zur Erfindung der Sünde gehört die «*Bes-
tialität der Idee*» von der Folter ohne Ende, von der Unsühnbarkeit in
der Hölle, vom «Henkerthum Gottes». Wahnsinnige Einfälle kom-

men der «traurigen Bestie Mensch», wenn sie nur ein wenig daran gehindert wird, «*Bestie der That*» (GM, 333) zu sein. «Der Mensch, der sich, aus Mangel an äußeren Feinden und Widerständen, eingezwängt in eine drückende Enge und Regelmässigkeit der Sitte, ungeduldig selbst zerriss, verfolgte, annagte, aufstörte, misshandelte, dies an den Gitterstangen seines Käfigs sich wund stossende Thier, das man ‹zähmen› will, dieser Entbehrende und vom Heimweh der Wüste Verzehrte, der aus sich selbst ein Abenteuer, eine Folterstätte, eine unsichere und gefährliche Wildniss schaffen musste – dieser Narr, dieser sehnsüchtige und verzweifelte Gefangne wurde der Erfinder des ‹schlechten Gewissens›.» (GM, 323) Mit der Entstehung des Gewissens aber war Nietzsche zufolge «die grösste und unheimlichste Erkrankung eingeleitet, von welcher die Menschheit bis heute nicht genesen ist, das Leiden des Menschen *am Menschen, an sich*: als die Folge einer gewaltsamen Abtrennung von der thierischen Vergangenheit» (GM, 323). Gleichwohl fügt Nietzsche hinzu, dass mit dieser Tierseele, die gegen sich selbst Partei ergreift, etwas außergewöhnlich, rätselhaft und unabsehbar Neues entstanden ist, etwas «*Zukunftsvolles*», eine «Hoffnung», so dass «der Aspekt der Erde sich damit wesentlich veränderte» (GM, 323).

In den Fokus des Misstrauens gerät auch, dies ist ein weiteres zentrales Beispiel, der Schlüsselbegriff «Wahrheit». In skeptischer Zuspitzung, immer mit Blick auf irrationale Motive, die es aufzudecken gilt, heißt der schwerwiegende «Verdacht»: Es gibt keine Wahrheit, nur vielerlei Wahrheiten für vielerlei Augen. Wahrheiten sind nichts Absolutes, sondern etwas historisch Gewordenes, eine «Summe von menschlichen Relationen»; Wahrheiten sind «Illusionen, von denen man vergessen hat, dass sie welche sind» (WL, 880f.). Der ilussionäre Charakter der Wahrheits-Relationen sind wie «*Figuren auf dem Spiegel*» (NF, 308), Beschreibungen des Menschen, nicht der Welt. Den Spiegel sehen wir nicht anders als die darauf sich spiegelnde Welt. «Die Welt […] existirt *nicht* als Welt ‹an sich› [,] sie ist essentiell Relations-Welt: sie hat, unter Umständen, von jedem Punkt aus ihr *verschiedenes Gesicht*.» (NF 13, 271)

Das «Perspektivische» ist die «Grundbedingung alles Lebens»

(J, 12). Nietzsche spricht auch von der «Perspektiven-Optik des Lebens» (J, 26). Jedes «Kraftzentrum», das heißt jede Kraft des Lebens, die Perspektiven setzt, sei es Trieb, Instinkt, Macht oder Leidenschaft, hat ihre eigene Wahrheitsbildung, ihre eigene Wertung, ihre eigene Weltkonstruktion. «Die Erkenntniß arbeitet als *Werkzeug* der Macht.» (NF 13, 302)

Stets ist das, was Welt heißt, interpretierte Welt. Das Perspektivische lässt sich von der Vielzahl der Interpretationen nicht abrechnen, nicht subtrahieren, gleichsam um dadurch das Wesen der Dinge übrig zu behalten. Interpretieren bedeutet «Vergewaltigen, Zurechtschieben, Abkürzen, Weglassen, Ausstopfen, Ausdichten, Umfälschen» (GM, 400). Hinter der «Welt-Überwältigung und Welt-Auslegung» (J, 28) lässt sich kein Wesen der Welt, kein Ding an sich erkennen. Pointiert sagt Nietzsche auch: «Thatsachen giebt es nicht, nur Interpretationen.» (NF 12, 315) Das Gleiche gilt für moralische Wertungen: «Es giebt gar keine moralischen Phänomene, sondern nur eine moralische Ausdeutung von Phänomenen…» (J, 92) Da die Welt von unseren Bedürfnissen und Interessen, von unseren moralischen Wertschätzungen ausgelegt wird, ist eine davon unabhängige, intersubjektiv feststellbare, objektive Wahrheit ausgeschlossen. «Folglich gibt es vielerlei ‹Wahrheiten›, und folglich giebt es keine Wahrheit.» (NF 11, 498)

Für Nietzsches eigene Wahrheitsperspektive, für seinen eigenen Wahrheitsanspruch, ist die Richtigkeit oder Falschheit eines Urteils nicht entscheidend. Es geht ihm vielmehr um die Lebensdienlichkeit der Wahrheit, darum, dass die Urteile «lebenfördernd, lebenerhaltend, Art-erhaltend, vielleicht gar Art-züchtend» (J, 18) sind. Die Steigerung des Machtgefühls, die Selbstvergrößerung des Menschen im Hinblick auf große Ziele, gilt ihm als Kriterium der Wahrheit. In der Unwahrheit sieht er eine unvermeidliche Lebensbedingung. «Es bestünde gar kein Leben, wenn nicht auf dem Grunde perspektivischer Schätzungen und Scheinbarkeiten.» (J, 53) Unabhängig von der menschlichen Praxis, unabhängig vom Handeln hat die theoretische Frage nach der Wahrheit für Nietzsche keine Bedeutung. «*Wahrheit ist die Art von Irrthum*, ohne welche eine bestimmte Art von lebendigen Wesen nicht leben könnte. Der Werth für das Leben entscheidet zuletzt.» (NF11, 506) Eine Philosophie, die es «wagt», die Unwahrheit als Lebensbedingung zuzugestehen, leistet den gewohnten Wertgefühlen Widerstand und «stellt sich damit allein schon jenseits von Gut und Böse» (J, 18).

Verführung der Sprache

> «Was ist also Wahrheit? Ein bewegliches Heer von
> Metaphern.»
>
> Nietzsche, *Ueber Wahrheit und Lüge im außermoralischen Sinne*
> (WL, 880)

Der Angriff auf die Fundamente der Metaphysik wird von Nietzsche auch mit Hilfe einer kritischen Reflexion über die Sprache geführt. Seine Sprachkritik, die Metaphysikkritik ist, sucht zu zeigen, dass die Struktur der Sprache vorbewusst, gleichsam in das Denken hineinspringend, die Welt-Auslegung grundlegend mitformt. Nietzsches nicht systematisch durchgeführte Sprachkritik lässt sich auch als Versuch einer bis an die Wurzel gehenden Kritik an der Unterdrückung der schöpferisch-künstlerischen, der kulturgestaltenden Seite des Menschen, an der Unterdrückung durch die historisch entstandene, abstrakt schematisierende Rationalität lesen. Die Sprache beherrscht durch ihren Bau und ihre Regeln, durch unausweichlich zur Geltung kommende formgebende Vorausentscheidungen das Denken, «weil wir *nur* in der sprachlichen Form *denken*» und zu denken aufhören, «*wenn wir es nicht in dem sprachlichen Zwange thun wollen*» (NF12, 193).

Die Sprachkritik stellt heraus, dass die Grammatik zu metaphysischen Grundannahmen, zu bestimmten fiktiven Annahmen von scheinbar daseienden Dingen verführt, von denen nicht nur die Metaphysik, sondern auch die Naturwissenschaften, ja, generell das gesamte Denken betroffen ist. «*Das vernünftige Denken ist ein Interpretiren nach einem Schema, welches wir nicht abwerfen können.*» (NF12, 194) Vermeintlich sprechen wir über die Dinge und bewegen uns doch nur in der Eigengesetzlichkeit der Sprache. Philosophische Probleme sowie Irrtümer, so Nietzsches Überzeugung, sind auch entstanden und entstehen weiterhin durch die Sprache und verfestigen sich durch den unreflektierten Umgang mit ihr.

Die Grammatik verführt infolge ihrer Subjekt-Prädikat-Struktur des Satzes dazu, alle sprachlich mitgeteilten Geschehnisse der äußeren und der inneren psychologischen Welt so zusammenzufassen, so zu interpretieren, als läge ihnen «an sich», also seinsmäßig ein identisches Subjekt zugrunde, das diese Geschehnisse bewirkt. Nietzsche nennt dies die «Hineindichtung eines Subjekts». Der «Unsinn aller Metaphysik», die «versteinerten Grundirrthümer der Vernunft» (GM, 279), resultieren daraus, dass in die fließenden Weltgeschehnisse die Struktur der Grammatik sowie der große Bau der abstrakten Begriffe, das «ungeheure Gebälk und Bretterwerk der Begriffe» (WL, 888), hineingeformt wird. Weder die Grammatik noch die Abstraktionen der allgemeinen Begriffe beschreiben die Welt, wie sie ist. Die Bildung und der Umgang mit verfestigten, starr und leblos gewordenen Begriffen vergleicht Nietzsche mit einem «römischen Columbarium», mit einer großen Grabkammer. Auch «*die Worte liegen uns im Wege!*», so dass man jetzt bei jeder Erkenntnis «über steinharte verewigte Worte stolpern» muss (M, 53).

Wichtig für Nietzsches Sprachkritik ist auch der frühe, von ihm nicht veröffentlichte Essay *Ueber Wahrheit und Lüge im außermoralischen Sinne* (1873). In ihr entwickelt er seine Auffassung, dass Begriffe aus Metaphern entstehen. Er spricht von einem Trieb zur Metaphernbildung, den er als schöpferischen «Fundamentaltrieb» (WL, 887) gewichtet, da durch ihn eine Anthropomorphisierung, eine Vermenschlichung der Welt stattfindet. Durch die Umwandlung von Nervenreizen in Bilder und von Bildern in Laute sowie abschließend durch die Bildung von Begriffen vollziehen sich unbemerkt alogische und unbewusst verlaufende Sprünge in der Erkenntnis, Sprünge von einer Sphäre in eine ganz andere und neue. Entscheidend ist, dass in diesen sprunghaften Übertragungen etwas «als *gleich* behandelt» wird, was nur punktuell als «ähnlich» erkannt wird. (NF7,498) «Ein Nervenreiz zuerst übertragen in ein Bild! Erste Metapher. Das Bild wieder nachgeformt in einem Laut! Zweite Metapher.» Der Begriff schließlich, das Endprodukt, ist das «*Residuum einer Metapher*». Er ist «das Gleichsetzen des Nicht-Gleichen». Als der Rest des Umwandlungsprozesses ist er «knöchern und 8eckig wie ein Würfel und versetzbar wie jener» (WL, 879–882).

Die Prozesse der Metaphernbildungen lassen neue Welten, Interpretationen entstehen, sie bilden aber keine Welt, kein Wesen der Dinge ab. Die Bezeichnungen und die Dinge decken sich nicht. Zwischen Sprache und Realität gibt es keine Übereinstimmung, keine Kongruenz. «Wir glauben etwas von den Dingen selbst zu wissen, wenn wir von Bäumen, Farben, Schnee und Blumen reden und besitzen doch nichts als Metaphern der Dinge, die den ursprünglichen Wesenheiten ganz und gar nicht entsprechen.» (WL, 879) Die Konventionen der Sprache sind keine Erzeugnisse der Erkenntnis. «Wir theilen die Dinge nach Geschlechtern ein, wir bezeichnen den Baum als männlich, die Pflanze als weiblich: welche willkürlichen Übertragungen!» (WL, 878) Der Mensch, der sein Leben unter die Herrschaft der Begriffe, der Abstraktionen stellt, ist zwar durch das «Aufthürmen eines unendlich complicirten Begriffsdomes» (WL, 882) zu bewundern, aber nicht wegen seines sprachbedingten unbewussten Lügens.

Ist das «Würfelspiel» der Begriffe erst einmal durch Konventionen festgestellt, dann heißt Wahrheit, «jeden Würfel so zu gebrauchen, wie er bezeichnet ist; genau seine Augen zu zählen, richtige Rubriken zu bilden und nie gegen die Kastenordnung und gegen die Reihenfolge der Rangklassen zu verstoßen» (WL, 882). Erst wird die Welt, so lautet die Kritik, zu einer vermenschlichten, den Begriffen unterworfenen Gegebenheit verwandelt, dann wird sich mit dem Gefühl einer erfolgreichen Assimilation an diese Metamorphose zufrieden gegeben. «Alles, was den Menschen gegen das Thier abhebt, hängt von dieser Fähigkeit ab, die anschaulichen Metaphern zu einem Schema zu verflüchtigen, also ein Bild in einen Begriff aufzulösen; im Bereich jener Schemata nämlich ist etwas möglich, was niemals unter den anschaulichen ersten Eindrücken gelingen möchte: eine pyramidale Ordnung nach Kasten und Graden aufzubauen, eine neue Welt von Gesetzen, Privilegien, Unterordnungen, Gränzbestimmungen zu schaffen, die nun der anderen anschaulichen Welt der ersten Eindrücke gegenübertritt, als das Festere, Allgemeinere, Bekanntere, Menschlichere und daher als das Regulierende und Imperativische.» (WL, 881f.) Die Sprache bedeutet eine Gefahr für die geistige Freiheit. «Jedes Wort ist ein Vorurtheil.» (MA, 577)

Nietzsche sucht mit seiner Sprachkritik die traditionelle Vernunftmetaphysik, das heißt die Vorstellung, dass die Vernunft das Wesen des Menschen ausmacht, zugunsten einer wieder flüssig werdenden, undogmatisch allseitigen Optik des Lebens zu destruieren. Seine späteren Schriften stellen vor allem die unbewusste Herrschaft und Führung durch gleiche grammatische Funktionen heraus. Einer der stärksten Angriffe gegen die Vernünftigkeit des Willens besteht darin, dass er aufgrund von Reflexionen über die Grammatik sagt, es gibt kein «Ich». Es gibt kein im herkömmlichen Sinn verstandenes «Ich», das planend hinter den Entschlüssen und Entscheidungen steht. Nietzsche spricht von der «falschen Versubstanzialisierung des Ich», von der Verdinglichung eines erfundenen Substrats. Er nennt dies «Seelen-Aberglaube» oder auch «Subjekt- und Ich-Aberglaube» (J, 11).

Der abergläubische Begriff der Seele impliziert, dass es hinter den einzelnen Denkakten noch ein von diesem Tun abgelöstes, für sich existierendes und geheimnisvoll wirkendes Subjekt-Substrat gibt. «Aber», so Nietzsche, «es giebt kein solches Substrat; es giebt kein ‹Sein› hinter dem Thun, Wirken, Werden; der ‹Thäter› ist zum Thun bloss hinzugedichtet.» (GM, 279) Ebenso wenig lässt sich der Blitz von seinem Leuchten trennen und das Leuchten als ein Tun, als die Wirkung eines Subjekts auffassen, das man Blitz nennt. Gleichsam als könnte man fragen, was der Blitz macht, wenn er nicht blitzt. Nietzsche sieht in dieser Verdopplung eine mythologisierende, Wesenheiten unterstellende Weltinterpretation. «Ein Thäter (ein ‹Subjekt›) schob sich allem Geschehen unter.» (GD, 91)

Das «Ich» wird zur Vielheit komplexer Vorgänge hinzuerfunden.

Es ist dem Grammatik-Formular von Subjekt-Prädikat folgend der Vielheit der Bewusstseinsvorgänge und -inhalte, dem wechselhaften Geschehen der Gedanken (des Tuns) als bleibendes Substrat (Substanz) zugrunde gelegt. Demnach ist das «Ich» in seiner vermeintlichen Einheit als souveräne «Täter»-Instanz eine verdinglichende Interpretation infolge der «Gläubigkeit an die Grammatik» (J, 54). Nietzsches Resümee, das auch sein eigenes Denken unter einen sprachkritischen Vorbehalt stellt, lautet: «Der Philosoph ist in den Netzen der *Sprache* eingefangen.» (NF 7, 463)

Wille zur Macht

> «Diese meine *dionysische* Welt des Ewig-sich-selber-Schaffens, des Ewig-sich-selber-Zerstörens, diese Geheimniß-Welt der doppelten Wollüste, dieß mein Jenseits von Gut und Böse, ohne Ziel, wenn nicht im Glück des Kreises ein Ziel liegt, ohne Willen, wenn nicht ein Ring zu sich selber guten Willen hat, – wollt ihr einen *Namen* für diese Welt? Eine *Lösung* für alle ihre Räthsel? Ein *Licht* auch für euch, ihr Verborgensten, Stärksten, unerschrockensten, Mitternächtlichsten?»
>
> Nietzsche, *Nachgelassene Fragmente* (NF 11, 611)

Die «Verführung der Sprache», so Nietzsche, bringt die großen metaphysischen Irrtümer hervor wie zum Beispiel Schopenhauers Begriff «Wille». Dieser Begriff, der für den einstigen Schopenhauerianer Nietzsche große Bedeutung hatte, ist ihm jetzt nur noch ein «bloßes leeres Wort» (NF 13, 301). Schopenhauers Wille als Ding an sich, als die metaphysische Einheit der Welt, erscheint nun als Sprachdichtung, als eine Fehlleistung der philosophischen Sprache. Nietzsche macht deutlich: Die Einheit des Wortes verbürgt nicht schon die Einheit der Sache.

Im Laufe der Auseinandersetzung mit Schopenhauer, die seine Werke und seinen Nachlass durchzieht, beginnt Nietzsche vom «Willen zur Macht» zu sprechen. Zum ersten Mal führt er die zent-

rale Formel ein in seinem Werk *Also sprach Zarathustra* im Kapitel
«Von der Selbst-Ueberwindung» (Z, 146ff.). Der im Wesentlichen
nicht politisch verkürzt zu verstehende Terminus beinhaltet eine
ganze Reihe von kritisch einschränkenden Reflexionen. Der Wille
zur Macht ist kein metaphysisches Einheitsprinzip, sondern meint
eine komplexe Pluralität von Lebenskräften. Nietzsche spricht auch
behelfsmäßig von «Willens-Punktuationen» (NF 11, 36f.), die ständig
ihre Macht mehren oder verlieren. Der Terminus geht durch die
Verknüpfung von Wille und Macht über Schopenhauers Wille hinaus und akzentuiert als dynamische Größe in einer neuen, das Leben
bejahenden Wertschätzung die Steigerung der lebensdienlichen
Kräfte. Schopenhauers Wille zum Leben ist nur ein Einzelfall des
Willens zur Macht. Statt im Singular von dem einen Willen zur
Macht spricht Nietzsche im Plural vom Gegen- und Zusammenspiel
mehrerer Willen: «*Der Mensch als eine Vielheit von ‹Willen zur Macht›:
jeder mit einer Vielheit von Ausdrucksmitteln und Formen.*» (NF 12, 25)

Der komplexe Terminus Wille zur Macht heißt wachsen-wollen,
mehr werden-wollen, stärker-werden-wollen, Herr-werden-wollen.
«Leben selbst ist Wille zur Macht» (J, 27 und 208), Leben ist das,
«*was sich immer selber überwinden muss*» (Z, 148). Der Terminus ergänzt
die physikalische gegenständliche Weltbetrachtung, indem er dem
Begriff «Kraft» ein durch die menschliche Erfahrung zugängliches in-
nerliches Geschehen, gleichsam eine Innenseite unterlegt und zu erschließen sucht. «Der siegreiche Begriff ‹Kraft›, mit dem unsere Physiker Gott und die Welt geschaffen haben, bedarf noch einer
Ergänzung: es muß ihm eine innere Welt zugesprochen werden, welche ich bezeichne als ‹Willen zur Macht›, d. h. als unersättliches Verlangen nach Bezeigung der Macht; oder Verwendung, Ausübung der
Macht, als schöpferischen Trieb usw.» (NF 11, 563)

Nietzsche wendet sich gegen einen die Welt veräußerlichenden,
reduzierenden, sich verabsolutierenden Physikalismus und nimmt
dafür letztlich die kühne, abenteuerliche Hypothese in Kauf, dass
der Wille zur Macht die Geschehensbewegung nicht nur des Lebens,
sondern letztlich des gesamten Universums ist. «Es hilft nichts: man
muß alle Bewegungen, alle ‹Erscheinungen›, alle ‹Gesetze› nur als

Symptome eines innerlichen Geschehens fassen und sich der Analogie des Menschen zu Ende bedienen.» (NF II, 563) Nietzsche bleibt
mit Auffassungen dieser Art, auch wenn er ihren hypothetischen
Charakter gelegentlich betont, der traditionellen Metaphysik, die er
überwinden will, noch verhaftet.

Der Wille zur Macht ist nicht nur das Grundvermögen der Le-
bensbehauptung, sondern auch das ewig zeugende, das ewig schöpferische, das ewig sich über sich selbst hinaus steigernde Können des
Lebens, undefinierbar in den Spiegelungen der Perspektiven-Optik
der menschlichen Erkenntnis. Er ist «ein Ungeheuer von Kraft, ohne
Anfang, ohne Ende» (NF II, 610). «*Diese Welt*», so interpretiert
Nietzsche 1885 im Spiegel seiner Erkenntniskritik die Formel von
der Grundkraft allen Geschehens, «ist *der Wille zur Macht – und
nichts außerdem!* Und auch ihr selber seid dieser Wille zur Macht – und
nichts außerdem!» (NF II, 611)

Für die Moralkritik ist entscheidend: Der Wille zur Macht ist
kein vernünftiger Ich-Wille. Das Ich als selbstständige zentrale Substanz ist als Fiktion entlarvt. Der Mensch wird von undurchschauba-
ren Trieben, die gegeneinander streiten, beherrscht. «Niemand ist
für seine Thaten verantwortlich, Niemand für sein Wesen.» (MA, 64)
An die Stelle des vermeintlichen *Ich tue* muss der Sache nach das *Ich
werde getan* treten. In einem gewissen Sinn muss es heißen: Ich werde
vom Willen zur Macht getan. In der Schrift *Morgenröthe* heißt es:
«‹Ich weiss durchaus nicht, was ich *thue!* Ich weiß durchaus nicht,
was ich *thun soll!*› – Du hast Recht, aber zweifle nicht daran: *du wirst
gethan!* in jedem Augenblicke! Die Menschheit hat zu allen Zeiten
das Activum und das Passivum verwechselt, es ist ihr ewiger gram-
matikalischer Schnitzer.» (M, 115)

Der Mensch wird Nietzsche zufolge vom Willen zur Macht gewissermaßen «getan», von seinen Trieben und Kräften gelebt, schon
immer und unausweichlich. Handlungen sind das Ergebnis von
Triebkonflikten, bei denen der Intellekt «das blinde Werkzeug eines
anderen Triebes» ist. Das Denken, das als Werkzeugfunktion mit im
Spiel ist, ist «ein Verhalten dieser Triebe zu einander» (J, 54). «*Dass
man aber überhaupt die Heftigkeit eines Triebes bekämpfen *will*,

steht nicht in unserer Macht.» (M, 98) Entscheidend für Nietzsches Bewertung der Handlungen ist, ob die Vielfalt dieser Willensgeschehnisse schwach oder stark ist. Entscheidend ist für ihn, ob das Leben erlahmt, ob es sich selbst verachtet und verleumdet, ob es zum Niedergang kommt durch eine Moral, die die Vitalität verneint; oder aber, ob das Leben sich beflügelt, ob es sich bejaht, ob es seine Überfülle genießt, ob es sich zu einem höheren Sein emporzuheben vermag.

Das Perspektivische, die «Grundbedingung alles Lebens» (J, 12), zerschlägt die Möglichkeit einer begrifflich bestimmbaren Gesamtperspektive. Die menschliche Erkenntnis ist an physiologische Bedingungen gebunden. Methodisch ist «vom Leib auszugehen», ohne allerdings etwas über seine «letzte Bedeutung» (NF 12, 206) ausmachen zu können. «Die *Welt*, soweit wir sie erkennen können, ist unsere eigene Nerventhätigkeit, nichts mehr.» (NF 9, 436) Eine Erkenntniskritik im Sinne Kants, die ein festes Fundament zu ergründen sucht, schließt Nietzsche aus. «Ein Werkzeug kann nicht seine eigene Tauglichkeit *kritisiren*: der Intellekt kann nicht selber seine Grenze, auch nicht sein Wohlgerathensein oder Mißrathensein bestimmen.» (NF 12, 133)

Die «wahre Welt» ist für Nietzsche zur «Fabel» geworden (GD, 80f.), die traditionelle Metaphysik verflüchtigt sich zur Geschichte ihres Verfalls, ihres Sturzes. Die großen Begriffe wie Wahrheit, Sein, Wirklichkeit, Seele u.s.w. hatten in der Vergangenheit ihre große Bedeutung, erweisen sich aber nunmehr als geistige Blasen, die im Begriff sind, zu platzen und zu verpuffen. Der «schlimmste, langwierigste und gefährlichste aller Irrthümer», ein «Dogmatiker-Irrthum», war «Plato's Erfindung vom reinen Geiste und vom Guten an sich» (J, 12). Der gewaltige Irrtum «Gott» hängt noch am Faden, am Begriffsgespinst der Grammatik. «Ich fürchte, wir werden Gott nicht los, weil wir noch an die Grammatik glauben ...» (GD, 78)

Gott ist tot oder Der Nihilismus steht vor der Tür

Nietzsche stellt seinen kritisch zerstörenden Diskurs, seine Metaphysik- und Moralkritik, in den geschichtlichen Kontext einer für Europa zu erwartenden Periode des Nihilismus. «Der ganze *Idealismus* der bisherigen Menschheit ist im Begriff, in *Nihilismus* umzuschlagen – in den Glauben an die absolute *Werth*losigkeit das heißt *Sinn*losigkeit...» (NF12, 313) Die europäische Kultur, so lautet seine Diagnose, bewegt sich seit langem wie auf eine «Katastrophe» zu, vergleichbar mit einem alles gewaltsam mitreißenden Strom, der «ans Ende» will. Als «Wahrsagevogel-Geist», der den Nihilismus schon selbst in sich zu Ende «erlebt» und «gelebt» hat, verkündet Nietzsche das «Schicksal» des zukünftigen modernen Zerfalls. «Was ich erzähle, ist die Geschichte der nächsten zwei Jahrhunderte. Ich beschreibe, was kommt, was nicht mehr anders kommen kann: *die Heraufkunft des Nihilismus*. Diese Geschichte kann jetzt schon erzählt werden: denn die Nothwendigkeit selbst ist hier am Werke.» (NF13, 189)

Nach dem Zusammenbruch der Metaphysik konstatiert Nietzsche den allgemeinen Niedergang. Nihilismus bedeutet, dass sich die obersten Werte – zum Beispiel Gott, Wahrheit, das Gute – in letzter Konsequenz, das heißt aus innerer Notwendigkeit selbst entwerten, selbst zerstören, ohne dass zugleich neue Werte an die Stelle der alten treten. Der Nihilismus, die Zeit der Ablehnung und Unwirksamkeit der herkömmlichen moralischen Grundsätze, ist die zu Ende gedachte Logik der obersten Werte, die sich als das erweisen, was sie schon immer waren: als «Nichts». Es ist die Zeit eines großen inneren «Verfalles und Auseinanderfalles». Alles Geschehen erscheint als sinnlos und unnütz. «Der Nihilismus steht vor der Thür.» (NF12, 125)

Bei der Diagnose von der «Heraufkunft des Nihilismus» fällt der berühmte Satz: «Gott ist todt». (FW, 481) In der «Fröhlichen Wissenschaft» (1882) schildert Nietzsche den «tollen Menschen», der am hellen Vormittag mit einer Laterne auf dem Markt Gott suchte.

«‹Wohin ist Gott?› rief er, ‹ich will es euch sagen! *Wir haben ihn getödtet*, – ihr und ich! Wir Alle sind seine Mörder! Aber wie haben wir diess gemacht? Wie vermochten wir das Meer auszutrinken? Wer gab uns den Schwamm, um den ganzen Horizont wegzuwischen? Was thaten wir, als wir diese Erde von ihrer Sonne losketteten? Wohin bewegt sie sich nun? Wohin bewegen wir uns? Fort von allen Sonnen? […] Müssen nicht Laternen am Vormittage angezündet werden? Hören wir noch Nichts von dem Lärm der Todtengräber, welche Gott begraben? – Riechen wir noch Nichts von der göttlichen Verwesung? – auch Götter verwesen! Gott ist todt! Gott bleibt todt! Und wir haben ihn getödtet! Wie trösten wir uns, die Mörder aller Mörder?› Der tolle Mensch blickte auf die schweigenden, verständnislosen Menschen und warf seine Laterne auf den Boden, so dass sie erlosch: ‹Ich komme zu früh›, sagte er dann, ‹ich bin noch nicht an der Zeit. Diess ungeheure Ereignis ist noch unterwegs und wandert, – es ist noch nicht bis zu den Ohren der Menschen gedrungen.›» (FW, 480f.)

Der Tod Gottes, das Erlöschen des Glaubens an Gott, ist für Nietzsche kein wertneutrales geschichtsphilosophisches Faktum, sondern bedeutet für ihn persönlich eine existentielle Erschütterung, wie auch interpretativ übertragen auf die europäische Kultur, einen abgrundtiefen Sturz ins «Nichts», in die Ziel- und Sinnlosigkeit des Daseins. Das Nichts tritt an die Stelle Gottes. Der komplexe Terminus «Gott» steht hierbei für die Auflösung sämtlicher Fundamente der traditionellen Metaphysik. Gott meint nicht nur den jüdisch-christlichen Gott, sondern darüber hinaus die ganze übersinnliche Welt, den ganzen Bereich der Ideen und Ideale. Gott steht für die platonische, dualistische Grundkonzeption einer vergänglichen diesseitigen und einer ewig unwandelbaren jenseitigen Welt.

Gemeint ist das große Zwei-Welten-Schema der abendländischen Metaphysik, die Aufteilung und Wertung von Geist und Leib, von Vernunft und Trieb. In Platons Dialog *Phaidon* etwa heißt es, solange wir noch den Leib haben und unsere Seele mit diesem Übel verbunden ist, solange ist das Wahre der idealen Welt nicht wirklich erkennbar. Zwischen der Seele und der jenseitigen Welt steht der Kör per als Hindernis der Erkenntnis. Erst nach dem Tod, wenn die Seele aus dem Gefängnis des Leibes befreit ist, ist reine Vernunfterkenntnis möglich. Die Seele des Philosophen verachtet daher schon zu Lebzeiten den Körper, hält sich von ihm rein und wendet sich der idealen jenseitigen Welt zu. Philosophie, so sagt Platon in diesem Dialog über die Unsterblichkeit der Seele, ist Befreiung und Absonderung der Seele von dem Leib, die Vorbereitung auf den Tod, auf das Leben im Jenseits. (Vgl. Platon, Phaid., 64a–70c)

Diese 2500 Jahre alte platonische Grundkonzeption, die Geschichte der leibverachtenden Metaphysik, läuft aus, so sagt Nietzsche, ist kraftlos geworden, sie siecht dahin, ist an ihr Ende gekommen. Dies gilt auch für das Christentum, für den christlichen Glauben an Gott. Das Christentum ist für Nietzsche im Wesentlichen eine Gestalt des Platonismus. «Christenthum ist Platonismus für's ‹Volk›.» (J, 12) «Gott ist todt» heißt, der Platonismus und mit ihm die ganze traditionelle abendländische Metaphysik ist tot. Die Auslegung, die Erklärung, die Wertung der sinnlich wahrnehmbaren Welt aus der Perspektive einer übersinnlich absoluten, göttlichen Welt hat ihre Glaubwürdigkeit verloren. Alles, was früher Orientierung gab, der göttliche Grund der Welt, Gott als das letzte Ziel, die Erkenntnis von Gut und Böse, ist entwertet. Die jahrtausendealte ontologisch fundierte Gleichsetzung von Gott, Wahrheit, das Gute gilt nicht mehr. Gott erweist sich als «unsre längste Lüge» (FW, 577).

Der Wesenszerfall des Übersinnlichen äußert sich durch eine tiefe Orientierungskrise. «Seit Copernikus rollt der Mensch aus dem Centrum ins x.» (NF 12, 127) Im Aphorismus des «Tollen Menschen» heißt es: «Stürzen wir nicht fortwährend? Und rückwärts, seitwärts, vorwärts, nach allen Seiten? Giebt es noch ein Oben und ein Unten? Irren wir nicht wie durch ein unendliches Nichts? Haucht uns nicht der leere Raum an? Ist es nicht kälter geworden? Kommt nicht immerfort die Nacht und mehr Nacht?» (FW, 481)

Nietzsche versteht unter Nihilismus nicht in erster Linie eine Theorie, etwas von ihm Ausgedachtes, sondern ein reales geschichtliches Ereignis, das die gesamte geistige Welt durchdringt und mitreißt. Nihilismus bedeutet, Ziele und Zwecke fallen aus, Ungewissheit macht sich breit, nichts steht auf festen Füßen und hartem Glauben an sich. Es fehlt die Antwort auf das Wozu? Unsre ganze europäische Moral muss nunmehr einfallen. Eine lange Fülle und Folge von Abbruch, Zerstörung, Untergang, Umsturz steht bevor, eine noch nie dagewesene Verdüsterung der Zukunft. Noch unvorstellbar ist das Ausmaß dieser ungeheuren Logik von Schrecken. Das Dasein ist ohne Sinn, denn das, was 2500 Jahre lang Sinn verliehen hat, die wahre göttliche Welt, ist untergegangen. Das Nichts tritt an die Stelle Gottes. Alles ist umsonst, «alles hat keinen Sinn» (NF 12, 126).

Herbeigeführt wird der Nihilismus durch die Selbstentwertung der obersten Werte, durch einen «Akt der Selbstaufhebung» (GM, 410). Die Werte des Christentums gehen an ihrer eigenen Moral, an ihren eigenen Ansprüchen zugrunde. Der hochgezüchtete, immer strenger genommene Begriff der Wahrhaftigkeit wendet sich schließlich gegen sich selbst und erkennt seine eigene Unwahrheit, seine eigene Unhaltbarkeit. Die Moral selbst zwingt mit ihrem Anspruch auf Redlichkeit zur Verneinung von Wahrheit und Moral. «Der Sinn der Wahrhaftigkeit, durch das Christenthum hoch entwickelt, bekommt *Ekel* vor der Falschheit und Verlogenheit aller christlichen Welt- und Geschichtsdeutung.» (NF 12, 125f.)

Der springende Punkt ist die «*Selbstaufhebung der Moral*», ihre Selbstzerstörung «*aus* Moralität» (M, 16). Die Moral zerstört sich aus moralischen Gründen selbst. «Nachdem die christliche Wahrhaftigkeit einen Schluss nach dem andern gezogen hat, zieht sie am Ende ihren *stärksten Schluss*, ihren Schluss *gegen* sich selbst; dies aber geschieht, wenn sie die Frage stellt ‹was *bedeutet aller Wille zur Wahrheit?*›» (GM, 410) Als Problem kommt sich der Wille zur Wahrheit zum Bewusstsein. «An diesem Sich-bewusst-werden des Willens zur Wahrheit geht von nun an – daran ist kein Zweifel – die Moral *zu Grunde*: jenes grosse Schauspiel in hundert Akten, das den nächsten zwei Jahrhunderten Europa's aufgespart bleibt, das furchtbarste, fragwürdigste und vielleicht hoffnungsreichste aller Schauspiele...» (GM, 410f.)

In der Gesamtheit der platonisch-christlichen Metaphysik liegt schon von Anfang an der Keim der eigenen Zerstörung. Gott war als Faktor der Kulturgestaltung eine lebendige, kraftvolle Fiktion, die im Verlauf der Geschichte als Fiktion, als «Wille zum Nichts» entlarvt wird. Die Entlarvung verläuft zunächst untergründig, bleibt lange unbewusst, bis die Philosophie Nietzsches, der in seiner Selbsteinschätzung der «erste vollkommene Nihilist Europas» zu sein beansprucht, die verschiedenen, sich radikalisierenden Erscheinungsformen des Nihilismus zu Tage treten lässt. Der Pessimismus zum Beispiel gilt ihm als eine Erscheinungsform, als eine Vorstufe des allgemeinen Werteverfalls.

Nietzsche fasst die Geschichte der Metaphysik dialektisch auf. Indem die Philosophen über die Jahrtausende hinweg die Metaphysik vorantrieben, sie kritisierten, sie zu verbessern suchten, halfen sie mit, sie zu untergraben, sie mehr und mehr zum Einsturz zu bringen. Der Glaube an die Wahrheit als Wert, der letzte fiktive Rest der alten Metaphysik zwingt dazu, dass die bisherigen Werte ihre letzte Folgerung ziehen und damit die Selbstauflösung der Metaphysik vollenden. Die Metaphysik versetzt sich gleichsam selbst den Todesstoß durch den als hinfällig erkannten Wert der Wahrheit, durch die Einsicht in die Perspektivenoptik des Lebens.

Nietzsche stellt den Zusammenhang von Metaphysik und Nihilismus heraus. Die abendländische Metaphysik, der Platonismus nicht weniger als das Christentum, ist schon im Keim selbst nihilistisch. Metaphysik, das große Gebäude des Geistes, wird am Ende als nihilistisch erkannt. Der monotheistische Gott ist, gleich allen Göttern, «Menschen-Werk und -Wahnsinn» (Z, 35). «Sie haben ihren Gott aus Nichts geschaffen: was Wunder nun ward er ihnen zunichte.» Gott ist nicht heute oder gestern gestorben, er war schon immer tot. Nur als Fiktion, als kulturelle und psychische Realität, als «religiöse Neurose» (J, 67) war er lebendig.

Nietzsche zufolge hat das Christentum 2000 Jahre lang den Menschen verführt, das «Nichts» zu verherrlichen, anzubeten und in der Abwendung vom Leben, ja, im asketischen Leiden einen rettenden Sinn zu sehen. Irgendeine Antwort auf die Frage, «*wozu* leiden», irgendein Sinn, auch wenn er noch so absurd ist, ist besser als gar keiner. «Nihilist und Christ: das reimt sich, das reimt sich nicht bloß ...» (AC, 247) Das asketische Ideal im Christentum mit seinen drei «großen Prunkworten» (GM, 352) Armut, Demut und Keuschheit bedeutet «Widerwillen gegen das Leben», Hass gegen das Menschliche, Furcht vor dem Glück und der Schönheit. Doch der Asket, selbst noch der Märtyrer, schwelgt in Machtgefühlen, in «Wollüsten der Macht», da er im Aushungern seiner Sinnlichkeit, im Abtöten seines Lebens den Triumph über sich vor anderen demonstrieren und in deren Anerkennung seinen Selbstgenuss steigern kann. Aber in der lebensverneinenden Haltung des Asketismus bekundet sich dennoch ein Wille. «Lieber will noch der Mensch *das Nichts* wollen, als *nicht* wollen ...» (GM, 412)

Von Anfang an liegt in der abendländischen Metaphysik Abwendung vom Leben und Hinwendung zum Nichts. Aber man sagte 2500 Jahre lang zu diesem Nichts nicht Nichts, sondern nannte es «Jenseits» oder «Gott» oder «das wahre Leben». Der Nihilismus, der «alte europäische Geselle», hat sich mit dieser «Falschmünzerei», mit diesen Sprachverdrehungen, mit Bezeichnungen von Dingen, die gar nicht existieren, maskiert. Auch mit Hilfe der Verführung der Sprache hat sich der Nihilismus vor seinem Entdecktwerden geschützt. Für Nietzsche ist die Geschichte der Metaphysik die Geschichte dieses verborgenen Nihilismus. Von ihm sagt er, dass er gegenwärtig und in den nächsten 200 Jahren als Epoche der Entwurzelung zu Tage tritt.

Nietzsches Haltung zum Nihilismus ist ambivalent, indem er ihn als Voraussetzung des Neuen bejaht und ihn doch im Sinne einer Verabsolutierung verneint. Er verbindet mit dem geschichtlichen Ereignis der Destruktion der alten Metaphysik die Hoffnung, dass etwas wirklich Neues «Jenseits von Gut und Böse» entstehen kann. Diese Hoffnung greift er in einem zweiten Diskurs, der über den ersten, den kritisch zerstörenden hinausgeht, wieder auf. Der Mensch muss sich selbst als Mensch überwinden, sich selbst steigern, «Übermensch» werden. In dem bereits zitierten Aphorismus vom «Tollen Menschen» heißt es: «Gott ist todt! Gott bleibt todt! Und wir haben ihn getödtet! [...] Ist nicht die Grösse dieser That zu gross für uns? Müssen wir nicht selber zu Göttern werden, um nur ihrer würdig zu erscheinen? Es gab nie eine grössere That, – und wer nur immer nach uns geboren wird, gehört um dieser That willen in eine höhere Geschichte, als alle Geschichte bisher war!» (FW, 481)

Im zweiten Diskurs, der visionär und unbestimmt bleibt, versucht Nietzsche eine alternative Zukunft des Menschen zu imaginieren, in der Gott und der Nihilismus überwunden wäre. Die alte Metaphysik und die entstandene Leerstelle der Metaphysik sollen gleichermaßen besiegt werden durch eine «*Umwerthung aller Werthe*» (EH, 365), durch eine neue starke Lebensbejahung unabhängig von den alten Gesetzen und Tafeln der Moral, unabhängig von Gut und Böse. Der Nihilismus stellt einen «pathologischen *Zwischenzustand*» dar. Die übermenschliche Aufgabe liegt darin, als «Immoralist» frei zu leben, aus dem Leben selbst ein Kunstwerk zu machen. Nietzsche schwebt ein neuer Mensch vor, ein Mensch der Zukunft, der Antichrist und Antinihilist in einem ist, «Besieger Gottes und des Nichts» (GM, 336).

Im Kapitel «Vom höheren Menschen» heißt es in *Also sprach Zarathustra*: «Wohlan! Wohlauf! Ihr höheren Menschen! Nun erst kreisst der Berg der Menschen-Zukunft. Gott starb: nun wollen *wir*, – dass der Übermensch lebe.» (Z, 357) Die Frage ist nicht, wie der Mensch erhalten bleibt, sondern wie er «*überwunden*» wird. «Der Übermensch liegt mir am Herzen, *der* ist mein Erstes und Einziges, – und *nicht* der Mensch: nicht der Nächste, nicht der Ärmste, nicht der Leidendste, nicht der Beste –.» (Z, 357) Der Übermensch entsteht aus der Negation des Menschen. Zarathustra verkündet weiter: «Was ich lieben kann am Menschen, das ist, dass er ein Übergang ist und ein Untergang.» (Z, 357)

Das Ereignis, dass Gott tot ist, dass «die ganze europäische Moral» untergraben wurde, ist noch viel zu fern, zu groß, «zu abseits vom Fassungsvermögen Vieler». Nicht einmal die Kunde von ihm dürfte «angelangt» heißen, geschweige denn, dass seine Bedeutung erfasst worden wäre. Auch wenn Gott tot ist, so wird es vielleicht noch jahrtausendelang Höhlen geben, in denen man seinen Schatten zeigt. «Und wir – wir müssen auch noch seinen Schatten besiegen.» (FW, 467) Für Nietzsche, dem «geborenen Räthselrather», wie er sich selbst bezeichnet, sind die Folgen dieses Ereignisses durchaus nicht «traurig und verdüsternd». Vielmehr sieht er in ihnen eine «neue schwer zu beschreibende Art von Licht, Glück, Erleichterung, Erheiterung, Ermuthigung, Morgenröthe ...» (FW, 574)

Während ein rückwärtsgewandter «passiver Nihilismus» der Schwäche um den Verlust der Tradition trauert, setzt ein zukunftsoffener «aktiver Nihilismus» der Stärke neue Werte. Jetzt hängt alles nur noch vom Menschen, vom Willen zur Macht, von seiner eigenen neuen Sinngebung des Sinnlosen ab. Der Mensch ist keiner höheren Instanz mehr Rechenschaft schuldig. «In der That, wir Philosophen und ‹freien Geister› fühlen uns bei der Nachricht, dass der ‹alte Gott todt› ist, wie von einer neuen Morgenröthe angestrahlt; unser Herz strömt dabei über von Dankbarkeit, Erstaunen, Ahnung, Erwartung, – endlich erscheint uns der Horizont wieder frei, gesetzt selbst, dass er nicht hell ist, endlich dürfen unsre Schiffe wieder auslaufen, auf jede Gefahr hin auslaufen, jedes Wagnis des Erkennenden ist wieder erlaubt, das Meer, *unser* Meer liegt wieder offen da, vielleicht gab es noch niemals ein so ‹offenes Meer›. –» (FW, 574)

Umwertung der Werte

«Das höchste Gesetz des Lebens, von Zarathustra formulirt, verlangt, daß man *ohne Mitleid* sei mit allem Ausschuß und Abfall des Lebens, – daß man *vernichte*, was für das aufsteigende Leben bloß Hemmung, Gift, Verschwörung, unterirdische Gegnerschaft sein würde, – *Christentum* mit einem Wort ... es ist *unmoralisch* im tiefsten Verstand zu sagen: du sollst nicht tödten ...»

Nietzsche, *Nachgelassene Fragmente* (NF 13, 594)

Nietzsches Kultur- und Moralkritik leitet über zu einem zweiten Diskurs über die Zukunft des Menschen, der durch die Negation des alten Menschen ansatzweise erkennbar wird. Leitend ist der Grundgedanke, dass es die Schaffenskraft des Lebens ist, die die «Erhöhung des Typus ‹Mensch›» (J, 205) will, die «Erzeugung von einzelnen *werthvollen Individuen*» (NF 12, 296). Für diese Erhöhung der Menschheit durch singulare Einzelne muss insbesondere die Masse der gewöhnlichen Menschen Härte und Unterdrückung hinnehmen, sowie die «Zucht» durch große Leiden erdulden. Auch ist es um einiger weniger «Ausnahme-Menschen» willen unumgänglich, unzählige Individuen zu opfern. Dies hat ohne Mitleid und Erbarmen zu geschehen, ohne die «Gutartigkeit der Milchseelen». Die Voraussetzung für die Verwirklichung von «großen Menschen» ist eine aristokratische Gesellschaft der «Vornehmen», für die irgendeine Form von Sklaverei weiterhin notwendig ist, damit der «neue Adel» neue Werte schaffen kann. So will es das starke, gesunde, siegreiche Leben, das Wille zur Macht ist, und so will es Nietzsche, der dies erkannt zu haben glaubt und der von seiner Philosophie sagt, sie sei «auf Rangordnung gerichtet: nicht auf eine individualistische Moral» (NF 12, 280). Es ist die Macht des Lebens selbst, die wachsen, die sich steigern muss, die den «Übermenschen», den höchstmöglichen Typus Mensch will. Von der Perspektive des zukünftigen höheren Menschen aus gesehen, die Nietzsche einzunehmen versucht und für die er nachdrücklich Partei ergreift, gilt jede Art von Moral, die das herbeigesehnte Ziel behindert, als lebensfeindlich, als dekadente «Niedergangs-Moral». Die Hervorbringung des außergewöhnlichen «höheren Menschen» ist der wahre Sinn der Kultur. Dieser neue Mensch der Zukunft steht für die Überwindung des Nihilismus, für die «Umwerthung der Werthe», für die Sinngebung des Sinnlosen jenseits von Gut und Böse. Nietzsche unterstreicht die Radikalität der von ihm geforderten moralischen Umwälzung auch durch seine skrupellosen Vernichtungsphantasien von minderwertigem Leben, von «Mißrathenen» (NF 13, 600).

Nietzsche unterscheidet in seinen genealogischen Herleitungen der Moral idealtypisch zwischen «Herren-Moral» und «Sklaven-Moral». Er erwähnt die beiden «Grundtypen», deren Unterscheidung auch Mischformen kennt, zum ersten Mal in *Jenseits von Gut und Böse* und führt sie in der *Genealogie der Moral* näher aus. Zum Grundgedanken gehört, dass mit der Christianisierung in Rom die Sklaven, die Unterdrückten, die Macht erringen und sich fortan als die Guten verstehen. In Folge dieses «*Sklaven-Aufstands in der Moral*» (J, 117; vgl. GM, 257ff.) werden die von Nietzsche geschätzten Tugenden der aristokratischen Herren-Moral abgewertet zugunsten einer jüdisch-christlichen Sklaven-Moral, die die Rangunterschiede zwischen den Menschen leugnet und auf gleichen Rechten und Ansprüchen besteht.

Die Guten in der Herren-Moral sind «die Vornehmen, Mächtigen, Höhergestellten und Hochgesinnten, welche sich selbst und ihr Thun als gut, nämlich als ersten Ranges» empfinden. Sie stehen erhaben über den «armen Leuten», den «Niedrigen, Gemeinen und Pöbelhaften». Die obersten Werte der Sklavenmoral, die auf die Gleichheit aller Menschen bauen, insbesondere auf die Gleichheit aller vor Gott, sind Güte, Mitleid, Demut, Gehorsam, Geduld und Verzeihung. Den Sklaven-Aufstand in der Moral bewertet Nietzsche als das bestimmende Ereignis in der Geschichte der europäischen Moral.

Die Wertung «Gut» und «Schlecht» bedeutet ursprünglich nichts Moralisches, sondern bezeichnet Rangunterschiede. Gut sind in diesem Sinn die Vornehmen, schlicht oder schlecht die Niedrigen. Das Moralische entsteht erst aus dem «Giftauge des Ressentiment» (GM, 274). Es ist der «schielende» Blick, durch den man etwas verleumdet, weil man es selbst nicht haben oder bekommen kann. Der Fuchs, dem die Trauben zu hoch hängen, wertet sie ab, macht sie schlecht. So haben nach Nietzsche die aufgrund ihrer Vereinigung mächtig gewordenen Schwachen, die Schlechtweggekommenen, alles Starke, Strahlende, Sieghafte, Vornehme verleumdet und aus dieser Umwertung eine Moral der Schwäche, eine Moral der sie schützenden, universell geltenden Nächstenliebe gemacht. Das Ressentiment, die Perspektive des Hasses der Unterdrückten oder sozial Tieferstehenden, ist dadurch selbst schöpferisch geworden und hat lebensabwertende Werte, dekadente Werte erzeugt. Es sind die moralischen Werte des geduckten, neidischen, enttäuschten Fuchses, zu denen Nietzsche insbesondere das Mitleid, «die *Praxis* des Nihilismus» (AC, 173), zählt.

Die Ohnmächtigen benutzen die neue Moral als Mittel, Herr zu werden beziehungsweise zu bleiben und den Wert ihres Daseins zu steigern. Hinter ihrer vordergründig selbstlosen Moral, die aber nur Ausdruck ihres Willens zur Macht ist, sind «drei Mächte» versteckt: «1) der Instinkt der *Heerde* gegen die Starken und Unabhängigen 2) der Instinkt der *Leidenden* und Schlechtweggekommenen gegen die Glücklichen 3) der Instinkt der *Mittelmäßigen* gegen die Ausnahmen». (NF 12, 429) In der Gefühlslage des Ressentiments sind untergründig «Hass, Neid, Missgunst, Argwohn, Rancune, Rache» (GM, 310) bestimmend. Für Nietzsche ist das Christentum eine Moral des Ressentiments, des «gebrochenen Willens zum Leben», in der die Schwachen und Kranken über die Starken und Gesunden herrschen.

In *Jenseits von Gut und Böse* begreift Nietzsche seine Reflexionen über Moral als Reflexionen eines Einsamen, eines Entsagenden, eines sich selbst aber Bewahrenden, der «zur Unabhängigkeit und zum Befehlen» bestimmt ist. Die Reflexionen sollen ihm zur Selbstprüfung für die Eignung eines Lebens als «freier Geist» dienen. Er versteht sich als einer der Vorläufer der «Philosophen der Zukunft», die etwas Höheres sein werden. Die Wahrheit der neuen Philosophie ist keine Wahrheit für jedermann. «Alles Seltene für die Seltenen.» (J, 60) Es gilt, den «schlechten Geschmack» zu überwinden, mit vielen übereinstimmen zu wollen.

Es ist ein Vorurteil und Missverständnis, so Nietzsche, den Begriff «freier Geist» auf die «*Nivellirer*» in Europa und Amerika anzuwenden. Sie sind zwar «plumpe brave Burschen», aber Menschen ohne eigene Einsamkeit. Unfrei sind sie und zum Lachen oberflächlich, «beredte und schreibfingrige Sklaven des demokratischen Geschmacks und seiner ‹modernen Ideen›» (J, 61). Mit ihren Lehren «Gleichheit der Rechte» und «Mitgefühl für alles Leidende» streben sie das «allgemeine grüne Weide-Glück der Herde» an. Ihr Ziel ist «Sicherheit, Ungefährlichkeit, Behagen, Erleichterung des Lebens für Jedermann» (J, 61). Sogar das Leiden selbst wollen sie abschaffen.

«Wir Umgekehrten», wir wahren freien Geister, wir Freunde der Einsamkeit, so lautet Nietzsches Abgrenzung gegenüber der von ihm diagnostizierten, sich ausbreitenden Verweichlichung einer

Massengesellschaft, «wir vermeinen, dass Härte, Gewaltsamkeit, Sklaverei, Gefahr auf der Gasse und im Herzen, Verborgenheit, Stoicismus, Versucherkunst und Teufelei jeder Art, dass alles Böse, Furchtbare, Tyrannische, Raubthier- und Schlangenhafte am Menschen so gut zur Erhöhung der Species ‹Mensch› dient als sein Gegensatz.» (J, 61 f.) Nietzsche versteht sich hier explizit als Vorläufer und Herold zugehörig zu den Kommenden, den Einzelnen und Seltenen, die nicht durch Lockmittel der Abhängigkeit wie Ehren, Geld, Ämter oder Sinneslust korrumpierbar sind. Diese Zukünftigen, die Befehlenden, haben sich frei gemacht von aller modernen Ideologie und «Herden-Wünschbarkeit». Sie stehen «jenseits von Gut und Böse».

Der Philosoph der Zukunft wird die Religion als ein Mittel für seine «Züchtungs- und Erziehungswerke» (J, 79) benutzen. Die Religion gibt den gewöhnlichen Menschen, den allermeisten also, die zum Dienen und zum allgemeinen Nutzen da sind und auch «nur insofern dasein *dürfen*», eine «unschätzbare Genügsamkeit mit ihrer Lage und Art» und gewährt eine «Veredlung des Gehorsams». Sie verschönert und rechtfertigt den Alltag der «ganzen Halbthier-Armuth ihrer Seele» (J, 80). Auf die geplagten Menschen fällt etwas Sonnenglanz, der vielfachen Frieden des Herzens bringt, so dass sie sich mit ihrem Los leichter abfinden können. Religion wirkt «erquickend, verfeinernd, das Leiden gleichsam *ausnützend*, zuletzt gar heiligend und rechtfertigend» (J, 81). Am Christentum und Buddhismus ist vielleicht «nichts so ehrwürdig als ihre Kunst, noch den Niedrigsten anzulehren, sich durch Frömmigkeit in eine höhere Schein-Ordnung der Dinge zu stellen» (J, 81), um ihn gesellschaftlich und kulturell zu integrieren und passend zu machen.

Wird die Religion aber nicht von einem Philosophen der Zukunft als Züchtungs- und Erziehungsmittel zum Zweck von höheren Zielen benutzt, sondern versucht sie, von sich aus «souverän» zu herrschen, dann trägt sie zur «Entartung und Verkümmerung» des Menschen bei. Religionen, so Nietzsches Überzeugung, gehören zu den «Hauptursachen» der «Degeneration» des Menschen. Der Typus «Mensch» wird von ihnen dadurch auf einer niedrigeren Stufe festgehalten, dass ihre schonende und erhaltende Fürsorge dem «Überschuss von Missrathenen, Kranken, Entartenden, Gebrechlichen, nothwendig Leidenden» (J, 81) gilt. Bei aller unschätzbaren Dankbarkeit gegenüber dem, was die «geistlichen Menschen» für Europa getan haben, glaubt Nietzsche in der «Gesammt-Abrechnung» sagen zu müssen, dass die bisherigen «*souveränen* Religionen» zu viel von dem erhalten haben, «*was zu Grunde gehn sollte*» (J, 82).

Nietzsche wirft insbesondere dem Christentum und dem Buddhismus, den «Religionen für Leidende», vor, dass sie durch die Erhaltung alles Kranken und Schwachen an der «*Verschlechterung der europäischen Rasse*» (J, 82) gearbeitet und dadurch alle Wertschätzungen auf den Kopf gestellt hätten. Die Kirche, so lautet die Anklage, habe viele Jahrhunderte lang aus dem Menschen eine «*sublime Missgeburt*» (J, 83) gemacht und die «Entartung und Verkümmerung des Menschen» zur Entfaltung gebracht. «Ich wollte sagen: das Christenthum war bisher die verhängnissvollste Art von Selbst-Überhebung. Menschen, nicht hoch und hart genug, um *am Menschen* als Künstler gestalten zu dürfen; Menschen, nicht stark und fernsichtig genug, um, mit einer erhabenen Selbst-Bezwingung, das Vordergrund-Gesetz des tausendfältigen Missrathens und Zugrundegehns walten zu *lassen*; Menschen, nicht vornehm genug, um die abgründlich verschiedene Rangordnung und Rangkluft zwischen Mensch und Mensch zu sehen: – *solche* Menschen haben, mit ihrem ‹Gleich vor Gott›, bisher über dem Schicksale Europa's gewaltet, bis endlich eine verkleinerte, fast lächerliche Art, ein Heerdenthier, etwas Gutwilliges, Kränkliches und Mittelmäßiges, herangezüchtet ist, der heutige Europäer ...» (J, 83)

Nietzsches Destruktion der Metaphysik hat den Menschen als unbestimmbar bestimmt, als ein Möglichkeitswesen, das in seinem geschichtlichen Nichtfestgelegtsein sämtliche Mauern von Gut und Böse sprengen kann, die äußeren der herrschenden Sittlichkeit und der inneren des Gewissens. Der Mensch als das «*noch nicht festgestellte Thier*» (J, 81), so Nietzsche, lässt sich nicht auf die heute in Europa herrschende «Herdenthier-Moral» reduzieren. Charakteristisch für diese Moral, für die demokratische Bewegung in Europa, die die Erbschaft der christlichen antritt, ist der «Todhass» gegen das Leiden überhaupt, die Unfähigkeit, «leiden *lassen* zu können» (J, 125). Europa scheint von einem neuen Buddhismus bedroht zu sein, verdüstert und verzärtelt «im Glauben an die Moral des *gemeinsamen* Mitleidens» (J, 125). Im Glauben an die Gemeinschaft glaubt die Herde an sich selbst und stilisiert sich hoch zur «*Erlöserin*».

Nietzsches Hoffnung richtet sich auf die «Vorausgesandten», auf die neuen Philosophen und Befehlenden, deren Wille stark genug wäre, die Vermittelmäßigung und Werterniedrigung der demokratischen Bewegung mit ihren «ewigen Werten» umzukehren und auf neue Bahnen zu zwingen. Es gilt, so Nietzsches pathetisch vorgetragene Wunschphantasien, durch «grosse Wagnisse und Gesammt-Versuche von Zucht und Züchtung» (J, 126) die schauerliche Herrschaft des demokratischen Unsinns vom Glück der «grössten Zahl» zu durchbrechen. Nietzsche schwebt das Bild «solcher Führer» vor Augen, die den «*Zwang*» für das Ziel einer «Umwerthung der Werthe» empfinden. Diese herbeigesehnten Philosophen und Befehlshaber sind es, «unter deren neuem Druck und Hammer ein Gewissen gestählt, ein Herz in Erz verwandelt würde, dass es das Gewicht einer solchen Verantwortlichkeit ertrüge» (J, 126f.). Die Zukunft des Menschen hängt von diesen «Führern» ab, von ihrer «Höhe und Gewalt» und verhängnisvoll wäre es, «dass sie ausbleiben oder missrathen und entarten könnten» (J, 127). Kriterien, nach denen beurteilt werden könnte, wann diese Führer ihrerseits «entarten» oder wer dies aufgrund von was erkennen kann, nennt Nietzsche keine. Er lässt lediglich die freien Geister von diesen seinen «eigentlichen Sorgen und Verdüsterungen» wissen. Es geht ihm um alles, um die «Gesammt-Gefahr», dass ««der Mensch› selbst *entartet*» und zum «vollkommenen Heerdenthiere» degeneriert. Es geht letztlich um die Alternative: «Verthierung des Menschen zum Zwergthiere der gleichen Rechte und Ansprüche» (J, 127f.) oder um die Steigerung des Potentials von Kräften und Aufgaben, die «*aus dem Menschen zu züchten*» (J, 127) wären.

Der schillernde Begriff «Züchtung» hat bei Nietzsche keinen eindeutig biologischen Sinn. Er kann beispielsweise auch Zucht in der

Erziehung und Bildung meinen, also kulturelle und moralische «Erziehung als *Züchtung*» (NF12, 342f.). Als Anhänger des Biologen Lamarck (1744–1829) glaubt Nietzsche, dass Eigenschaften, die in der Erziehung erworben werden, vererbbar sind. Nicht die Gattung Mensch interessiert ihn, «an deren Vorwärtskommen im Ganzen und Großen ich nicht glaube» (NF13, 481), sondern die Einzelnen, die Ausnahmen, die Glücksfälle. Es geht ihm immer wieder um das «Problem der Rangordnung zwischen menschlichen Typen» (NF13, 481) innerhalb der Gattung Mensch. Nietzsche versteht auch den «Übermenschen» nicht als bloße biologische Züchtung.

Ein zentraler Angriffspunkt in Nietzsches Moralkritik ist das Mitleid, das Mitleid mit den Schwachen und Notleidenden. Im Mitleid, im «Sich-verlieren an einen *schädigenden* Affect» (M, 128), werden die Lebenskräfte geschwächt. Das Mitleid, das im «*Genuss der thätigen Dankbarkeit*» (M, 131) keineswegs selbstlos ist, «vermehrt» das Leiden in der Welt. Wo Mitleid gepredigt wird, ist ein «Laut von *Selbst-Verachtung*» (J, 156) zu hören. Nur bei «décadents» (EH, 270) heißt Mitleiden, die heuchlerische Nächstenliebe, eine Tugend. Gegen die Gefahr, am kurzsichtigen Mitleid zu ersticken, hilft das «Gefühl für Rang und Vornehmheit», die Distanznahme, die Härte gegen sich selbst. Im Handumdrehen riecht selbstloses Mitleiden nach Pöbel und sieht schlechten Manieren zum Verwechseln ähnlich. «Die Überwindung des Mitleids rechne ich unter die *vornehmen* Tugenden.» (EH, 270)

Nietzsche bringt ein anderes höheres, fernsichtigeres Mitleid ins Spiel als es das Mitleid mit sozialer Not, mit der Gesellschaft und ihren Kranken und Verunglückten ist. Da aus seiner Sicht nur die «Zucht des Leidens» die Erhöhung des Menschen schaffen kann, hieße «*das Leiden abschaffen*» um des Wohlbefindens wegen, den Menschen verkleinern, ihn lächerlich und verächtlich machen. Das herkömmliche Verständnis von Mitleid ist das Mitleid mit dem Menschen, wie er als geformtes Geschöpf vorhanden ist. Nietzsches «*umgekehrtes* Mitleid» (J, 161) gilt dem «Schöpfer», dem Künstler, dem Bildner im Menschen, den er von der Universalität der an Lust und Leid orientierten Mitleids-Moral, vornehmlich der christlichen

Menschenliebe unterdrückt sieht. Mitleid mit dem Geschöpf und Mitleid mit dem Schaffenden, «Mitleid also *gegen* Mitleid!» (J, 161)

Die Gesellschaft ist nicht um der Gesellschaft willen da. Sie ist nicht der letzte Zweck des Menschen, sondern das Mittel, das Gerüst für eine höhere Aufgabe. Mit Hilfe dieses Gerüsts können sich eine «ausgesuchte Art Wesen» zu einem «höheren *Sein*», zu einer «höheren Aufgabe» (J, 207) emporarbeiten. Nietzsche setzt sich für eine in seinen Augen gute und gesunde Aristokratie ein, die nicht als Funktion eines Königtums oder eines Gemeinwesens da ist, sondern um der Erzeugung dieses höheren Seins willen durch die Hervorbringung einiger weniger großer Singularitäten, einiger sehr seltener «Ausnahme-Menschen». Der «Grundglaube» an diesen «*Sinn*» rechtfertigt, dass die Aristokratie «mit gutem Gewissen das Opfer einer Unzahl Menschen hinnimmt, welche *um ihretwillen* zu unvollständigen Menschen, zu Sklaven, zu Werkzeugen herabgedrückt und vermindert werden müssen» (J, 206). «Leben selbst ist *wesentlich* Aneignung, Verletzung, Überwältigung des Fremden und Schwächeren, Unterdrückung, Härte, Aufzwängung eigner Formen, Einverleibung und mindestens, mildestens, Ausbeutung – aber wozu sollte man immer gerade solche Worte gebrauchen, denen von Alters her eine verleumderische Absicht eingeprägt ist?» (J, 207) Die Ausbeutung gehört ins «*Wesen* des Lebendigen», sie ist eine organische Grundfunktion, «eine Folge des eigentlichen Willens zur Macht, der eben der Wille des Lebens ist» (J, 208). Es ist dies das «*Ur-Faktum* aller Geschichte» (J, 208).

Das gesunde und starke Leben ist im Recht, dem kranken Leben soll nicht immer geholfen werden. In diesem Sinn äußert sich Nietzsche an vielen Stellen seines Werks provokativ und abstoßend. Zum Beispiel heißt es in seiner späten Schrift *Götzen-Dämmerung oder Wie man mit dem Hammer philosophirt* (1888): «Der Kranke ist ein Parasit der Gesellschaft. In einem gewissen Zustande ist es unanständig, noch länger zu leben. Das Fortvegetiren in feiger Abhängigkeit von Ärzten und Praktiken, nachdem der Sinn vom Leben, das *Recht* zum Leben verloren gegangen ist, sollte bei der Gesellschaft eine tiefe Verachtung nach sich ziehn.» (GD, 134) In einem nachgelassenen

Fragment aus dem Frühjahr 1884 heißt es in Stichworten program-
matisch: «Es bedarf einer Lehre, stark genug, um *züchtend* zu wirken: stärkend für die Starken, lähmend und zerbrechend für die
Weltmüden. Die Vernichtung der verfallenden Rassen. Verfall Europa's. Die Vernichtung der Sclavenhaften Werthschätzungen. Die
Herrschaft über die Erde, als Mittel zur Erzeugung eines höheren
Typus.» (NF 11, 69) Die Missratenen, Kranken und Verbrecher müssen mit einem Zeugungsverbot belegt werden. Um mit «schonungs-
loser Härte gegen das Entartende und Parasitische am Leben»
(NF 13, 638) vorgehen zu können, ist es notwendig, sich von bisherigen Moralvorstellungen mit universellem Geltungsanspruch zu
«emancipiren». Es gilt, so lautet ein anderes Fragment vom Frühjahr
1884, «jene ungeheure *Energie der Größe* zu gewinnen, um, durch
Züchtung und anderseits durch Vernichtung von Millionen Miß-
rathener, den zukünftigen Menschen zu gestalten und *nicht zu Grunde*
zu gehen an dem Leid, das man *schafft*, und dessen Gleichen noch nie
da war!» (NF 11, 98) Mit anderen Worten: Für Nietzsche gibt es
Menschen, die kein Recht haben zu leben.

Von der Berücksichtigung oder Ausklammerung solcher oder
ähnlicher Zitate hängt es ab, wie die Nietzsche-Rezeption die Philosophie des «ersten Immoralisten» (NF 6, 367), wie er sich selbst
nennt, diskutiert, ob lediglich rein innerphilosophisch zum Beispiel
als Beiträge zur Erkenntnistheorie und Sprachkritik oder darüber
hinaus auch ideologiekritisch als eine Vorläuferposition des Faschismus.

Spiel des Lebens

> «Wenn du dir den Gedanken der Gedanken einverleibst, so
> wird er dich verwandeln. Die Frage bei allem, was du thun
> willst: ‹ist es so, daß ich es unzählige Male thun will?› ist
> das *größte* Schwergewicht.»
>
> Nietzsche, *Nachgelassene Fragmente* (NF 9, 496)

Der Mensch kann der Sinnlosigkeit der Welt nicht entkommen. Er ist letztlich zu einer Bejahung seines Daseins gezwungen. Es wäre absurd, sich gegen die Notwendigkeit des Weltgeschehens zu stellen. Nietzsche stützt diese Sicht des menschlichen Daseins durch seine «Lehre von der ‹ewigen Wiederkunft›» ab, das heißt durch die Lehre «vom unbedingten und unendlich wiederholten Kreislauf aller Dinge» (EH, 313). Er nähert sich durch diese Gesamtdeutung der Welt, die den linearen Fortschrittsgedanken der Neuzeit in ein ewiges, zyklisch sich erneuerndes Kreisgeschehen zurückbiegt, ihn rückgängig zu machen sucht, wieder dem metaphysischen Denken der Antike an.

Alles wiederholt sich irgendwann einmal – und wieder und immer wieder in ganz genau derselben Art und Weise. Zum ersten Mal äußert Nietzsche den Gedanken in der *Fröhlichen Wissenschaft*. Im Aphorismus *Das grösste Schwergewicht* heisst es: «Wie wenn dir eines Tages oder Nachts, ein Dämon in deine einsamste Einsamkeit nachschliche und dir sagte: ‹Dieses Leben, wie du es jetzt lebst und gelebt hast, wirst du noch einmal und noch unzählige Male leben müssen; und es wird nichts Neues daran sein, sondern jeder Schmerz und jede Lust und jeder Gedanke und Seufzer und alles unsäglich Kleine und Grosse deines Lebens muss dir wiederkommen, und Alles in der selben Reihe und Folge.» (FW, 570) Dieser Gedanke, so Nietzsche, «würde dich, wie du bist, verwandeln», vielleicht auch «zermalmen». «Die Frage bei Allem und Jedem ‹willst du diess noch einmal und noch unzählige Male?› würde als das grösste Schwergewicht auf deinem Handeln liegen!» (FW, 570) In literarisch verrätselter Form wiederholt Nietzsche seinen «abgründlichsten Gedanken» (EH, 345) in *Also sprach Zarathustra*: «Und diese langsame Spinne, die im Mondscheine kriecht, und dieser Mondschein selber, und ich und du im Thorwege, zusammen flüsternd, von ewigen Dingen flüsternd – müssen wir nicht Alle schon dagewesen sein?» (Z, 200)

Die Welt ist ein Kreislauf, der sich unendlich oft bereits wiederholt hat und der sein Spiel in infinitum spielt. «Die ewige Sanduhr des Daseins wird immer wieder umgedreht.» (FW, 570) Der Ring des Seins bleibt sich ewig treu. «Denken wir diesen Gedanken in seiner furchtbarsten Form: das Dasein, so wie es ist, ohne Sinn und Ziel, aber unvermeidlich wiederkehrend, ohne ein Finale ins Nichts: ‹die ewige Wiederkehr›. Das ist die extremste Form des Nihilismus: das Nichts (das ‹Sinnlose›) ewig!» (NF 12, 213)

Die Lehre von der ewigen Wiederkunft und die Vision vom Übermenschen gehören eng zusammen und bilden den Abschluss der Philosophie Nietzsches. Der Mensch muss sich zum Übermenschen übersteigen, sich selbst überwinden, um an der tiefen erschütternden Erfahrung der Wiederkunftslehre nicht zu zerbrechen, sondern ihr gewachsen zu sein. Im Jahr 1883 notiert Nietzsche: «*Nach der Aussicht auf den Übermenschen* auf schauerliche Weise die Lehre der Wiederkunft: jetzt erträglich!» (NF 10, 482)

Die Einverleibung der Wiederkunftslehre, des «Gedankens der Gedanken», bedeutet die größtmögliche, über sich hinausgehende Steigerung des Willens zum Lebens. Die hellwache Präsenz der Wiederkunftslehre im Bewusstsein des Handelnden verheißt «gut werden» mit sich und dem Leben, verspricht eine innere Umwandlung des Menschen. Jetzt heißt es, so zu handeln und zu leben, dass man nochmals leben will und in Ewigkeit so leben will. Am Ende ist der Mensch «nicht mehr Mensch», sondern «ein Verwandelter» (Z, 202). Er ist auf dem Weg zum Übermenschen, zu einem «Typus höchster Wohlgerathenheit» (EH, 300).

Erst wenn der Mensch sich mit dem identifiziert, was den Grundcharakter des Lebens ausmacht, mit dem Willen zur Macht, der sich selbst als nicht feststellbare, sich selbst immer wieder überbietende Macht will, erreicht er eine neue, aber bislang noch ausstehende Unmittelbarkeit des Daseins. Es ist das reine Leben im Augenblick, das vergleichbar ist mit der Leichtigkeit des Kindes, das spielt und ganz in seinem Spiel aufgeht. «Unschuld ist das Kind und Vergessen, ein Neubeginnen, ein Spiel, ein aus sich rollendes Rad, eine erste Bewegung, ein heiliges Ja-sagen.» (Z, 31)

Für einen Philosophen ist der erstrebenswerteste Zustand das allumfassende Jasagen zum diesseitigen Leben mit all seiner Lust und all seinem Leid und dabei «das ewige Ja zu allen Dingen *selbst zu sein*» (EH, 345). Nietzsche nennt diesen totalen lebensbejahenden Zustand, «dionysisch» zum Dasein stehen. «Meine Formel dafür ist amor fati [Liebe zum Schicksal]…» (NF 13, 492) Die Vergeblichkeit des gesteuerten, absichtlichen Wollens ist dann preisgegeben, vergleichgültigt. Die Formel drückt aus, «dass man Nichts anders haben will, vorwärts nicht, rückwärts nicht, in alle Ewigkeit nicht. Das Nothwendige nicht bloss ertragen, noch weniger verhehlen […], sondern es *lieben* …» (EH, 297)

Das Spiel des Kindes gleicht dem «Welt-Spiel» (FW, 639). Wie die schöpferische Hand am Meer Sandhaufen aufbaut und zertrümmert, so ist das Spiel des Lebens. «Ein Werden und Vergehen, ein Bauen und Zerstören, ohne jede moralische Zurechnung, in ewig gleicher Unschuld.» (NS, 830) Unabhängig von allen moralischen Imperativen («Du sollst») fängt das Spiel immer wieder von neuem an und ruft gestaltend andere Welten ins Leben. «Und dieses Spiel spielt der Aeon [die Ewigkeit] mit sich.» (NS, 830) In unschuldiger, rauschhafter Laune jenseits von Gut und Böse. Moral ist überwunden, ist getilgt. «Jetzt bin ich leicht», sprach Zarathustra, «jetzt fliege ich, jetzt sehe ich mich unter mir, jetzt tanzt ein Gott durch mich.» (Z, 50)

THEODOR W. ADORNO

«... daß Auschwitz nicht sich wiederhole ...»[56]

Leben und Werk

Geboren am 11. September 1903 in Frankfurt am Main, gestorben am 6. August 1969 in Visp (Kanton Wallis, Schweiz). – Philosoph, Soziologe, Komponist, Musikwissenschaftler, in der Öffentlichkeit wirkender Intellektueller, zusammen mit Max Horkheimer Begründer der Kritischen Theorie. – Sohn des liberal gesonnenen Weingroßhändlers Oscar Wiesengrund und der Sängerin Maria Wiesengrund, geborene Calvelli-Adorno della Piana. Behütete Kindheit und Jugend im Frankfurter Elternhaus, tiefbeglückende, liebevoll vermittelte musische Erfahrungen von früher Kindheit an: «Musikalische Erfahrungen in der frühen Kindheit macht man, wenn man im Schlafzimmer liegt, schlafen soll und mit weitaufgesperrten Ohren unerlaubt hört, wie im Musikzimmer eine Beethoven-Sonate für Klavier und Violine gespielt wird.» (EzM, 112). Adorno spielt Klavier («Ich bin in einer ganz und gar von theoretischen [auch politischen] und künstlerischen, vor allem musikalischen Interessen beherrschten Atmosphäre aufgewachsen», Brief an Thomas Mann vom 5. Juli 1948), wird in seiner Schulzeit von Mitschülern massiv gemobbt, verprügelt und diffamiert, studiert bereits als Jugendlicher unter Anleitung von Siegfried Kracauer jahrelang «regelmäßig Sams-

tag nachmittag» Kants «Kritik der reinen Vernunft» («Nicht im lei-
sesten übertreibe ich, wenn ich sage, daß ich dieser Lektüre mehr
verdanke als meinen akademischen Lehrern», NL, 388), erhält mit
17 Jahren als «Primus omnium» das Abiturzeugnis.

1921 bis 1924 Studium der Philosophie, Psychologie, Soziologie
und Musikwissenschaft in Frankfurt am Main, Bekanntschaft mit
Max Horkheimer, Friedrich Pollock, Walter Benjamin und Alban
Berg. Adorno publiziert erste Musikkritiken (bis 1932 rund hundert
Artikel), Promotion des 21-Jährigen über Husserls Phänomenologie
bei Hans Cornelius, 1925 Kompositionsstudium bei Alban Berg und
Klavierunterricht bei Eduard Steuermann in Wien, Bekanntschaft
mit Arnold Schönberg und Georg Lukács, 1928 Begegnungen mit
Ernst Bloch und Bert Brecht. Aufführung seiner *Sechs kurzen Orchesterstücke*, op. 4, in Berlin, 1929 wird sein *Liederzyklus*, op. 1, in Berlin
uraufgeführt. 1931 Habilitation bei Paul Tillich in Frankfurt am
Main (*Die Konstruktion des Ästhetischen bei Kierkegaard*, erscheint
1933), 1931 bis 1933 Privatdozent für Philosophie an der Frankfurter
Universität, bekommt 1933 im nationalsozialistischen Deutschland
als «Halbjude» die Lehrbefugnis entzogen («von den Nazis verjagt»),
darf Musikunterricht nur «Nichtariern» erteilen (er gehöre nicht zu
den «zuverlässigen Volksgenossen», zu den «Personen, die dem deutschen Volk durch tiefe Verbundenheit der Art und des Blutes ange-
hören»), 1933 Libretto und Komposition des Opern-Projekts *Der
Schatz des Indianer-Joe* (die Geschichte des Tom Sawyer nach dem
Stoff von Mark Twain), enge freundschaftliche Zusammenarbeit
mit Max Horkheimer, dem Direktor des Instituts für Sozialforschung.

Adorno unterschätzt anfangs die Hitlerdiktatur, deren Rassen-
ideologie er für hochgradig verrückt hält, kann sich nicht vorstellen,
dass sich die Bourgeoisie von «Bandenführern» regieren lasse, Hitler
erscheint ihm «als eine Verbindung von King-Kong und Vorstadtfri-
seur», zögerliche Emigration zuerst nach England, dann in die USA.
Zunächst 1934 bis 1937 als «advanced student» am Merton College
in Oxford, wo er Gilbert Ryle kennenlernt, sieht die Gefahr eines
Krieges, ist schockiert über die stalinistischen Säuberungsprozesse

(«Ist denn dieser Planet wirklich und vollkommen in die Hölle geraten?», Oktober 1936) und die Ausschreitungen gegen die Juden in Deutschland (Novemberpogrome 1938), seine Gefühle der Einsamkeit werden durch den Kultur- und Sprachverlust in der Fremde verstärkt. Adorno fühlt sich als jüdischer Linksintellektueller auch wegen seiner Außenseiterrolle als Philosoph und Künstler zur Wirkungslosigkeit verurteilt, er begreift mit Walter Benjamin, dem er wichtige philosophische Impulse verdankt, die Geschichte als «Unheilsgeschichte» («Jeder Intellektuelle in der Emigration, ohne alle Ausnahme, ist beschädigt und tut gut daran, es selber zu erkennen, wenn er nicht hinter den dicht geschlossenen Türen seiner Selbstachtung grausam darüber belehrt werden will», MM, 35).

1937 heiratet Adorno die Chemikerin Gretel Karplus, die in den nächsten Jahrzehnten seine schriftstellerischen Arbeiten in ihrem Entstehungsprozess unterstützt, er diktiert ihr seine beim Sprechen sich unmittelbar entwickelnden Einfälle, die er maschinenschriftlich fixiert aus der gewonnenen Distanz heraus wie fremde Texte mehrfach weiterbearbeitet («Das Diktat ermöglicht es dem Schriftsteller, sich in den frühesten Phasen des Produktionsprozesses in die Position des Kritikers hineinzumanövrieren», MM, 240). Lebenslange Liebesbeziehung zu Gretel trotz mancher Affären Adornos. Liebe geht für Adorno aus der «Zartheit zwischen den Menschen» hervor und ist vom Wunsch nach einem anderen als dem alltäglichen, dem zweckrational eigerichteten Leben bestimmt («Ich träumte, daß ich von der metaphysischen Hoffnung nicht ablassen mag, gar nicht, weil ich so sehr am Leben hinge, sondern weil ich mit G. erwachen möchte», Traumprotokoll vom 16. Juni 1960[57]).

1938 Übersiedlung mit Gretel nach New York («Es ist kaum mehr daran zu zweifeln, daß in Deutschland die noch vorhandenen Juden ausgerottet werden», Brief an Horkheimer vom 15. Februar 1938), maßgebliche Beteiligung Adornos an einem von Paul Lazarsfeld geleiteten Forschungsprojekt über den Stellenwert des Rundfunks im Alltagsleben der Menschen (musiksoziologische Interpretationen auf empirischer Basis), fester Mitarbeiter des Instituts für Sozialforschung. 1940 Selbstmord von Walter Benjamin auf der

Flucht vor den Nazis, Adorno und seine Frau waren für ihren in New York erwarteten Freund bereits auf Wohnungssuche («Es hat unsere geistige und empirische Existenz bis ins Innerste verändert»). Um 1940 allgemeiner, von Adorno mitgetragener Orientierungswandel der «Kritischen Theorie» des Instituts für Sozialforschung, an die Stelle von marxistischen Fortschrittskonzeptionen tritt eine sich verdüsternde fortschrittskritische Vernunft- und Zivilisationskritik.

1941 Übersiedlung nach Los Angeles, Arbeit an der *Philosophie der neuen Musik*, ab 1942 intensive Zusammenarbeit mit Max Horkheimer an der gemeinsam verfassten *Dialektik der Aufklärung. Philosophische Fragmente*, bei der beide «für jeden Satz verantwortlich sind» («Besinnung auf das Destruktive des Fortschritts», gedacht als hinterlassene «Flaschenpost» für einen unbekannten Adressaten, erscheint als Buchausgabe 1947 in Amsterdam). Zahlreiche Begegnungen mit prominenten Emigranten und Persönlichkeiten der Hollywood Society (z. B. mit Max Reinhardt, Fritz Lang, Charles Chaplin), 1943 musikphilosophische Beratung von Thomas Mann bei der Abfassung von dessen Roman *Doktor Faustus*, 1944 Zusammenarbeit mit Hanns Eisler, zwischen 1944 und 1947 entstehen die *Minima Moralia. Reflexionen aus dem beschädigten Leben* (erscheint 1951). Angesichts dessen, was sich mit dem Namen Auschwitz verbindet, der «Höllenmaschine, die Geschichte ist» (MM, 266), verbietet es sich fortan für Adorno, so weiterzudenken wie bisher: «Es gibt kein richtiges Leben im falschen.» (MM, 43)

1949 Rückkehr nach Deutschland, kritisiert das Scheinhafte der deutschen Demokratie, es erscheint die *Philosophie der neuen Musik*, außerplanmäßiger Professor für Philosophie und Soziologie in Frankfurt am Main, 1950 *The Authoritarian Personality* (empirische und theoretische Studie von Adorno und anderen zum Verständnis rechtsextremer Bewegungen, erscheint in New York), zusammen mit Max Horkheimer Neugründung des Frankfurter Instituts für Sozialforschung, 1951 hält Adorno den Vortrag *Zur gegenwärtigen Stellung der empirischen Sozialforschung in Deutschland*, 1954 Schönberg-Medaille, 1955 *Gruppenexperiment* (eine Studie des Instituts über die

Vergangenheitsverleugnung der Deutschen, an der mehr als 1800
Personen an 121 Gruppendiskussionen teilnehmen, die aufgezeich-
net und sowohl quantitativ als auch qualitativ ausgewertet werden).

Auch in den fünfziger und sechziger Jahren erweist sich Adorno
als ungewöhnlich produktiver Autor und wird zunehmend als ge-
sellschaftskritisch engagierte moralische Instanz angesehen. 1955
Prismen. Kulturkritik und Gesellschaft (Essaysammlung), 1956 *Dissonan-
zen. Musik in der verwalteten Welt* und *Zur Metakritik der Erkenntnistheorie* (Studien zur Philosophie Husserls), 1957 Ordinarius für Philosophie und Soziologie an der Universität Frankfurt am Main, 1958/
1961/1965 erscheinen in drei Bänden die *Noten zur Literatur* (Essays
zur literarischen Kritik und Deutung). 1958 wird Adorno Direktor
des Instituts für Sozialforschung, er sieht in Wien Samuel Becketts
Endspiel und interpretiert die Beckettschen Theaterstücke als realistischen Ausdruck der epochalen Katastrophenerfahrung, lernt
Beckett in Paris persönlich kennen. 1959 *Was bedeutet: Aufarbeitung
der Vergangenheit* (Vortrag), *Die Demokratisierung der deutschen Universitäten* (Sendung des Hessischen Rundfunks), Begegnung mit Ingeborg
Bachmann, 1960 reger Austausch mit Alexander Mitscherlich, 1962
Einleitung in die Musiksoziologie. Zwölf theoretische Vorlesungen, Freundschaft mit Alexander Kluge, 1963 Vorsitzender der Deutschen Gesellschaft für Soziologie, Goethe-Plakette der Stadt Frankfurt am
Main, *Drei Studien zu Hegel* («Vorbereitung eines veränderten Begriffs
von Dialektik»), *Eingriffe. Neun kritische Modelle* (Essaysammlung), 1964 *Jargon der Eigentlichkeit. Zur deutschen Ideologie* (gegen die
«Heideggerei», «Hauptmotiv: daß Ontologie nicht geschichtsfrei gefunden werden kann und nicht geschichtsfrei ist», gegen die Er-
schleichung eines metaphysischen Sinns in der Welt), 1966 *Negative
Dialektik* («das philosophische Hauptwerk» mit der zentralen «Intention einer Rettung der Metaphysik»), 1967 *Ohne Leitbild. Parva Aes-
thetica* (Essaysammlung), 1968 *Berg. Der Meister des kleinsten Übergangs* und *Spätkapitalismus oder Industriegesellschaft?* (Eröffnungsrede
auf dem Deutschen Soziologentag in Frankfurt am Main), 1969 *Kritische Modelle 2* (Essaysammlung), *Der Positivismusstreit in der deutschen*

Soziologie (Adorno und andere), *Erziehung zur Mündigkeit* (am 16. Juli 1969 kurz vor dem Tod aufgezeichnetes und nach dem Tod am 13. August 1969 gesendetes Gespräch mit Hellmut Becker im Hessischen Rundfunk, postum veröffentlicht 1970).

Das letzte große, Fragment bleibende Werk ist die 1970 postum erscheinende *Ästhetische Theorie*, die zu den Hauptwerken gehört. Adorno beabsichtigt, das Buch Samuel Beckett zu widmen («Zur Selbstverständlichkeit wurde, daß nichts, was die Kunst betrifft, mehr selbstverständlich ist, weder in ihr noch in ihrem Verhältnis zum Ganzen, nicht einmal ihr Existenzrecht», ÄT, 9). Zu Adornos musikalischem Œuvre, das in der Tradition der zweiten Wiener Schule um Arnold Schönberg, Alban Berg und Anton Webern steht, gehören u. a. Klavierliederzyklen, Orchesterstücke, Kammermusik für Streicher und A-capella-Chöre.

Adorno reflektiert die linke studentische Protestbewegung seit Mitte der sechziger Jahre sowohl mit Solidarität wie auch mit Ablehnung. Im Gegensatz zu Herbert Marcuse glaubt er nicht an eine revolutionäre Situation und wendet sich gegen eine unmittelbar praktische Umsetzung der kritischen Gesellschaftstheorie. Als 1967 in Berlin bei einer Demonstration gegen den Schah von Persien ein Student von einem Polizeiobermeister von hinten erschossen wird, stellt sich Adorno auf die Seite der protestierenden Studenten. Am 6. Juni 1967 sagt er zu Beginn seiner Ästhetik-Vorlesung: «Ich bitte Sie, sich zum Gedächtnis unseres toten Kommilitonen Benno Ohnesorg von Ihren Plätzen zu erheben.» (Elf N, 146) 1968 folgen heftige Auseinandersetzungen mit den zunehmend radikaler agierenden Studenten, vor allem nach dem neonazistisch beeinflussten Attentat auf den Studentensprecher Rudi Dutschke. Es kommt zu provokativen Vorlesungsstörungen, zu «Go-ins», «Teach-ins» und im Ton schärfer werdenden Happenings. Im Januar 1969 veranlasst Adorno die polizeiliche Räumung des von Studenten besetzten Instituts für Sozialforschung, im Sommer-Semester 1969 verhindern Studenten gewaltsam die Durchführung seiner letzten Vorlesung. Adorno stirbt am 6. August 1969 während eines Urlaubs im Schweizer Kanton Wallis nach einem Herzinfarkt.

Athen und Auschwitz

«Eine feine Jüdin, die hat in der ...straße gewohnt, Ecke ...,
im ersten Stock, eine Rechtsanwältin, und die hat im ersten
Stock um Hilfe geschrien, da haben zwei junge Männer sie
vom Fenster rausgeworfen, das habe ich gesehen, jawoll. Sie
haben sie bei den Beinen und runtergeworfen, das habe ich
gesehen, wie sie um Hilfe geschrien hat.»
(Aussage eines Teilnehmers an der 1950 unter Beteiligung
von Adorno durchgeführten empirisch soziologischen
Untersuchung über das Verhältnis der Deutschen zu ihrer
Vergangenheit)

Gruppenexperiment, 5. Kapitel, Schuld und Abwehr, Das
Wissen vom Geschehenen, Protokoll 135, So II(2), 172

In der *Negativen Dialektik* schreibt Adorno: «Hitler hat den Menschen
im Stande ihrer Unfreiheit einen neuen kategorischen Imperativ aufgezwungen: ihr Denken und Handeln so einzurichten, daß Auschwitz nicht sich wiederhole, nichts Ähnliches geschehe.» (ND, 358)
Nachdem Millionen von Juden planvoll mit administrativer und
technischer Perfektion ermordet wurden, fabrikmäßig, gibt es nichts
Harmloses und Neutrales mehr. Auch für die Wissenschaft nicht,
schon gar nicht für die Philosophie. In Viehwaggons verschleppt, in
nie zuvor erfahrener Marter und Erniedrigung wurden den Menschen in eigens dazu errichteten Gaskammern die Lungen zerrissen.
Von Deutschen. Leben heißt nur noch sich schämen zu müssen. Das
Vergessenwollen, die Aufrechnung der Schuld, der Wunsch nach einem Schlussstrich – vollends die Zerstörung von lebendiger Erinnerung durch Vergleichgültigung – ist ein weiterer Grund für die
Scham. Wie aber kann es eine Aufarbeitung der Vergangenheit geben, wenn schon der Blick sich wendet ohne Schrei der Empörung
und ohne kritische Selbstbesinnung, wenn ohne Aufklärung und Beseitigung der Ursachen des Vergangenen die «Bereitschaft zum Un-
säglichen» (KG II, 555) vielleicht ihr Unwesen fortsetzt?
  Auschwitz und die anderen Vernichtungslager haben auch die
Moralphilosophie und den Begriff der Metaphysik «bis ins Innerste»

(M, 160) verändert. Adorno entfaltet die komplexe Thematik in seiner im Sommersemester 1965 frei gehaltenen, als Einführung gedachten Vorlesung *Metaphysik. Begriff und Probleme*. Im größeren ersten Teil der Vorlesung (1.–13. Kollegstunde) legt er den Metaphysikbegriff dar und entwickelt exemplarisch zentrale Kategorien der klassischen Metaphysik von Aristoteles. Vor diesem Hintergrund kontrastiert und reflektiert er im zweiten Teil der Metaphysikvorlesung (13.–18. Kollegstunde) gravierende Veränderungen, die der Zivilisationsbruch der Philosophie aufgezwungen hat.

Die Objekte der Metaphysik, so heißt es im ersten Teil, sind nicht vermeintlich unmittelbar erfahrbare übersinnliche Gegenstände, sondern Begriffe, denen ein höherer Grad an Wesenhaftigkeit und Wertigkeit zugeschrieben werden. Metaphysiken sind Lehren von Begriffen, die das Tragende, das eigentlich Objektive darstellen, von denen das zerstreute, empirische Einzelding abhängt. Die schwierige Frage, was Metaphysik ist, kann mit einer vorangestellten, isolierten Definition nicht gelöst werden. Allererst in der konkreten Behandlung der Themen wie Sein, Gott, Freiheit, Unsterblichkeit, Wahrheit oder Geist bildet sich durch die «Konstellation» (M, 25) von gegenseitig sich aufschließenden Begriffen der Metaphysikbegriff heraus.

So gelten Platons ewige, unveränderliche Ideen im traditionellen Denken als das höchste Seiende, während die sinnliche, vergängliche Welt dagegen als minderwertig oder gar als das schlechterdings Nichtseiende entwertet wird. Die Platonische Ideenwelt lässt sich lesen als eine «Säkularisierung der Theologie» (M, 33). Die Götter leben nicht mehr in ihrem Olymp, sie sind begriffliche Einheiten von Erscheinungen, hypostasierte Allgemeinbegriffe geworden. Die Ideen wie zum Beispiel die oberste Idee des Guten oder der Gerechtigkeit, von Platon häufig «Gott» genannt, sind Umwandlungen der Götter in Begriffe. Metaphysik ist ursprünglich die «Übersetzung» von bildhaft vorstellbaren mythologischen Wesenheiten, die «Verbegrifflichung» (M, 155) von theologischen Vorstellungen in Vernunftkategorien.

Zum Problempunkt der Metaphysik wird die Reflexion auf das

spannungsreiche Verhältnis zwischen den platonischen Ideen, der Sphäre der Transzendenz einerseits, und der immanenten Sphäre der Welt, der unmittelbaren Erfahrung andererseits. Wenn diese Spannung selbst in das Zentrum der philosophischen Spekulation rückt, wie dies Adorno zufolge erstmals in dem *Metaphysik* genannten Werk von Aristoteles ausdrücklich der Fall ist, dann entsteht im prägnanten Sinn Metaphysik. Aristoteles stößt auf die Schwierigkeiten einer Integration der säkularisierten Götter, der Ideen, und thematisiert zentral, wie die Ideen beziehungsweise die Allgemeinbegriffe mit der gewichtiger eingeschätzten Erscheinungswelt vermittelt werden können. «Die Metaphysik also, könnte man sagen, entspringt an der Stelle, an der die Erfahrungswelt schwer genommen wird und in ihrem Verhältnis zu der vorher einfach hingenommenen übersinnlichen Welt durchdacht wird.» (M, 33)

Die Metaphysik ist die Antwort, die Reflexion auf den Bruch zwischen den zu Allgemeinbegriffen säkularisierten Göttern und der Erscheinungswelt. Mit den Mitteln des philosophischen Begriffs sucht die Metaphysik das vormals Göttliche, das Ansichseiende, das Wahre und Wesentliche im Denken zusammen mit der Erscheinungswelt als ein in sich stimmiges Ganzes wiederherzustellen. Charakteristisch für den traditionellen Metaphysikbegriff ist, dass er etwa im Gegensatz zum Ausgangspunkt einer dogmatisch vorausgesetzten religiösen Offenbarung, das Absolute aus reinem Denken zu bestimmen sucht. Zugleich ist Metaphysik auch Kritik an diesem Ansichseienden, an diesem als absolut geltenden wahrhaft Seienden, insofern es sich vor der Vernunft nicht rechtfertigen kann. Durch das kritische Moment ist mit der Metaphysik die erkenntnistheoretische Reflexion auf den Begriff verbunden. Die Frage, ob der Begriff nur ein bloßes Zeichen, nur eine nominalistische Abkürzung für darunter befasste Tatbestände ist, oder ob ihm ein substantielles, wesenhaftes Ansich zukommt, gehört selbst zu den großen Themen der Metaphysik.

Dem metaphysischen Denken wohnt einerseits die Tendenz inne, dogmatische Vorstellungen aufzulösen, kritisch zu problematisieren, wie andererseits das Kritisierte, das Aufgelöste, aus reinem

Denken heraus zu retten. Im Begriff wird das Absolute bewahrt und doch zugleich in Frage gestellt. Die «Doppelintention von Kritik und Rettung» (M, 36), von Destruktion und Apologie, kennzeichnet die Geschichte der klassischen Metaphysik von Aristoteles an. Sie lässt sich auch als Hauptmotiv bei Kant wiederfinden. «Metaphysik wäre zu definieren demnach als die Anstrengung des Denkens, das zu erretten, was es zugleich auflöst.» (M, 35)

Fast allen großen Metaphysiken ist es aufgrund ihres bewahrenden Moments eigen, die Wirklichkeit selbst, zumindest der Tendenz nach, als etwas zu begreifen und bejahend zu rechtfertigen, das auf Vollkommenheit hin angelegt ist. Bei Aristoteles garantiert die Annahme eines göttlichen «unbewegten Bewegers» das ontologisch unverrückbare Ausgerichtetsein aller Dinge zum Guten hin und zur Vervollkommnung ihrer Realität. Mit dieser Bestimmung des höchsten Seienden als einer Ordnung stiftenden Gottheit geht die Metaphysik als die «Wissenschaft von den ersten Prinzipien und Ursachen» (Aristoteles, Met. I 2,982b8f.) in Theologie über. Die Lehre vom sinnvoll und zweckmäßig geordneten Kosmos resultiert dabei nicht aus einem religiösen Glauben, sondern aus der Lösung eines immer stärker andrängenden theoretischen Problems. Aristoteles, der auch empirisch orientierter Naturwissenschaftler ist, steht vor der zu lösenden Frage, wie die sinnlich wahrnehmbaren Veränderungen der Dinge mit dem von ihnen abgetrennten, argumentativ unhaltbar gewordenen platonischen Ewigkeitsgedanken in Einklang zu bringen sind. Durch die metaphysisch-theologische Begriffskonstruktion des unbewegten Bewegers soll die Erfahrungswelt und die Welt des Absoluten kompatibel gemacht werden. Die Problemlösung *«aus dem Begriff»* (M, 140), die Affirmation des Absoluten, folgt der Doppelintention von Kritik (Destruktion von Platons Zwei-Welten-Lehre) und Rettung (Wiederherstellung des absolut Guten).

Der objektive (die subjektive Reflexion noch aussparende) idealistische Grundzug der Bewegungslehre von Aristoteles liegt in dem Satz, dass der göttliche Beweger *nus*, Vernunft, ist. Die immaterielle Gottheit, das Erste und Unbedingte, bewegt durch reine Denktätig-

keit den Himmel und die Natur, lenkt alles zu sich hin in ewiger
Ordnung. Da die göttliche Vernunft das Vorzüglichste von allem ist,
ist sie allein auch der angemessenste Gegenstand ihres Denkens, ihres Sichselbstdenkens. Das Absolute ist «Denken des Denkens».
(Aristoteles, Met. XII 7, 1072b)

Zu diesem Denken des Denkens, zu diesem metaphysischen Begriff, gehört auch die für die gesamte Folgezeit so wichtig gewordene
Anweisung zum richtigen, gelingenden, seligen Leben, das ist die
ethische Ausrichtung auf die Vernunft. Nach Aristoteles soll sich
die menschliche Vernunft, soweit dies nur möglich ist, der göttlichen Vernunft, der Seligkeit der Selbstbetrachtung, annähern. «Und
darin liegt zunächst einmal schon das gesamte Programm der Philosophie als der Selbstreflexion. Man könnte fast sagen, daß seit Aristoteles die Philosophie überhaupt die Ausführung eben [jenes Denken des Denkens] geworden ist, die es hier dem Urbild aller
Philosophie als dem göttlichen Prinzip eben zuschreibt.» (M, 149)

Adorno bricht am 13. Juli 1965 mitten in der 13. Vorlesungs-
stunde seine über Wochen aufgebauten Ausführungen zur Metaphysik des Aristoteles ab, um die restlichen Stunden für Reflexionen zur
Metaphysik zu verwenden, die «mir heut und hier fällig und unumgänglich scheinen» (M, 155). Die Reflexionen des zweiten Teils der
Vorlesung, die in engem Zusammenhang mit der kurz vor der Veröffentlichung stehenden *Negativen Dialektik* (1966) stehen, sind am
extrem geschichtlichen «Gegenpunkt» angesiedelt. Durch das, «was
wir in unserer Zeit erfahren haben», ist ein «geschichtlicher Zwang»
(M, 158) entstanden, der es unmöglich macht, weiterhin zu unterstellen, dass das Unveränderliche wahr und substantiell, das Vergängliche demgegenüber ein Minderes, ein Verächtliches sei. Die
Gleichsetzung des Unveränderlichen mit dem «Guten, Wahren und
Schönen» ist für uns widerlegt. Die Bedeutung des Innerweltlichen,
des Geschichtlichen ist zu groß geworden, um die historischen Erfahrungen von jeder möglichen Vorstellung von Transzendenz zu
trennen. Nach Auschwitz ist der traditionelle Begriff der Metaphysik gänzlich unhaltbar geworden.

Durch die Hereinnahme des Inhaltlichen – der «Welt der Tortur»

(M, 160) – in den Metaphysikbegriff, in das Denken des Denkens, stellt sich Metaphysik vollkommen anders dar. Jeglicher ontologisch verstandene Versuch einer Sinngebung des Leidens wird gegenüber den Opfern «zum schlechterdings Unmoralischen» (M, 162) und fügt ihnen ein weiteres Unrecht zu. Im alten Stil Metaphysik treiben, gleichgültig um das, was geschehen ist, wäre geradezu unmenschlich. «Es ist nach Auschwitz unmöglich, die Positivität eines Sinnes in dem Sein zu urgieren. Es ist unmöglich geworden jener affirmative Charakter der Metaphysik, den sie in der Aristotelischen und schon in der Platonischen Lehre zum ersten Mal gehabt hat. Die Behauptung eines Daseins oder eines Seins, das in sich sinnvoll verfaßt wäre und hingeordnet auf das göttliche Prinzip, wenn man sie so ausspricht, wäre wie alle Prinzipien des Wahren, Schönen und Guten, die die Philosophen sich ausgedacht haben, gegenüber den Opfern und gegenüber der Unendlichkeit ihrer Qual nur noch ein Hohn.» (M, 160)

Das Unsägliche, das nicht Wiedergutzumachende, das nicht Wiederherzustellende hat in keiner geheimnisvollen Ordnung des Seins irgendeinen höheren Sinn gehabt, durch den es gerechtfertigt wäre. Schon die Naturkatastrophe des Erdbebens von Lissabon konnte den Optimismus von Voltaire erschüttern. «Aber was ist schließlich eine solche beschränkte Naturkatastrophe gegenüber der zur Totalität sich erweiternden Naturkatastrophe der Gesellschaft, deren Aktualität und Potentialität wir heute uns gegenüber sehen; wo eben doch aus dem gesellschaftlich produzierten Bösen etwas wie die reale Hölle geworden ist.» (M, 164)

Die innerweltliche Erfahrung heute, in einer Welt zu leben, «die längst viel Schlimmeres kennt als den Tod» (M, 164), zudem im Bewusstsein, dass Auschwitz «*wieder* möglich und *erst* möglich» (M, 162) ist, lässt sich mit einer Sinngebung des Leidens nicht vereinbaren. Auch kommt angesichts des millionenfachen Todes in einer Welt ohne Sinn die Unterstellung von Sinn, nur weil die Erfahrung seiner Abwesenheit nicht zu ertragen ist, einer Lüge, einem leeren Trost gleich und verklärt als Ideologie das Bestehende, um «die Menschen bei der Stange zu halten» (M, 163). Darüber hinaus ist die metaphysische These von der Sinnhaftigkeit der Welt oder der Annahme eines Weltplans oder eines unerforschlichen Ratschlusses Blasphemie. Die Vorstellung, «Auschwitz oder die Atombombe oder eben alle diese Dinge, die hier miteinander zusammenhängen» (M, 181), könnten im Sinne des Absoluten selber liegen, läuft auf dessen eigene Verteufelung hinaus.

Die «Unschuld» ist verlorengegangen. «Metaphysik kann überhaupt nichts anderes mehr sein als *Nachdenken* über Metaphysik» (M, 156), über den «völlig veränderten Stellenwert der Metaphysik» (M, 160). «Es kann für keinen Menschen, dem nicht das Organ der Erfahrung überhaupt abgestorben ist, die Welt *nach* Auschwitz, das heißt: die Welt, in der Auschwitz möglich war, mehr dieselbe Welt sein, als sie es vorher gewesen ist.» (M, 162)

Der neue kategorische Imperativ gebietet, das «Denken und Handeln so einzurichten, daß Auschwitz nicht sich wiederhole, nichts Ähnliches geschehe» (ND, 358). Das Grauen des Genozids darf sich nicht wiederholen. Dieser Imperativ ist weder einer diskursiven Begründung fähig noch bedürftig. Der Versuch, rational zu begründen, warum Auschwitz nicht mehr sein sollte, «wäre Frevel». «Dieser Imperativ ist so widerspenstig gegen seine Begründung wie einst die Gegebenheit des Kantischen.» (ND, 358)

Ein Satz wie «Es soll nicht gefoltert werden» geht in bloßer Rationalität nicht auf. Etwas Außerlogisches, etwas das nicht wegrationalisiert werden darf, tritt hinzu, «das Moment des Abscheus vor dem physischen Schmerz [...] des quälbaren Körpers» (M, 182). An dem neuen Imperativ wird «leibhaft das Moment des Hinzutretenden am Sittlichen» (ND, 358) fühlbar. Fast lässt sich sagen, der «Grund der Moral heute» beruht «in dem Körpergefühl, in der Identifikation mit dem unerträglichen Schmerz» (M, 182). Die Moral heute, das heißt die «Forderung nach dem richtigen Leben», lebt ungeschminkt fort in materialistischen Motiven. Adorno stellt heraus, «daß gerade also das metaphysische Prinzip eines solchen ‹Du sollst› – und dies ‹Du sollst› ist ja ein metaphysisches, ein über die bloße Faktizität hinausweisendes Prinzip –, daß das selber seine Rechtfertigung eigentlich finden kann nur noch in dem Rekurs auf die materielle Wirklichkeit, auf die leibhafte, physische Realität und nicht an seinem Gegenpol, als reiner Gedanke; daß also, sage ich, die Metaphysik geschlüpft ist in das materielle Dasein» (M, 183).

Mit der Kategorie des «Hinzutretenden» ist Adornos Verteidigung eines kritischen, undogmatischen Materialismus verbunden, der auch das Moment von Lust und Schmerz als Movens von Praxis gelten lässt. Der Mensch ist als ein empfindendes, erlebendes, erfahrendes Wesen auch wesentlich Leib. Das zum Denken Hinzutretende ist ein von der Philosophie zurückgedrängter geistiger wie zugleich körperlicher «Impuls». Der Materialismus erinnert an die Nähe zum Leib, die wesentlich eine Beziehung zum Tod ist, «und zwar zu dem Tod als dem Niedrigen, Widerlichen und Naturverfallenen, dem wir alle bis heute unterworfen sind» (PT 2, 180). Die Metaphysik ist in die Schicht des Materiellen übergegangen, was von der «offiziellen Jasagerei jeglichen Schlages» verdrängt wird. «Ich denke», sagt Adorno, «an eine Erfahrung der eigenen Kindheit, einen Abdeckerwagen vorbeifahren zu sehen, auf dem eine Anzahl von toten Hunden liegt, und sich dann plötzlich fragen: Was ist das? Was wissen wir eigentlich? Sind wir das auch selber?» (PT 2, 181)

Es scheint so, als würde die Philosophie jede furchtbare Erregung vermeiden und aus der Reflexion ausblenden, wo Aas, Gestank und Fäulnis ist. «Es ist das die Zone, die dann ja auch wirklich in den Konzentrationslagern buchstäblich sich herstellte.» (M, 183) Noch die spöttische Abwehr der dramatischen Bilder bei Samuel Beckett, bei dem die Menschen in Urnen, Müllkästen und Sandhaufen zwischen Leben und Tod vegetieren – «so wie sie übrigens tatsächlich in den Konzentrationslagern vegetiert haben» – zeigt, «daß es genau hier sitzt, daß es genau um diese Dinge geht» (M, 184), um die «armseligste physische Existenz» (M, 183).

Ausdruck und Begriff

«In einem Transport jüdischer Frauen wurde eine von ihnen, die ein sieben Monate altes Baby hatte, von ihm getrennt, bevor sie in die Gaskammer kam; das Kind war draußen gelassen worden. Ein SS-Mann bemerkte, daß das Kind vergessen worden war, nahm es an einem Bein und zerschmetterte ihm den Kopf an der Mauer.»

«Die Erstickten haben alle entsetzliche Kratzwunden; in ihrer wahnsinnigen Verzweiflung und ihrem Todeskampf reißen sich die Unglücklichen die Augen aus und zerfleischen einander.»

«Die Leichen der Zusammengepferchten sind ineinander verschlungen. Es scheint unmöglich, sie herauszubringen, daher die Verwendung von einer Art Zange, um die Leichen aus der Gaskammer zu ziehen.»

«Vier Krematorien enthielten im ganzen 56 Öfen. Diese 56 Öfen allein verbrannten im ganzen täglich 7000 bis 8000 Menschen.»

«Von fünf anderen Krematorien sind immer vier in Betrieb. Die tägliche Leistung liegt im ganzen bei etwa 10 000.»

«Die Öfen arbeiten Tag und Nacht.»

Konzentrationslager Dokument F 321 für den Internationalen Militärgerichtshof Nürnberg[58]

Adornos Philosophie ist geistiger Widerstand gegen Unterdrückung von Mensch und Natur. Nach der «Errichtung von Menschenschlachthäusern» (MM, 68) nimmt sie die Perspektive des radikal Zerstörten oder Beschädigten ein. Schon der Untertitel von Adornos Schrift *Minima Moralia. Reflexionen aus dem beschädigten Leben*, weist darauf hin. Die Intention des philosophischen Denkens, das sich den Opfern verpflichtet weiß, besteht darin, dem Blick auf das Grauen nicht auszuweichen, ihm standzuhalten «und im ungemilderten Bewußtsein der Negativität die Möglichkeit des Besseren» (MM, 26) festzuhalten.

Adorno empfindet es als Unrecht weiterzuleben, als Schuld, die Toten um Licht und Atem zu bringen. «So wie ich es selber erfahren habe etwa in den immer wiederkehrenden Träumen, die mich plagen und in denen ich das Gefühl habe, eigentlich gar nicht mehr selbst zu leben, sondern nur noch die Emanation des Wunsches irgendeines der Opfer von Auschwitz zu sein.» (M, 173) Die Sadisten im Lager verkünden es: «Morgen wirst du als Rauch aus diesem Schornstein in den Himmel dich schlängeln.» (ND, 355) Der qualvolle Tod, das Äußerste, lässt die Schreie, dass es anders werden soll, verstummen. «Für einen Menschen im Konzentrationslager wäre, wenn ein rechtzeitig Entkommener irgend darüber urteilen darf, besser, er wäre nicht geboren.» (ND, 373) Es ist die «drastische Schuld des Verschonten», der sich die Frage stellt, die auch eine nach der «auferstandenen» Kultur ist: «Ob man nach Auschwitz überhaupt noch leben kann.» (M, 173; vgl. ND, 355)

Wozu leben? In einer Welt der ungeminderten Dauer von Leiden, Angst und Drohung, in einer Welt des Schuldzusammenhangs, die mit dem Leben kaum mehr zu versöhnen ist? Welchen Verkettungen, die auf Kosten anderer gingen, verdanken wir unser eigenes Leben? «Die Schuld reproduziert sich in jedem von uns.» (M, 176) In der Gestalt dieser Frage, in diesem Nachdenken, ob überhaupt noch sich leben lässt, brennt einem heute, wie Adorno sagt, die Metaphysik auf den Fingern. «Nun, – auch daraus hat das Geblök des Einverständnisses sofort das prompte Argument gemacht, es sei doch nun sozusagen höchste Zeit, daß jemand, der so dächte wie ich, sich auch endlich umbrächte.» Solchem Vernichtungsdrang, solchem Zynismus setzt Adorno Erinnerung und Sprache, den Widerstand durch Selbstreflexion, entgegen: «Das könnte den Herrschaften so passen. Solange ich noch das, was ich versuche auszudrücken, ausdrücken kann, und solange ich glaube, damit dem zur Sprache zu verhelfen, was sonst nicht zur Sprache findet, werde ich, wenn nicht das Äußerste mich dazu zwingt, dieser Hoffnung, diesem Wunsch nicht nachgeben.» (M, 173)

Der Mord an Millionen unschuldiger Menschen hat das «Mißlingen der Kultur» (ND, 355) unzweifelhaft bewiesen. «Daß es geschehen konnte inmitten aller Tradition der Philosophie, der Kunst und der aufklärenden Wissenschaften, sagt mehr als nur, daß diese, der Geist, es nicht vermochte, die Menschen zu ergreifen und zu verändern. [...] Alle Kultur nach Auschwitz, samt der dringlichen Kritik daran, ist Müll.» (ND, 359) Ausdrücklich bezieht Adorno die zur Kultur gehörende Philosophie mit ein, exemplarisch Heideggers Einordnung in den Hitlerschen Führerstaat, die kein Akt des Opportunismus war, sondern sich konsequent aus einem Denken ergab, das «Sein und Führer» identifizierte. (KG II, 464) Die Philosophie mit ihrem ausbleibenden Widerstand, mit ihrem unwahren Anspruch auf Autarkie, mit ihrer Weißwaschung von gesellschaftlichen Kategorien ist durch ihre unkritische Restauration wie die anderen Sparten der Kultur auch, ein bloßer «Deckel überm Unrat». Kultur weist mit Abscheu den Gestank zurück, weil sie selbst «stinkt». Ihr Palast ist, wie Adorno mit Brecht sagt, aus «Hundescheiße» gebaut. (ND, 359ff.) Den Tod fürchten, heißt nach Auschwitz, Schlimmeres fürchten als den Tod.

Die «Explosion des metaphysischen Sinnes» (NL, 282) hat auch die Kultur in Trümmer gelegt. Wer blind für die Bewahrung der radikal schuldigen und schäbigen Kultur eintritt, macht sich zum Helfershelfer, wer sich der Kultur direkt verweigert, unterstützt unmittelbar die Unmenschlichkeit, als die die Kultur sich entlarvte. Für Adornos Diagnose der Nachkriegszeit ist dies ein auswegloser Zirkel, aus dem nicht einmal Schweigen, auch keine abgenötigten Übertreibungen, «daß nichts ganz wörtlich gemeint ist» (M, 172; vgl. KG II, 567), herausführen. Die Kultur ist misslungen, weil sie nicht gehalten hat, was ihr Begriff allen verspricht: Freiheit, Individualität, Allgemeinheit. Aber obwohl sie dies den Menschen vorenthalten hat, wäre es ein «metaphysischer Fehlschluß» (M, 200) sie zum alten Eisen zu werfen. Menschenverachtend wäre es, sie unmittelbar durch die Herstellung von Machtverhältnissen zu ersetzen.

Adorno lässt keinen Zweifel daran, dass er auf der Seite der Kultur steht, insofern sie das in sich aufzunehmen bereit ist, worüber nachzudenken ist, das beschädigte Leben. In der *Negativen Dialektik* (1966), so scheint es, widerruft er sein 1949 in dem Essay *Kulturkri-*

tik und Gesellschaft geäußertes Diktum, nach Auschwitz sei es «barbarisch», ein Gedicht zu schreiben. In den *Noten zur Literatur* heißt es, der Satz gilt «nicht blank» (NL, 603), aber ein Schatten habe sich auf die Kunst gelegt, zumal auf die heitere, weil der Zivilisationsbruch «möglich war und bis ins Unabsehbare möglich bleibt» (NL, 603). Der provokante Satz, der weit mehr umfasst als das Schreiben von Gedichten und der die gesamte Kultur- und Vergnügungsindustrie miteinschließt, löst in den 50er und 60er Jahren viele Missverständnisse und Diskussionen aus. (Vgl. M, 277 Anm.) Bei allen Modifikationen und Interpretationen bleibt es Adornos Überzeugung, dass Kunst und Philosophie versuchen müssen, solange es ein Bewusstsein von Leiden unter den Menschen gibt, diesem Bewusstsein eine objektive Gestalt zu geben. «Das perennierende Leiden hat soviel Recht auf Ausdruck wie der Gemarterte zu brüllen.» (ND, 355) In Goethes *Torquato Tasso* heißt es, wenn der Mensch in seiner Qual verstummt, gab ihm ein Gott zu sagen, was er leide. «Das ist es eigentlich vielmehr, was die Philosophie inspiriert; man möchte fast sagen, sie wolle den Schmerz in das Medium des Begriffs übersetzen.» (PT 1, 83)

In der Vorlesung *Philosophische Terminologie* (1962/63) sagt Adorno seinen Studenten, dass es ihm seit seiner frühen Beschäftigung mit Philosophie nicht darum ging, die viel beschworene absolute Wahrheit zu finden, womöglich noch in einer Formel verpackt. Er wollte das aussprechen können, was er an der Welt Wesentliches erfährt. Philosophische Wahrheit ist mehr als die logisch korrekt formulierte Übereinstimmung der Dinge mit dem Verstand, wie die alte scholastische Definition lautet (*adaequatio rerum et intellectus*). «Wenn die Philosophie eine Wahrheit sucht, liegt diese nicht primär in einem Sichanmessen von Sätzen oder Urteilen oder Gedanken an einmal so gegebene Sachverhalte, sondern es geht viel eher um das Ausdrucksmoment.» (PT 1, 83) Philosophie ist kein Spiegel, der eine Realität abbildet, vielmehr ist sie ein Versuch, elementare Erfahrungen, den Gehalt dieses «Es-sagen-wollen» durch Begriffe, durch theoretische Begründungszusammenhänge, sowohl zu erklären als auch auszudrücken.

Die Berücksichtigung des «Ausdrucksmoments», durch welches das Leiden in der Sprache aufgehoben, im Bewusstsein erfahrbar und erinnerbar bleibt, ist ein wichtiger Verständnisschlüssel für Adornos Werk insgesamt. Statt von Ausdrucksmoment spricht er auch von einem «mimetischen Moment». Der griechische Terminus *mímesis* bedeutet ursprünglich Ausdruck, Nachahmung, Darstellung. Adorno geht davon aus, dass sich das Bewusstsein im Laufe des Zivilisationsprozesses gespalten hat: einerseits in das «Mimetische», das als Ausdruckstätigkeit üblicherweise der Kunst zugerechnet wird, und andererseits in das Rationale, Begriffliche, Stringente. Durch die fortschreitende Naturbeherrschung, vor allem in der Neuzeit, setzt sich in Wissenschaft und Technik eine instrumentelle Rationalität durch, die das Ausdrucksmoment mit seinem sprachlich rhetorischen, individuell emotional gefärbten Einschlag unterdrückt. Das mimetische Moment, etwa die Expressivität des Leidens findet in der formalisierten abstrakten Sprache der Wissenschaften keinen angemessenen Ausdruck mehr, gilt als Störfaktor, als «Sand im Getriebe» (PT 1,207) und wird vollends durch das szientifische Ideal der Wertfreiheit eliminiert. «Das blank Antirhetorische ist verbündet mit der Barbarei, in welcher das bürgerliche Denken endet.» (ND, 66)

Philosophie ist der Versuch, mit den Mitteln des Begriffs jenes Moment des Ausdrucks «zu retten oder wiederherzustellen» (PT 1,81), Reflexion und Expressivität wieder zusammenzuführen. Im philosophischen Fortgang von der Erfahrung zur Theorie soll das mimetische Moment, das Nichtbegriffliche im begrifflichen Denken verbindlich gemacht, objektiviert werden. Philosophie ist das «Herausschälen» des Objektiven an Leiderfahrungen, die «Objektivierung jener ursprünglichen Erfahrungen» (PT 1,85). Adorno gibt in diesem Zusammenhang aber nachdrücklich zu bedenken, dass eigene Erfahrungen in komplexe, überindividuelle Zusammenhänge der Vergesellschaftung des Menschen eingeordnet und durch diese bedingt sind. Mit einem gewissen Recht zwar werden individuelle Erfahrungen aufgrund ihrer subjektiven Evidenz für ursprüngliche Erfahrungen gehalten, in Wahrheit aber sind sie ein durch Geschichte und Gesellschaft «in sich Vermitteltes» (PT 1, 85), ein von der Totalität des Ganzen Durchdrungenes und Bestimmtes. Das, was das Bewusstsein zunächst für das Unmittelbare hält, ist ein Mittelbares, kein absolut Erstes.

Der Begriff der «Tiefe» in der Philosophie ist heute übergegangen «in die Kraft des Widerstands gegen das Schlechte» (PT 1, 201), in die Resistenz gegen die Ideologie, mit der die Ordnung der Welt uns einfängt. Tiefe hat nichts zu tun mit einer Selbstversenkung in das leere Ich oder der Ergründung verborgener dinghafter Objekte. Sinnvoll ist der Begriff der Tiefe nur, wenn er sich misst an der Vorstellung eines richtigen Lebens, die aus der Negation der Gestalten des «falschen Lebens» (PT 1, 147) entspringt. Philosophie ist das «Sich-nicht-Bescheiden-bei-der-Fassade» (PT 1, 202).

Adorno hält bewusst an dem Terminus «Wesen» fest, der in der zeitgenössischen Philosophie kaum mehr als eine «philosophische Grille» gilt. Das Wesen, das es zu erkennen gilt, ist das die gesellschaftliche Wirklichkeit durchherrschende «Unwesen», das von der Zivilisation selbst hervorgebrachte Antizivilisatorische. In Ansätzen ist die uns beherrschende «ganz abstrakte Macht», das «Unwesen der Welt» (PT 1, 203), bisweilen sogar blitzartig erfahrbar, erahnbar. In solchen Situationen hat man «das Gefühl, daß man in eine Maschinerie eingespannt ist, die durch ihr eigenes Funktionieren immer und ausnahmslos zur Negativität tendiert und die von dem Willen der einzelnen unabhängig, die ein Objektives ist, ganz ähnlich wie der traditionelle Begriff von Wesen als ein Objektives und von dem Willen der Einzelsubjekte weithin Unabhängiges gedacht worden ist» (PT 1, 203). Philosophie, die wirklich in die Tiefe gehen will, lässt sich von dieser ansatzweisen Erfahrung des Eingespanntseins in einen «universalen Funktionszusammenhang» (PT 1, 207) nicht abbringen, sondern sucht ihn zu analysieren. «Wir alle leben, jeder einzelne von uns, in einem universalen Schuldzusammenhang, der durch das Unwesen uns vorgezeichnet ist.» (PT 1, 204) In den *Minima Moralia* heißt es in strikter Absetzung etwa gegen Hegel: «Das Ganze ist das Unwahre.» (MM, 55)

Die Komplexität des Schuldzusammenhangs macht es unmög-

lich, weiterhin naiv in den Vorgaben von schwarz und weiß zu denken, sich selbst als das Gute, Richtige, Positive zu setzen und das
andere als das Falsche, Schlechte, Negative. In diesem Kontext, da
doch scheinbar alles «Dreck» ist, gehört eine ungeheure Anstrengung des Widerstands dazu, nicht in einem «grauen Relativismus»,
einem leeren Nihilismus steckenzubleiben. Philosophisches Denken
muss darüber hinauskommen, sich die Freiheit bewahren und bei
aller berechtigten Kritik am Terminus der Metaphysik, am Terminus des «Absoluten», so unbestimmt er auch sein mag, festhalten.

Für Adorno ist Metaphysik heute nach ihrem durch den Zivilisationsbruch herbeigeführten Sturz nur noch als kritisch-negative
Metaphysik denkbar. Sie ist nur noch möglich als Nötigung, über
das Tatsächliche hinauszufragen, «ohne daß das, wodurch man darüber hinausgeht, selber wieder zu einem positiv Seienden gemacht
wird» (PT 2, 164), etwa zu einem personalen göttlichen Wesen oder
zu einem schlechthin seienden Transzendenten. Metaphysik, die anders als die Theologie über keine dogmatischen Antworten verfügt,
ist ein unreglementiertes freies Denken «ins *Offene*» (M, 108). Aus
der fragenden kritischen Haltung der Negation heraus weigert sie
sich, die empirisch vorfindbare Welt, den Inbegriff der Tatsachen,
mit dem es die Wissenschaft zu tun hat, als einzig mögliche Welt zu
akzeptieren und zu verabsolutieren: «Metaphysik ist eigentlich die
Frage: ja, ist denn das alles?» (Eth, 126)

Die Reflexion auf das mimetische Moment als unverzichtbarer
Bestandteil einer reflektierten Theoriebildung ergreift Partei für die
Opfer. Die Sicht aus der Perspektive der Unterdrückten gehört zur
Objektivierung der primären Erfahrung, die doch stets durch über-
individuelle gesellschaftliche Kontexte vermittelte ist, mit dazu.
Dem Opfer wird eine Stimme zuerkannt, die durch verhärtete Be-
griffe, durch eine versteinerte Terminologie hindurchdringen kann.
In der Selbstbesinnung, der subjektiven Bedingung der Philosophie,
treten die verdinglichten Begriffe sich selbst entgegen, widerspre-
chen sich, verlieren ihre Gewalt im Denken, werden wieder flüssig
und lebendig. Die Bewegung des Gedankens wird dialektisch. Eine
Philosophie, in der der Schrei geknebelt bleibt, kann nicht objektiv

sein. «Das Bedürfnis, Leiden beredt werden zu lassen, ist Bedingung aller Wahrheit. Denn Leiden ist Objektivität, die auf dem Subjekt lastet; was es als sein Subjektivstes erfährt, sein Ausdruck, ist objektiv vermittelt.» (ND, 29)

Hinter der Gardine

«Es ist sehr schwer, ein starkes Ich gleichsam zu predigen in einer Welt, in der das Ich es so viel leichter hat, wenn es nicht so stark ist, sondern hübsch wendig einmal so und einmal so ist, wenn es jene Art der Integration nicht hat. Auch das Ich tendiert in seiner eigenen Zusammensetzung dazu, nach der Linie des geringsten Widerstandes sich zu formen. Ich meine aber, es gibt hier doch etwas, was dem widerstehen kann und was zur Philosophie als eine entscheidende subjektive Bedingung hinzugehört; das ist die Fähigkeit zur Selbstbesinnung. Sie ist, auf das Subjekt gewandt, eigentlich genau dasselbe, was ich Ihnen zu Anfang das Sicherheben über die Unmittelbarkeit nannte. Ein Bewußtsein heute, das, lassen Sie mich sagen, vor der Philosophie sich nicht zu genieren braucht, wäre ein Bewußtsein, in dem auch der einzelne Mensch seiner selbst in seiner Fehlbarkeit und seiner Begrenztheit inne wird.»

Adorno, *Philosophische Terminologie* (PT 1, 205f.)

Wer heute noch sagt, es sei nicht so oder nicht ganz so schlimm gewesen oder woanders passierten auch grauenhafte Dinge, der verteidigt bereits Auschwitz, wird nachträglich zum «Helfershelfer». Die Kälte des Bewusstseins, schon in der partiellen Leugnung des Holocaust erfahrbar, fördert die Bereitschaft, erneut tatenlos zuzusehen oder mitzutun, wenn es wieder losgehen könnte, «wenn es wieder geschieht» (KG II, 689). «Morgen kann eine andere Gruppe drankommen als die Juden, etwa die Alten, die ja im Dritten Reich gerade eben noch verschont wurden, oder die Intellektuellen, oder einfach abweichende Gruppen.» (Erziehung nach Auschwitz, KG II, 689)

Aus den Gruppenprotokollen der empirischen Untersuchung zum Selbstverständnis der Deutschen, die Adorno und andere

1950/1951 durchführten, geht hervor, dass viele vom Geschehen damals nichts gewusst haben wollen, obwohl überall Juden verschwanden. Andere leugnen das Geschehen oder relativieren es. Dennoch berichten die Teilnehmer von der Judenverfolgung, die vielfach vor ihren eigenen Augen stattfindet. Sie sehen von ihren Fenstern aus zu, halten sich aber im Verborgen.

In einem dieser Protokolle heißt es:

«H.: Wir haben in der Judenstraße gewohnt, das war ein Hohn, kann ich Ihnen sagen! Da habe ich zu meinem Mann gesagt: So gehen wir mal, noch mit weniger! Die hatten noch ein kleines Handwägelchen ... und da habe ich hinter der Gardine gestanden, da habe ich zu meinem Mann gesagt: So gehen wir!

Vl. [Versuchsleiter]: Wo haben Sie das erlebt, Frau H.?

H.: In ... Ich wohnte in einer Judenstraße, wo die Synagoge, da haben sie, wie heißt das, so ein Kinderheim, ganz kleine Kinder, die haben sie auf die Straße geschmissen, ich habe es gesehen.» (So II (2), 317)

Moral des Denkens

Philosophie nach Auschwitz

> «Utopie wäre über der Identität und über dem Widerspruch, ein Miteinander des Verschiedenen.»
>
> «Der versöhnte Zustand annektierte nicht mit philosophischem Imperialismus das Fremde, sondern hätte sein Glück daran, daß es in der gewährten Nähe das Ferne und Verschiedene bleibt, jenseits des Heterogenen wie des Eigenen.»
>
> Adorno, *Negative Dialektik* (ND, 153 und 192)

Wenn eine Philosophie nach Auschwitz noch möglich ist, dann nur noch als ein Denken, das der «europäischen Katastrophe» (NL, 604), dem «Unmaß des Verübten» (KG II, 557), eingedenk bleibt. In

Goethes «Faust» ist es der Teufel, das Prinzip des Bösen, das für das Vergessen, für die Zerstörung der Erinnerung und der Reflexion plädiert, das die Schwächung des moralischen Denkens gern betreibt, um alle Schuld zu leugnen: «Und ist so gut, als wär' es nicht gewesen.» (KG II, 557)

In seinem Rundfunkvortrag *Erziehung nach Auschwitz* (1966) sagt Adorno: «Die einzig wahrhafte Kraft gegen das Prinzip von Auschwitz wäre Autonomie, wenn ich den Kantischen Ausdruck verwenden darf; die Kraft zur Reflexion, zur Selbstbestimmung, zum Nicht-Mitmachen.» (KG II, 679) Eine Demokratie, die nicht nur formal funktionieren, sondern ihren eigenen Ansprüchen genügen soll, verlangt eine Erziehung zur Mündigkeit, die auch eine Erziehung zur Erinnerung, zum Widerspruch und zum Widerstand wäre. «Die Menschen sind davon abzubringen, ohne Reflexion auf sich selbst nach außen zu schlagen. Erziehung wäre sinnvoll überhaupt nur als eine zu kritischer Selbstreflexion.» (KG II, 676)

Wenn es aber die Zivilisation selbst ist, die durch ihren unerträglich vervielfachten Druck das Antizivilisatorische, die Verfolgung von Minderheiten und die Tötung ganzer Bevölkerungen ausbrütet und hervorbringt, dann hat es etwas Verzweifeltes, sich dagegen aufzulehnen. Auf der subjektiven psychologischen Seite verteidigt Adorno dennoch in der Geisteshaltung des Aufklärers konkrete Versuche, der allgemeinen «Besinnungslosigkeit» entgegenzutreten. In Rundfunkbeiträgen zum Beispiel sucht er, das Selbstbewusstsein und die Kritikfähigkeit der Menschen zu stärken. Letztlich entscheidend sind aber nicht diese subjektiven Versuche, sondern die überwältigende Macht des Bestehenden, die gesellschaftliche und ökonomische Realität. Bestimmend und sich durchsetzend sind die objektiven, geschichtlich entstandenen gesellschaftlichen Voraussetzungen, die vom Einzelnen aus gesehen gleichsam als «Naturmacht» (So I, 443) wahrgenommen werden. Es ist Adornos Überzeugung, dass die Barbarei, die sich als Wirklichkeit ereignet hat, kein durch Diskurse aufzulösendes «Oberflächenphänomen», kein «Zwischenspiel» ist, sondern zur Ausprägung einer «überaus mächtigen gesellschaftlichen Tendenz» (KG II, 675) gehört, die jeden Einzelnen in einen «universalen Schuldzusammenhang» (PT I, 204) stellt. «Die geschichtlichen Kräfte, welche das Grauen hervorbrachten, stammen aus der Gesellschaftsstruktur an sich.» (NL, 604)

Was Auschwitz ermöglicht, ist subjektiv gesehen, die blinde Identifikation mit der Vormacht des Kollektivs. «Menschen, die blind in Kollektive sich einordnen, machen sich selber schon zu etwas wie Material, löschen sich als selbstbestimmte Wesen aus. Dazu paßt die Bereitschaft, andere als amorphe Masse zu behandeln.» (KG II, 683) In der *Authoritarian Personality* nennt Adorno diesen Typus von Mensch, der unfähig ist, unmittelbare einfühlsame Erfahrungen zu machen, den «manipulativen Charakter» (KG II, 683) und in dem Vortrag *Erziehung nach Auschwitz* beschreibt er ihn als den «Typus des *verdinglichten Bewußtseins*» (KG II, 684). Jenen Charakteren, die in ihrer Angepasstheit an Kollektive Züge von Unansprechbarkeit aufweisen, ist es eigen, Menschen wie Dinge zu behandeln. «Erst haben die Menschen, die so geartet sind, sich selber gewissermaßen den Dingen gleichgemacht. Dann machen sie, wenn es ihnen möglich ist, die anderen den Dingen gleich.» (KG II, 684) Der von den Nazis vielfach gebrauchte Ausdruck «fertigmachen» definiert Menschen im doppelten Sinn als zugerichtete Dinge. Das verdinglichte Bewusstsein hält sich für etwas ganz Natürliches, für eine unabänderliche Gegebenheit und blendet jede Einsicht in die eigene Bedingtheit, in das eigene Gewordensein aus. «Alle Verdinglichung ist ein Vergessen» (DdA, 263), «und Kritik heißt eigentlich soviel wie Erinnerung» (ES, 250).

In engem Zusammenhang mit dem verdinglichten Bewusstsein steht die Technik, die in der Welt heute eine Schlüsselposition einnimmt. Das gegenwärtige psychologische Verhältnis zur Technik hat etwas Übertriebenes, Irrationales, Pathogenes bekommen. Doch «nicht die Technik ist das Verhängnis», Adorno wendet sich nicht gegen Technik als solche, «sondern ihre Verfilzung mit den gesellschaftlichen Verhältnissen, von denen sie umklammert wird» (So I, 362). Technik ist nichts «dämonisch Selbständiges» (So I, 16), aber ein «technologischer Schleier» (KG II, 686) bewirkt, dass die Menschen die Technik glorifizieren und für die Sache selbst, für einen Selbstzweck, «für eine Kraft eigenen Wesens» halten. «Die Mittel – und Technik ist ein Inbegriff von Mitteln zu Selbsterhaltung der Gattung Mensch – werden fetischisiert, weil die Zwecke – ein menschenwürdiges Leben – verdeckt und vom Bewusstsein der Menschen abgeschnitten sind.» (KG II, 686)

Unklar ist, so Adorno, wie die Fetischisierung der Technik, zu der auch die affektiv besetzte, verführerische Faszination des Designs der Apparaturen zählt, sich in der individuellen Psyche weiter durchsetzen wird. Das widerstandslos an das bloße Funktionieren angepasste, zum Objekt herabgesetzte Bewusstsein, das in seinem blinden Gehorsam nicht mehr über sich hinaussehen kann, führt schließlich dazu, «daß einer, der ein Zugsystem ausklügelt, das die Opfer möglichst schnell und reibungslos nach Auschwitz bringt, darüber vergißt, was in Auschwitz mit ihnen geschieht» (KG II, 686).

Die Grenze zwischen einem rationalen Verhältnis zur Technik und jener Überbewertung verschwimmt. «In der gegenwärtigen Epoche sind die Menschen in die Technik eingegangen und, als hätten sie ihr besseres Teil an sie vererbt, gleich Hülsen hinter ihr zurückgeblieben.» (KG I, 391) Die Fähigkeit zur Empathie wird von Dingen, von technischen Geräten «absorbiert». Der Trend, der Menschen hervorbringt, die auf technische, zumal auf ästhetisierte Geräte fixiert sind und deren Verhaltensweisen sich der Automatisierung anähneln, ist eng mit der fortschreitenden Zivilisation und der auf den Konsum der Massen zugeschnittenen «Kulturindustrie» (DdA, 141 ff.; vgl. KG I, 337 ff.) verbunden. Wer den Trend bekämpfen will, stellt sich gegen den «Weltgeist».

Zur Gesellschaft in ihrer gegenwärtigen kapitalistischen Gestalt, die in ihrer «Totalität» (So I, 289 ff.) allen einzelnen Subjekten vorgeordnet ist, gehört die Kälte der Menschen, die auf der Verfolgung des eigenen Interesses gegen das Interesse aller anderen beruht. Auch das sogenannte Mitläufertum im Nationalsozialismus war primär «Geschäftsinteresse», die Kälte des isolierten Konkurrenten. Das Schweigen unter dem Terror folgte aus dem «allgemeinen Gesetz des Bestehenden», sich bis zuletzt von seinem eigenen Vorteil leiten zu lassen. Im Charakter der «Erkalteten», die gegen das

Schicksal der anderen indifferent sind, hat sich diese Indifferenz bis ins Innerste verfestigt. «Jeder Mensch heute, ohne jede Ausnahme, fühlt sich zuwenig geliebt, weil jeder zuwenig lieben kann. Unfähigkeit zur Identifikation war fraglos die wichtigste psychologische Bedingung dafür, daß so etwas wie Auschwitz sich inmitten von einigermaßen gesitteten und harmlosen Menschen hat abspielen können.» (KG II, 687)

Dialektik der Aufklärung

Im kalifornischen Exil gehen Adorno und Max Horkheimer in ihrem gemeinsam verfassten Buch *Dialektik der Aufklärung* (Erstausgabe 1947 im Amsterdamer Exilverlag Querido) der weitverzweigten Fragestellung nach, «warum die Menschheit, anstatt in einen wahrhaft menschlichen Zustand einzutreten, in eine neue Art von Barbarei versinkt» (DdA, 11). Die «philosophischen Fragmente», wie der Untertitel lautet, suchen unter den gegebenen historischen und gesellschaftlichen Bedingungen nach Erklärungen für den Terror totalitärer Systeme und Gründe für die planvoll betriebene Vernichtung der jüdischen Bevölkerung. Gegenstand des Buchs ist auch die Manipulation und Deformation der Menschen durch die moderne amerikanische «Kulturindustrie».

Die geschichtsphilosophischen und kulturkritischen Deutungen der *Dialektik der Aufklärung* erweitern den Begriff der Aufklärung weit über die sonst übliche epochale Bezeichnung der geistigen Bewegung des 17. und 18. Jahrhunderts hinaus. In diesem umfassenden Sinn wird mit Aufklärung der gesamte Prozess der städtischen Zivilisation von etwa 3000 Jahren gekennzeichnet. Das «Unsägliche», das in Auschwitz nach weltgeschichtlichem Maß kulminierte, der «Zerfall» der abendländischen Geschichte, beginnt danach nicht erst in der Neuzeit oder gar erst in der Gegenwart, sondern ist von Anfang an als «rückläufiges Moment» (DdA, 13), als «Nachtseite» der Zivilisation wirksam.

Im Hinblick auf diese erweiterte geschichtsphilosophische Sicht muss sich die Aufklärung, um ihrem eigenen Begriff zu entsprechen, radikaler als bisher auf sich selbst besinnen. Die Aufklärung muss um der «Einlösung der vergangenen Hoffnung» (DdA, 15) willen, so Adorno und Horkheimer, das «Destruktive des Fortschritts» (DdA, 13) miteinbeziehen und auf die tieferliegenden Ursachen des fortdauernden Leidens in der Geschichte reflektieren. Die Untersuchung des faktischen Scheiterns des Zivilisationsprozesses, der nicht zur Befreiung geführt hat, sondern in Inhumanität und ideologische Verblendung umgeschlagen ist, erweist die Notwendigkeit einer Kritischen Theorie der Gesellschaft, einer Aufklärung der Aufklärung, einer radikalen Selbstkritik der Vernunft. «Das Denken muß durch Denken der tiefsten Fehler seiner selbst überführt werden», wie Horkheimer in einem Gespräch mit Adorno am 3. Oktober 1946 sagt.[59] Die alles umfassende Selbstaufklärung der Aufklärung, die sich selbst mitumfasst, ähnelt zwar dem «Gestus Münchhausens, der sich an dem Zopf aus dem Sumpf zieht» (MM, 82), verfolgt aber trotz des immanenten Selbstwiderspruchs beharrlich die gestellte kritische Aufgabe in aufklärerischer Absicht. «Selbstreflexion der Aufklärung ist nicht deren Widerruf.» (ND, 160)

Der Grundgedanke der *Dialektik der Aufklärung* ist: Schon vor 3000 Jahren vollzieht sich im mythologischen Denken Aufklärung als Welterklärung und seitdem vollzieht sich in der Aufklärung eine neue Mythologie. In der Vernunft selbst ist Unvernunft angelegt, die im geschichtlichen Verlauf der Zivilisation zur Herrschaft kommt und der Aufklärung destruktiv entgegenwirkt. Die Vernunft der Aufklärung, so die geschichtsphilosophische Deutung, verengt sich in der Neuzeit immer mehr zur Unvernunft, zu einer alles durchherrschenden Macht technisch instrumenteller Rationalität, die das emanzipatorische Potential der Aufklärung in ihr Gegenteil verkehrt. Zwar kann der Mensch durch die wachsende Macht seines Wissens, das ihm als Werkzeug der Selbsterhaltung dient, die übermächtige Natur tendenziell bezwingen, gerät aber als Naturwesen selbst unter die blinde Gewalt eben dieser sich instrumentell verengenden Vernunft. Mit der Beherrschung der äußeren Natur geht beim Menschen auch die Unterdrückung seiner eigenen einher, der triebhaften wie der geistigen. «Der Fortschritt schlägt in den Rückschritt um.» (DdA, 15) Die Herrschaft der Vernunft wird zum Mythos der Gegenwart, zum irrationalen Absoluten, das das Bewusstsein umschließt, ideologisch verblendet, konformistisch prägt und verwaltet. In dieser «mit Herrschaft verknüpften Rationalität» (DdA, 195) gründen in der Geschichte zutiefst Gewalt und Leid. «Aufklärung schlägt in Mythologie zurück.» (DdA, 16) Das Ziel der Aufklärung war seit je, von den Menschen die Furcht zu nehmen und sie als Herren über die Natur einzusetzen. Die Menschheitsgeschichte ist durch Herrschaft über die Natur bestimmt, einer Herrschaft, der auch der Mensch selbst nicht entgeht. Die zunehmende Macht durch Wissen und Technik, der Versuch, sich der «Gebundenheit» in der Natur durch rationale Erklärungen zu entwinden, charakterisiert das Programm der Aufklärung als «Entzauberung der Welt». Bereits die Erzählungen der Mythen in ihrer Ordnung des Immergleichen machen die Naturerscheinungen überschaubarer, handhabbarer und erleichtern die Selbsterhaltung. «Schon der Mythos ist Aufklärung» (DdA, 16), eine frühe Form der Rationalität, auch wenn im Mythos noch die Götter die Macht haben.

Durch die immer weiter fortschreitende Entmythologisierung und in eins damit durch die anwachsende Naturbeherrschung werden bedrohliche Wesenheiten wie Dämonen und Geister, die Angst und Schrecken auslösen, als Produkte, als Spiegelbilder des Menschen durchschaut und gebannt. Die stereotyp wiederholte Auskunft der Aufklärung liegt schon in der Antwort, die Ödipus auf die Frage der Sphinx gibt. Was ist, so lautet ihr Rätsel, am Morgen vierfüßig, am Mittag zweifüßig, am Abend dreifüßig? Die Antwort lautet stets: «Es ist der Mensch.» Der Impuls der Aufklärung heißt «reductio ad hominem» (Eth, 196), Zurückführung auf den Menschen. Die aufklärende Bewegung, das «Erwachen des Subjekts» (DdA, 25), unterwirft die Vielfalt des Seienden dem fortschreitenden Denken und der sich historisch herausbildenden Einheit des Bewusstseins.

Auf dem Weg zur neuzeitlichen Wissenschaft setzt sich das «Maß der Berechenbarkeit und Nützlichkeit» durch. Die Zahl wird zum «Kanon» der Aufklärung, die Logik zu ihrem Vorbild. Als Ideal gilt das System, aus dem alles und jedes folgt. «Die formale Logik war die große Schule der Vereinheitlichung. Sie bot den Aufklärern das Schema der Berechenbarkeit der Welt.» (DdA, 23)

Die bürgerliche Gesellschaft, die im Tausch der Waren die verschiedensten Dinge auf den abstrakten gemeinsamen Nenner Wert bringt, um sie austauschen zu können, um dadurch Ungleichnamiges gleichnamig zu machen, ist vom Äquivalent beherrscht. Das qualitativ Verschiedene der ökonomischen Produkte wird auf abstrakte Größen reduziert, durch die der Warenaustausch im Sinne eines angenommenen gerechten Gegenwerts erfolgen kann. «Der Aufklärung wird zum Schein, was in Zahlen, zuletzt in der Eins, nicht aufgeht.» (DdA, 24) Das «Inkommensurable», das Unmessbare, das Einzigartige des Einzelnen wird weggeschnitten.

Die fortschreitende Rationalität, die einhergeht mit der «Unterwerfung aller menschlichen Verhältnisse unter das Tauschprinzip» (ND, 291), verwandelt das Qualitative von Natur und Mensch in quantifizierbare objektive Größen. Die vergegenständlichte, mathematisierte Natur wird mit Wahrheit identifiziert, Denken und Mathematik fallen tendenziell zusammen. Die «nivellierende Herrschaft des Abstrakten» (DdA, 29) charakterisiert die «Weltbeherrschung» durch die Wissenschaft und die allumspannende industrielle Technik. «Der Mythos geht in die Aufklärung über und die Natur in bloße Objektivität. Die Menschen bezahlen die Vermehrung ihrer Macht mit der Entfremdung von dem, worüber sie die Macht ausüben. Die Aufklärung verhält sich zu den Dingen wie der Diktator zu den Menschen. Er kennt sie, insofern er sie manipulieren kann. Der Mann der Wissenschaft kennt die Dinge, insofern er sie machen kann. Dadurch wird ihr An sich Für ihn. In der Verwandlung enthüllt sich das Wesen der Dinge immer als je dasselbe, als Substrat von Herrschaft. Diese Identität konstituiert die Einheit der Natur.» (DdA, 25)

Die Abstraktion, die zum Objekt Distanz schafft, ist das Werkzeug der Aufklärung. Denken verfestigt, verdinglicht sich zu einem automatisierten Prozess, der der Maschine nacheifert und der die klassische Forderung, das Denken zu denken, als Praxisstörung stigmatisiert. Indem die Aufklärung das Denken zur Sache, zum Werkzeug macht, inthronisiert sie das Tatsächliche als das Maß aller Dinge. Die Vernunft ordnet sich dem unmittelbar Vorfindlichen unter, begnügt sich mit bloßem Wahrnehmen, Klassifizieren, Berechnen und gibt den «ganzen Anspruch der Erkenntnis» (DdA, 43), die Besinnung auf den Zweck des Ganzen preis. «Das Tatsächliche behält recht, die Erkenntnis beschränkt sich auf seine Wiederholung, der Gedanke macht sich zur bloßen Tautologie. Je mehr die Denkmaschinerie das Seiende sich unterwirft, um so blinder bescheidet sie sich bei dessen Reproduktion. Damit schlägt Aufklärung in die Mythologie zurück, der sie nie zu entrinnen wußte.» (DdA, 44)

Der Preis für die Herrschaft über die Natur, für die «Versachlichung des Geistes», die in der rationalisierten Arbeitswelt sich universell ausbreitet und durchsetzt, ist nicht nur die Entfremdung der Menschen von den beherrschten Objekten, sondern auch die der Beziehungen der Menschen zueinander sowie die Beziehung jedes Einzelnen zu sich selbst. Die Beziehungen sind wie «verhext», wie unter einem «Bann» stehend. «Der Animismus hatte die Sache beseelt, der Industrialismus versachlicht die Seelen.» (DdA, 45) Die Versachlichung des Menschen in Fabrik und Büro bestätigt nur noch die «Ewigkeit des Tatsächlichen», den Kreislauf des Immergleichen und Unabänderlichen, die «neue Gestalt der Verblendung» (DdA, 54). «Wie die Mythen schon Aufklärung vollziehen, so verstrickt Aufklärung mit jedem ihrer Schritte tiefer sich in Mythologie.» (DdA, 28)

Durch die rationalisierte Arbeitsweise der Massen, durch die Feineinstellungen der gesellschaftlichen, ökonomischen und wissenschaftlichen Apparatur, «auf deren Bedienung das Produktionssystem den Leib längst abgestimmt hat» (DdA, 53), wird die menschliche Erfahrung in unabsehbarer Regression abgestumpft. In der *Dialektik der Aufklärung* heißt es provokativ übertreibend, dass durch die Eliminierung der Qualitäten, durch ihre Umrechnung in Funktionen die «Erfahrungswelt der Völker» sich tendenziell wieder an die der «Lurche» anähnelt. (DdA, 53) Die Autoren verleihen dem diagnostizierten beschädigten Leben, zu dem auch die Zerstörung von Erfahrungen eigenen und fremden Leidens gehört, einen aufrüttelnden, sprachlich schreienden Ausdruck.

Die genormten Verhaltensweisen der Massenproduktion werden dem Einzelnen durch die «Macht der Verdinglichung, der Konventionalisierung, der Entfremdung» als die allein «natürlichen, anständigen und vernünftigen» aufgeprägt. Angepasst an die Objektivität des Tatsächlichen, funktioniert der versachlichte Mensch nach Mustern der Warenproduktion, die über sein Verhalten entscheiden. «Mit der Ausbreitung der bürgerlichen Warenwirtschaft wird der dunkle Horizont des Mythos von der Sonne der kalkulierenden Vernunft aufgehellt, unter deren eisigen Strahlen die Saat der neuen Barbarei heranreift.» «Der Fluch des unaufhaltsamen Fortschritts ist die unaufhaltsame Regression.» (DdA, 49 und 53)

Kulturindustrie

Durch die «Kulturindustrie», die industrielle Massenproduktion von Kulturgütern als Kulturwaren, wird Aufklärung «zum totalen Betrug der Massen» (DdA, 60). Zur Kulturindustrie gehören in einem weiten Sinn alle Mächte der gesellschaftlichen Integration, die das Bewusstsein und die Bedürfnisse von Millionen, auch die unbewussten «produzieren, steuern, disziplinieren» (DdA, 166). In allen Bereichen der Kulturindustrie werden Produkte, geistige Gehalte hergestellt, die auf den Konsum der Massen abgestimmt sind und die in weitem Maß diesen Konsum von sich aus bestimmen. «Die Kulturindustrie ist willentliche Integration ihrer Abnehmer von oben.» (KG I, 337)

Der «Kultur- und Bewußtseinsindustrie» (So I, 364), die auch die Verwandlung künstlerischer Gebilde in Konsumgüter, in die Massenware der Medien meint, entspricht ein verdinglichtes, manipulierbares Bewusstsein, das der spontanen Erfahrung kaum mehr mächtig ist. Adorno erläutert den zentralen Terminus Verdinglichung mit einer Erfahrung aus seiner amerikanischen Exilzeit: «Was ich mit verdinglichtem Bewußtsein meine, kann ich, ohne umständliche philosophische Erwägung, am einfachsten mit einem amerikanischen Erlebnis illustrieren. Unter den vielfach wechselnden Mitarbeitern, die im Princeton Project an mir vorüberzogen, befand sich eine junge Dame. Nach ein paar Tagen faßte sie Vertrauen zu mir und fragte mit vollendeter Liebenswürdigkeit: ‹Dr. Adorno, would you mind a personal question?› Ich sagte: ‹It depends on the question, but just go ahead›, und sie fuhr fort: ‹Please tell me: are you an extrovert or an introvert?› Es war, als dächte sie bereits als lebendiges Wesen nach dem Modell der Cafeteria-Fragen aus Questionnaires.» (KG II, 711 f.) Die Kategorien — hier: Extrovertierter und Introvertierter — stehen von vornherein fest. Der Befragte hat sich gedanklich nur noch zu integrieren. Das verdinglichte Bewusstsein verzichtet nach Art standardisierter Fragebögen auf den Versuch, durch spontane Erfahrung auf unverwechselbar Besonderes, auf einzigartig Individuelles zu achten, das der Einordnung sich widersetzen könnte, aber doch wesentlich wäre. Charakterisierungen wie Extravertierter, Widdermann, Marxist sind «fertige Clichés», Verdinglichungen, die sagen, worunter etwas fällt, wovon es Exemplar ist oder Repräsentant, nicht aber, was es selbst ist. Mit Nietzsche nennt Adorno solche Etikettierungen, solche fixierten ausgestopften Begriffe auch «Begriffs-Mumien» (MdE, 26). Die Kulturindustrie, so lautet die Kritik an ihr, durchherrscht das Bewusstein mit diesen Denkschablonen.

Mit der «Einreihung der Kunst unter die Konsumgüter» (ÄT, 32) richten sich die Kulturwaren im «Amüsierbetrieb» nach dem «Prinzip der Verwertung». Das Profitmotiv wird direkt auf die geistigen Gebilde übertragen. Die hohe Kunst, die Autonomie des Kunstwerks mit seinem Rätselcharakter, die immer auch Statthalter der Utopie war, wird durch die Berechnung der Effekte um ihren Ernst gebracht und tendenziell beseitigt. In der modernen Kunst rückt «das Dissonante unaufhaltsam ins Zentrum» (ÄT, 512) und vertritt die unterdrückte Natur. In der Medienindustrie jedoch wird die Kultur zu einem ideologischen Ordnungsfaktor, der die Menschen in die verhärteten Verhältnisse der Gesellschaft eingliedert. Unbeirrt und verblendet bestehen die Massen, vermittelt durch die Wunscherfüllung des «Amüsements» auf der Ideologie, durch die man sie «versklavt» (DdA, 155). «Für alle ist etwas vorgesehen, damit keiner ausweichen kann.» (DdA, 144) «Vergnügtsein heißt Einverstandensein» und im Unterhaltenwerden, durch das die Massen bei der Stange gehalten werden, wird «das Leiden vergessen, noch wo es gezeigt wird» (DdA, 167).

Die Kulturindustrie, die einhergeht mit der Banalisierung der Persönlichkeit und der Reduzierung des Ich auf blendend weiße Zähne oder Freiheit von Achselschweiß, tilgt im wohligen Ich-bin-Ich-Gefühl den letzten Gedanken an Widerstand gegen die «Mechanismen geistiger Kontrolle», gegen die Totalität der Gesellschaft. «Die affektive Besetzung der Technik, der Massenappell des Sports, die Fetischisierung der Konsumgüter sind Symptome dieser Tendenz.» (So I, 18) Die Ideologie der Gesellschaft sagt kaum mehr als dass es so ist, wie es ist und dass es nicht anders sein könnte, als es ist. Im Zeitalter der universellen Reklame hat die Kulturindustrie die Tendenz, sich zum «unwiderlegbaren Propheten des Bestehenden» (DdA, 170) zu machen. «Die ganze Welt wird durch das Filter der Kulturindustrie geleitet.» (DdA, 147) Dies ist die Aufklärung, die über das Tatsächliche nicht hinauskommt, es verewigt und dadurch in Mythologie zurückschlägt. Adorno und Horkheimer sehen in dieser Regression den universalen Verblendungszusammenhang einer neuartigen, transzendenzlosen Ideologie, die das Wirkliche «zur Demonstration seiner Göttlichkeit» (DdA, 170) immer bloß zynisch wiederholt. Kultur – nach Auschwitz entleert von unhaltbar gewordener sinnstiftender Metaphysik, einer Metaphysik, die immerhin noch nach einem Draußen, einem Anderen fragen könnte – wird zur Reklame ihrer selbst, zur Propaganda der gesellschaftlichen Wirklichkeit.

In der «verwalteten Welt», der Welt des verselbstständigten bürokratischen und ökonomischen und eben auch kulturindustriellen Apparats, wird der Einzelne zum Werkzeug, zum Anhängsel der Maschinerie. Im Nationalsozialismus z. B. wird das Radio zum «universalen Maul des Führers» (DdA, 182) und bekommt durch den Volksempfänger die mediale Bedeutung, die einst die Druckerpresse für die Reformation hatte. Oder das Abführmittel wird mit wissenschaftlich fundiertem Lob in der einschmeichelnden Stimme des Ansagers zwischen der Traviata- und Rienzi-Ouvertüre angepriesen. Kultur verschmilzt mit Reklame, mit Propaganda und die übermächtigen gesellschaftlichen Verhältnisse sickern in die psychologische Verfassung des Menschen ein. Zum Triumph der Integration gehört, dass Menschen buchstäblich selber zur Ideologie geworden sind und sich anschicken, das «falsche Leben» zu verewigen. «Der Zirkel schließt sich. Es bedürfte der lebendigen Menschen, um die verhärteten Zustände zu verändern, aber diese haben sich so tief in die lebendigen Menschen hinein, auf Kosten ihres Lebens und ihrer Individuation, fortgesetzt, daß sie jener Spontaneität kaum mehr fähig scheinen, von der alles abhinge.» (So I, 18) «Die Menschen werden nicht nur objektiv mehr stets zu Bestandstücken der Maschinerie geprägt, sondern sie werden auch für sich selber, ihrem eigenen Bewußtsein nach zu Werkzeugen, zu Mitteln anstatt zu Zwecken.» (So I, 451)

Die Kulturindustrie, in der Bildung zur sozialisierten «universalen Halbbildung» (So I, 575) verkommt, verhindert die Mündigkeit autonomer, selbstständiger, bewusst urteilender und sich entscheidender Individuen. In der Summe bedeutet die Kulturindustrie mit ihrer Anpassung der Menschen an die gesellschaftlichen Verhältnisse und Prozesse, zu der zum Beispiel auch das quantifizierende und verdinglichende Ranking-Denken gehört, Betrug an den Massen, Verdummung, «Anti-Aufklärung» (KG I, 345). Die «Fesselung des Bewußtseins» wirkt sich auf die Erhaltung und Entfaltung einer demokratischen Gesellschaft zerstörerisch aus. «Abhängigkeit und Hörigkeit der Menschen, Fluchtpunkt der Kulturindustrie, könnten kaum treuer bezeichnet werden als von jener amerikanischen Versuchsperson, die da meinte, die Nöte des gegenwärtigen Zeitalters hätten ein Ende, wenn die Leute einfach prominenten Persönlichkeiten folgen wollten.» (KG I, 345)

Negative Dialektik

Der Fatalität des Zivilisationsprozesses, das, worin alle, ein jeder Mensch, weltweit, eingespannt ist, liegt das Prinzip der instrumentellen Rationalität, das Gleichnamigmachen des Ungleichnamigen zugrunde. In der *Negativen Dialektik* (1966), seinem philosophischen «Antisystem» (ND, 10), nennt Adorno dieses Prinzip, das stets mit Herrschaft verknüpft ist, das «identifizierende Denken». Dieses Denken ist der Wurzelpunkt des in der Zivilisation so tief innewohnenden Leidens, die Unvernunft der Vernunft. In ihm gründet letztlich auch der Irrationalismus des Antisemitismus, der gesellschaftliche Vernichtungswille. Die *Negative Dialektik*, Adornos vielfältig verflochtenes und sprachlich schwieriges Hauptwerk, an dem er sieben Jahre gearbeitet hat, beinhaltet eine fundamentale Kritik am Identitätsprinzip. Das Werk stellt als erkenntnistheoretische Reflexion den Versuch einer gedanklichen Gegensteuerung gegen die fortschreitende Verdinglichung von Bewusstsein und Welt dar. In dem Buch kommt auch Adornos metaphysisch gebrochene hoffnungslose Hoffnung zum Ausdruck, dass die Faktizität des falschen Lebens nicht alles sein soll.

Zu den Charakteristika des identifizierenden Denkens gehört, dass es über den Gegenstand der Erkenntnis Gewalt ausübt, indem es die unendliche Vielfarbigkeit und Komplexität und Geschichtlichkeit des Objekts in die karge Endlichkeit einer verfestigten Begriffsapparatur zwingt. Das Universalwerkzeug der instrumentellen Rationalität, mit dem die äußere und innere Natur unterworfen wird, ist der allgemeine Begriff. Er ist eine Abstraktion, durch die gemeinsame Merkmale verschiedener Gegenstände zusammengefasst werden. Gleiche Merkmale werden herausgefiltert, ungleiche werden ausgeschieden und bleiben unberücksichtigt. Bei der Begriffsbildung wird das Einzelne und Individuelle dem Allgemeinen und der Einheit unterworfen, obwohl das Begriffene in der Totalität seiner Denkbestimmungen im Begriff nicht aufgeht. Allgemeine Begriffe können in ihrer Abstraktheit dem Einzelnen und Individuellen nicht gerecht werden.

Adorno sucht zu erweisen, dass die in sich widersprüchliche Welt weder in unseren Begriffen aufgeht, noch dass unsere Begriffe aufgehen in dem, was ist. Die Welt ist keine logische, sondern eine Welt voller Widersprüche. Adorno vertritt anstelle des identifizierenden Denkens, dem er eine partielle Wahrheit nicht abspricht, ein dialektisches Denken, das die begriffliche Ordnung durch das Sein der Gegenstände zu korrigieren sucht. «Es ist sicherlich unter den Motiven der Dialektik nicht das unwesentlichste, daß das Denken, indem es auf sich reflektiert, seiner selbst als eines Zerstückelns und Zerschneidens und eines bloßen herrschaftlichen Zurichtens innewird, versucht, gleichsam die Schuld zu tilgen oder zur Vorbereitung der Tilgung der Schuld zu helfen, die das Denken selber eigentlich bereitet hat.» (ED, 140f.) Das dialektische Verfahren macht misstrauisch dagegen, die Ordnung der Begriffe, die über einen Gegenstand gestülpt werden, für die Beschaffenheit der Sache selbst zu halten.

Das dialektische Denken sucht durch die Konfrontation von Begriff und Sache, durch den von der Sache her sich aufdrängenden Widerspruch der Momente, über das Einseitige und Starre festschreibender, stillstellender Identifizierungen hinauszuführen und die begriffliche Ordnung in einen Prozess der Korrektur zu überführen. Adorno erinnert in diesem Zusammenhang an Hegels Gespräch mit Goethe, in dem Goethe sagt: «Philosophie ist der organisierte Widerspruchsgeist.» (ED, 11) Hierin, im Widerspruch, liegt der Lebensnerv des dialektischen Denkens, «das Moment der Gegensätzlichkeit» (ED, 10).

Adorno knüpft zunächst an Hegels Dialektik an, bevor er seine eigene negative Dialektik entwickelt. Die Dialektik, die eine «Kritik an der Logizität der Welt» (ED, 107) ist, bricht mit dem großen Tabu, das die Logik errichtet hat, dass von zwei kontradiktorisch entgegengesetzten Sätzen nur einer wahr sein kann. Das Verfahren der Dialektik dagegen, das ein «Sich-Bewegen-in-Gegensätzen» (PT II, 215) ist, sucht der Wesenseigentümlichkeit der Sache dadurch gerecht zu werden, dass sie ihre Vermittlungen, ihr Beziehungsgefüge, ihr «Kraftfeld» (ED, 285) freizulegen sucht. Dialektik sucht objektive Widersprüchlichkeiten, die in der Realität liegen, so nachzuvollziehen, dass die erstarrte Verdinglichung im Denken wieder in Bewegung gerät, wieder lebendig wird und «wie unter dem Mikroskop zu wimmeln beginnt» (ED, 192). Durch das identifizierende Denken dagegen entsteht der Schein, dass die Gegenstände mit ihrem Begriff identisch sind. Dieser Schein der Identität von Begriff und Gegenstand ist, Adorno zufolge, ein notwendiger Schein, denn er haftet dem Denken seiner puren Form nach an und lässt sich nicht einfach aufgrund eines Beschlusses beseitigen. «Denken heißt identifizieren.» (ND, 17) Um der Wahrheit und der Redlichkeit willen muss das Denken daher – Denken jetzt verstanden in einem fundamentalen Sinn als Selbstreflexion – gegen sich selbst denken im Bewusstsein, dass kein Begriff mit seiner Sache identisch ist.

Adorno betont, dass auch und gerade die Logik von Auschwitz dem Identitätsdenken verpflichtet ist. Das verdinglichte Denken verwendet den Begriff «Jude» als starre Kategorie der Einordnung, ohne durch spontane Erfahrung auf das unverwechselbar Besondere, auf das einzigartig Individuelle zu achten. Ein Mensch, lebendiger Atem, ein Universum von Möglichkeiten, wird auf das Faktum einer Identifizierung, letztlich einer bloßen Nummer reduziert. Sie wird auf seinen Arm als unwiderrufliche kategoriale Zuordnung eintätowiert, was die bürokratische Buchführung eines namenlos gewordenen Todes ermöglicht: die Verwaltung des industriell betriebenen Massenmordes.

Ein jeder wird durch die aufgeklebte «Spielmarke» zu Freund oder Feind. Die Gleichgültigkeit dem Persönlichen, dem Einmaligen gegenüber kommt der rechnenden Enthumanisierung entgegen. «Man versetzt Volksgruppen in andere Breiten, schickt Individuen mit dem Stempel Jude in die Gaskammer.» (DdA, 228) «Der Völkermord ist die absolute Integration, die überall sich vorbereitet, wo Menschen gleichgemacht werden […]. Auschwitz bestätigt das Philosophem von der reinen Identität als dem Tod.» (ND, 355) In dem Vortrag *Individuum und Organisation* (1953) sagt Adorno: «Wir mögen nicht wissen, was der Mensch und was die rechte Gestaltung der menschlichen Dinge sei, aber was er nicht sein soll und welche Gestaltung der menschlichen Dinge falsch ist, das wissen wir, und einzig in diesem bestimmten und konkreten Wissen ist uns das Andere, Positive, offen.» (So I, 456)

Die im traditionellen Denken intendierte und behauptete Identität von Begriff und Gegenstand, die «Gewalttat des Gleichmachens» (ND, 146), kann dem Menschen, wie auch der Natur insgesamt, nicht gerecht werden. Adornos Philosophie – hierin liegt sein moralphilosophisches Engagement – gilt der Verteidigung des «Nichtidentischen». Der Terminus meint das, was vom Gegenstand im Begriff nicht aufgeht, das, was der Abstraktionsmechanismus ausscheidet. Die Verteidigung des Nichtidentischen in der philosophischen Reflexion, die ihrerseits nur im Medium des Begriffs erfolgen kann, bedarf der Unterstützung des mimetischen Moments, des sprachlichen Ausdrucks von Schmerz, der Expressivität von Leid.

Im Brennpunkt der Reflexion steht das durch das identifizierende Denken Unterdrückte, Missachtete und Weggeworfene. Das wahre Interesse der Philosophie liegt beim «Begriffslosen, Einzelnen und Besonderen» (ND, 20). In Schutz genommen werden soll, was die Begriffe, die «Instrumente menschlichen Denkens» (ND, 94), dem Begriffslosen antun. Das «Gegengift» der Philosophie ist die «Entzauberung des Begriffs» (ND, 24), die Ausrichtung der Begrifflichkeit auf das Nichtidentische hin. Die Selbstkritik der Vernunft, die Aufklärung der Aufklärung, die in der *Dialektik der Aufklärung* in Angriff genommen wird, setzt Adorno in der *Negativen Dialektik* fort.

Die Richtungsänderung der Begrifflichkeit hin zum Nichtidentischen ist das «Scharnier negativer Dialektik» (ND, 24). Dialektik ist der Versuch, das Nichtidentische in Gedanken zu seinem Recht zu verhelfen und «Schuld zu tilgen» (ED, 141). «Dialektik ist das konsequente Bewußtsein von Nichtidentität.» (ND, 17) «Negativ» nennt Adorno diese Dialektik, weil sie nicht wieder mit einer abschlusshaften, Herrschaft implizierenden Identität, einer positiven Synthese (im Sinne einer dogmatisch gefassten Negation der Negation, die ein Positives ergibt) abschließt, sondern kritisch bleibend das Auseinanderweisen von Begriff und Sache artikuliert. «Kritische Theorie und Negative Dialektik bezeichnen das gleiche.» (VND, 36f.)

Adorno grenzt sich ausdrücklich gegenüber einem schematisierten Verständnis von Dialektik ab, das auf der Unterscheidung von These, Antithese und Synthese beruht. Gerade dialektisches Denken, das versucht, dem Nichtidentischen zu seinem Recht zu verhelfen, darf nicht dazu verleiten, Gegenstände mechanisch unter dieses Schema zu zwingen, vor allem darf es sie nicht mit Gewalt in das Prokrustesbett einer vermeintlichen Synthese pressen. Demgegenüber sagt Adorno: «Philosophie [...] ist die Anstrengung des Begriffes, die Wunden zu heilen, die der Begriff notwendig schlägt.» (PT 1, 55) Für die Philosophie bedeutet dies, die Begriffe in immer neue, sich gegenseitig erhellende Zusammenhänge zu stellen, das heißt in «Konstellationen» zu denken, bis die Begriffe ihre Verhärtungen verlieren und das Unsagbare des Nichtidentischen, das «Leiden der Welt» (VND, 158), doch gesagt und zum Ausdruck gebracht werden kann.

Das Subjekt nimmt sich durch Selbstreflexion zurück und öffnet sich dem Objekt. Im langen und gewaltlosen Blick auf den Gegenstand «schmiegt» das Denken sich an das Objekt an. Es ist dies die «mimetische Verhaltensweise», «das sich selbst einem Anderen Gleichmachen» (ÄT, 487), die Adorno auch «ästhetische Verhaltensweise» nennt im Sinne eines Korrektivs des verdinglichten Bewusstseins. «Sich dem Objekt überlassen ist soviel wie dessen qualitativen Momenten gerecht werden.» (ND, 53) Adorno nennt diesen für sein Denken zentralen Sachverhalt den «Vorrang des Objekts» (ND, 185; vgl. KG II, 746).

Die Anstrengung des Begriffs, in der die «Tiefe» der Philosophie liegt, kann dabei ihrer eigenen Selbstkritik, der Kritik an ihrer eigenen Begrifflichkeit, nicht entkommen. «Die Philosophie ist also insofern immer eine Art von rationalem Revisionsprozeß gegen die Rationalität.» (PT 1, 87) Um wahr zu sein, muss selbstbesonnenes Denken gegen sich selbst denken. «Die Utopie der Erkenntnis wäre, das Begriffslose mit Begriffen aufzutun, ohne es ihnen gleichzumachen.» (ND, 21)

Adornos Philosophie nach Auschwitz, nach dem «Sturz der Metaphysik», mit der sie sich noch «im Augenblick ihres Sturzes»

(ND, 400) solidarisch weiß, ist entstanden aus der «Negation des physischen Leidens». Seine Philosophie ist eine Philosophie der Umwendung gegenüber dem Identitätsdenken, das dem «Unmaß des Verübten», das dem gesellschaftlichen Unwesen bis in die kleinste Spur sinnlosen Leidens hinein zugrunde liegt. «Das leibhafte Moment meldet der Erkenntnis an, daß Leiden nicht sein, daß es anders werden solle. ‹Weh spricht: vergeh.› [Nietzsche] Darum konvergiert das spezifisch Materialistische mit dem Kritischen, mit gesellschaftlich verändernder Praxis.» (ND, 203) Die Voraussetzung für eine Ethik heute, so hebt Adorno hervor, ist die Kritik an der gesellschaftlichen Verflochtenheit eines jeden mit dem «abstrakten Unwesen, in dem wir alle drinstecken» (PT 1, 204), ist die Kritik an der verwalteten Welt als einer «Welt der totalen Verstrickung» (M, 198f.). Die Vorstellung eines richtigen Lebens kann nur entspringen aus der Negation der Bedingungen des Unmaßes des Verübten, des Leidens in den Vernichtungslagern. Adorno erwähnt auch die Bedrohung durch die Atombombe und spricht von «höllenhafter Einheit» (M, 162) des auf Dauer gestellten Leids in der Welt. «Es ist vielleicht sogar das Maß der Philosophie, wie tief sie sich des Leidens versichert.» (PT 1, 171)

Gegen Ende der *Negativen Dialektik*, in den *Meditationen zur Metaphysik*, umkreist Adorno tastend aus dem Blickwinkel der Verneinung des Falschen metaphysische Fragen. Am Schluss der *Minima Moralia* spricht er sogar emphatisch vom «Standpunkt der Erlösung» (MM, 281), den in der Verzweiflung einzunehmen aber der Verblendungszusammenhang verwehrt. Adorno bringt fragend den Gedanken nach der Möglichkeit der Metaphysik ins Spiel, um ihn durch «kritische Selbstreflexion», dem geretteten säkularisierten Erbe der Aristotelischen Philosophie des Denkens des Denkens, sogleich wieder mehrfach zu problematisieren.

Metaphysische Erfahrung, wo sie durch die materielle Not der Menschen noch etwas Aufdringendes, Aufzwingendes hat, «hält sich negativ in jenem Ist das denn alles?» (ND, 368) Positive wie auch dogmatische Aussagen über ein Absolutes verbieten sich. So ist auch die These, die die metaphysische Tradition beherrscht hat, dass das

Denken und seine konstitutiven Formen das Absolute sind, hinfällig geworden. Jene metaphysische Erfahrung, die keine religiöse Urerfahrung meint, klingt am ehesten an in den Erfahrungen der Endlichkeit, des Todes und der Sinnverlorenheit. «Die Negativität der Situation des vergeblichen Wartens: die ist wohl die Gestalt, in der für uns metaphysische Erfahrung am stärksten ist. Es hat sich mir unvergeßlich eingeprägt, daß mein Kompositionslehrer Alban Berg mir verschiedentlich gesagt hat, daß er eigentlich als die entscheidenden Teile seines eigenen Werks, als das, was ihm das Liebste und Wichtigste darin ist, die Takte ansehe, in denen er Situationen des vergeblichen Wartens ausgedrückt hat.» (M, 224)

Mit einer Vorstellung von Metaphysik, die wie bei Aristoteles nach den ersten Gründen und Ursachen des Seienden fragt oder die wie bei Platon eine vom vergänglichen Diesseits abgetrennte ewige ideale Welt der Transzendenz unterstellt, hat Adornos gewandelter und kritisch in der Schwebe gehaltener Metaphysikbegriff nichts mehr gemeinsam. «Das Absolute jedoch, wie es der Metaphysik vorschwebt, wäre das Nichtidentische, das erst hervorträte, nachdem der Identitätszwang zerging.» (ND, 398) Adorno kritisiert und bewahrt zugleich durch die Negation des objektiven Verblendungszusammenhangs die Spur einer unbestimmt bleibenden Metaphysik, die gegenüber der traditionellen Metaphysik als andersgeartet und als nicht identifizierbar aufleuchtet. «Was ist, ist mehr, als es ist.» (ND, 164) Die Welt der Fakten, die uns beherrscht und die «unendlich sinnlos ist» (ED, 166), lässt uns in der Auflehnung gegen sie die Möglichkeit eines «prinzipiell Andern» innewerden, die Möglichkeit, dass diese Faktenwelt nicht das Letzte in unserer Existenz sein mag. «Kein Licht ist auf den Menschen und Dingen, in dem nicht Transzendenz widerschiene.» (ND, 396)

Was die Menschen sind, lässt sich abschlusshaft nicht definieren. Ihren Möglichkeiten nach sind sie «mehr als sie sind» (VS I, 163). «Die Menschen, keiner ausgenommen, sind überhaupt noch nicht sie selbst.» (ND, 274) Im «Kampf gegen die Verdinglichung der Welt» (ED, 22) liegt die Utopie, das «Niemandsland» von der «Erkenntnis der Differenz», dass das Verschiedene nebeneinander bestehen könnte, ohne sich gegenseitig zu vernichten, «ein Miteinander des Verschiedenen» (ND, 153). Daß «das Verschiedene sich liebt, das wäre eigentlich der Traum überhaupt einer versöhnten Welt; wie es denn das Zeichen einer schuldhaften, einer in einem unseligen Zusammenhang verfangenen Welt ist, daß in ihr das, was verschieden ist in irgendeinem belasteten Sinn, eigentlich nicht geduldet wird. Diese Intoleranz gegen das Verschiedene ist ja geradezu das Zeichen eines jeglichen Totalitären.» (ED, 105)

ANHANG

DIE POSITIONEN VON SOKRATES BIS ADORNO
IM ÜBERBLICK

Stichwort zur Antike

Mit der Philosophie von Sokrates, Platon und Aristoteles entsteht im Anschluss an das mythologische Denken im antiken Griechenland vor 2500 Jahren die große Tradition der abendländischen Ethik. Das ethische Denken, das in seiner Komplexität alle Aspekte des menschlichen Lebens zu umfassen versucht, entspringt dem Reflexivwerden der Vernunft im 5. und 4. Jahrhundert v. Chr. in Athen. Sobald das Denken sich auf sich selbst bezieht, sich selbst als Denken methodisch erforscht, vollzieht sich die eigentliche Geburt der westlichen Philosophie und mit ihr die Entstehung der Ethik, der Bildung der Theorien über die Grundlagen des sittlichen Handelns und der Moral. Philosophie, so lässt sich grundsätzlich sagen, blickt nicht nur auf die Gegenstände, die erkannt werden sollen, sondern auch immer auf das Denken selbst, das diese Gegenstände erkennt.

Sokrates

Der schwer einzuordnende Sokrates (um 470 v. Chr.– 399 v. Chr.), der Unergründlichste, wie er sich selbst versteht, ist einer der wesentlichen Begründer der Ethik unter dem Aspekt der Sorge um die Seele. Er fragt nach dem Guten, dem Vortrefflichen im Handeln des Menschen, z. B. danach, was die Tugend der Tapferkeit ist. Es geht ihm um die hieb- und stichfest überprüfte wie auch von jedem überprüfbare Bestimmung von moralisch bedeutsamen, allgemeinen Begriffen. Indem er im Gespräch die jeweilige Definition wichtiger Allgemeinbegriffe herauszuarbeiten sucht, zwingt er durch sein unermüdliches Weiterfragen das Denken, sich selbst zu überdenken. Im Vertrauen auf die Wahrheit und Durchsetzungskraft des besseren Arguments, das den Dialog antreibt, kontrolliert und sein Er-

gebnis vertieft, wird die philosophische Selbstreflexion, das Zurück-
biegen des Denkens auf das Denken, als selbstständige Prüfinstanz
des moralischen Bewusstseins errichtet. Sokrates hebt die alltäglich
gelebte Sittlichkeit auf die höhere Stufe der reflektierten Moral.

Platon

Als Erster gibt Sokrates' Schüler Platon (428/427 v. Chr. – 348/347
v. Chr.) der Ethik ein metaphysisches Fundament, indem er eine
von der unbeständigen Sinnenwelt geschiedene, zweite, höhere,
ewige Welt ansetzt: die Welt der Ideen. Die Einordnung des reflexiven Wissens in die transzendente Seinsordnung der Ideen ist Platons
mächtige Antwort auf den politisch subversiven Individualismus
und Relativismus der Sophisten, der zeitgenössischen Erzieher und
Philosophen. Die platonischen Ideen bezeichnen das (vom menschlichen Bewusstsein unabhängige) wahrhaft Seiende und das unbedingt Werthafte.

Die Erkenntnis der wahren Welt des Seins kommt bei Platon einer sittlichen Erneuerung des Einzelnen wie des Staates gleich. Die
Betrachtung der allerhöchsten Idee, der Idee des Guten, bewirkt
eine Umwandlung des ganzen Menschen. Er gibt seine verkehrte
Ausrichtung auf die untere Seinsordnung der Welt der Sinne auf und
richtet sich auf die Ideenwelt, auf die obere Seinsordnung neu aus.
Platon nennt den Durchgang durch diese Selbstbesinnung im Licht
der Idee des Guten einen mühsamen Bildungsprozess.

Im erlangten Zustand dieser philosophischen Bildung, die ein
reflexives, aber dogmatisch festgeschriebenes wissendes Wissen ist,
werden die zur Herrschaft berufenen Philosophen befähigt, die Menschen der unteren Stände zum Gutsein zu erziehen und einen idealen
Staat zu gründen. Das glückliche Gedeihen des Staates hängt davon
ab, ob die philosophische Weisheit, das höchste Wissen von der Idee
des Guten sowie von der ontologischen Ordnung der Welt im Ganzen, zur Herrschaft über die Unvernunft gelangt.

Aristoteles

Als Schüler Platons und im Gegenzug zu ihm konzipiert Aristoteles (384 v. Chr.–322 v. Chr.) seine wirkungsmächtige Ethik erstmals als eigenständige philosophische Disziplin aus den vorfindbaren Normen und Wertschätzungen der gesellschaftlichen Welt, in der er lebt, dem Stadtstaat Athens des 4. Jahrhunderts v. Chr. Sein Ausgangspunkt ist kein metaphysisches Prinzip, etwa Platons übersinnliche Idee des Guten, sondern das, was das griechische Wort *ethos* mit Sitte, Brauch, Gewöhnung umreißt. Ethik in diesem gegenüber Platon metaphysikkritischen Sinn ist ein Nachdenken über die vorhandene Sittlichkeit der Lebenswelt, eine Analyse des tätigen Menschen in der Gemeinschaft, der auf vielfältige Weise nach Glück strebt. Aristoteles will aber nicht nur richtige Erkenntnisse über das Handeln vermitteln, sondern auch dem Menschen, der seiner Anlage nach ein soziales, geselliges, Staaten bildendes Lebewesen ist, in seiner Sinnesart und Haltung zur Vortrefflichkeit verhelfen. Die enge Verbindung von Ethik und Politik unterstreicht er dadurch, dass er den Menschen als ein politisches Lebewesen (*zóon politikón*) definiert.

Wenn Aristoteles sagt, Glück ist die Verwirklichung der Seele gemäß der Tugend (*areté*), dann meint er dies nicht in einem moralisierenden oder vorschreibenden Sinn. Er stellt in seiner Lebensweltethik keine Gebote oder Verbote auf. Gemeint ist eine gelingende, aktiv durchgeführte, nicht lediglich passiv genießende Lebensverwirklichung im Gemeinschaftsleben der Polis.

Als endliches Lebewesen ist der Mensch durch seinen Anteil an der göttlichen Vernunft ausgezeichnet. Vom Tier unterscheidet er sich durch den Logos (Rede, Sprache, Vernunft). Aristoteles bestimmt den Menschen, das Zwischenwesen zwischen Gott und Tier, in einer fundamentalen Definition als ein Lebewesen, das vernünftig reden kann (*zóon logon echon*, lat. *animal rationale*). Diese Bestimmung des Menschen hat für das abendländische Denken bis in das 19. Jahrhundert eine kaum zu überschätzende maßgebende Bedeutung. Aufgrund dieser Festlegung besteht für Aristoteles, allgemein gesagt, die Tugend darin, ein gelingendes Leben unter der Leitung der Vernunft zu führen. Das Glück des Menschen liegt in der Verwirklichung seiner Möglichkeiten, als Vernunftwesen gut zu handeln. Am Ende der klassischen griechischen Philosophie modelliert Aristoteles mit Begriffen das Ideal des guten und schönen Vernunftmenschen, der seine Handlungen im gesellschaftlichen Leben durch sein reflexives Wissen maßvoll auf die rechte Mitte hin ausbalanciert.

Darüber hinaus verweist Aristoteles' Vorstellung vom allerhöchsten Glück auf seine metaphysische Konzeption des Kosmos. Wenn der Mensch in der philosophischen Betrachtung (einen unpersönlich gedachten) Gott als das sich denkende Denken erkennt, als die absolut verwirklichte Reflexivität des Denkens, ahmt er in seinem Geist Gott nach und partizipiert für eine gewisse Zeit an der göttlichen Glückseligkeit. Das philosophisch betrachtende (theoretische) Leben steht letztlich höher als das politische, auf das Handeln bezogene (praktische) Leben.

Lucius Annaeus Seneca

Von zentraler Bedeutung für die Ethik Senecas (um 4 v. Chr. bis 65 n. Chr.) ist der universale Humanitätsgedanke, der durch die metaphysische Naturlehre der Stoa, der einflussreichsten philosophischen Schule der Spätantike, begründet wird. Die Blütezeit der Stoa erstreckt sich über den großen Zeitraum von etwa 300 v. Chr. bis 200 n. Chr.

Seneca, der Philosoph und Politiker der römischen Kaiserzeit, sieht den Kosmos von der Weltvernunft (*logos*), der göttlichen Allnatur, nach festem Plan und Gesetz gestaltet und gelenkt. Das metaphysische Prinzip, das der Welt innewohnt, hat viele Namen, z. B. Zeus (bei Seneca Iuppiter), Logos, Natur, schöpferisches Feuer, Atemstrom oder Schicksal. Entscheidend ist, dass die alles durchwaltende Weltvernunft die Menschen durch ein göttliches Band miteinander verbindet. Jeder Mensch hat etwas Göttliches in sich. Für Freund und Feind gilt, dass alle Menschen ihrem Wesen nach miteinander verwandt sind. Der Mensch ist für den Menschen etwas Heiliges, Unantastbares, Verehrungswürdiges. Dieses Vernunftgesetz entstammt keiner Menschensatzung, sondern ist mit dem Walten des göttlichen Logos als unverbrüchliches Naturrecht gegeben. Das positive, von Menschen gesetzte und befohlene Recht hat dagegen nur insoweit Gültigkeit, als es mit dem göttlichen Gesetz in Einklang steht. Aus dieser Vernunfteinsicht erwächst dem Stoiker eine Gesinnung, eine freiwillig akzeptierte Pflicht, auch unter schwierigsten Bedingungen die Affekte zu beherrschen und keinen Menschen zu verachten, sondern anderen soweit wie möglich zu helfen. Dieses Leben, das im göttlichen Gesetz das eigene erkennt und ihm gehorcht, ist der Natur gemäß und Voraussetzung für ein glückliches Leben. Alle Menschen sind Brüder und Bürger des einen Kosmos (*kosmopolítes*). Senecas Ethik gipfelt in einer die Welt umfassenden Menschenliebe.

Stichwort zu Spätantike und Mittelalter

Die christliche Offenbarungsreligion, die sich im Römischen Reich des 4. Jahrhunderts zur Staatsreligion entwickelt, bindet die Philosophie der Spätantike und des Mittelalters an die Glaubensgewissheit. Metaphysik und Religion, so lässt sich als allgemeine Charakterisierung sagen, gehen eine enge Verbindung ein. Die Ethik wird personal auf den einen Gott ausgerichtet und theologisch interpretiert. Wichtige Aspekte des oft unterschiedlich ausgelegten Glaubens sind: die Schöpfung der Welt aus dem Nichts, die Verderbnis der menschlichen Natur durch den Sündenfall, das Gebot, Gott und den Nächsten zu lieben, Gottes letztes Gericht mit endgültiger Verdammnis der Gottlosen und Rettung der Seligen zum ewigen Leben. Den Zehn Geboten Gottes (Dekalog), die das menschliche Zusammenleben ermöglichen, muss Gehorsam geleistet werden. Durch den Glauben an den Opfertod Christi wird die Liebe bestimmend für das persönliche Verhältnis des Menschen zu Gott sowie der Menschen untereinander. Jesus vereinfacht, radikalisiert und universalisiert die Zehn Gebote zum allgemeinen Liebesgebot (Bergpredigt). Weil dem Menschen Anfang und Ende der Schöpfung geoffenbart sind, weiß er um den übernatürlich sinnhaften, zielgerichteten (teleologischen) Ablauf der linear gedachten Heilsgeschichte, die das griechische kreisförmige Denken der ewigen Kosmosordnung durchbricht und ablöst.

Aurelius Augustinus

Die reine Liebe zum unbedingt Guten, zu Gott, steht im Mittelpunkt der Ethik von Augustinus (354–430), dem christlichen Platoniker. Sie ist die Schwerkraft, die die Seele zu ihrem Ort zieht. Entscheidend ist, ob die Richtung der Liebe, die Willensausrichtung, zu Gott hin geordnet oder als Begierde der Welt verfallen ist. Der späte Augustinus vertritt eine strenge Metaphysik des Willens. Die Erbsünde, der stolze Ungehorsam gegen Gott, hat dem Willen in seinem Sein eine Ausrichtung gegeben, über die die Vernunft nichts mehr vermag. So wie der Wille infolge des Sündenfalls seiner metaphysischen Natur nach (ontologisch) beschaffen ist, so fallen zwangsläufig die Handlungen aus. Die Menschheit insgesamt ist eine verdammte Masse, die in der Wurzel verdorben ist. Ohne Gottes Gnade ist der Einzelne unfähig, von sich aus etwas Gutes zu wollen. Alle Menschen verdienen wegen ihrer verdorbenen sündhaften Natur die Strafe der Hölle, die nie endende Totalfolter nach dem Tod. Augustinus betont, dass die Ewigkeit der Höllenstrafen nicht metaphorisch zu verstehen ist, sondern fundamental einen real brennbaren Leib und eine reale psychische Quälbarkeit meint. Diese Wahrheit der Vergeltung ist uneingeschränkt gutzuheißen, zumal sie auch noch durch ihren Kontrast zur Seligkeit der Erlösten die Schönheit der Schöpfungsordnung ästhetisch steigert und rechtfertigt. Die Zahl derer, die unverdientermaßen zur Glückseligkeit zugelassen werden, ist begrenzt und entspricht der Zahl der gefallenen Engel, die es zu ersetzen gilt. Auf die Prädestination der Erwählung oder Verdammung, auf den jenseitigen Numerus clausus, hat der Mensch keinen Einfluss. Um Barmherzigkeit für die Verdammten darf er Gott nicht anflehen. Die Selektion führt Gott nach seiner frei gewährten Güte durch. Die Erlösten danken und loben Gott für die großartige Schöpfung.

Augustinus stellt die beiden Willensrichtungen, Gottesliebe und weltzugewandte Liebe, in den Zusammenhang einer großen übergeordneten christlichen Geschichtsphilosophie. Die gesamte empirische Weltgeschichte ist eingeordnet in den heilsgeschichtlichen Kampf zweier einander entgegengesetzter Reiche, des Gottesstaates (*civitas dei*) und des Erdenstaates (*civitas terrena*). Im Inneren der Menschen liegen beide Reiche im Widerstreit und kämpfen um die Vorherrschaft, die aber schon durch die göttliche Prädestination entschieden ist. Das eschatologische Ziel und Ende aller Geschichte ist die Verwirklichung des Gottesstaates mit der Erlösung seiner auserwählten Bürger.

Hinter der strengen Metaphysik des Willens schält sich ein neuer bedeutender ethischer Begriff heraus, den Augustinus guten Willen oder gute Liebe nennt. Der komplexe Terminus ist im Glauben verankert und wird von Augustinus theonom, nicht wie später z. B. von Kant autonom gedacht. Der gute Wille bedeutet eine fundamentale Ausrichtung des Willens auf sich selbst, insofern er sich durch den Bezug auf das unbedingt Gute, die Liebe zu Gott, selbst wollen, moralisch selbst bejahen kann. Für Augustinus ist diese radikale Verinnerlichung im Geist, diese Umstülpung der Intentionalität des Menschen zu Gott hin, nur im religiösen kategorialen Rahmen von Gnade und Prädestination denkbar. Nicht durch seine Leistungen und Erfolge, nicht durch das Erreichen aufgestellter Ziele ist der Wille gut, sondern allein durch sein Wollen. Wer das Liebenswerte gut liebt, der tut Gutes, einzig weil es das Gute ist, nicht weil er sich davon einen Vorteil verspricht oder eine Belohnung erwartet. Der gute Wille ist ohne Berechnung und Tausch gut. Wer in der Ausrichtung eines guten Willens steht, handelt unter Aufbietung aller Kräfte so, als ob ihn sein moralisches Wirken auch zur ewigen Glückseligkeit führen könnte, aber die Sehnsucht nach der unverfügbaren Glückseligkeit ist nicht der Grund seines Strebens nach Gutsein, sondern einzig die Ordnung der Liebe zu Gott, die Liebe zum unbedingt Guten. Augustinus bahnt den Weg zu einer Ethik der Gesinnung, der Pflicht.

Stichwort zur Neuzeit

Mit der Neuzeit, deren Anfänge in der italienischen Renaissance des 15. Jahrhunderts liegen, ist der Siegeszug der Wissenschaft und Technik verbunden. René Descartes (1596–1650), der als Vater der neuzeitlichen Philosophie bezeichnet werden kann, ist ein bedeutendes Beispiel für den epochalen Umbruch. Seinem methodisch durchgeführten reflexiven Denken, dem *cogito ergo sum* (ich denke, also bin ich), geht es um ein neues, rational nachvollziehbares Fundament der Philosophie, das unabhängig von religiösen Dogmen unzweifelhaft gewiss ist. Auf diesem Fundament soll das allgemeine Wohl aller Menschen gefördert werden durch die Steigerung der Macht über die Natur. Der Fortschritt der Naturerkenntnis soll dem Fortschritt der Naturbeherrschung und der moralischen Vervollkommnung der Menschheit dienen. Zu den tiefgreifenden historischen und geistigen Umwälzungen, Neuerungen oder Errungenschaften der Neuzeit gehören u. a. die Überwindung des geozentrischen Weltbildes der Antike durch Kopernikus (1473–1543), die Entwicklung der mathematischen Naturwissenschaft, die Erfindung des Buchdrucks, die geistige Wiederbelebung des klassischen Altertums, die Programme zur allgemeinen Menschenbildung oder die französische Erklärung der Menschen- und Bürgerrechte von 1789.

Im 18. Jahrhundert, im Zeitalter der Aufklärung, wird die sinnliche Welt aufgewertet und die metaphysische Unterscheidung zwischen Jenseits und Diesseits bekämpft. Der absterbende Begriff Metaphysik bekommt die Bedeutung von Erkenntnistheorie (Hume, Kant). Die christliche Heilsgeschichte wird zunehmend säkularisiert und in den innerweltlichen Fortschrittsprozess einer von Menschen gemachten und machbaren Geschichte umgedeutet. Hatte für Aristoteles noch das moralisch praktische Handeln (*práxis*) Vorrang vor dem Herstellen (*poíesis*), so kehrt sich dieses Verhältnis vor allem seit der industriellen Revolution, seit dem letzten Drittel des 18. Jahrhunderts um. Das gute Leben erscheint im Horizont einer erst zu schaffenden Welt von Waren, Technik und Zivilisation. Der moderne Mensch tritt der Welt und sich selbst mit einer Werkzeughaltung gegenüber, die in ihrer Zweck-Mittel-Rationalität von Nützlichkeit und Erfolg bestimmt wird. Die Ethik gerät mehr und mehr in den idologischen Dienst vielfacher gesellschaftlicher und industrieller Interessen.

David Hume

Einer der Hauptvertreter des englischen Empirismus im Zeitalter der Aufklärung des 18. Jahrhunderts ist Hume (1711–1776). Er sucht die Herrschaft der traditionellen Metaphysik zu stürzen und tritt für eine metaphysikfreie, diesseitsorientierte, menschenfreundliche Ethik des Mitgefühls ein. Seine kritische Untersuchung des Erkenntnisvermögens kommt zu dem Resultat, dass es nicht möglich ist, die empirische Gegebenheit des menschlichen Bewusstseins zu transzendieren. Absolute, erfahrungsunabhängige Wahrheiten, z. B. über die Unsterblichkeit der Seele oder das Dasein Gottes, lassen sich nicht durch logische Kombinationen von abstrakten Begriffen wie Substanz und Kausalität gewinnen. Die menschliche Erkenntnis, die ihrem Inhalt nach aus dem assoziativ verknüpften Material der Sinnes- und Selbstwahrnehmung entspringt, bleibt unüberschreitbar an die Erfahrung gebunden. Aussagen über die Wirklichkeit, über Tatsachen und Existenz müssen sich auf empirische Daten zurückführen lassen. Die Erfahrung ist (mit Ausnahme der Mathematik) Ausgangspunkt und Kontrollinstanz. Mit den metaphysischen abstrakten Begriffen, den angeblich apriorischen Grundbegriffen, lassen sich nur Luftschlösser bauen, weshalb sie aus der Philosophie zu entfernen sind. Hume vollzieht ausdrücklich eine Umdeutung des Metaphysikbegriffs, eine Transformation der Metaphysik in Erkenntnistheorie. Er verwandelt die traditionelle Metaphysik, die eine Wissenschaft von den Prinzipien des Seienden ist, in eine Wissenschaft von den Prinzipien der Erkenntnis. Die neue, von Hume die echte Metaphysik genannt, ist die Erkenntnistheorie, die das Denken vor Aberglauben, Vorurteilen und Irrtümern schützt und eine überprüfbare empirische Wissenschaft von der menschlichen Natur ermöglicht. Aus der traditionellen Metaphysik ist ein erkenntnistheoretisch reflektiertes, breit angelegtes anthropologisches Forschungsprogramm geworden.

In Humes Ethik ist das Gefühl ausschlaggebend, nicht die Vernunft. Über die Bewertung einer Handlung entscheidet das Gefühl von Lust oder Unlust, von Wohlgefallen oder Missfallen. In Humes Gefühlsethik ist schlecht, was weder nützt noch angenehm ist. Die Grundlage der Moral ist das Mitgefühl (*sympathy*), ein Gefühl für das Wohlergehen anderer, das in der menschlichen Natur liegt und das als natürliche Humanität eine universelle Tendenz hat. Die moralischen Gefühle lassen sich entwickeln und die Attraktivität der Tugend steigern. Durch die zur Gewohnheit gewordene Übung, sich moralisch zu reflektieren, werden die Gefühle von richtig und falsch sensibilisiert und eine starke Ehrfurcht vor sich selbst und anderen hervorgerufen. Die Rechtsordnung, die sich historisch konventionell herausbildet und nicht auf apriorischen Normen beruht, dämmt durch Einsicht, Erziehung und Gewöhnung die potentiell unersättliche Begierde nach Besitz ein und sichert das für den geordneten Bestand der Gesellschaft notwendige private Eigentum. Sie unterstützt die Interessen der Menschen, wenn die allgemeine Menschenliebe dazu allein nicht ausreicht.

Wirkungsgeschichtlich bedeutsam ist das sogenannte Humesche Gesetz, wonach der Übergang von deskriptiven zu normativen Aussagen unzulässig ist. Aus einem deskriptiven Satz (so ist es) folgt logisch kein präskriptiver Satz (so soll es sein), aus einem Sein kein Sollen. In Anlehnung an den von Hume beanstandeten Sein-Sollen-Fehlschluss wurde der Begriff naturalistischer Fehlschluss geprägt.

Immanuel Kant

Beeinflusst von Hume entwickelt Kant (1724–1804) seine kritische Philosophie. Im Zentrum seiner Ethik steht der Gedanke der Autonomie, das Zusammenfallen von Freiheit und Sittengesetz (kategorischer Imperativ). Die Autonomie des Willens, die das oberste Prinzip der Sittlichkeit ist, bedeutet Selbstbestimmung durch Vernunft.

Als freies Wesen gehorcht der Mensch einem moralischen Gesetz nicht deshalb, weil es z. B. göttliche Autorität beansprucht, sondern weil er weiß, dass er es ist, der sich das Gesetz selbst gibt und in ihm mit sich als Vernunftwesen übereinstimmt. Die Heteronomie dagegen meint Fremdbestimmung, wenn z. B. sinnliche Antriebe, begehrte Objekte oder unechte sittliche Prinzipien den Einzelnen wie einen Ochsen am Nasenring führen. Die Selbstbestimmung durch Vernunft ist der Grund der menschlichen Würde. Es zeichnet den Menschen als Menschen aus, dass er mehr ist als ein bloß empirisch dinghaft feststellbares, mechanisch reagierendes Sinnenwesen. Als freies reflektierendes Vernunftwesen ist er um seiner selbst willen zu achten, um seines absoluten Wertes willen, eines Wertes jenseits aller Nützlichkeit. Kein Mensch darf nur als Mittel zum Zweck gebraucht werden. Alle Dinge haben einen Preis, allein der Mensch hat Würde. Die Würde des Menschen ist, ungeachtet seiner Herkunft oder Leistung, unantastbar.

Die Ethik der Autonomie des Willens steht und fällt mit dem Begriff der Freiheit. Wie kann es die Freiheit des Willens geben in einer Welt, in der alles den Gesetzen der Natur untersteht? Kants theoretische Philosophie thematisiert diese Problematik in der *Kritik der reinen Vernunft*, der großen geistigen Anatomie des menschlichen Erkenntnisvermögens. Die Lösung liegt für Kant in der erkenntniskritischen Revolution der Denkweise, die er mit der Kopernikanischen Wendung vergleicht. Die Umwälzung der Denkweise besagt, dass nicht die Natur dem Verstand, sondern der Verstand der Natur ihre Gesetze vorschreibt. Gemeint ist, dass sich die Erkenntnis nicht nach den Gegenständen richtet, sondern umgekehrt die Gegenstände nach der Erkenntnis. Die Vernunftkritik stellt heraus, dass im Prozess des Erkennens alle Materialien und Gegenstände die subjekteigenen Formen der Anschauung und des Verstandes annehmen, dass sie also nicht sie selbst bleiben. Erkenntnis ist keine passive Abspiegelung von fertig gegebenen Realitäten. Der Verstand ist ein aktives, produktives Vermögen, das einen einheitlichen gesetzmäßigen Erscheinungszusammenhang, die empirische Realität, konstituiert, die durch keine Metaphysik transzendierbar ist. Die Kopernikanische Wendung beendet die traditionelle Metaphysik, die die Erkenntnis der Dinge an sich durch reine Vernunft für möglich hält. Kant macht sich die Unterscheidung von Erscheinung und Ding an sich für die Freiheitsproblematik zunutze. Zwar ist die Freiheit, die ein metaphysischer Begriff ist, in der theoretischen Philosophie nicht beweisbar, aber doch aufgrund der beiden Betrachtungsweisen von Erscheinung und Ding an sich ohne Widerspruch denkbar. Im Lehrbegriff des transzendentalen Idealismus legt Kant dar, dass einerseits alle Erscheinungen durch Naturnotwendigkeit determiniert sind, dass aber andererseits in den Dingen an sich die letztlich nicht beweisbare Freiheit liegen kann. Der Mensch gehört demnach zwei Welten an, einer empirischen und außerdem noch einer unerkennbar intelligiblen, einer noch ganz anderen übersinnlichen Ordnung. Als Erscheinung ist er naturgesetzlich determiniert, als Ding an sich, so lässt sich denken, ist er ein freies Vernunftwesen. Durch die praktische Philosophie erfährt die theoretische Philosophie eine Erweiterung. Kant gründet in der Ethik auf der Basis der Moralität, auf der unbedingten Gewissheit des kategorischen Imperativs, eine neue Metaphysik. Die traditionellen metaphysischen Ideen von Freiheit, Unsterblichkeit und Gott sind zwar nicht beweisbar, aber sie lassen sich als Postulate verteidigen. Die praktische Philosophie erhält so gegenüber der theoretischen den Primat.

In seinen ethischen Schriften, z. B. in der *Kritik der praktischen Vernunft*, untersucht Kant die Autonomie des Willens, die Selbstgesetzgebung. Der Mensch gibt sich in seiner Freiheit als Vernunftwesen das Gesetz des kategorischen Imperativs, das Sittengesetz. Der kategorische Imperativ ist das Gesetz, das den Willen bestimmen muss, damit dieser ohne Einschränkung für gut befunden werden kann. Beim Handeln kommt es allein auf den guten Willen, das heißt auf die selbstbestimmte moralische Gesinnung an. Wer in einer guten Gesinnung handelt, verpflichtet sich zur moralischen Selbstreflexion. Er fragt sich prüfend, ob seine Handlungsabsichten (Maximen) verallgemeinerbar sind, ob sie für den Willen eines jeden vernünftigen Wesens gelten können. Der gute Wille unterstellt sich dem kategorischen Imperativ als dem höchsten Kriterium der Sittlichkeit, weil er seine eigene Vernunft mit der allgemeinen Vernünftigkeit des Sittengesetzes identisch weiß.

Georg Wilhelm Friedrich Hegel

Zeitlich und gedanklich in der Nachfolge Kants und in steter Auseinandersetzung mit seinem Denken ist Hegels (1770–1831) Philosophie eine metaphysische Konzeption des Absoluten als Geist, der danach strebt, sich selbst als Geist zu erkennen. Das Bewusstsein des Geistes entwickelt sich in fortschreitender Bewegung auf drei in sich zusammenhängenden Stufen. Als *subjektiver Geist* ist der Einzelne zunächst nur seiner Anlage nach ein geistiger Mensch. Der Geist liegt beim Kind anfangs noch im Schlaf, ist noch nicht zu sich gekommen, noch nicht zur Freiheit erwacht. Das Individuum erlangt erst im Prozess seiner emotionalen und intellektuellen Entwicklung wahre Erkenntnis und einen freien vernünftigen Willen. Als *objektiver Geist* ist der Geist in den überindividuellen kulturellen Schöpfungen des Rechts, der Moral und der Sittlichkeit manifest geworden, in den Objektivierungen von Gesellschaft und Geschichte, die den Einzelnen übergreifen, durchwirken und bestimmen. Die Gesamtheit der Kultur ist verkörperter Geist. Als *absoluter Geist* bringt der Geist in der Kunst, Religion und Philosophie sein Wissen von sich, sein Beisichselbstsein zur Vollendung. Die Philosophie ist die höchste Stufe der Reflexivität allen Wissens, des Denkens des Denkens, durch das der Geist sich im Bewusstsein seiner Freiheit als Geist weiß.

Hegels Geistphilosophie intendiert eine Überwindung des starren dualistischen Denkschemas von Subjekt und Objekt, das die Dinge auseinanderreißt und zu verdinglichten Abstraktionen gerinnen lässt. An die Stelle des Subjekt-Objekt-Schemas tritt ein universaler systematischer wie historischer Vermittlungsprozess. Geist ist weder Subjekt noch Objekt, sondern die Wirklichkeit der Vermittlung beider. Das spekulative Denken der Dialektik verflüssigt durch den Widerspruchsgeist fixierte, schematisierte Gedanken und reflektiert die Totalität der Vermittlungen.

Hegels Reflexionen zur Ethik sind integraler Bestandteil des objektiven Geistes und gehören in den Zusammenhang von Recht, Moralität und Sittlichkeit. Die Tätigkeiten der Menschen formen auf mannigfaltige Art Geistiges in ihre gemeinsame Lebenswelt hinein. Der objektive Geist manifestiert sich in dem, was öffentlich anerkannt ist, z. B. in der Ordnung der Staatsverfassung. Einerseits sind es die Individuen, die den objektiven Geist hervorbringen, andererseits werden sie selbst von dessen hervorgebrachtem vorhandenen Weltverständnis tiefgreifend ergriffen und geprägt. Hegel spricht von der Vermittlung einer gesellschaftlich und geschichtlich entstandenen zweiten Natur des Menschen, die seine erste Natur, sein unmittelbar tierisches Sein durch Erziehung und Bildung aufhebt. Der Staat, der Wirklichkeit gewordene objektive Geist, verkörpert als geistiges Universum mit seinen rechtlichen Einrichtungen und moralischen Wertschätzungen die sittliche Lebenswelt eines Volkes. Der objektive Geist des Staates gibt im Gegensatz zu Kants bloß formal geltendem Kriterium des kategorischen Imperativs auch den inhaltlichen Maßstab ab für jede Handlungsabsicht (Maxime).

Das Leben im Staat, inmitten der sittlich gelebten Welt, vereinigt die subjektiven Interessen des Einzelnen und die objektiven der Allgemeinheit. Der Staat ist die vernünftige Verwirklichung aller Lebensbereiche, z. B. der Freiheit, des Rechts, der Arbeit, der Sitten, der Bildung, der Kunst, der Religion, der Wissenschaft. Hegels Ausführungen über die sittliche Lebenswelt, über die substantielle Sittlichkeit, enden mit einer Verherrlichung des Staates. Das Sittliche des Staates ist das Göttliche in seiner weltlichen, geschichtlichen Realität. Die Weltgeschichte insgesamt ist die Entfaltung des objektiven Geistes in der Zeit, ein zielgerichtetes, mit innerer Notwendigkeit sich entwickelndes sinnhaftes Ganzes. Für dieses Ziel werden Individuen, ja ganze Völker als Mittel zum Zweck der höheren Macht des Allgemeinen gegenüber dem Besonderen, der Selbstfindung des Geistes, geopfert. Dennoch ist es eine versöhnende Erkenntnis, dass die wirkliche Welt ist, wie sie sein soll, auch wenn das Ziel der Weltgeschichte nicht das Glück des Einzelnen ist. Die

Vernunft beherrscht die Welt. Der Endzweck der Weltgeschichte ist der Fortschritt im Bewusstsein der Freiheit.

Arthur Schopenhauer

Durch die Abwendung von Hegels Philosophie vollzieht sich ein Umbruch im geistigen Horizont Europas, der durch Schopenhauer (1788–1860) seinen ersten Ausdruck findet. Das Grundprinzip alles Seienden ist nicht mehr die Vernunft, sondern ein blinder triebhafter Wille, der in seiner unheilen Entzweiung die metaphysische Quelle allen Leidens ist. Das Menschenbild ändert sich radikal. Zwar sieht auch die europäische Tradition im Menschen ein widersprüchliches Wesen, das den Konflikt von Vernünftigkeit (Geist) und Triebhaftigkeit (Leib) austragen muss. Doch gilt die Vernunft des *animal rationale* nicht nur dem Rang, sondern auch der Stärke nach als das maßgebende Prinzip. Im Aufstieg zum Göttlichen oder in der Ausrichtung auf die ewigen Werte vermag der Mensch seine Triebe zu beherrschen und in Einklang mit der vorgegebenen höheren Seinsordnung zu stehen. Schopenhauer, für den der Mensch kein Vernunftwesen mehr ist, bricht mit diesem rund 2500 Jahre währenden Menschenbild. Das Vernünftige des menschlichen Intellekts ist von Grund auf bedingt und abhängig von etwas Nicht-Vernünftigem, von etwas Unbewusstem, dem letztlich unerkennbaren Willen als dem Wesen der Welt, als dem Ding an sich. Schopenhauer betrachtet den Menschen nicht mehr von oben nach unten aus der göttlichen Perspektive, sondern von unten nach oben aus dem Blickwinkel der Natur, der Tiere. Der Wille, das allerhöchste, allerrealste metaphysische Wesen, und dies bedeutet eine Neuerung in der Geschichte der Philosophie, ist nicht mehr zugleich auch das unbedingt Gute, das es zu bejahen gilt. Der Intellekt ist ein vom Willen versklavtes, von narzisstischen und ideologischen Selbstinterpretationen umnebeltes Werkzeug. Er ist die animalische Eigenschaft eines Tieres und dient primär der Selbsterhaltung, dem Wohlsein, der Fortpflanzung. Das Verhängnis des Wollen- und Leidenmüssens ist durch keine Vernunft beherrschbar und durch keine rational verfasste Ethik steuerbar. Die Welt ist Wille (Wesen oder Ding an sich) und Vorstellung (Erscheinungswelt).

Schopenhauers atheistische Metaphysik beruht auf einer Interpretation der Welt als Vorstellung, auf einer Hermeneutik der Erfahrungswelt. Er vergleicht sein Vorgehen mit der Entzifferung einer Geheimschrift und spricht von einer nur annähernd wahren Metaphysik aus empirischen Erkenntnisquellen. Der Bezug zur Interpretation und zur Empirie wird mit erkenntniskritischen Einschränkungen mitgedacht. Das Rätsel der Welt bleibt ein Abgrund von Unbegreiflichkeiten und Geheimnissen.

Die Ethik sieht sich konfrontiert mit einer universalen Disharmonie, mit dem Konflikt aller Willenserscheinungen gegeneinander, mit dem konkurrierenden Widerstreit der Menschen untereinander. Die destruktiven Kräfte des Egoismus sind kolossal und steigern sich durch Neid, Hass, Übelwollen, Bosheit und Grausamkeit. In der Grausamkeit wird das Leidenlassen zum genussvollen Zweck an sich. Schopenhauers Ethik begnügt sich damit, Aufschluss zu geben über das Leiden in der Welt und verzichtet darauf, dem Wesen der Welt moralische Vorschriften zu machen. Gegenüber der Übermacht des irrationalen universalen Lebensdrangs wirkt ein Sollen, z.B. Kants kategorischer Imperativ lächerlich. Die Macht des Egoismus ist nur durch Identifikation mit dem Leiden eines anderen Menschen (oder eines anderen Lebewesens) zu brechen. Das sich intuitiv ohne Reflexion einstellende Mit-leiden, die unleugbare Tatsache des menschlichen Bewusstseins, ist das Fundament der Moral. Auf mysteriöse Weise ist das Nicht-Ich für Augenblicke zum Ich geworden. Das Mitleid ist das große Mysterium der Ethik, der Grenzstein der Erfahrung. Nur wenn eine Handlung aus ihm entsprungen ist, hat sie moralischen Wert. Das Mitleid beruht nicht auf Begriffen, Vorschriften, Religionen, Erziehung etc. Es ist da oder nicht. Wer von einem grenzenlosen Mitleid mit allen lebenden Wesen erfüllt ist, zerstört den Wahn des Okzidents von der Wesensverschiedenheit von Tier und Mensch. Die Welt ist kein Machwerk und die Tiere kein Fabrikat zu unserem Gebrauch. Schopenhauers Pessimismus gipfelt in der (den Selbstmord ausschließenden) Möglichkeit der

Verneinung des Willens zum Leben. Mit den Buddhisten nennt er das relative Nichts der gänzlichen Willensverneinung Nirwana.

Friedrich Nietzsche

In Auseinandersetzung mit Schopenhauers Philosophie führt Nietzsche (1844–1900) mit seiner Metaphysik- und Moralkritik einen Totalangriff auf die Moralvorstellungen des Abendlandes. Die Zertrümmerung der Fundamente der traditionellen Metaphysik soll von der lebens- und leibfeindlichen, auf Platon und das Christentum zurückgehenden Moral befreien und die Perspektive auf einen neuen, höheren Menschen der Zukunft eröffnen. Nietzsches Analysen über die Herkunft (Genealogie) der Moral werden von dem Verdacht geleitet, dass alle moralischen Werte auf Immoralität beruhen. Hinter dem Bewusstsein arbeiten Triebe, Begierden und Leidenschaften jenseits von Gut und Böse. Die Grundlage der menschlichen Rationalität ist der unerklärbare Wille zur Macht, der darauf drängt, seine Lebenskräfte auszuleben und zu steigern. Er ist kein autonomer vernünftiger Ich-Wille. An die Stelle des Denkens des Denkens, der Gründung der traditionellen Metaphysik durch Partizipation der menschlichen Vernunft an der göttlichen Vernunft tritt die Konzeption des sich selbst wollenden und bejahenden Willens zur Macht. Nietzsche erhebt den unerschöpflich zeugenden Lebenswillen, der die eigentliche Triebfeder in Natur und Geschichte ist, zum Prinzip des Handelns.

Das Gewissen, früher als ursprüngliche Stimme Gottes verstanden und verehrt, wird durch die Aufdeckung seiner Entstehungsgeschichte in der frühkindlichen Erziehung als maßgebende Instanz entmachtet. In den Kommandos des Gewissens sprechen lediglich die weltlichen Stimmen einiger lebensgeschichtlich bedeutender, geliebter oder gehasster Menschen im Menschen. Der Gewissensgehorsam wird entlarvt als anerzogener, verinnerlichter, instinktartig wirkender Glaube an Autoritäten. Die Installation des Gewissens, die Verinnerlichung des Menschen, stellt eine tief verwurzelte Krankheit dar, durch die das Ausleben natürlicher Triebe unterdrückt und pervertiert wird. Die historische Herleitung von moralischen Wertvorstellungen im Zivilisationsprozess zeigt den Entstehungsprozess von Gut und Böse als Resultat der Zähmung der Bestie Mensch zum nützlichen Haustier. Das Gewissen unterdrückt die Entladung von Trieben nach außen und wandelt die gehemmte Vitalität um in eine nach innen gerichtete Grausamkeit, die unbewusste, unterirdische Befriedigungen sucht. Unterstützt wird der moralische Seelenaufbau durch die Erfindung der Sünde und des Schuldgefühls, der Folterstätte des schlechten Gewissens. Der Mensch ist an sich selbst erkrankt und schämt sich seiner natürlichen Grausamkeiten. Wie ein gefangenes Tier stößt er sich an den Gitterstäben seines Käfigs wund.

Ein zentraler Angriff auf die Metaphysik verläuft über den Wahrheitsbegriff. Es gibt keine Wahrheit, nur vielerlei Wahrheiten für vielerlei Augen. Die Triebe, Instinkte, Leidenschaften haben ihre eigenen Perspektiven. Die Perspektivenoptik des Lebens gehört zur Grundbedingung allen Lebens. Die These von der Unwahrheit als Lebensbedingung wird durch eine kritische Untersuchung der Struktur der Sprache untermauert. Die Grammatik verführt das Denken zu den Lügen metaphysischer Grundannahmen. Vermeintlich sprechen wir über Dinge und bewegen uns doch nur in der Eigengesetzlichkeit der Sprache. Die Philosophie verfängt sich in den Netzen der Sprache, in den Abstraktionen großer, aber leerer Worte wie Sein, das Gute an sich, Gott, Jenseits.

Nietzsche diagnostiziert die Heraufkunft eines europäischen Nihilismus in den nächsten 200 Jahren. Die obersten Werte entwerten sich und hinterlassen eine Leere, ein Vakuum. Der Satz *Gott ist tot* kennzeichnet den Selbstzersetzungsprozess der tradierten geistigen Fundamente. Die platonisch christliche Grundkonzeption einer diesseitigen und jenseitigen Welt verliert ihre Glaubwürdigkeit. Das Nichts tritt an die Stelle Gottes. Um diesem ungeheuren Ereignis gewachsen zu sein, muss der Mensch sich selbst als Mensch überwinden und sich zu einem neue Werte setzenden Übermenschen steigern, zu einem Besieger Gottes *und* des Nichts, zu einem potenzierten Willen zur Macht jenseits von Gut und Böse. Die Hervorbringung einzelner außergewöhnlicher höherer Menschen, die Steigerung des höchstmöglichen Typus Mensch, ist der wahre Sinn der Kultur.

Stichwort zum 19. und 20. Jahrhundert

Das späte 19. Jahrhundert vertraut auf den Fortschritt der wissenschaftlichen Erkenntnis. Die metaphysische Weltsicht wird in eine naturwissenschaftlich orientierte Weltsicht umgestaltet. Der Prototyp der Wissenschaft ist die exakte Naturwissenschaft, die wertfrei und weltanschaulich unabhängig zu sein beansprucht. Die einzelnen Wissenschaften und ihre Methoden differenzieren sich heraus. Erkenntnistheorien, Wissenschaftstheorien und Methodologien heben den Gegensatz von naturwissenschaftlichem Erklären und geisteswissenschaftlichem Verstehen hervor. Der Verweltlichungsprozess der Philosophie setzt sich weiter durch. Die Philosophie verliert ihr metaphysisches Fundament.

Nach Sigmund Freud (1856–1939) hat die narzisstische Eigenliebe der Menschheit drei große Kränkungen durch die Forschung erdulden müssen. Als erste nennt er die kosmologische Kränkung durch Kopernikus, dass unsere Erde nicht der Mittelpunkt des Weltalls ist. Die zweite ist die biologische Kränkung durch Charles Darwin (1809–1882), der mit seiner Abstammungslehre das angebliche Schöpfungsvorrecht zunichte machte. Die dritte, die psychologische Kränkung geht auf Freud selbst zurück, der nachweist, dass der Mensch nicht einmal Herr im eigenen Haus ist, sondern sich mit spärlichen Nachrichten von seinem unbewussten Seelenleben begnügen muss. Als Ergänzung ließe sich die ökonomische Kränkung durch Karl Marx (1818–1883) hinzufügen, die besagt, dass der in einer kapitalistischen Gesellschaft lebende Mensch zum Anhängsel des Kapitals wird, weil er materiell und geistig von selbstgeschaffenen Gesetzmäßigkeiten der Ökonomie abhängt, die ihm als unveränderbare Naturgesetze gegenübertreten.

Die Inhalte und Formen des Philosophierens stehen in engem Zusammenhang mit den epochalen politischen, sozialen, wissenschaftlichen und technischen Umwälzungen seit dem 19. Jahrhundert. Die Geschichte der Industrialisierung beispielsweise legt ein atemberaubendes Tempo vor. Ihre technologische Basis verläuft etwa in den Abschnitten Dampfmaschine und mechanischer Webstuhl (bis etwa 1848), Bau von Eisenbahnen und Dampfschifffahrt (bis in die 1890er Jahre), Elektrifizierung und Fließband (bis zum Ausbruch des Zweiten Weltkriegs), Massenmotorisierung, Vollautomatisierung durch Computer, Informations- und Biotechnologien (Gegenwart und absehbare Tendenzen).

Die Verteidiger der Metaphysik werden weniger, ihre Angreifer stützen sich vielfach auf eine positivistische, auf reproduzierbare Fakten basierende Grundeinstellung. Der Positivismus des Wiener Kreises etwa verbannt alles aus der Philosophie und Wissenschaft, was nicht wissenschaftlich zu bestätigen ist. Rudolf Carnaps (1891–1970) Konzept besteht z. B. in der Überwindung der Metaphysik durch logische Analyse der Sprache. Gesellschaftskritische Philosophen wie Adorno versuchen beides, Destruktion und Rettung der Metaphysik zusammenzudenken, weil die negativen Ereignisse und Tendenzen von Gesellschaft und Geschichte in der ersten Hälfte des 20. Jahrhunderts zum transzendierenden Denken dessen zwingen, was faktisch ist.

Theodor W. Adorno

Nachdem Millionen von Juden planvoll und fabrikmäßig mit administrativer und technischer Perfektion ermordet wurden, gibt es für Adorno (1903–1969) nichts Harmloses und Neutrales mehr. Auschwitz und die anderen Vernichtungslager haben die Moralphilosophie und den Begriff der Metaphysik bis ins Innerste verändert. Am 13. Juli 1965 gibt Adorno seiner bereits seit Wochen laufenden Vorlesung über Begriff und Probleme der Metaphysik eine abrupte radikale Wendung. Er konfrontiert seine philosophiegeschichtlichen Ausführungen über Aristoteles' göttliches Prinzip des Denkens des Denkens, das ontologische Ausgerichtetsein aller Dinge zum Guten hin, mit den systematischen Massenmorden, mit dem Zivilisations-

bruch. Nach Auschwitz ist die Vorstellung der traditionellen abendländischen Metaphysik von der Ordnung und Wahrheit des Ganzen
unhaltbar. Das Ganze, sagt Adorno in schroffem Gegensatz zum Vernunftsystem Hegels, ist das Unwahre. Alle Versuche, dem Leiden
einen höheren Sinn zu geben, geraten gegenüber der unendlichen
Qual der Opfer zum Unmoralischen, zum Unmenschlichen, zum
Hohn. Aus dem gesellschaftlich produzierten Bösen ist die reale Hölle
geworden. Die Welt nach Auschwitz ist nicht mehr dieselbe wie vorher. Ein geschichtlicher Zwang hat einen neuen kategorischen Imperativ hervorgebracht, das Denken und Handeln so einzurichten, dass
sich Auschwitz nicht wiederholt, dass nichts Ähnliches geschieht.
Adorno stellt heraus, dass die Logik von Auschwitz dem identifizierenden Denken verpflichtet ist. Die Ordnung der Begriffe, die
über einen Gegenstand gestülpt wird, wird für die Beschaffenheit
der Sache selbst gehalten. Adornos moralphilosophisches Engagement gilt der Verteidigung des Nichtidentischen. Er ergreift Partei
für das durch das identifizierende Denken Unterdrückte, Missachtete und Weggeworfene. Verteidigt werden soll das, was die Begriffe
dem Begrifflosen antun.

Das alternative Denken zur Gewalttat der Gleichmacherei ist für
Adorno die Dialektik. Sie steht für ein gesellschaftskritisches Programm, dem Nichtidentischen durch Reflexion zu seinem Recht zu
verhelfen. Negativ nennt er seine Konzeption von Dialektik, weil sie
nicht mit einer die Identität erzwingenden Synthese abschließt, sondern kritisch am Auseinanderweisen von Begriff und Sache festhält.
Für Negative Dialektik sagt Adorno auch Kritische Theorie. Die Bezeichnung steht für die Analyse von gesellschaftlichen Herrschafts-
formen wie Faschismus, Spätkapitalismus, wissenschaftlich-techni-
sche Naturbeherrschung und Kulturindustrie.

Philosophie ist die Anstrengung, Begriffe in immer neue, sich gegenseitig erhellende Zusammenhänge zu stellen, in Konstellationen
zu denken, bis die Begriffe ihre Verhärtungen verlieren und das Unsagbare des Nichtidentischen, das Leiden der Welt, doch gesagt und
zum Ausdruck gebracht werden kann. Adornos Philosophie nach
Auschwitz ist entstanden aus der Negation des physischen Leidens.

Die Voraussetzung für eine Ethik heute ist für ihn die Kritik an der gesellschaftlichen Verflochtenheit eines jeden mit dem abstrakten Unwesen, das alle umfasst, die Kritik an der verwalteten Welt als einer Welt der totalen Verstrickung. Die Vorstellung eines richtigen Lebens kann nur entstehen aus der Negation der Bedingungen des Unmaßes des Verübten, des Leidens in den Vernichtungslagern. Metaphysik ist nur noch als kritisch-negative Metaphysik denkbar, als Nötigung über das Tatsächliche hinauszufragen. Metaphysik ist eigentlich die Frage, ja, ist denn das alles? Bedingung aller Wahrheit ist das Bedürfnis, Leiden beredt werden zu lassen. Die Utopie wäre, in der Bewahrung der Erinnerung an die Schreie der Opfer, ein Miteinander des Verschiedenen.

ANMERKUNGEN

1 Jürgen Habermas, Nachmetaphysisches Denken. Philosophische Aufsätze, Frankfurt a. M. 1988.

2 Volker Spierling, Kleine Geschichte der Philosophie. Große Denker von der Antike bis zur Gegenwart, erw. Neuausg., München/Berlin/Zürich ⁶2016.

3 Walter F. Otto, Theophania. Der Geist der altgriechischen Religion, Hamburg 1956, S. 82.

4 Vgl. Diogenes Laertius, Leben und Meinungen berühmter Philosophen, I, 1, 40–49; übers. von Otto Apelt, Bd. 1, Hamburg ²1967, S. 19ff.

5 Hermann Diels, Die Fragmente der Vorsokratiker, nach der von Walther Kranz hrsg. 8. Aufl., mit Einführungen und Bibliographien von Gert Plamböck, Hamburg 1957, S. 45 (deutsche Übers. der Fragmente in Auswahl).

6 Es gibt nur rudimentäre Quellen von den Sophisten. Wichtig sind Platons Dialoge «Protagoras» und «Gorgias».

7 Ernst Hoffmann, Der Erziehungsgedanke der klassischen griechischen Philosophie, in: Horst-Theodor Johann (Hrsg.): Erziehung und Bildung in der heidnischen und christlichen Antike, Darmstadt 1976, S. 104ff.

8 Vgl. Fragm., 327ff. In Platons «Theätet» heißt es in der Übersetzung von Schleiermacher: «Protagoras [...] sagt nämlich, der Mensch sei das Maß aller Dinge, der seienden, daß sie sind, der nichtseienden, daß sie nicht sind.» (Theät. 152a)

9 Inwieweit Protagoras den Relativismus seiner Erkenntnislehre auch auf die überlieferte Sittlichkeit überträgt, wird unterschiedlich beurteilt. Vgl. Eduard Zeller, Die Philosophie der Griechen in ihrer geschichtlichen Entwicklung, 6 Bde., 1. Teil., 2. Abt., Nachdr. der 8. unveränd. Aufl., Darmstadt 2006, S. 1360 und 1394ff.

10 Diels, Die Fragmente der Vorsokratiker, S. 135.

11 Platon, Apol. 29e.

12 Xenophon, Das Gastmahl II, übers. von Peter Landmann, Hamburg 1957, S. 16ff.

13 Aristophanes, Die Wolken, Vers 254ff., in: ders., Sämtliche Komödien, übers. von Ludwig Seeger, München 1976, S. 121ff.

14 Xenophon, Erinnerungen an Sokrates I, 1, 1, übers. von Johannes Irmscher, Leipzig 1976, S. 5.

15 Aristophanes, Die Wolken, Vers 133ff., S. 117f. Aristophanes verspottet in seiner Komödie Sokrates' philosophische Hebammenkunst.

16 Das Zitat verzichtet auf einfache Anführungszeichen.

17 Platon, Krit. 46b, übers. von Gottfried Martin, in: ders., Sokrates in Selbstzeugnissen und Bilddokumenten, Reinbek ⁸1977, S. 49.

18 Nietzsche, GT, 99.
19 Platon, Pol. 517c.
20 Diogenes Laertius, III, 1, 18, Bd. 1, S. 157.
21 Diogenes Laertius, III, 1, 5, Bd. 1, S. 151.
22 Nietzsche, M, 314.
23 Aristoteles, NE X 7, 1177b30.
24 Diogenes Laertius, V 22–27, Bd. 1, S. 251ff.
25 Lucius Annaeus Seneca, De ira III 43, 5.
26 P. Cornelius Tacitus, Annalen XI–XVI. Übers. und mit Anm. versehen von Walther Sontheimer, Stuttgart 2006, S. 204ff.
27 Kleanthes, Zeus-Hymnus, in: Max Pohlenz, Die Stoa. Geschichte einer geistigen Bewegung, Bd. 1, Göttingen [5]1978, S. 109f.
28 Diogenes Laertius VII, 1, 88, Bd. 2, S. 49.
29 Vgl. A. A. Long/D. N. Sedley, Die hellenistischen Philosophen. Texte und Kommentare, übers. von Karlheinz Hülser, Stuttgart/Weimar 2000, S. 327.
30 Terenz, Der Selbstquäler, übers. und hrsg. von Wilhelm Binder und J. J. C. Donner, München 1990, S. 563.
31 Aurelius Augustinus, De civ. XV 22.
32 David Hume, EPM, 128.
33 David Hume, Journal, 612 und 617f.
34 Gerhard Streminger, David Hume. Der Philosoph und sein Zeitalter, München 2011, S. 436.
35 Cleanthes heißt auch der antike Stoiker sowie der Gesprächspartner in Humes «Dialoge über natürliche Religion».
36 Immanuel Kant, KpV, 30.
37 Karl Vorländer, Immanuel Kants Leben, neu hrsg. von Rudolf Malter, Hamburg [3]1974, S. 4.
38 Felix Groß (Hrsg.), Immanuel Kant, Sein Leben in Darstellungen von Zeitgenossen. Die Biographien von L. E. Borowski, R. B. Jachmann und A. Ch. Wasianski, Berlin 1912, S. 163.
39 Ebd., S. 125.
40 Karl Vorländer, Immanuel Kants Leben, S. 30.
41 Felix Groß, Immanuel Kant, S. 55.
42 Ebd., S. 298.
43 Ebd., S. 151.
44 Vgl. Gerd Irrlitz, Kant-Handbuch. Leben und Werk, Stuttgart/Wetzlar 2002, S. 43ff.
45 Johann Gottfried Herder, Briefe zur Beförderung der Humanität, in: Herders Werke, Bd. 5, Berlin/Weimar 1978, S. 154f.
46 Ebd., S. 155.
47 Briefwechsel zwischen Schiller und Körner, hrsg. und komment. von Klaus L. Berghahn, München 1973, S. 167.
48 Georg Wilhelm Friedrich Hegel, Phän., 325.

49 Arsenij Gulyga, Georg Wilhelm Friedrich Hegel, Leipzig 1974, S. 19.
50 Johann Peter Eckermann, Gespräche mit Goethe in den letzten Jahren seines Lebens, hrsg. von Ernst Beutler, München 1976, S. 669f.
51 Martin Heidegger, Hegel (Gesamtausgabe, Bd. 68), hrsg. von Ingrid Schüßler, Frankfurt a. M. 1993, S. 73.
52 Arthur Schopenhauer, E, 253.
53 Ernst Otto Lindner/Julius Frauenstädt, Arthur Schopenhauer. Von ihm. Ueber ihn, Berlin 1863, S. 208.
54 Vgl. Volker Spierling, Die Methodenfigur der Kopernikanischen Drehwende, in: Arthur Schopenhauer. Philosophie als Kunst und Erkenntnis, Frankfurt a. M. 1994, S. 223–238 (Titel der Taschenbuchausgabe: Arthur Schopenhauer. Eine Einführung in Leben und Werk, Leipzig 1998).
55 Friedrich Nietzsche, J (Buchtitel).
56 Theodor W. Adorno, ND, 358.
57 Vgl. Stefan Müller-Doohm, Adorno. Eine Biographie, Frankfurt a. M. 2003, S. 98f.
58 Konzentrationslager Dokument F 321 für den Internationalen Militärgerichtshof Nürnberg, hrsg. vom Französischen Büro des Informationsdienstes über Kriegsverbrechen, durchgesehen, erläutert und mit einem Nachwort versehen von Peter Neitzke und Martin Weinmann, Frankfurt a. M. ⁵1991, S. 199ff.
59 Max Horkheimer, Gesammelte Schriften, hrsg. von Alfred Schmidt und Gunzelin Schmid Noerr, Bd. 12, Nachgelassene Schriften 1931–1949, Frankfurt a. M. 1985, S. 594.

SIGLEN DER VERWENDETEN PRIMÄRLITERATUR

Anfänge der westlichen Philosophie

Fragm.   Die Vorsokratiker. Die Fragmente und Quellenberichte, übers. und eingel. von Wilhelm Capelle, Stuttgart ⁹2008

Sokrates und Platon

Platon: Sämtliche Dialoge, übers. und hrsg. von Otto Apelt in Verbindung mit Kurt Hildebrandt, Constantin Ritter und Gustav Schneider, mit Einleitungen, Literaturübersichten, Anmerkungen und Registern versehen, 7 Bde., Leipzig 1916–1926ff., unveränd. Nachdruck Hamburg 2004 (abgekürzt: SD)

Apol.	Apologie des Sokrates (SD I)
Euthyd.	Euthydemus (SD III)
Euthyph.	Euthyphron (SD I)
Gorg.	Gorgias (SD I)
Krit.	Kriton (SD I)
La.	Laches (SD I)
Men.	Menon (SD II)
Parm.	Parmenides (SD IV)
Phaid.	Phaidon (SD II)
Phaidr.	Phaidros (SD II)
Pol.	Politeia/Der Staat (SD V)
Prot.	Protagoras (SD I)
Siebter Br.	Siebter Brief (SD VI)
Symp.	Symposion/Gastmahl (SD III)
Theät.	Theätet (SD IV)

Die Platon-Zitate folgen i. d. R. der Übersetzung von Otto Apelt. Zitiert wird nach der üblichen Stephanus-Numerierung, die auf die Ausgabe von Henricus Stephanus von 1578 zurückgeht. In vielen heutigen Ausgaben steht diese Numerierung (arabische Zahl mit lateinischen Buchstaben a–e) am Rand und erleichtert Auffindung und Vergleich.
Eine Übersetzung von besonderer Bedeutung ist nach wie vor die von Friedrich Schleiermacher, z. B. in den Ausgaben: Platon, Sämtliche Werke, nach der Übers. von Friedrich Schleiermacher und Hieronymus Müller mit der Stephanus-Numerierung, hrsg. von Walter F. Otto, Ernesto Grassi und Gert Plamböck, 6 Bde., Hamburg 1957–1959; Platon, Werke in acht Bänden, Griechisch-Deutsch, griech. Text aus der Sammlung Budé, dt. Übers. von Friedrich Schleiermacher u. a., hrsg. und überarb. von Gunther Eigler, Darmstadt 1988

Aristoteles

Einf.	Einführungsschriften, übers., eingel. und hrsg. von Olof Gigon, Zürich/München 1982 (enthält Aristotelische Einführungen in die Philosophie und Antike Einführungsschriften zu Aristoteles)
Met.	Metaphyik, Griechisch-Deutsch, Neubearb. der Übers. von Hermann Bonitz, mit Einl. und Komm. hrsg. von Horst Seidl, griech. Text in der Edition von Wilhelm Christ, zwei Halbbände, erster Halbband: Bücher I(A) – VI(E); zweiter Halbband: Bücher VII(Z)–XIV(N), Hamburg ³1989 bzw. ³1991
NE	Nikomachische Ethik, übers. und komm. von Franz Dirlmeier, in: Aristoteles, Werke in deutscher Übersetzung, hrsg. von Hellmut Flashar, Bd. 6, Berlin ⁹1991 (mit herangezogen: Nikomachische Ethik, auf der Grundlage der Übers. von Eugen Rolfes hrsg. von Günther Bien, Hamburg ⁴1985)
Pol.	Politik, nach der Übersetzung von Franz Susemihl bearb. mit Numerierung, Gliederungen und Anm. hrsg. von Nelly Tsouyopoulos und Ernesto Grassi, Hamburg 1968
Über d. Seele	Über die Seele, Griechisch-Deutsch, übers. von Willy Theiler, griech. Text in der Edition von Wilhelm Biehl und Otto Apelt, mit Einl. und Komm. hrsg. von Horst Seidl, Hamburg 1998

Stellenangaben beziehen sich in der Regel auf die Seiten-, Spalten- und Zeilenangaben der für die Zitierweise maßgeblichen Ausgabe von Immanuel Bekker (Berlin 1831–1871); beispielsweise bedeutet die Angabe «NE X7, 1177b30»: Nikomachische Ethik, Buch X, Kapitel 7, Seite 1177, Spalte b, Zeile 30

Seneca

Philosophische Schriften, Lateinisch-Deutsch, lat. Text von A. Bourgery und René Waltz sowie François Préchac, übers., eingel. und mit Anm. versehen von Manfred Rosenbach, 5 Bde., Darmstadt 1971–1989 (abgekürzt: Ph. Schr.)

Ad Marc.	Ad Marciam de consolatione/Trostschrift an Marcia (Ph. Schr. 1)
De benef.	De beneficiis/Über die Wohltaten (Ph. Schr. 5)
De const.	De constantia sapientis/Über die Standhaftigkeit des Weisen (Ph. Schr. 1)
De ira	De ira/Über den Zorn (Ph. Schr. 1)
De tranq. an.	De tranquillitate animi/Über die Seelenruhe (Ph. Schr. 2)
De vit. beat.	De vita beata/Über das glückliche Leben (Ph. Schr. 2)
Ep.	Ad Lucilium. Epistulae morales, I–LXIX; LXX–CXXIV/An Lucilius. Briefe über Ethik, 1–69; 70–124 (Ph. Schr. 3 und 4)

Weitere Schriften:

Med.   Medea, Lateinisch-Deutsch, übers. und hrsg. von Bruno W. Häuptli, Stuttgart 2007

Nat. quest.   Naturales questiones/Naturwissenschaftliche Untersuchungen, Lateinisch-Deutsch, übers. und hrsg. von Otto und Eva Schönberger, Stuttgart 1998

Augustinus

Conf.   Bekenntnisse/Confessiones, eingel. und übers. von Willhelm Thimme, Stuttgart 1977

De civ.   Vom Gottesstaat/De civitate dei, übers. von Wilhelm Thimme, eingel. und komm. von Carl Andresen, 2 Bde., Bd. 1 (Buch 1–10), Bd. 2 (Buch 11–22), Zürich/München 1977 bzw. 1978

De trin.   Über die Dreieinigkeit/De trinitate, übers. von M. Schmaus, Bibliothek der Kirchenväter, 2. Reihe, Bde. 13 und 14, München 1935/36; in Auszügen als Quellentexte abgedruckt in: Karl Vorländer, Geschichte des Mittelalters, Geschichte der Philosophie, Bd. 2, Reinbek 1976

De vera rel. De vera religione/Über die wahre Religion, Lateinisch-Deutsch, Übers. und Anm. von Wilhelm Thimme, Nachwort von Kurt Flasch, Stuttgart 1991

Hume

Abstract   Abriß eines neuen Buches, betitelt: Ein Traktat über die menschliche Natur [An Abstract of A Treatise of Human Nature], übers. und mit einer Einl. hrsg. von Jens Kulenkampff, Hamburg 1980 (zweisprachige Ausg.)

EHU   Eine Untersuchung über den menschlichen Verstand [An Enquiry concerning Human Understanding], übers. von Raoul Richter, mit einer Einleitung neu hrsg. von Jens Kulenkampff, unveränd. Nachdruck, Hamburg [12]2005

EPM   Eine Untersuchung über die Prinzipien der Moral [An Enquiry concerning the Principles of Morals], übers. und mit einer Einl. und Anm. hrsg. von Manfred Kühn, Hamburg 2003

Journal   Journal einer Reise durch die Niederlande, durch Deutschland, Österreich und Norditalien aus dem Jahre 1748, übers. und mit Anm. versehen von Gerhard Streminger und Georg J. Andree, in: Gerhard Streminger: David Hume. Der Philosoph und sein Zeitalter, München 2011, S. 603–625

MOL	Mein Leben [My own Life], in: EHU
T1; T2	Ein Traktat über die menschliche Natur [A Treatise of Human Nature], übers. und mit Anm. und Register versehen von Theodor Lipps, Neuausgabe von Reinhard Brandt in zwei Bänden, Hamburg 1978; Bd. 1 enthält Erstes Buch (Über den Verstand), Bd. 2 enthält Zweites Buch (Über die Affekte) und Drittes Buch (Über Moral)

Kant

Gesammelte Schriften, begonnen von der Königlich Preußischen Akademie der Wissenschaften, Berlin 1900ff.; bisher 29 Bde. erschienen (Akademie-Ausgabe, abgekürzt: AA)

Werke, Nachdruck der Bände I–IX der Akademie-Ausgabe unter dem Titel Akademie-Textausgabe, Berlin 1968; dazu 2 Bde. Anmerkungen, Berlin 1977 (abgekürzt: AA)

Die *Kritik der reinen Vernunft* spielt beim Zitieren üblicherweise eine Sonderrolle. Sie wird nach der Originalpaginierung der 1. Aufl. von 1781 (=A) oder der 2. Aufl. von 1787 (=B) zitiert. Die ursprünglichen Seitenzahlen stehen jeweils am Rand der Bände IV (=A-Ausgabe) und III (=B-Ausgabe). Im Folgenden wird meistens nach der B-Ausgabe zitiert. Die Stellenangabe «B 132» bedeutet beispielsweise: *Kritik der reinen Vernunft*, 2. Aufl., Originalseitenzahl 132, Akademie-Ausgabe, Bd. III

AA	Akademie-Ausgabe bzw. Akademie-Textausgabe
A, B	Erste Auflage (=A) oder zweite Auflage (=B) der *Kritik der reinen Vernunft*
Bem.	Bemerkungen zu den Beobachtungen über das Gefühl des Schönen und Erhabenen (AA XX)
Briefw.	Briefwechsel (AA X und XII)
GMS	Grundlegung zur Metaphysik Sitten (AA IV)
KpV	Kritik der praktischen Vernunft (AA V)
KrV	*Kritik der reinen Vernunft*, 1. Aufl. 1781 (AA IV), 2. Aufl. 1787 (AA III)
Prol.	Prolegomena zu einer jeden künftigen Metaphysik, die als Wissenschaft wird auftreten können (AA IV)
Rel.	Die Religion innerhalb der Grenzen der bloßen Vernunft (AA VI)
Streit d. Fak.	Der Streit der Fakultäten (AA VII)
Üb. e. Entd.	Über eine Entdeckung, nach der alle neue *Kritik der reinen Vernunft* durch eine ältere entbehrlich gemacht werden soll (AA VIII)
W. i. Aufkl.?	Beantwortung der Frage: Was ist Aufklärung? (AA VIII)

413

Hegel

Werke in zwanzig Bänden, auf der Grundlage der Werke von 1832–1845 neu
edierte Ausgabe, Redaktion Eva Moldenhauer und Karl Markus Michel, Frankfurt a. M.; Registerband von Helmut Reinike, Frankfurt a. M. 1979 (abgekürzt: W)

Berl. Schr.	Berliner Schriften (1818–1831) (W 11)
E I	Enzyklopädie der philosophischen Wissenschaften im Grund-risse (1830) (W 8)
E III	Enzyklopädie der philosophischen Wissenschaften im Grund-risse (1830) (W 10)
Frühe Schr.	Frühe Schriften (W 1)
GP I	Vorlesungen über die Geschichte der Philosophie I (W 18)
GP II	Vorlesungen über die Geschichte der Philosophie II (W 19)
GP III	Vorlesungen über die Geschichte der Philosophie III (W 20)
Jen. Schr.	Jenaer Schriften (1801–1807) (W 2)
Nürn. Schr.	Nürnberger und Heidelberger Schriften (1808–1817) (W 4)
PG	Vorlesungen über die Philosophie der Geschichte (W 12)
Phän.	Phänomenologie des Geistes (W 3)
Rph	Grundlinien der Philosophie des Rechts oder Naturrecht und Staatswissenschaft im Grundrisse. Mit Hegels eigenhändigen Notizen und den mündlichen Zusätzen (W 7)
WL I	Wissenschaft der Logik I (W 5)
WL II	Wissenschaft der Logik II (W 6)

Weitere Schriften:

Briefe I/II/III	Briefe von und an Hegel, hrsg. von Johannes Hoffmeister, 3 Bde., Hamburg ³1969

Schopenhauer

Sämtliche Werke, hrsg. von Arthur Hübscher, 7 Bde., Wiesbaden ³1972 (nach
der ersten, von Julius Frauenstädt besorgten Gesamtausgabe neu bearbeitet;
abgekürzt: SW)

E	Die beiden Grundprobleme der Ethik, (1. Ueber die Freiheit des menschlichen Willens, 2. Ueber das Fundament der Moral) (SW 4)
G	Ueber die vierfache Wurzel des Satzes vom zureichenden Grunde, zweite Auflage 1847 (SW 1)
N	Ueber den Willen in der Natur (SW 4)
P I	Parerga und Paralipomena I (SW 5)

P II   Parerga und Paralipomena II (SW 6)

W I   Die Welt als Wille und Vorstellung I (SW 2)

W II   Die Welt als Wille und Vorstellung II (SW 3)

Philosophische Vorlesungen. Aus dem handschriftlichen Nachlaß, hrsg. und eingel. von Volker Spierling, 4 Bde., München ²1987–1990 (Die ungekürzte Ausgabe folgt den Bänden 9 und 10 der Deussen-Ausgabe, hrsg. von Franz Mockrauer, München 1913)

VN II   Metaphysik der Natur (Bd. II)

VN IV   Metaphysik der Sitten (Bd. IV)

Der handschriftliche Nachlaß, hrsg. von Arthur Hübscher, 5 Bde. in 6, Frankfurt a. M. 1966–1975 (unveränd. Nachdruck, München 1985)

HN I   Frühe Manuskripte 1804–1811 (Bd. I)

HN III   Berliner Manuskripte 1818–1830 (Bd. III)

HN IV 1   Die Manuskriptbücher der Jahre 1830–1852 (Bd. IV, 1)

HN IV 2   Letzte Manuskripte/Gracians Handorakel (Bd. IV, 2)

Weitere Schriften:

GBr   Gesammelte Briefe, hrsg. von Arthur Hübscher, Bonn ²1987

Ge   Gespräche, Stuttgart-Bad Cannstatt 1971

Nietzsche

Sämtliche Werke. Kritische Studienausgabe in 15 Bänden, hrsg. von Giorgio Colli und Mazzino Montinari, München/Berlin/New York 1980 (abgekürzt: KSA)

AC   Der Antichrist. Fluch auf das Christenthum (KSA 6)

Chron.   Chronik zu Nietzsches Leben (KSA 15)

DD   Dionysos-Dithyramben (KSA 6)

EH   Ecce homo. Wie man wird, was man ist (KSA 6)

FW   Die fröhliche Wissenschaft (KSA 3)

GD   Götzen-Dämmerung oder Wie man mit dem Hammer philosophirt (KSA 6)

GM   Zur Genealogie der Moral. Eine Streitschrift (KSA 5)

GT   Die Geburt der Tragödie (KSA 1)

J   Jenseits von Gut und Böse. Vorspiel einer Philosophie der Zukunft (KSA 5)

M   Morgenröthe. Gedanken über die moralischen Vorurtheile (KSA 3)

MA   Menschliches, Allzumenschliches. Ein Buch für freie Geister (KSA 2)

NF7	Nachgelassene Fragmente 1869–1874 (KSA 7)
NF8	Nachgelassene Fragmente 1875–1879 (KSA 8)
NF9	Nachgelassene Fragmente 1880–1882 (KSA 9)
NF10	Nachgelassene Fragmente 1882–1884 (KSA 10)
NF11	Nachgelassene Fragmente 1884–1885 (KSA 11)
NF12	Nachgelassene Fragmente 1885–1887 (KSA 12)
NF13	Nachgelassene Fragmente 1887–1889 (KSA 13)
NS	Nachgelassene Schriften 1870–1873 (KSA 1)
WL	Ueber Wahrheit und Lüge im außermoralischen Sinne (KSA 1)
Z	Also sprach Zarathustra. Ein Buch für Alle und Keinen (KSA 4)

Werke in drei Bänden, hrsg. von Karl Schlechta, München 1966

AB	Autobiographisches aus den Jahren 1856–1869 (Bd. 3)

Adorno

Gesammelte Schriften, 20 Bde., hrsg. von Rolf Tiedemann. Frankfurt a. M. 1970–1986 (abgekürzt: GS)

ÄT	Ästhetische Theorie (GS 7)
DdA	Dialektik der Aufklärung (GS 3)
KG I	Kulturkritik und Gesellschaft I. Prismen. Ohne Leitbild (GS 10.1)
KG II	Kulturkritik und Gesellschaft II. Eingriffe. Stichworte (GS 10.2)
MdE	Zur Metakritik der Erkenntnistheorie (GS 5)
MM	Minima Moralia. Reflexionen aus dem beschädigten Leben (GS 4)
ND	Negative Dialektik (GS 6)
NL	Noten zur Literatur (GS 11)
So I	Soziologische Schriften I (GS 8)
So II(1)	Soziologische Schriften II. Erste Hälfte (GS 9.1)
So II(2)	Soziologische Schriften II. Zweite Hälfte (GS 9.2)
VS I	Vermischte Schriften I (GS 20.1)
VS II	Vermischte Schriften II (GS 20.2)

Nachgelassene Schriften, Abteilung IV: Vorlesungen, hrsg. vom Theodor W. Adorno Archiv, Frankfurt a. M. 1993 ff. (abgekürzt: NaS IV)

ED	Einführung in die Dialektik, Sommersemester 1958 (NaS IV, Bd. 2)
ES	Einleitung in die Soziologie, Sommersemester 1968 (NaS IV, Bd. 15)

M	Metaphysik. Begriff und Probleme, Sommersemester 1965 (NaS IV, Bd. 14)
VND	Vorlesung über Negative Dialektik, Wintersemester 1965/66 (NaS IV, Bd. 16)

Einzelausgaben

Elf N	Elf Nachträge zu den Gesammelten Schriften, in: Frankfurter Adorno Blätter III, hrsg. vom Theodor W. Adorno Archiv, Redaktion Rolf Tiedemann, München 1994
Eth	Vorlesung zur Einleitung in die Erkenntnistheorie, Junius-Drucke, Frankfurt a. M. o. J. (nicht autorisierte Tonbandabschrift der Vorlesung vom Wintersemester 1957/1958)
EzM	Erziehung zur Mündigkeit. Vorträge und Gespräche mit Hellmut Becker 1959–1969, hrsg. von Gerd Kadelbach, Frankfurt a. M. 1970
PT 1/PT 2	Philosophische Terminologie. Zur Einleitung, Vorlesung im Sommersemester 1962 und Wintersemester 1962/63, hrsg. von Rudolf zur Lippe, Bd. 1 und Bd. 2, Frankfurt a. M. 1973 bzw. 1974

LITERATURAUSWAHL

Einführungen, Hilfsmittel

Adorno, Theodor W.: Philosophische Teminologie. Zur Einleitung, Vorlesung Sommersemester 1962 und Wintersemester 1962/63, hrsg. Rudolf zur Lippe, 2 Bde., Frankfurt a. M. 1973 –1974.

Böhme, Gernot: Weltweisheit, Lebensform, Wissenschaft. Eine Einführung in die Philosophie, Frankfurt a. M. 1994.

Braun, Eberhard/Heine, Felix/Opolka, Uwe: Politische Philosophie. Ein Lesebuch. Texte, Analysen, Kommentare, Reinbek [9]2008.

Geyer, Carl-Friedrich: Einführung in die Philosophie der Antike, Darmstadt 1978.

Höffe, Otfried: Lexikon der Ethik, München [6]2002.

Der kleine Pauly. Lexikon der Antike in fünf Bänden, hrsg. von Konrat Ziegler und Walther Sontheimer, München 1979.

Kranz, Walther: Die griechische Philosophie. Zugleich eine Einführung in die Philosophie überhaupt (Sammlung Dieterich 88), Köln 1997.

Quante, Michael (Hrsg.): Kleines Werklexikon der Philosophie, Stuttgart 2012.

Regenbogen, Arnim/Uwe Meyer: Wörterbuch der philosophischen Begriffe, Hamburg 1998.

Röd, Wolfgang: Der Weg der Philosophie. Von den Anfängen bis ins 20. Jahrhundert, 2 Bde., München 1994 und 1996.

Spierling, Volker: Kleine Geschichte der Philosophie. Große Denker von der Antike bis zur Gegenwart, erw. Neuausg., München/Zürich [6]2016.

Volpi, Franco (Hrsg.): Großes Werklexikon der Philosophie, 2 Bde., Stuttgart 1999.

Metaphysik / Metaphysikkritik

Angehrn, Emil: Der Weg zur Metaphysik. Vorsokratik, Platon, Aristoteles, Weilerswist 2000.

Dempf, Alois: Metaphysik des Mittelalters. Sonderausgabe aus dem Handbuch der Philosophie, München/Berlin 1930.

Gamm, Gerhard: Der unbestimmte Mensch. Zur medialen Konstruktion von Subjektivität, Berlin/Wien 2004.

Habermas, Jürgen: Nachmetaphysisches Denken. Philosophische Aufsätze, Frankfurt a. M. 1988.

Hartmann, Eduard v.: Geschichte der Metaphysik, 2 Bde., Darmstadt 1969 (Nachdr. der Ausgabe Leipzig 1899/1900).

Heimsoeth, Heinz: Die sechs großen Themen der abendländischen Metaphysik und der Ausgang des Mittelalters, Darmstadt [5]1965.

Horster, Detlef: Postchristliche Moral. Eine sozialphilosophische Begründung, Hamburg 1999.

Jaspers, Karl: Vom Ursprung und Ziel der Geschichte, Frankfurt a. M./Hamburg 1955.

Kaulbach, Friedrich: Einführung in die Metaphysik, Darmstadt 1972.

Kondylis, Panajotis: Die neuzeitliche Metaphysikkritik, Stuttgart 1990.

Lévinas, Emmanuel: Ethik und Unendliches. Gespräche mit Philippe Nemo, hrsg. von Peter Engelmann, Wien 1986.

Martin, Gottfried: Einleitung in die allgemeine Metaphysik, Stuttgart 1980.

Patzig, Günther: Ethik ohne Metaphysik, Göttingen ²1983.

Schlette, Heinz: Kleine Metaphysik, Frankfurt a. M. 1990.

Schulz, Walter: Der gebrochene Weltbezug. Aufsätze zur Geschichte der Philosophie und zur Analyse der Gegenwart, Stuttgart 1994.

Toulmin, Stephen: Kosmopolis. Die unerkannten Aufgaben der Moderne, Frankfurt a. M. 1994.

Tugendhat, Ernst: Anthropologie statt Metaphysik, München 2007.

Weischedel, Wilhelm: Der Gott der Philosophen, 2 Bde., Darmstadt 1979.

Weizenbaum, Joseph: Die Macht der Computer und die Ohnmacht der Vernunft, übers. von Udo Rennert, Frankfurt a. M. 1978.

Welsch, Wolfgang: Vernunft. Die zeitgenössische Vernunftkritik und das Konzept der transversalen Vernunft, Frankfurt a. M. 1996.

Wenzel, Uwe Justus (Hrsg.): Vom Ersten und Letzten. Positionen der Metaphysik in der Gegenwartsphilosophie, Frankfurt a. M. ²1999.

Ethik/Ethikgeschichte

Birnbacher, Dieter/Hoerster, Norbert (Hrsg.): Texte zur Ethik, München 1976.

Böhme, Gernot: Ethik im Kontext. Über den Umgang mit ersten Fragen, Frankfurt a. M. 1997.

Frankena, William K.: Analytische Ethik. Eine Einführung, München ³1981.

Hauskeller, Michael: Geschichte der Ethik, Bd. 1: Antike, München 1997; Bd. 2: Mittelalter, München 1999.

Höffe, Otfried (Hrsg.): Lesebuch zur Ethik. Philosophische Texte von der Antike bis zur Gegenwart, München ³2002.

Horster, Detlef: Was soll ich tun? Moral im 21. Jahrhundert, Leipzig 2004.

Jodl, Friedrich: Geschichte der Ethik als philosophischer Wissenschaft, 2 Bde., Stuttgart 1920.

Pannenberg, Wolfhard: Grundlagen der Ethik. Philosophisch-theologische Perspektiven, Göttingen ²2003.

Pieper, Annemarie: Einführung in die Ethik, Tübingen/Basel ⁶2007.

Ricken, Friedo: Allgemeine Ethik, Stuttgart ⁴1983.

Rohls, Jan: Geschichte der Ethik, Tübingen ²1999.

Schmid Noerr, Gunzelin: Geschichte der Ethik, Leipzig 2006.
Schulz, Walter: Grundprobleme der Ethik, Pfullingen 1989.
Tugendhat, Ernst: Vorlesungen über Ethik, Frankfurt a. M. 1993.
Weischedel, Wilhelm: Skeptische Ethik, Frankfurt a. M. ²1976.
Wetz, Franz Josef (Hrsg.): Texte zur Menschenwürde, Stuttgart 2011.

Vorsokratiker

Angehrn, Emil: Die Überwindung des Chaos. Zur Philosophie des Mythos, Frankfurt a. M. 1996.
Diels, Hermann: Die Fragmente der Vorsokratiker, Griechisch-Deutsch, 3 Bde. [Berlin 1903], 6., verb. Aufl., hrsg. von Walther Kranz 1951–1952, unveränd. Nachdr., Hildesheim 1996.
Heidegger, Martin: Die Grundbegriffe der antiken Philosophie, Marburger Vorlesung Sommersemester 1926 (Gesamtausgabe, Bd. 22), hrsg. von Franz-Karl Blust, Frankfurt a. M. ²2004.
Mansfeld, Jaap: Die Vorsokratiker, Griechisch-Deutsch, Auswahl der Fragmente, Übersetzung und Erläuterungen, Stuttgart 1987.
Otto, Walter F.: Theophania. Der Geist der altgriechischen Religion, Hamburg 1956.
Ricken, Friedo: Philosophie der Antike, Berlin/Köln/Mainz 1988.
Schadewaldt, Wolfgang: Die Anfänge der Philosophie bei den Griechen. Die Vorsokratiker und ihre Voraussetzungen, Frankfurt a. M. 1978.
Snell, Bruno: Die Entdeckung des Geistes. Studien zur Entstehung des europäischen Denkens bei den Griechen, Göttingen ⁶1986.
Stenzel, Julius: Metaphysik des Altertums. Handbuch der Philosophie, München/Berlin 1929.
Szlezák, Thomas A.: Was Europa den Griechen verdankt. Von den Grundlagen unserer Kultur in der griechischen Antike, Tübingen 2010.
Zeller, Eduard: Die Philosophie der Griechen in ihrer geschichtlichen Entwicklung, 6 Bde., Nachdruck der 8. unveränd. Aufl., Darmstadt 2006.

Sokrates

Böhme, Gernot: Der Typ Sokrates, Erweiterte Neuausgabe, Frankfurt a. M. ³2002.
Figal, Günter: Sokrates, München ²1998.
Gigon, Olof: Sokrates. Sein Bild in Dichtung und Geschichte, Tübingen/Basel ³1994.
Kaufmann, Eva-Maria: Sokrates, München 2000.
Kniest, Christoph: Sokrates zur Einführung, Hamburg 2003.
Kuhn, Helmut: Sokrates. Versuch über den Ursprung der Metaphysik, Berlin 1934.

Maier, Heinrich: Sokrates. Sein Werk und seine geschichtliche Stellung, Tübingen 1913.

Martens, Ekkehard: Die Sache des Sokrates, Stuttgart 1992.

Martin, Gottfried: Sokrates in Selbstzeugnissen und Bilddokumenten, Reinbek ⁸1977.

Taylor, Christopher C. W.: Sokrates, übers. von Katja Vogt, Freiburg/Basel/Wien 1999.

Xenophon: Die sokratischen Schriften. Memorabilien, Symposion, Oikonomikos, Apologie, übers. und hrsg. von Ernst Bux, Stuttgart 1956.

Platon

Bröcker, Walter: Platos Gespräche, Frankfurt a. M. ⁴1990.

Erler, Michael: Kleines Werklexikon Platon, Stuttgart 2007.

Friedländer, Paul: Platon, 3 Bde., Berlin ³1964–1975.

Gadamer, Hans-Georg: Platons dialektische Ethik, in: ders., Gesammelte Werke, Bd. 5., Tübingen 1985, S. 3–163.

Gaiser, Konrad: Platons ungeschriebene Lehre, Stuttgart ²1963.

Höffe, Otfried (Hrsg.): Platon, Politeia, Berlin 1997.

Hoffmann, Ernst: Platon. Eine Einführung in sein Philosophieren, Reinbek 1961.

Horn, Christoph/Müller, Jörn/Söder, Joachim (Hrsg.): Platon Handbuch. Leben – Werk – Wirkung, Stuttgart/Weimar 2009.

Jaeger, Werner: Paideia. Die Formung des griechischen Menschen, 2., ungek. photomechan. Nachdruck in einem Band, Berlin/New York 1989.

Kobusch, Theo/Mojsisch, Burkhard (Hrsg.): Platon. Seine Dialoge in der Sicht der neueren Forschung, Darmstadt 1996.

Martin, Gottfried: Platon in Selbstzeugnissen und Bilddokumenten, Reinbek 1969.

Popper, Karl: Die offene Gesellschaft und ihre Feinde, Bd. 1: Der Zauber Platons, München ⁶1980.

Zehnpfennig, Barbara: Platon zur Einführung, Hamburg 1997.

Aristoteles

Barnes, Jonathan: Aristoteles. Eine Einführung, übers. von Christiana Goldmann, Stuttgart 1992.

Bröcker, Walter: Aristoteles, Frankfurt a. M. ⁵1987.

Detel, Wolfgang: Aristoteles, Leipzig 2005.

Düring, Ingemar: Aristoteles. Darstellung und Interpretation seines Denkens, Heidelberg 1966.

Höffe, Otfried: Aristoteles, München ²1999.

Höffe, Otfried (Hrsg.): Aristoteles-Lexikon, Stuttgart 2005.

Höffe, Otfried (Hrsg.): Die Nikomachische Ethik, Berlin 1995.

Jaeger, Werner: Aristoteles. Grundlegung einer Geschichte seiner Entwicklung, Berlin ²1955.

Primavesi, Oliver/Rapp, Christof: Aristoteles, München 2016.

Rapp, Christof: Aristoteles zur Einführung, Hamburg 2001.

Ritter, Joachim: Metaphysik und Politik. Studien zu Aristoteles und Hegel, Frankfurt a. M. 1969.

Volkmann-Schluck, Karl Heinz: Die Metaphysik des Aristoteles, Frankfurt a. M. 1979.

Wolf, Ursula: Aristoteles' «Nikomachische Ethik», Darmstadt 2002.

Seneca

Cancik, Hildegard: Untersuchungen zu Senecas Epistulae morales (Spudasmata 18), Hildesheim 1967.

Forschner, Maximilian: Die stoische Ethik, Darmstadt ²1995.

Fuhrmann, Manfred: Geschichte der römischen Literatur, Stuttgart 1999.

Fuhrmann, Manfred: Seneca und Kaiser Nero, Berlin 1997.

Giebel, Marion: Seneca, Reinbek ⁵2006.

Long, Anthony A./Sedley, David N.: Die hellenistischen Philosophen. Texte und Kommentare, übers. von Karlheinz Hülser, Stuttgart/Weimar 2000.

Maurach, Gregor: Geschichte der römischen Philosophie. Eine Einführung, Darmstadt ³2006.

Maurach, Gregor: Seneca als Philosoph, Darmstadt ²1987.

Pohlenz, Max: Die Stoa. Geschichte einer geistigen Bewegung, 2 Bde., Göttingen ⁶1984 und ⁶1990.

Augustinus

Copleston, Frederick: Geschichte der Philosophie im Mittelalter, München 1976.

Dilthey, Wilhelm: Einleitung in die Geisteswissenschaften. Versuch einer Grundlegung für das Studium der Gesellschaft und der Geschichte (Gesammelte Schriften, Bd. 1), Stuttgart ⁸1979.

Flasch, Kurt: Augustin. Einführung in sein Denken, Stuttgart ³2008.

Flasch, Kurt: Das philosophische Denken im Mittelalter. Von Augustinus zu Machiavelli, Stuttgart ²2000.

Flasch, Kurt: Warum ich kein Christ bin, München 2013.

Gilson, Etienne/Böhner, Philotheus: Die Geschichte der christlichen Philosophie von ihren Anfängen bis Nikolaus von Cues, Paderborn ³1954.

Grabmann, Martin: Die Geschichte der scholastischen Methode, 2 Bde., Darmstadt/Berlin 1988.

Heidegger, Martin: Augustinus und der Neuplatonismus (Gesamtausgabe, Bd. 60), hrsg. von Claudius Strube, Frankfurt a. M. 1995.

Hirschberger, Johann: Geschichte der Philosophie, Bd. 1: Altertum und Mittelalter, Freiburg/Basel/Wien [11]1965.

Horn, Christoph: Augustinus, München 1995.

Kreuzer, Johann: Augustinus zur Einführung, Hamburg 2005.

Löwith, Karl: Weltgeschichte und Heilsgeschehen. Die theologischen Voraussetzungen der Geschichtsphilosophie, Stuttgart [6]1973.

Marrou, Henri-Irénée: Augustinus in Selbstzeugnissen und Bilddokumenten, Reinbek 1958.

Marrou, Henri-Irénée: Augustin und das Ende der antiken Bildung, Paderborn [2]1995.

Ritter, Joachim: Mundus intelligibilis. Eine Untersuchung zur Aufnahme und Umwandlung der neuplatonischen Ontologie bei Augustinus, Frankfurt a. M. 1937.

Hume

Blumenberg, Hans: Das Fernrohr und die Ohnmacht der Wahrheit, in: Galileo Galilei, Sidereus Nuncius (Nachricht von neuen Sternen), Frankfurt a. M. 1965.

Blumenberg, Hans: Die kopernikanische Wende, Frankfurt a. M. 1965.

Brosow, Frank: Hume, Stuttgart 2011.

Cassirer, Ernst: Die Philosophie der Aufklärung, Tübingen [3]1973.

Cassirer, Ernst: Das Erkenntnisproblem in der Philosophie und Wissenschaft der neueren Zeit, Bd. 2., Darmstadt [3]1971.

Dilthey, Wilhelm: Weltanschauung und Analyse des Menschen seit Renaissance und Reformation (Gesammelte Schriften, Bd. 2), Stuttgart [10]1977.

Funke, Gerhard (Hrsg.): Die Aufklärung. In ausgewählten Texten dargestellt und eingeleitet, Stuttgart 1963.

Klemme, Heiner F.: David Hume zur Einführung, Hamburg 2007.

Koyré, Alexandre: Von der geschlossenen Welt zum unendlichen Universum, übers. von Rolf Dornbacher, Frankfurt a. M. 1969.

Kulenkampff, Jens: David Hume, München 1989.

Kulenkampff, Jens (Hrsg.): David Hume. Eine Untersuchung über den menschlichen Verstand, Berlin 1997.

Metz, Rudolf: David Hume. Leben und Philosophie [Stuttgart 1929], Neudruck Stuttgart-Bad Cannstatt 1968.

Streminger, Gerhard: David Hume. Der Philosoph und sein Zeitalter, München 2011.

Streminger, Gerhard: David Hume in Selbstzeugnissen und Bilddokumenten, Reinbek [3]2003.

Kant

Adorno, Theodor W.: Vorlesung zur Einleitung in die Erkenntnistheorie, Wintersemester 1957/1958. Junius-Drucke. Frankfurt a.M. o. J. (vorgesehen in der Abt.IV: Vorlesungen, Bd. 1 der Nachgelassenen Schriften, Frankfurt a. M.)

Cassirer, Ernst: Kants Leben und Lehre [Berlin 1918], Neudruck Hamburg 2001.

Eisler, Rudolf: Kant-Lexikon, Hildesheim/New York 1972.

Fischer, Kuno: Immanuel Kant und seine Lehre, Teil 1: Entstehung und Grundlegung der kritischen Philosophie; Teil 2: Das Vernunftsystem auf der Grundlage der Vernunftkritik, (= ders., Geschichte der neuern Philosophie, Bde. 4 und 5), Heidelberg [6]1928 [Nachdruck von Teil 2: 1957].

Gerhardt, Volker: Immanuel Kant. Vernunft und Leben, Stuttgart 2002.

Gulyga, Arsenij: Immanuel Kant, Frankfurt a.M. 1985 (russ. Ausg. Moskau 1977).

Höffe, Otfried: Immanuel Kant, München [2]1988.

Höffe, Otfried: Kants Kritik der praktischen Vernunft. Eine Philosophie der Freiheit, München 2012.

Irrlitz, Gerd: Kant-Handbuch. Leben und Werk, Stuttgart/Weimar 2002.

Kaulbach, Friedrich: Immanuel Kant, Berlin/New York 1969.

Kroner, Richard: Von Kant bis Hegel, Bd. 1: Von der Vernunftkritik zur Naturphilosophie, Tübingen [4]2007.

Marquard, Odo: Skeptische Methode im Blick auf Kant, Freiburg i.Br./München 1958.

Prauss, Gerold (Hrsg.): Kant. Zur Deutung seiner Theorie von Erkennen und Handeln, Köln 1973.

Vorländer, Karl: Immanuel Kants Leben, neu hrsg. von Rudolf Malter, Hamburg 1974.

Hegel

Bloch, Ernst: Subjekt – Objekt. Erläuterungen zu Hegel (Werkausgabe, Bd. 8), Frankfurt a.M. 1985.

Bloch, Ernst: Leipziger Vorlesungen zur Geschichte der Philosophie 1950–1956, hrsg. von Ruth Römer und Burghart Schmidt, bearb. von Eberhard Braun u.a., Bd. 4: Neuzeitliche Philosophie II: Deutscher Idealismus. Die Philosophie des 19. Jahrhunderts, Frankfurt a. M. 1985.

Fischer, Kuno: Hegels Leben, Werke und Lehre (= ders., Geschichte der neuern Philosophie, Bd. 8, Teilbände 1 und 2), Heidelberg [2]1911.

Gamm, Gerhard: Der Deutsche Idealismus. Eine Einführung in die Philosophie von Fichte, Hegel und Schelling, Stuttgrt 1997.

Gulyga, Arsenij: Georg Wilhelm Friedrich Hegel, übers. von Waldemar Seidel, Leipzig 1974.

Heine, Felix: Freiheit und Totalität. Zum Verhältnis von Philosophie und Wirklichkeit bei Fichte und Hegel, Bonn 1980.

Hoffmann, Thomas Sören: Georg Friedrich Wilhelm Hegel. Eine Propädeutik, Wiesbaden 2004.

Jaeschke, Walter: Hegel-Handbuch. Leben – Werk – Schule, Stuttgart/Weimar ²2010.

Fulda, Hans Friedrich/Henrich, Dieter (Hrsg.): Materialien zu Hegels «Phänomenologie des Geistes», Frankfurt a. M. 1973.

Fulda, Hans Friedrich: Georg Wilhelm Friedrich Hegel, München 2003.

Kojève, Alexandre: Hegel. Eine Vergegenwärtigung seines Denkens, hrsg. von Iring Fetscher, Frankfurt a. M. ²1975.

Kroner, Richard: Von Kant bis Hegel, Bd. 2: Von der Naturphilosophie zur Philosophie des Geistes, Tübingen ⁴2007.

Marcuse, Herbert: Vernunft und Revolution. Hegel und die Entstehung der Gesellschaftstheorie, übers. von Alfred Schmidt, Darmstadt/Neuwied ⁴1972.

Metzke, Erwin: Hegels Vorreden. Mit Kommentar zur Einführung in seine Philosophie, Heidelberg 1949.

Moog, Willy: Hegel und die Hegelsche Schule, München 1930.

Schnädelbach, Herbert: Hegel zur Einführung, Hamburg 1999.

Schulz, Walter: Der Gott der neuzeitlichen Metaphysik, Pfullingen ⁷1982.

Taylor, Charles: Hegel, übers. von Gerhard Fehn, Frankfurt a. M. ²1983.

Wiedemann, Franz: Georg Wilhelm Friedrich Hegel in Selbstzeugnissen und Bilddokumenten, Reinbek ³1969.

Schopenhauer

Abendroth, Walter: Arthur Schopenhauer in Selbstzeugnissen und Bilddokumenten, Reinbek 1967.

Birnbacher, Dieter: Schopenhauer, Stuttgart 2009.

Cassirer, Ernst: Schopenhauer, in: ders., Das Erkenntnisproblem, Bd. III, Darmstadt 1971.

Fleischer, Margot: Schopenhauer, Freiburg i. Br./Basel/Wien 2001.

Gwinner, Wilhelm v.: Schopenhauers Leben, Leipzig ³1910.

Haffmans, Gerd (Hrsg.): Über Arthur Schopenhauer, Zürich ³1981.

Hasse, Heinrich: Schopenhauer, München 1926.

Hübscher, Arthur: Denker gegen den Strom. Schopenhauer gestern – heute – morgen, Bonn ³1982.

Malter, Rudolf: Arthur Schopenhauer. Transzendentalphilosophie und Metaphysik des Willens, Stuttgart-Bad Cannstatt 1991.

Safranski, Rüdiger: Schopenhauer und die wilden Jahre der Philosophie. Eine Biographie, Darmstadt 2010.

Salaquarda, Jörg (Hrsg.): Schopenhauer, Darmstadt 1985.

Salzsieder, Paul: Die Auffassungen und Weiterbildungen der Schopenhauer-schen Philosophie, Leipzig 1928.

Schubbe, Daniel: Philosophie des Zwischen. Hermeneutik und Aporetik bei Schopenhauer, Würzburg 2010.

Schubbe, Daniel/Koßler, Matthias (Hrsg.): Schopenhauer-Handbuch. Leben – Werk –Wirkung, Stuttgart/Weimar 2014.

Simmel, Georg: Schopenhauer und Nietzsche (Gesamtausgabe, Bd. 10), Frankfurt a. M. 1995.

Spierling, Volker: Arthur Schopenhauer. Philosophie als Kunst und Erkenntnis, Frankfurt a. M. 1994 (Titel der Taschenbuchausgabe: Arthur Schopenhauer. Eine Einführung in Leben und Werk, Leipzig 1998).

Spierling, Volker: Arthur Schopenhauer zur Einführung, Hamburg ⁴2015.

Spierling, Volker: Kleines Schopenhauer-Lexikon, Stuttgart 2010.

Spierling, Volker (Hrsg.): Materialien zu Schopenhauers «Die Welt als Wille und Vorstellung», Frankfurt a. M. 1984.

Spierling, Volker (Hrsg.): Schopenhauer im Denken der Gegenwart. 23 Beiträge zu seiner Aktualität, München/Zürich 1987.

Volkelt, Johannes: Arthur Schopenhauer. Seine Persönlichkeit, seine Lehre, sein Glaube, Stuttgart 1900.

Wagner, Gustav Friedrich: Schopenhauer-Register, neu hrsg. von Arthur Hübscher, Stuttgart-Bad Cannstatt ²1960.

Weimer, Wolfgang: Schopenhauer, Darmstadt 1982.

Weiner, Thomas: Die Philosophie Arthur Schopenhauers und ihre Rezeption, Hildesheim 2000.

Welsen, Peter: Schopenhauers Theorie des Subjekts. Ihre transzendentalphilosophischen, anthropologischen und naturmetaphysischen Grundlagen, Würzburg 1995.

Zimmer, Robert: Arthur Schopenhauer. Ein philosophischer Weltbürger, München 2012.

Nietzsche

Andreas-Salomé, Lou: Friedrich Nietzsche in seinen Werken, hrsg. von Ernst Pfeiffer, Frankfurt a. M. ³1983.

Biser, Eugen: Gott ist tot. Nietzsches Destruktion des christlichen Bewußtseins, München 1962.

Deleuze, Gilles: Nietzsche und die Philosophie, übers. von Bernd Schwibs, München 1976.

Figal, Günter: Nietzsche. Eine philosophische Einführung, Stuttgart 1999.

Fink, Eugen: Nietzsches Philosophie, Stuttgart u. a. ⁵1986.

Frenzel, Ivo: Friedrich Nietzsche in Selbstzeugnissen und Bilddokumenten, Reinbek ⁴1970.

Gerhardt, Volker: Friedrich Nietzsche, München 1992.

Heidegger, Martin: Augustinus und der Neuplatonismus (Gesamtausgabe, Bd. 60), hrsg. von Claudius Strube, Frankfurt a. M. 1995.

Heidegger, Martin: Holzwege [enthält u. a. «Nietzsches Wort ‹Gott ist tot›»] (Gesamtausgabe, Bd. 5), hrsg. von Friedrich-Wilhelm von Herrmann, Frankfurt a. M. 1977.

Janz, Curt Paul: Friedrich Nietzsche. Biographie, 3 Bde., München 1981.

Jaspers, Karl: Nietzsche. Einführung in das Verständnis seines Philosophierens, München ⁴1974.

Kaufmann, Walter: Nietzsche. Philosoph, Psychologe, Antichrist, übers. von Jörg Salaquarda, Darmstadt 1982.

Lange, Friedrich Albert: Geschichte des Materialismus und Kritik seiner Bedeutung in der Gegenwart, 2 Bde., hrsg. und eingel. von Alfred Schmidt, Frankfurt a. M. 1974.

Löwith, Karl: Nietzsches Philosophie der ewigen Wiederkehr des Gleichen, Hamburg ⁴1986.

Löwith, Karl: Von Hegel zu Nietzsche. Der revolutionäre Bruch im Denken des neunzehnten Jahrhunderts, Zürich/Stuttgart ⁵1964.

Müller-Lauter, Wolfgang: Nietzsche. Seine Philosophie der Gegensätze und die Gegensätze der Philosophie, Berlin/New York 1971.

Ottmann, Henning (Hrsg.): Nietzsche-Handbuch. Leben – Werk – Wirkung, Stuttgart/Weimar 2011.

Salaquarda, Jörg (Hrsg.): Nietzsche, Darmstadt 1980.

Schlechta, Karl: Nietzsche-Index zu den [von Schlechta 1966 hrsg.] Werken in drei Bänden, München ³1976.

Schröder, Winfried: Moralischer Nihilismus. Radikale Moralkritik von den Sophisten bis Nietzsche, Stuttgart 2005.

Stegmaier, Werner: Friedrich Nietzsche zur Einführung, Hamburg 2011.

Vattimo, Gianni: Nietzsche, Stuttgart 1992.

Adorno

Adler, H. G./Langbein, Hermann/Lingens-Reiner, Ella (Hrsg.): Auschwitz. Zeugnisse und Berichte. Mit einer Einführung von Katharina Stengel, Hamburg ⁶2014.

Brunkhorst, Hauke: Theodor W. Adorno. Dialektik der Moderne, München 1990.

Freud, Sigmund: Das Unbehagen in der Kultur (Studienausgabe, Bd. 9), hrsg. von Alexander Mitscherlich u. a., Frankfurt a. M. ³1974.

Friedeburg, Ludwig v./Habermas, Jürgen (Hrsg.): Adorno-Konferenz 1983, Frankfurt a. M. 1983.

Gamm, Gerhard/Hetzel, Andreas/Lilienthal, Markus: Interpretationen. Hauptwerke der Sozialphilosophie, Stuttgart 2001.

Habermas, Jürgen: Der philosophische Diskus der Moderne. Zwölf Vorlesungen, Frankfurt a. M. 1985.

Habermas, Jürgen: Philosophisch-politische Profile, Frankfurt a. M. 1981.

Knoll, Manuel: Theodor W. Adorno. Ethik als erste Philosophie, München 2002.

Kraushaar, Wolfgang (Hrsg): Frankfurter Schule und Studentenbewegung. Von der Flaschenpost zum Molotowcocktail 1946–1995, 3 Bde., Hamburg 1998.

Müller-Doohm, Stefan: Adorno. Eine Biographie, Frankfurt a. M. 2003.

Müller-Doohm, Stefan: Die Soziologie Theodor W. Adornos. Eine Einführung, Frankfurt a. M. 2001.

Scheible, Hartmut: Theodor W. Adorno in Selbstzeugnissen und Bilddokumenten, Reinbek 1989.

Schulz, Walter: Philosophie in der veränderten Welt, Pfullingen ²1974.

Schweppenhäuser, Gerhard: Ethik nach Auschwitz. Adornos negative Moralphilosophie, Hamburg 1993.

Schweppenhäuser, Gerhard: Theodor W. Adorno zur Einführung, Hamburg 1996.

Tiedemann, Rolf (Hrsg.): «Ob nach Auschwitz noch sich leben lasse». Ein philosophisches Lesebuch, Frankfurt a. M. 1997.

Wellmer, Albrecht: Zur Dialektik von Moderne und Postmoderne. Vernunftkritik nach Adorno, Frankfurt a. M. 1985.

Wiggershaus, Rolf: Theodor W. Adorno, München ²1998.

Zimmermann, Rolf: Philosophie nach Auschwitz. Eine Neubestimmung von Moral in Politik und Gesellschaft, Reinbek 2005.

Ergänzende Literatur

Ballauff, Theodor/Schaller, Klaus: Pädagogik. Eine Geschichte der Bildung und Erziehung, 3 Bde., Freiburg i. Br./München 1969–1973.

Dolch, Josef: Lehrplan des Abendlandes. Zweieinhalb Jahrtausende seiner Geschichte, Ratingen ²1965.

Fuhrmann, Manfred: Bildung. Europas kulturelle Identität, Stuttgart 2002.

Johann, Horst-Theodor (Hrsg.): Erziehung und Bildung in der heidnischen und christlichen Antike, Darmstadt 1976.

AUS DEM VERLAGSPROGRAMM

PHILOSOPHIE BEI C.H.BECK

Michael Erler

PLATON

2006. 253 Seiten. Paperback
Beck'sche Reihe Band 573

Hans Friedrich Fulda

G.W.F. HEGEL

2003. 345 Seiten mit 9 Abbildungen. Paperback
Beck'sche Reihe Band 565

Christoph Horn

AUGUSTINUS

3. Auflage. 2015. 185 Seiten mit 4 Abbildungen. Broschiert
Beck Paperback Band 531

Manfred Kühn

KANT

Eine Biographie
Aus dem Englischen von Martin Pfeiffer
5. Auflage. 2004. 639 Seiten mit 27 Abbildungen. Leinen

Gerhard Streminger

DAVID HUME

Der Philosoph und sein Zeitalter
2011. 797 Seiten mit 30 Abbildungen. Leinen

Rolf Wiggershaus

THEODOR W. ADORNO

3., überarbeitete und erweiterte Auflage. 2006.
152 Seiten mit 6 Abbildungen. Paperback
Beck'sche Reihe Band 510

PHILOSOPHIE BEI C.H.BECK

Otfried Höffe

GESCHICHTE DES POLITISCHEN DENKENS

Zwölf Porträts und acht Miniaturen

2016. 416 Seiten mit 20 Abbildungen. Gebunden

Christoph Türcke

MEHR!

Philosophie des Geldes

2. Auflage. 2015. 480 Seiten. Gebunden

Heinrich Meier

WAS IST NIETZSCHES ZARATHUSTRA?

Eine philosophische Auseinandersetzung

2017. 240 Seiten. Gebunden

Ekkehard Martens

STECHFLIEGE SOKRATES

Warum gute Philosophie wehtun muss

2015. 208 Seiten. Broschiert

Beck Paperback Band 6219

Herbert Schnädelbach

WAS PHILOSOPHEN WISSEN

und was man von ihnen lernen kann

3. Auflage. 2012. 237 Seiten. Gebunden

Holm Tetens

PHILOSOPHISCHES ARGUMENTIEREN

Eine Einführung

4., unveränderte Auflage. 2015. 311 Seiten. Broschiert

Beck Paperback Band 1607